岩田書院史料叢刊10

廣澤寺伝来 小笠原流弓馬故実書

福嶋紀子・藤牧志津・後藤芳孝 編

岩田書院

廣澤寺　本堂

廣澤寺　山門

弓の書 裏　表紙 (97)

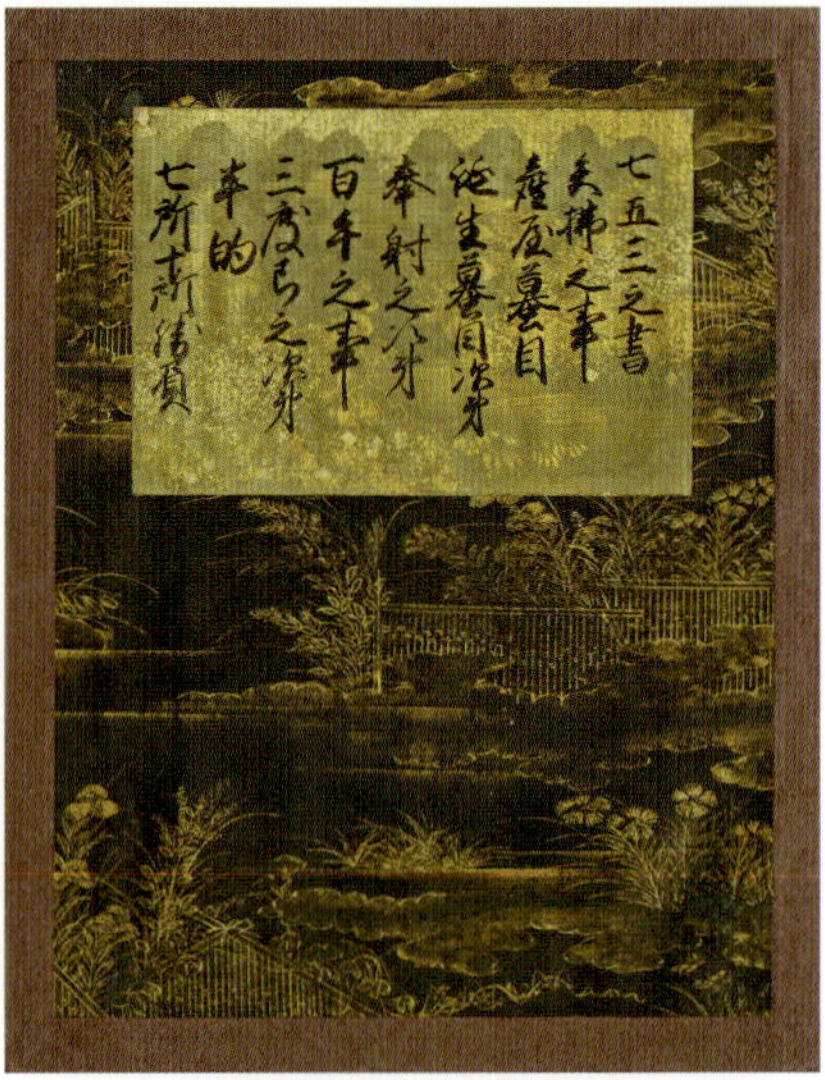

弓の書 表　表紙 (1)

馬の書 裏　表紙 (236)

馬の書 表　表紙 (119)

(　) 内の数字は原本の丁数

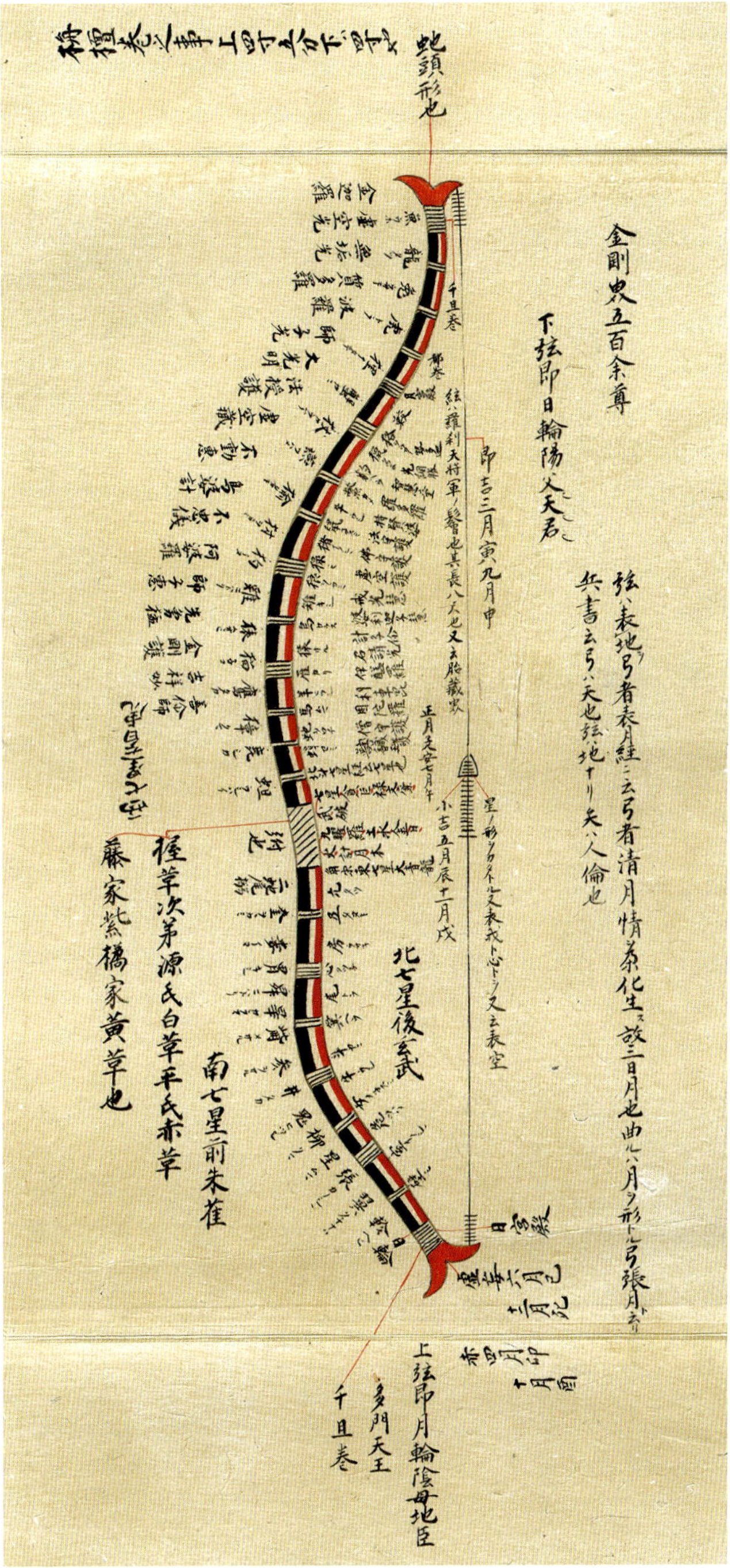

弓の各部名称（101〜104）

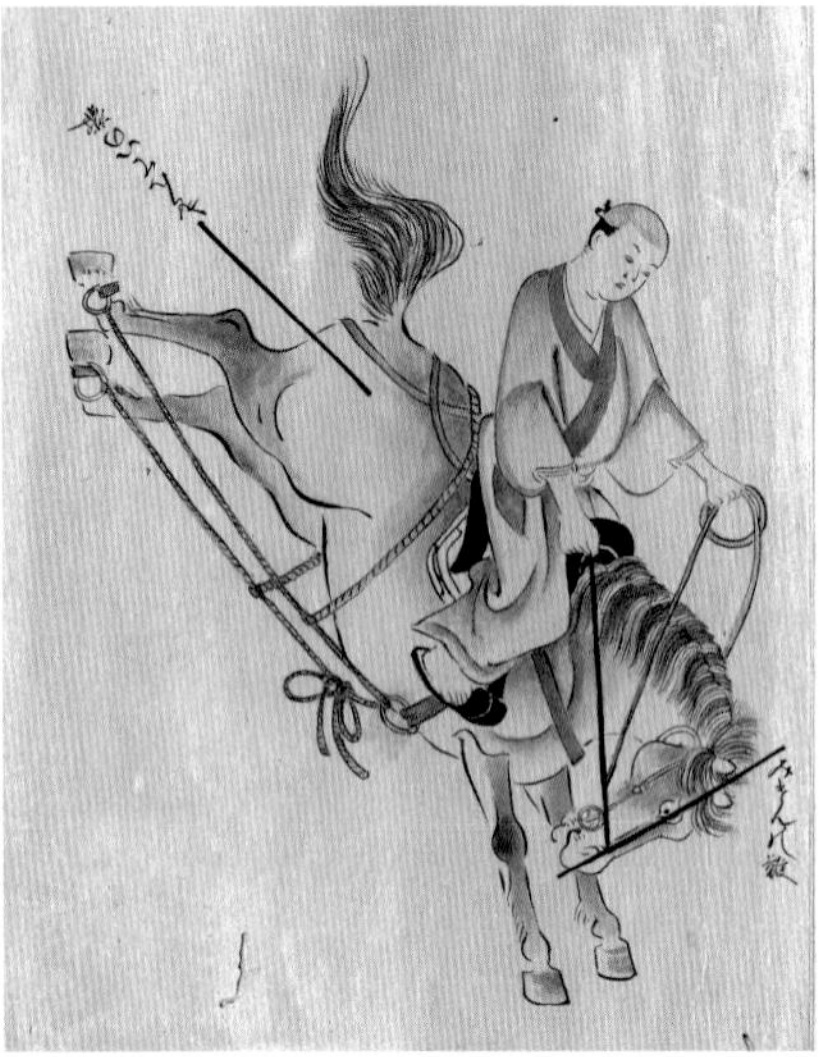

はね馬の乗馬法（134）

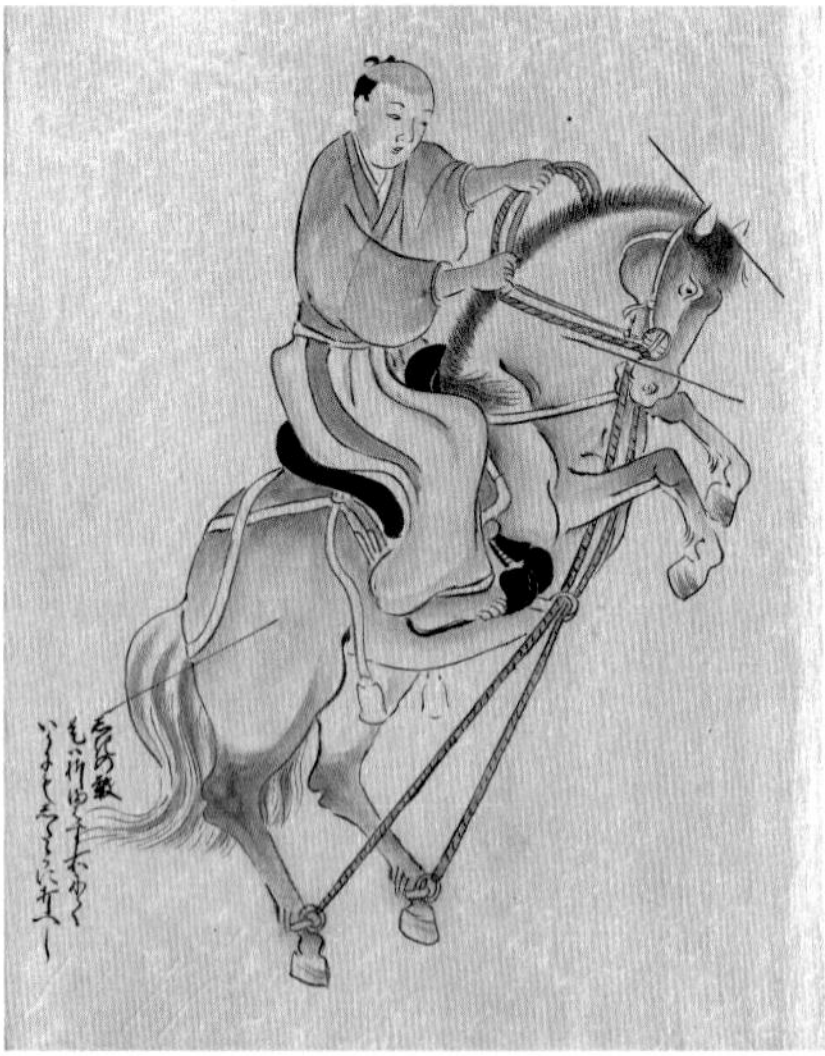

あがり馬の乗馬法（132）

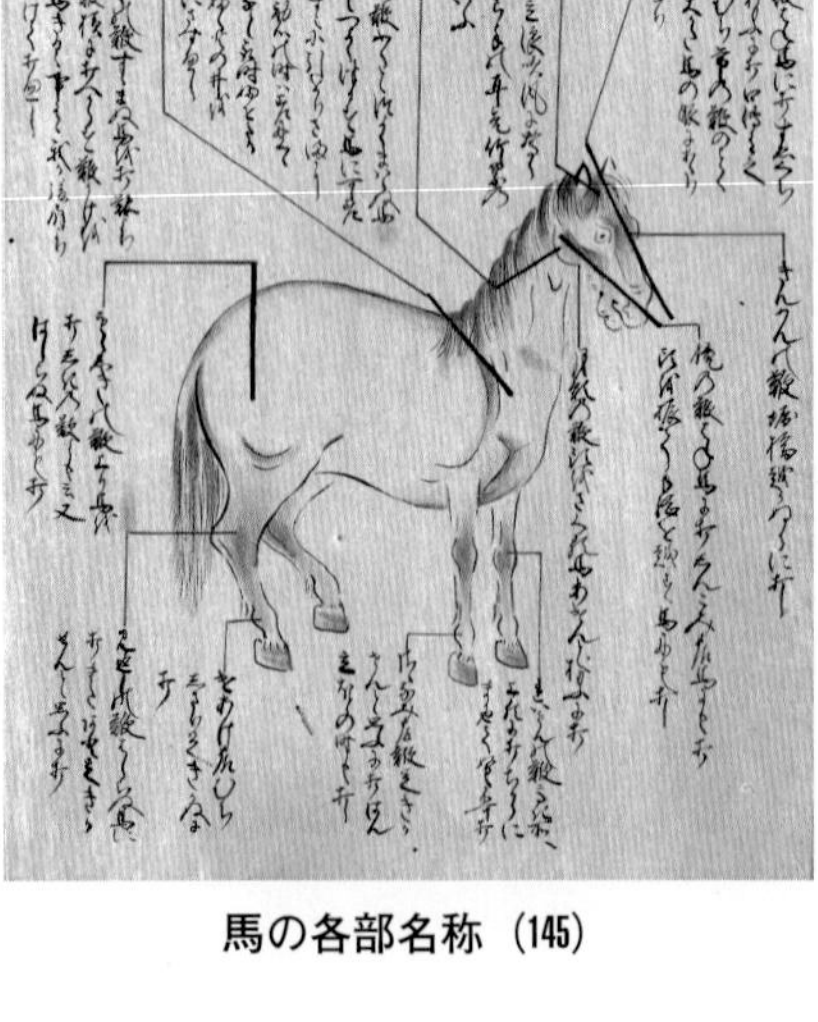

馬の各部名称（145）

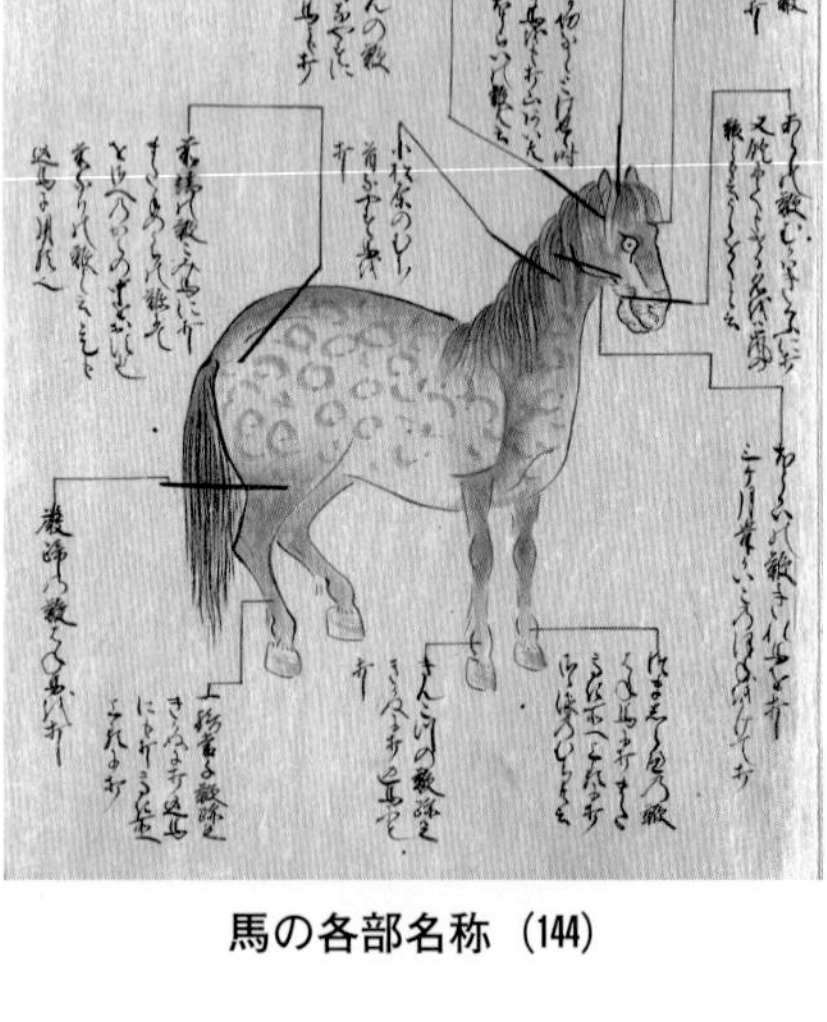

馬の各部名称（144）

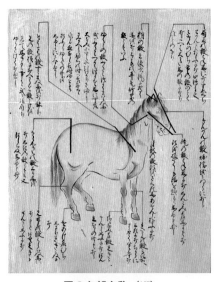

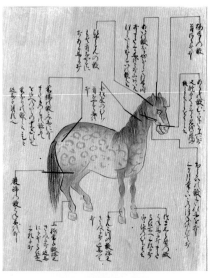

馬の引き立て法（161–162）

四つ手綱法（226）

前掛けの法（216）

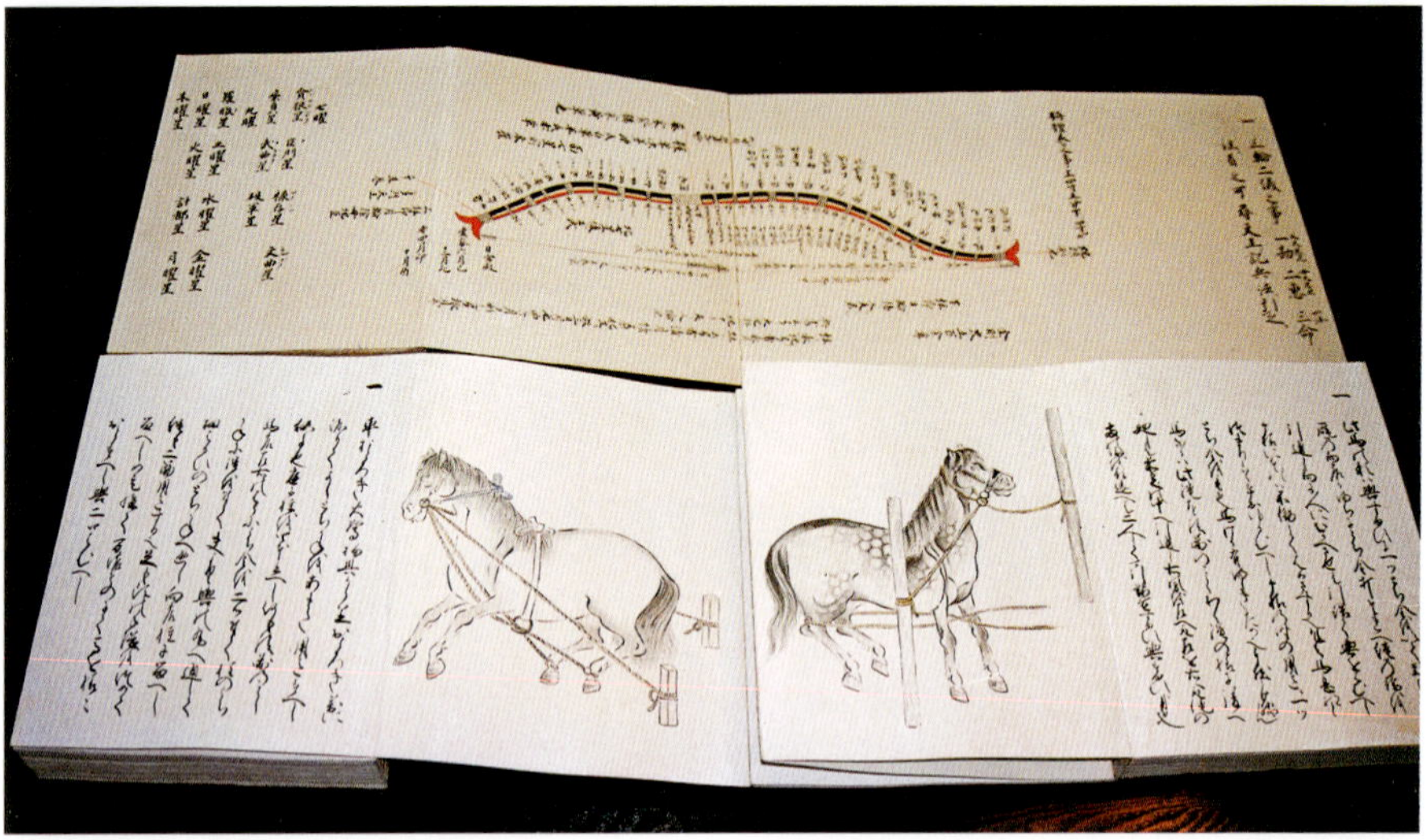

『小笠原流弓馬故実書』全体および展開写真

序　文

龍雲山廣澤寺
前住職三十世　現東堂　小笠原　隆元

今般数年間にわたる関係各位の研究とご尽力により、小笠原流に関する弓馬の故実書が解読されて出版されることは誠に有難いことであり、深く敬意を表する次第です。

当山は、室町時代の嘉吉元年（一四四一年）、松本の井川城城主・小笠原政康公により開基されて以来五七五年目を数えるが、この故実書がどのようにして当山内に所蔵されることになったのかは定かではないが、想像できることを以下に述べさせていただくことにしたい。

小笠原氏は慶長二〇年（一六一五年）五月七日、大坂夏の陣に松本城主・小笠原秀政公と長男忠脩公父子が出陣して、戦死（現在両公の墓碑・五輪塔は当山境内にあり、御霊屋の中には歴代の位牌、大坂夏の陣で戦死した家来の合同位牌が安置され、昭和六一年三月一一日付で松本市指定史跡となっている）。大坂夏の陣後は小笠原忠脩弟の忠政（忠真）公が松本城主八万石となったが、元和三年（一六一七年）に播磨国明石城主一〇万石、寛永九年（一六三二年）に豊前小倉城主一五万石の大名となり、明治維新にいたるまで二五〇余年、小笠原氏は継承された。この間、小笠原長時、貞慶、秀政、忠政四代の時代に、小笠原流礼法、弓馬の故実が成立したものと言えよう。

さて時は移りて昭和一九年から二〇年戦時下にいたり、全国の主要都市は米軍の空襲による被害を受け、学童疎開、重要文化財等の避難疎開が全国各地で展開された頃、当山開基小笠原家当主は伯爵小笠原忠統氏であり、東京大学文学部史学科卒業で新婚間もない二〇代の青年華族であった。当時の状況は疎開するのも簡単ではなく、小笠原家は東京帝国大学史学科、仏文科などの研究図書とともに、松本に疎開することになった（このとき私（隆元）は小学校一年生で市内寿生蓮寺に住していた）。

諸事情が日々に切迫する中で、東京よりの疎開荷物や図書類が寺の本堂、庫裏、土蔵、観音薬師堂などに搬入されたが、当時の記録は次の如くに『里山辺小学校誌』の二一七頁に残されている。

昭和二〇年「五月四日、東京帝国大学史学研究室図書疎開につき高等科男子広沢寺山門より寺院まで運搬する」

（注記：「山門」とあるが三〇〇メートルほどの参道入口総黒門のこと）

「同五月二三日、高等科　小笠原忠統氏疎開荷物運搬のため広沢寺へ」

正に戦時下、小学校高学年の勤労動員、人海戦術であり、終戦後にも次の如き記述が残されている。

「一〇月二日、初六広沢寺に保管の東大史学科の図書運搬」（注記：「初六」とは小学校六年生のことであろう）

東京より苦労して松本まで運ばれた荷物も、全て寺まで運び上げることはできずに、近隣の農家の土蔵や納屋などにも分散保管されたと聞いている。昭和一九・二〇年の非常時の事情を直接見聞した人も少なくなった。昭和二一年四月より二十八世住職遷化後、二十九世住職として生蓮寺住職から廣澤寺住職となった師父と共に山寺に移り、すでに七〇余年が経過したが、この間の有為転変を直接見聞することが出来た者としては、語り尽くせないものが去来している。

さて、古来当山廣澤寺に関する記述中には「小笠原家の菩提寺であり、関係古文書類が多数所蔵されている」と言われてきたが、境内諸堂内に所蔵される関係資料等が一堂に集められて考察されることは、長い間なされずに放置に近い状態であった。残念ながら当山内には、元和三年（一六一七年）に松本城主から明石城主、さらに小倉城主へと移封された小笠原氏との連絡資料などは断片的で、系統的なものは残されていない。しかし、去る平成一〇年前後に、三二〇年余の風雪に耐えて老朽化した本堂・庫裏等の改新造立大事業を機に、収蔵資料を全て松本市文書館に寄託して、三カ年にわたり調査の後、整理し燻蒸されて中性紙の袋に入れて寺に返却された。そしてこれを機に松本市文書館で展示会が開催された。

その折、当山内にて私が秘蔵するような気持ちで保管してきた小笠原流弓と馬の書もはじめて公開したのが縁で、大いなる関心を寄せられた研究好学の諸氏により、解読、解説の研究会が続けられて、ようやく小笠原流弓馬の秘伝書が世に出ることは、時代の流れのしからしむるところなれど、関係各位には深甚なる感謝と敬意を表し、低頭合掌のあるのみであります。

この立派な手書き筆字、絵入りの書が、いつどのようにして当山に到来したかについては確言は出来ないが、不肖私は、虚心坦懐に次のように申し上げたい。終戦後一〇年ほどが経過し、私が高校生になった頃、寺の土蔵と観音薬師堂の半地下のような所に、古びた木箱の中に、東洋史に関する和本や、フランス語による革表装の本があるのを見つけた。さらに小笠原家の写真などがある紙包みを土蔵の中の一隅に見つけた。同時に弓と馬に関する絵入りの大型の経本風の重量感あふれるものを二冊見つけたのである。興味を持って見ると、最後に「右は小笠原家の極秘事項であり他に見せたり、言ってはならぬ」とあり、「元禄十一年十一月二十三日」とあったので、これは秘蔵すべきと思い、白い厚紙を用いて包装して、他言せずに四〇年以上保持してきたものである。

他の東洋史やフランス語の図書文献についても、時折どうしたものかと思案したが、昭和三六年四月、私は駒澤大学を卒業し、東京大学大学院印度哲学修士課程に進学できたので、意を決して東洋史と仏文科の研究室に参上して、山本達郎、渡辺一夫両教授に面談し、残留図書現存の話に及ぶと、東京帝国大学から疎開した本だとわかり感激して、「正に二〇年ぶりの巡り会い」とその喜びを文章にしてくれた。

一方、開基家小笠原忠統伯爵一家は、昭和二〇年暮れまでに帰京されたが、戦後の混乱の中での諸行無常、有為転変の波にもまれ、昭和二〇年代中頃から昭和四〇年頃まで単身で松本に住して、松本図書館長、松本城管理事務所所長を歴任した後に再度帰京、世情の安定が進むにつれて旧地の九州小倉や東京などで小笠原流礼法・儀礼の会などの活動を続けられたが、去る平成八年五月、七八歳で逝去された。私は小笠原忠統氏ご夫妻や御子様方の諸事情については、知りすぎるものと自負しているが、この弓馬の書について二人で語り合うことはなく、ご逝去されるまで何のご報告もいたさなかった。そのことをここに記し、今般の解読出版にいたったことを泉下の当山開基家前当主に報告し、ご了承を得たいと思う次第であります。

ここに重ねて、この小笠原弓馬の秘伝書が家門の長年の掟を破り、広く流布することを願って刊行を実現して下された関係各位のご尽力に対して深謝いたします。

平成二七年　晩秋吉日

龍雲山僧・隆元（七八歳）　謹記

目　次

小笠原流弓馬故実書　目次細目

馬の書

凡例

一、原本は折本二冊である。所蔵は、小笠原家の菩提寺である龍雲山 廣澤寺（長野県松本市里山辺。曹洞宗）。詳しい書誌情報については、「廣澤寺伝来『小笠原流弓馬故実書』解説」（藤牧志津）を参照されたい。
原本には外題・内題ともにないので、書名を『小笠原流弓馬故実書』とし、各冊を仮に「弓の書」「馬の書」とした。また、折本であり、どちらが表で、どちらが裏か明記されていないため、原本表紙に貼られた題箋に記された件数の多い方を「表」、少ない方を「裏」とした。

二、全体を、第一部「影印編」、第二部「翻刻編」とし、第三部「解説編」を収めた。

三、影印にあたっては、以下のようにした。
・原本を縮小し、白黒写真で収録した。
なお、表紙および本文の彩色図版の一部を、カラー口絵で再録した。
本文中の朱書きについては、翻刻編で注記した。
・原本には丁付けがないので、全冊の仮の丁数をページの下に太字で記した。
・記事のない丁は省略した。

四、翻刻にあたっては、以下のようにした。

・上段に翻刻を、下段に注を付し、翻刻本文と注の頭部に影印編の丁数を掲げた。

・原則として、原本通りの改行にし、一行に収まらない場合は次行に続け、行末を」で示した。

・適宜、読点を付した。

・漢字は、常用漢字があるものは、それを採用し、それ以外は表外漢字を用いたが、一部の漢字（擹、鑐、猿など）は作字して表記した。

・合字は、「ゟ」は原文のままとしたが、それ以外は普通のかなにした。

・而は「て」、茂は「も」に、「者」は平仮名として使われた場合は「は」とそれぞれ表記した。

・編者の注記は（　）で示した。

・図や絵については、（図）（絵）と記し、図中に文字の説明が付いているものについては、図を掲げ該当箇所に文字を翻刻した。

・下段の注について、必要と思われるものについて、読み・漢字表記、解説を、該当丁数の下段に記した。

第一部　影印編

13　弓の書（表）

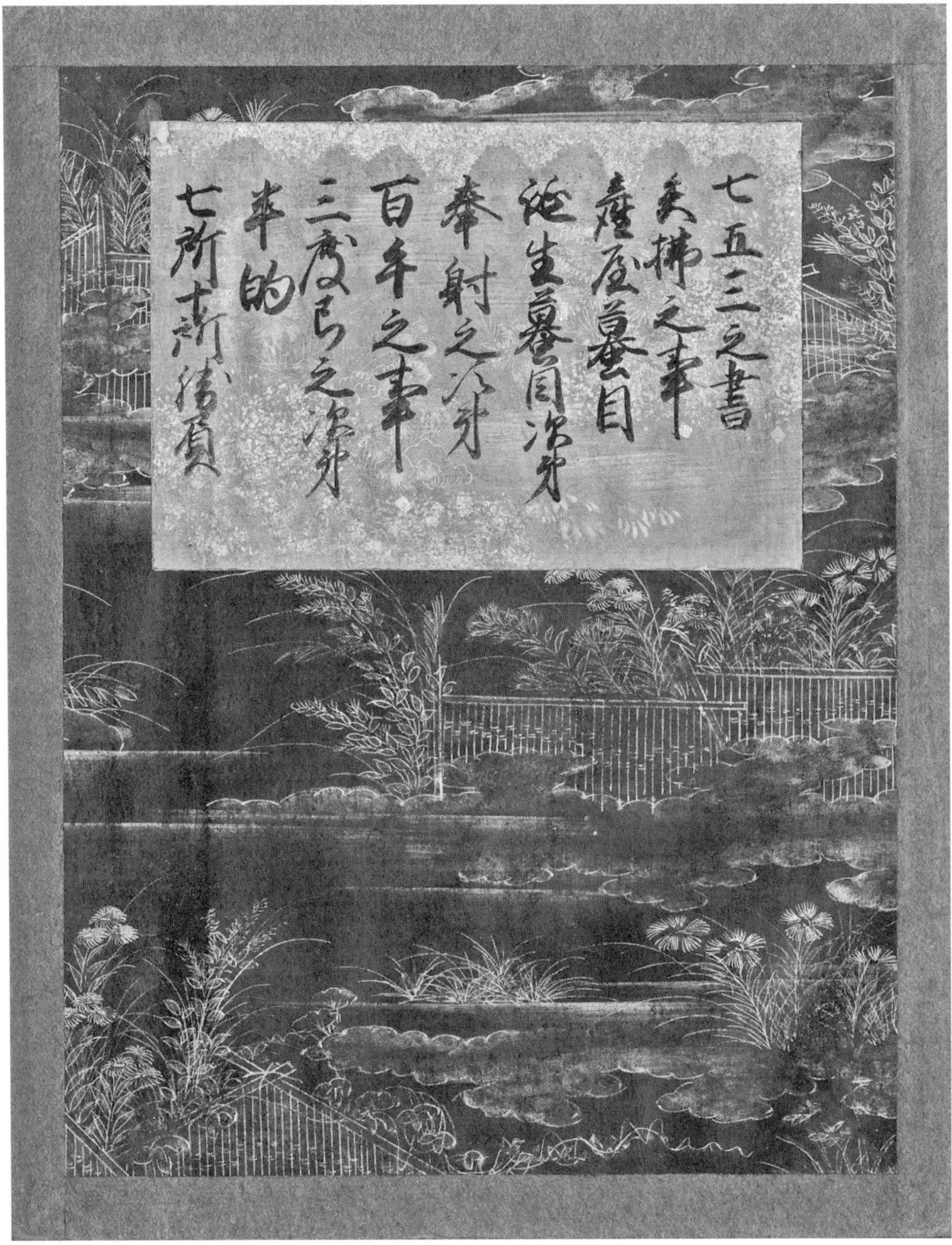

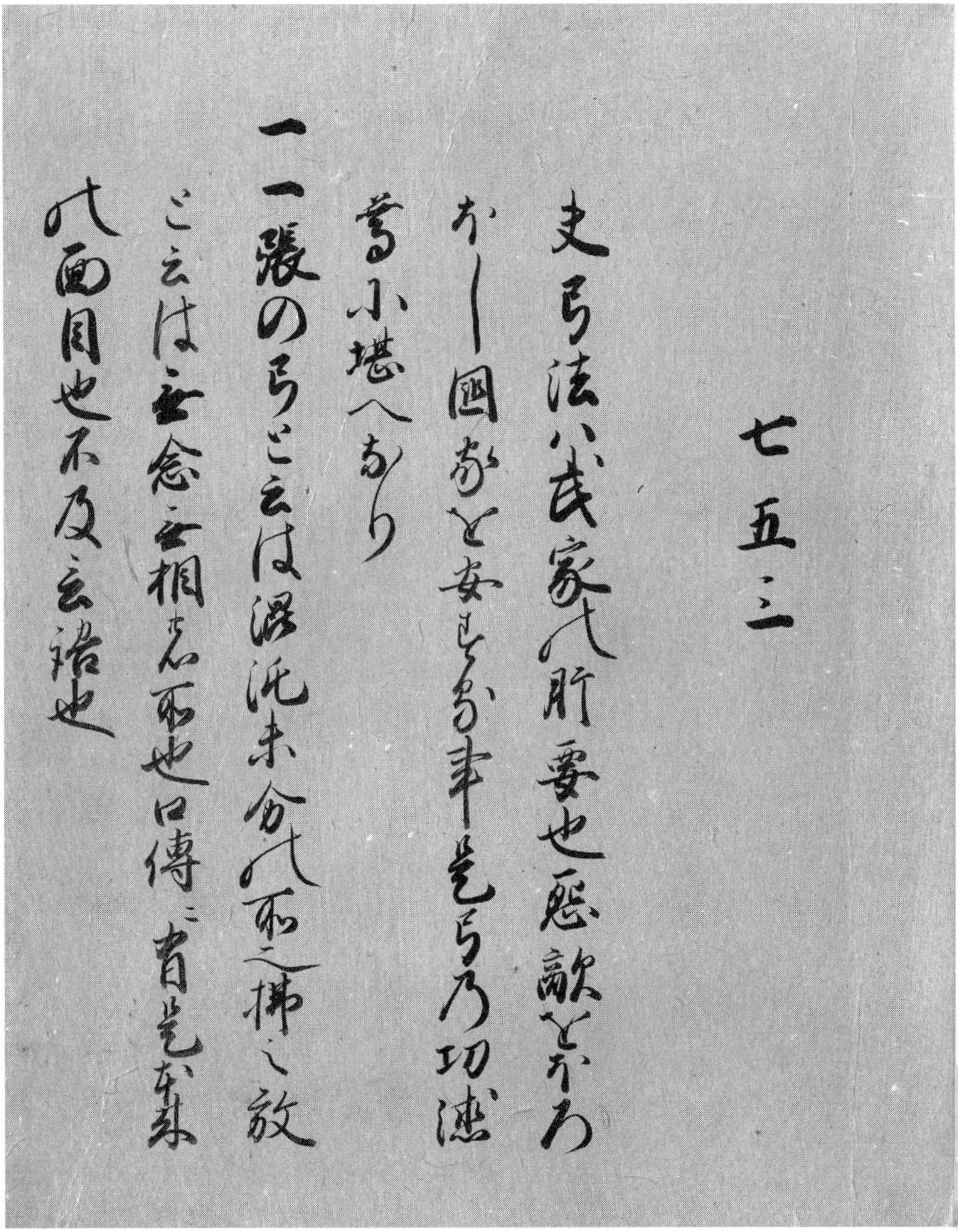
七五三

夫弓法ハ武家の肝要也忽歟とする
かし國家を安ずる事是弓乃功徳
莫小堪へあり
一張の弓と云は陰陽未分の所を拂て放
と云は一念の一相なる所也口傳に有是を知
ハ面目也不及云語也

一 後行此法をおこなふときはらうのいみもの年
七日新發菰を致烏帽子青襖袴ハ
着し可勤也其次弓用行七歩
一 的前を一手右乃腰に指て蟇目を一つ
右ニ相弓ハ左に持故下に弦ちゞ弓行を
内へ弦ハ外へなして一周ととちのよに入と
云字のことく並其前に暇九字護身法
を行観念ニ云
南無八幡大菩薩　一返

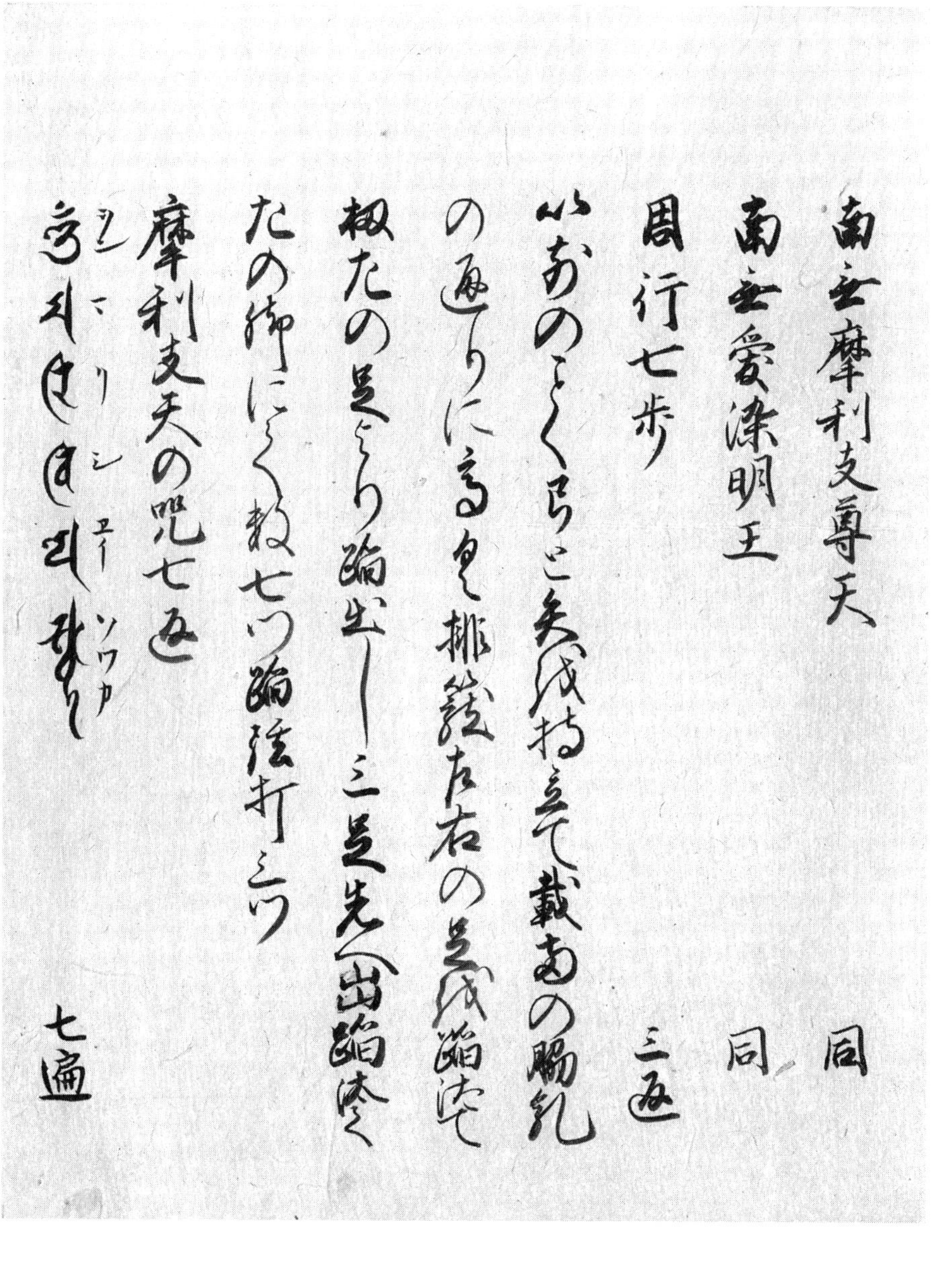
南無摩利支尊天　同
南無愛染明王　同
周行七歩　三返
以弓のこくらに矢を持ちて載弓の脇[illegible]
の辺りに高く身を排[illegible]左右の足を踏みて
扨左の足より踏出し三足先へ出踏みて
左の[illegible]に[illegible]数七つ踏[illegible]打三つ
摩利支天の咒七返
ヲン マ リ シ エー ソワカ　七遍

三足踏むし　踏はゝくたの足にて数三ツ
右の足ふミて二ツ踏又弦打三度摩利支天
の呪を一遍唱へし又以前のことく行へ三足
退てよろい付有護羅唵ここ三遍唱て後ん
よろい付三度アリ左一度右一度又左一度也左ノ時ハ左ノ膝ヲツキ右ノ膝ヲタツル右ノ時ハ右ノヒサヲツキ左ノヒサヲタツル
こんまていの呪をも又以前のことく先登
たれ足にてく数二ツ右の足ふミて一ツ弦
打三度同摩利支天の呪三遍以上呪し
足踏とも数七ツ三也
一　七五三と踏納て極らは向へ横へ本ヘ答れ

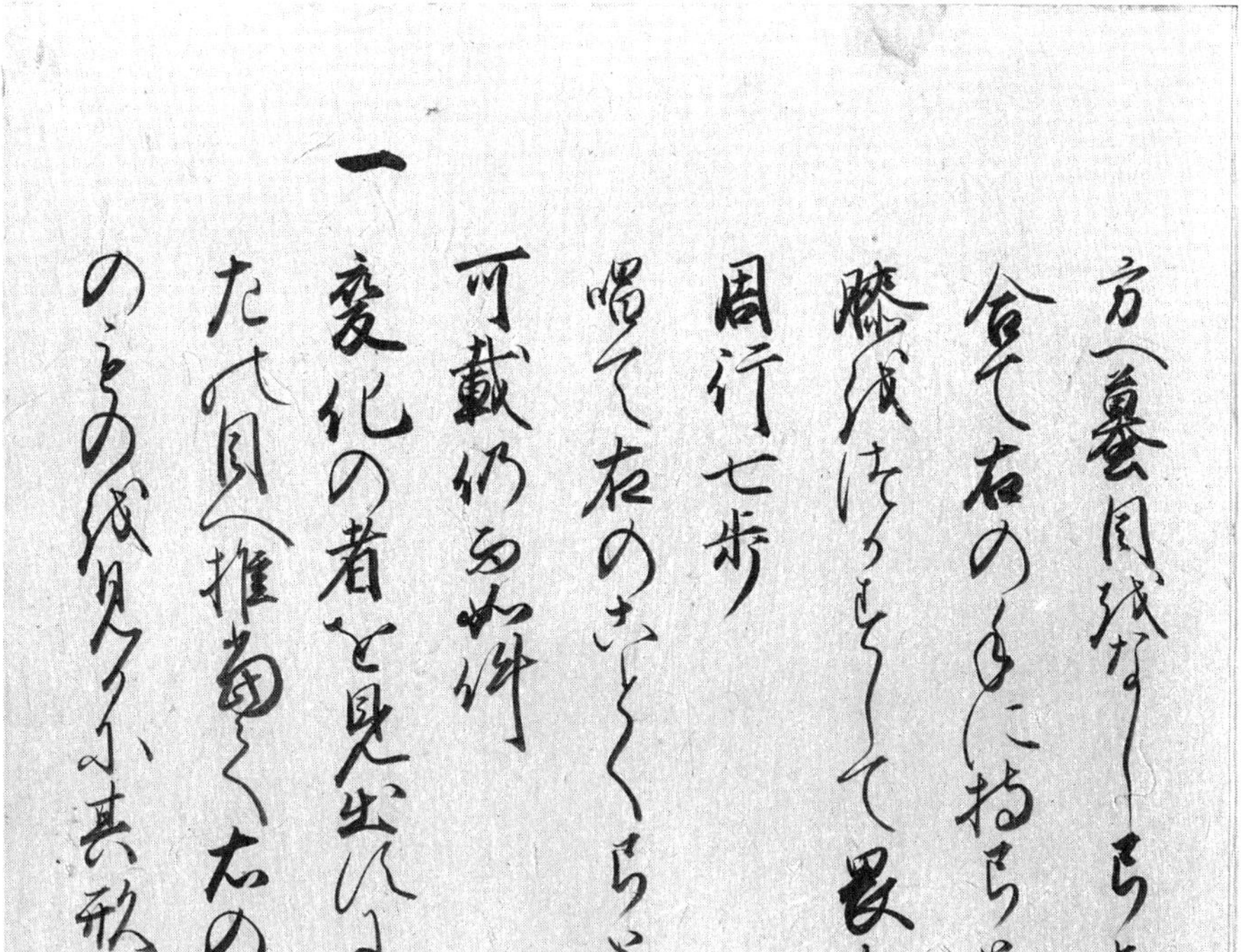

方へ蟇目をなしら与矢をとひゝ引て
合て右のてにおちらと矢を倒にもちて
膝を法のごとくして置也
周行七歩　三返
唱て右のかたくらと矢を左右へ分て
可載仍而如件
一 変化の者を見出ル時は降矢の儀式
たゞ目へ推当てく右の眼を可ゞ変化
のものを目ゝ小其形頭を也　呪有

高祢いたりそうろうもの也七返唱へし
一　変化のもの伐村拙為矢るもの根伐村又乃将
弓箭の秘事也能く可心得合候人有
又云事も有
張よりともちつまさらんは要东ち
　廉鳴の律のそれのちらひにく
加様に唱ては八幡ぞ観念して村也八幡と
弓の我と一体小観る也無念無相揩的也
此心持肝要也弓伐打上意所書月之令

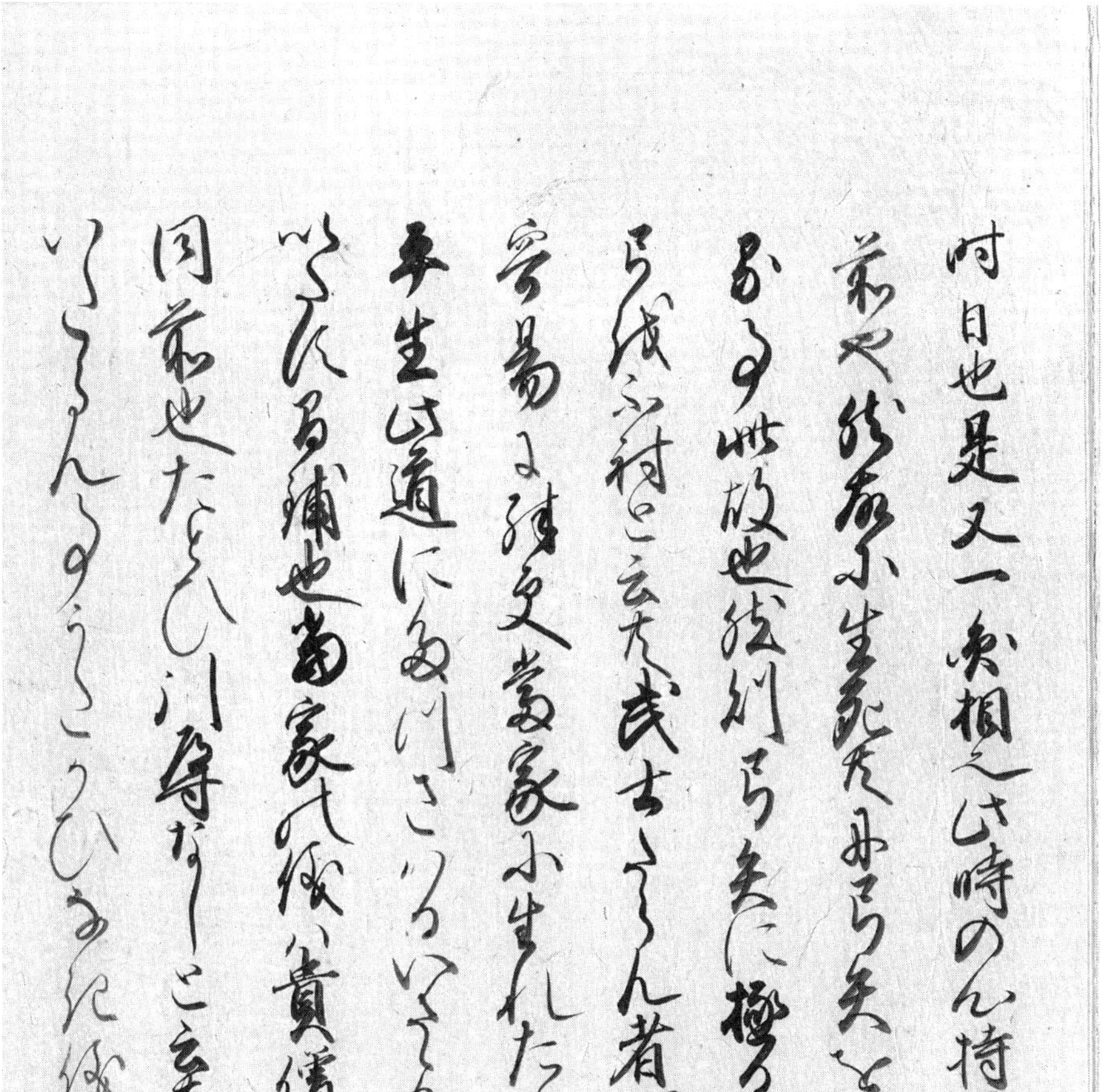

一　其後不動の呪

曩《ナフ》莫《マク》三《サ》曼《マン》多《ダ》縛《バ》日《サ》羅《ラ》赧《ダ》戦《セン》拏《ダ》摩《マ》訶《カ》盧《ロ》灑《シヤ》

娑《ソ》沙《ハ》歎吒《タ》耶《ヤ》吽《ウン》怛《タ》羅《ラ》吒《タ》唅《カン》鈝《マン》

右此呪七返唱て扨矢筈に弦を敲く

かけ出し弦与矢を右の手に指添て弓

拭たてられそ引合て弦与弓の間より

廻いたし出して

一　王為射得二返唱へし

ゑいらやえいゑいらやたえ

たえいゑいらと唱る也

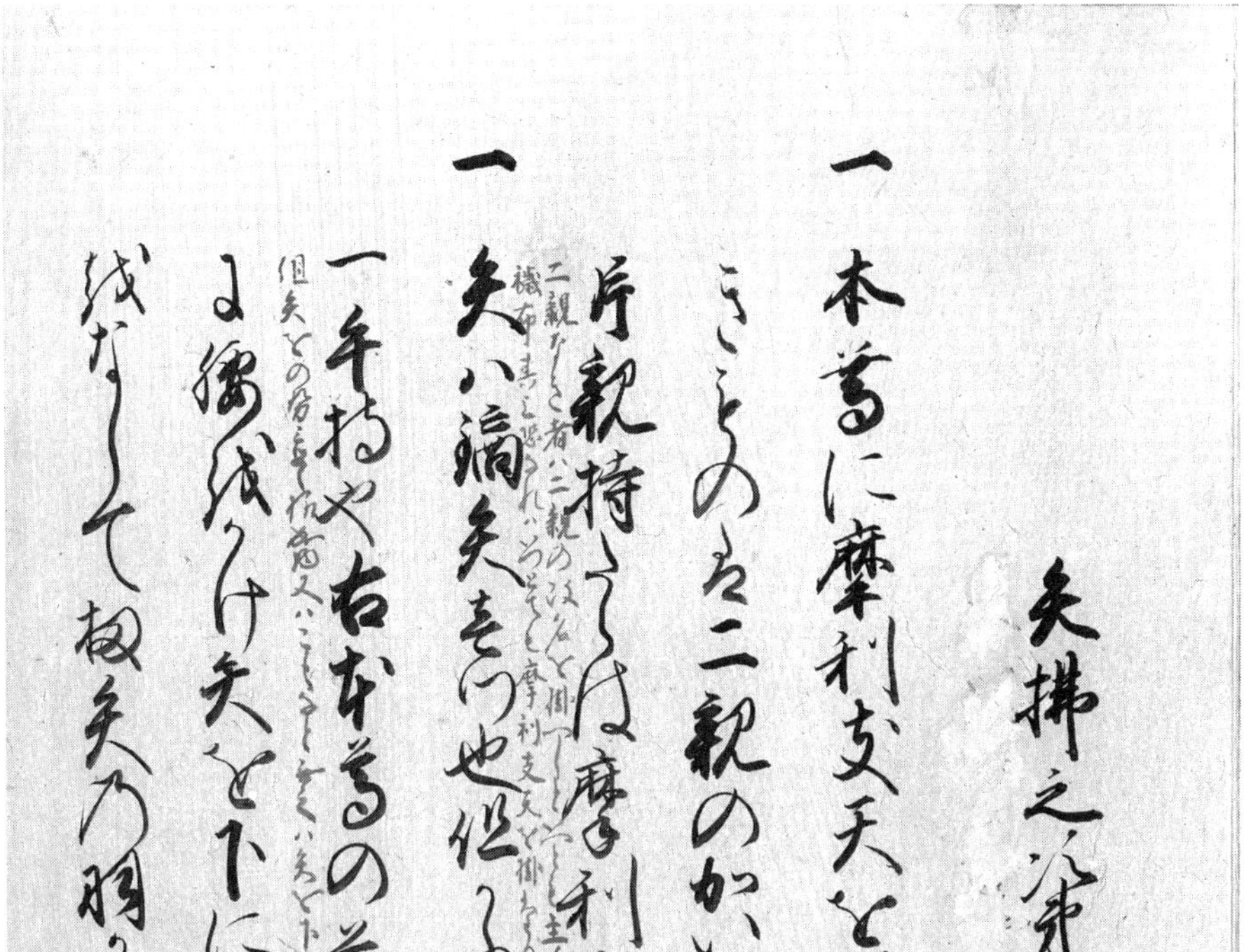

ねんたれハ是なやをそろ〳〵て七ぬ三成なと

色〳〵初の七乃時

一　貪巨禄文廉武破　　　　七遍

荒成〳〵くたれ〳〵うこより後〳〵一つ掃

又右成一つた小〳〵を〳〵ひ納り又みの時

唱ふつ掃はこつ极みとの時唱こみ掃こつ

〳〵を〳〵ひ〳〵九ゑ〳〵　何成掃をにかろ

とんとゝる〳〵色〳〵

南无諸行菩薩　　　三反

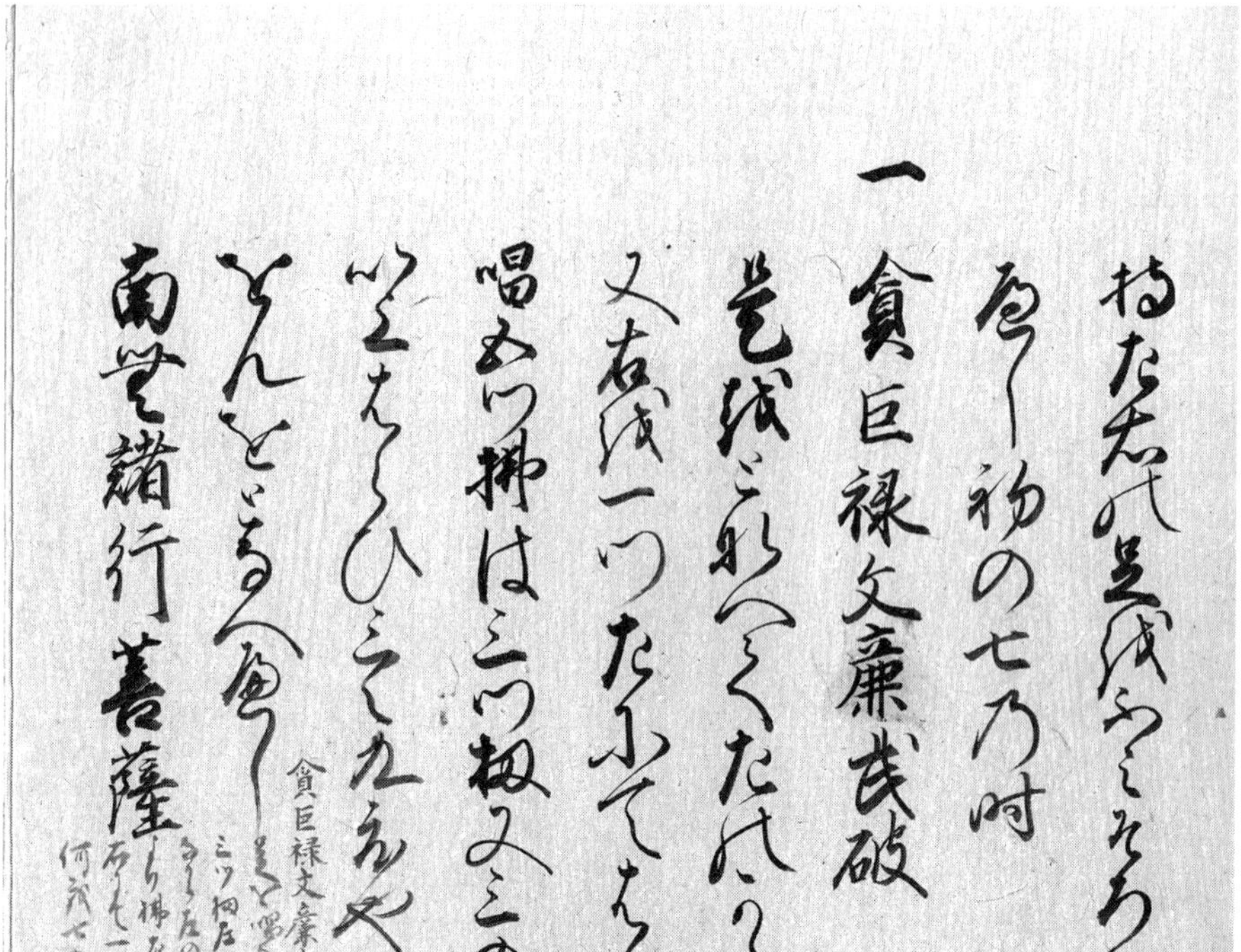

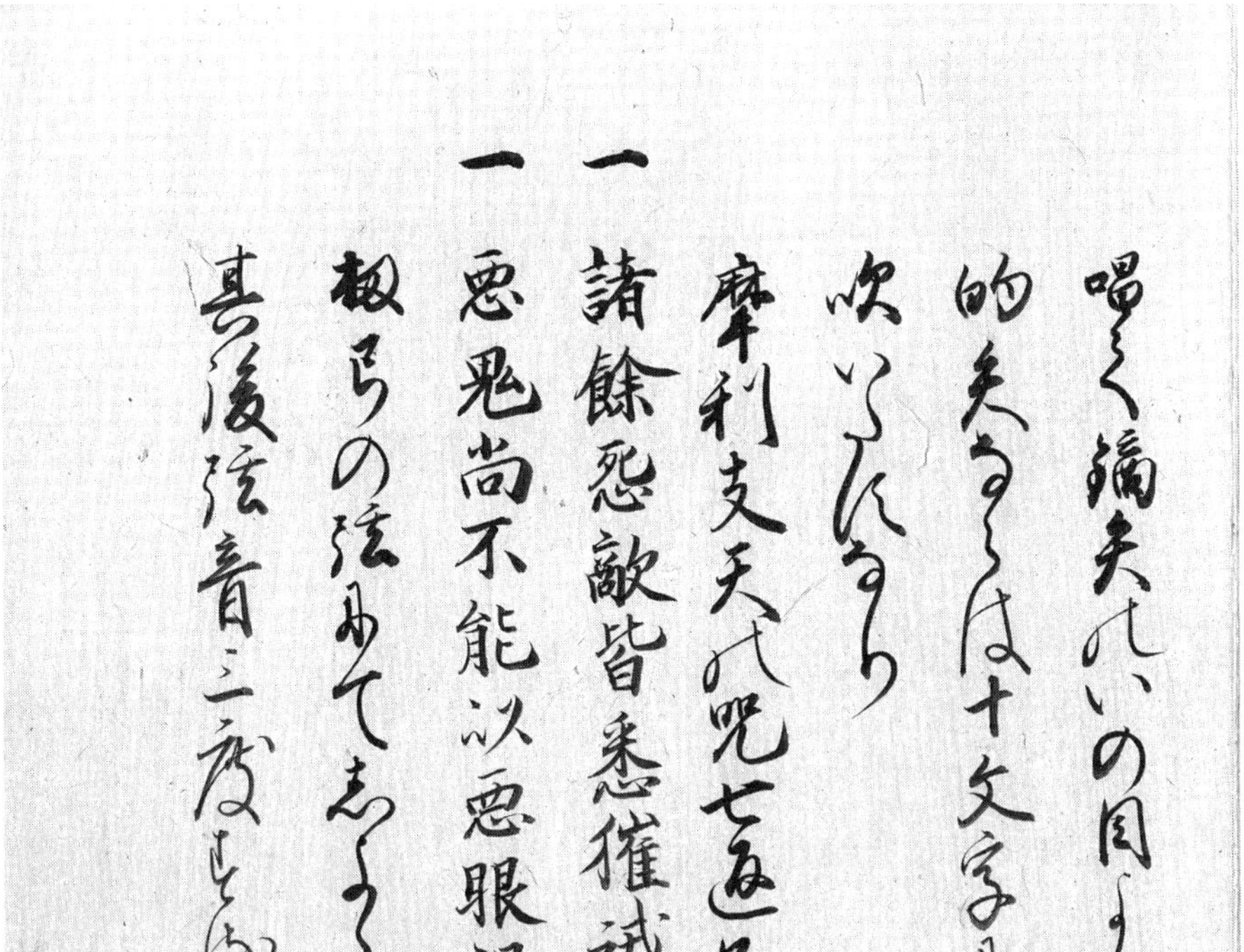
唱く鏑矢ハいの目よりいきを吹出也
的矢ニハ十文字ありて其内より
吹いたすなり
一　摩利支天ノ呪七返足踏七つ
一　諸餘怨敵皆悉摧滅と唱候て放へし
一　悪鬼尚不能以悪眼視之呪優加宮
報弓の法ありて悉くハんてきごご二度唱
其後法音ニ度まじく也

産屋蟇目之大事

一
射手ことハ上りて九字護身法をして
ちと蟇目を取八幡摩利支天を念し
摩利支天の文を唱へ足踏三つちをふみしめ
矢をかまへ引時の歌
蟇目射るうぶ屋の前の古たゝみ
おりしハいにおよこしてある

此歌を詠し可射弦にあてぬれは弓の
筈を可打其時の文
一　七難即滅七福即生繁昌侍楽帝王歓喜
右の唱一遍
其後たゝ是を右の足の方へ一つまはしき
なし弦あひをしてもらに弦のあひよ重
的のまはりをめくらんと我か音をいてうん
わういて天観念もくへしこれをおさめ給
神小酒をすゝめ射手もとるへし其時猶

一

志きたいをもくれとの也

的ふたとう懐紙の中字たとう紙

小おり大事の様の之字ハ其子の為に

弓と書之たとう懐に包て後は是に

よりくるり的へおさめんやうまいらせ

射ける也や悪魔を拂へとせぬなりと也

筈とも手本は的をたてしるといふ

たて川成手ふよりて筈のあてところ之

女弥玉女のあひ産不成ハこれ射什

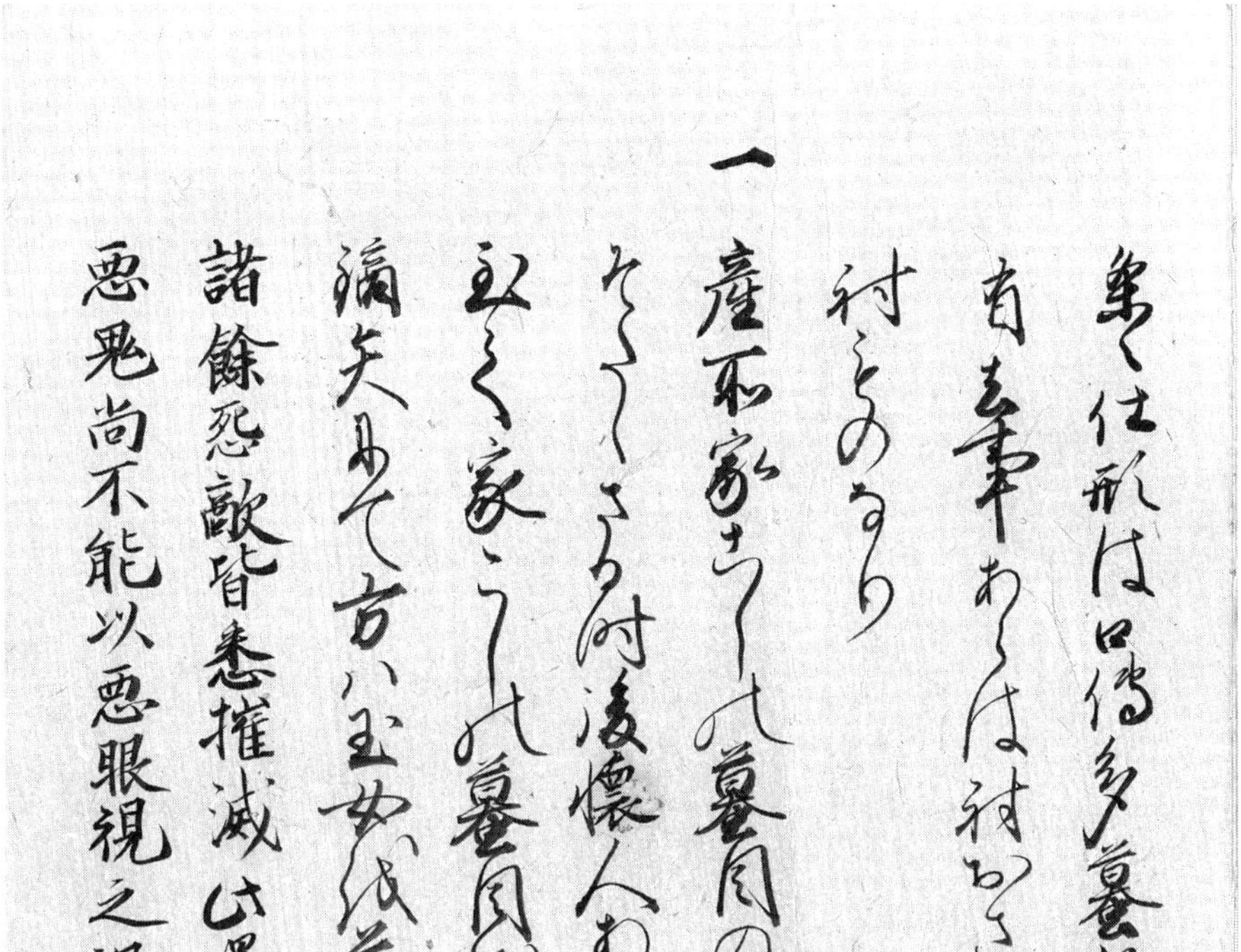
一　産所家にて此蟇目の事は生れ子
諸餘怨敵皆悉摧滅
悪鬼尚不能以悪眼視之況復加害

一　周行七歩は唱哉に秘く
心一筋ニ他念なくかけのちからニまき
大一代秘事也
一　其時矢ころよくはなし　口伝有
一　若子誕生にあらはそを射起てましまさひ
のち若子誕生と云時蓬乃矢壱尺弐寸
桑の木の弓弦は良いかつくの弦太刀に
立我々敵の為候家里東西南北天
地此と射わかなる利

一　焼香七ヶ　諸修悪敵の唱候ニ之へ

一　八幡摩利支天愛染ニ候念して射へし書
後板忌弓ニ候納乗候ニ而土用ニ成候ハヽ忌射候
楠ニ入酒ニひたして大文字ニ代三百六十
四文字ニ吉方に三尺二寸土を掘て納也
鳴見の事甚ろ生れさる婦さらし成射候

一　産所の蟇目一七日可射　仕様ハ口傳有之也
蟇目又ハ弥成射蟇目ニ代二形藤也　又ハ
二ハ本ニ而も射ル　此一巻当家の秘事也

初示夫掃事一 訊憲仏稍有党々疎早

絶見ろる舗志我我子一人より外

ふて教仍如件

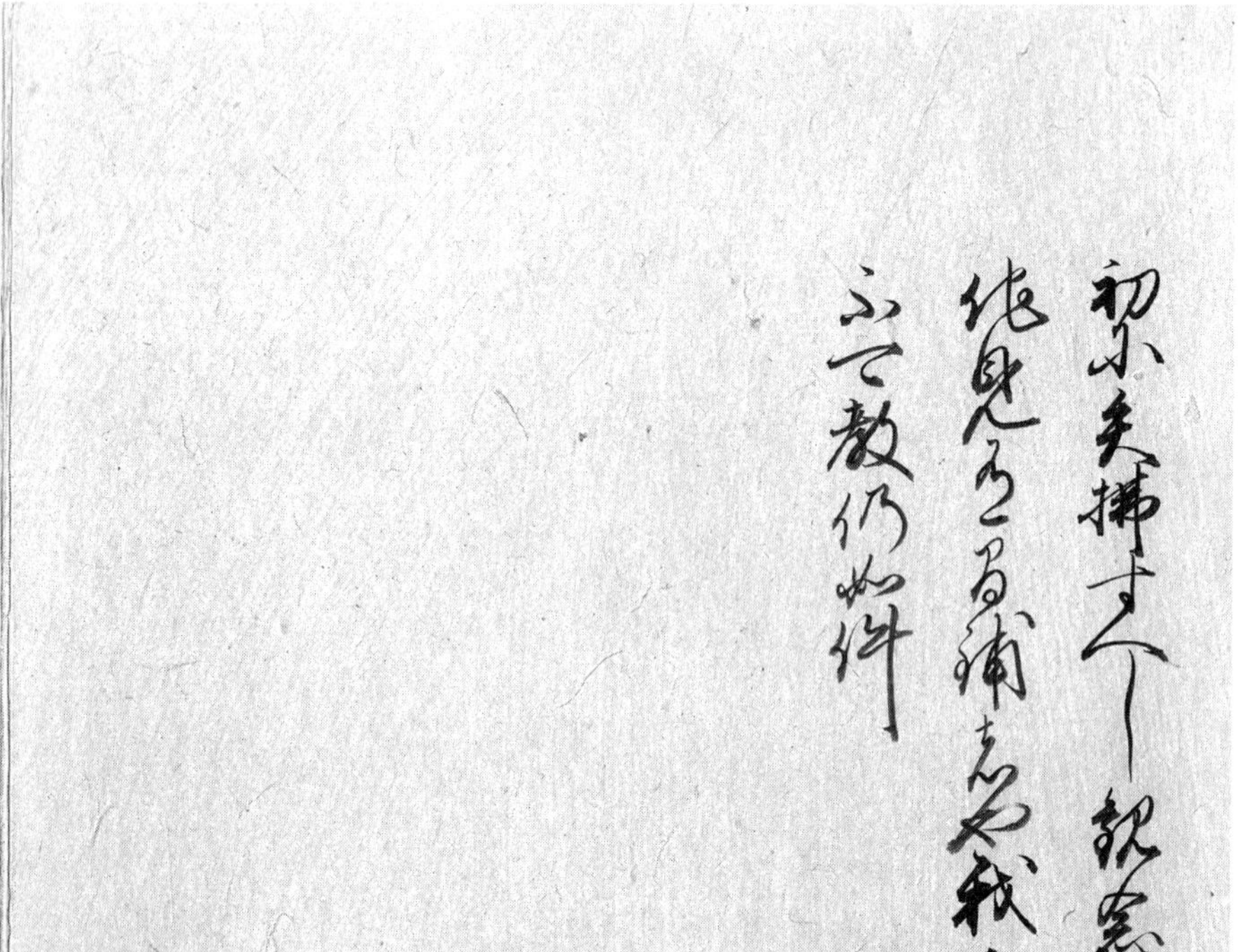

33　弓の書（表）

誕生二番目之次第

一　ひ〳〵まいらせひやうゑもと番目は
千にて馬子にこりひな女まゑ二つゑる
射ゑ十上をとりたがーとて弐
一〵風そにて一かいかいゝ酒一
ざんほ村らゑに酒有ゝはハ頃戌へ哀
てちゑらゝゝ大于成坩の玉くなして弦

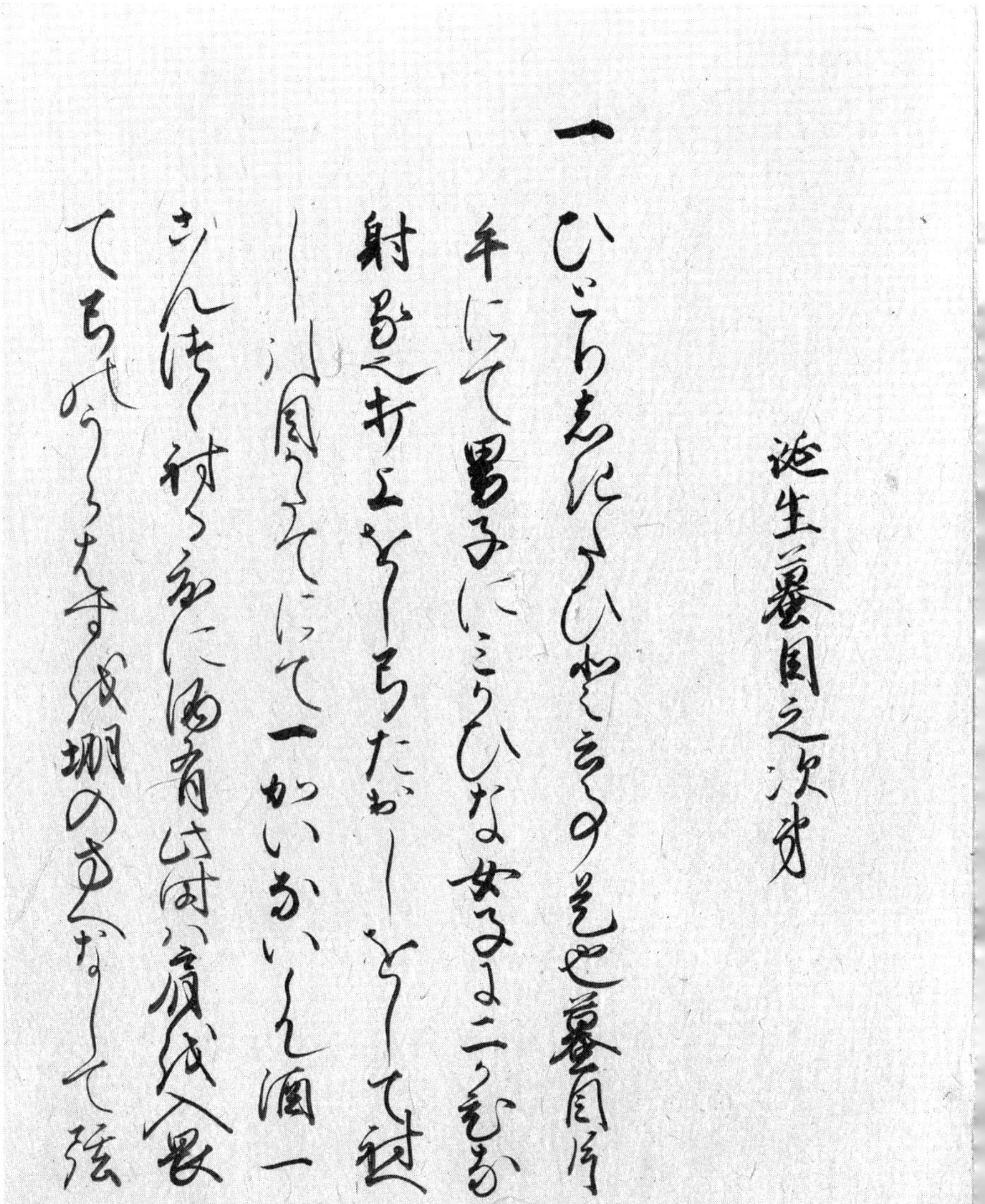

とさして扇のさきに盃臺のこおひ返し
て酒を呑之祝言酌の役也
一 射手出立の事上右にハ烏帽子直垂
着してひつ〳〵とたすきかけ勤之着座は
悪しくしてまて袴のそはたちとる
て射手也
一 堋の事俵を三ツ立て後に十二子の
橋を横に立て向の端にくいをうて俵
の中程に縄をやうにして同俵を橋へ

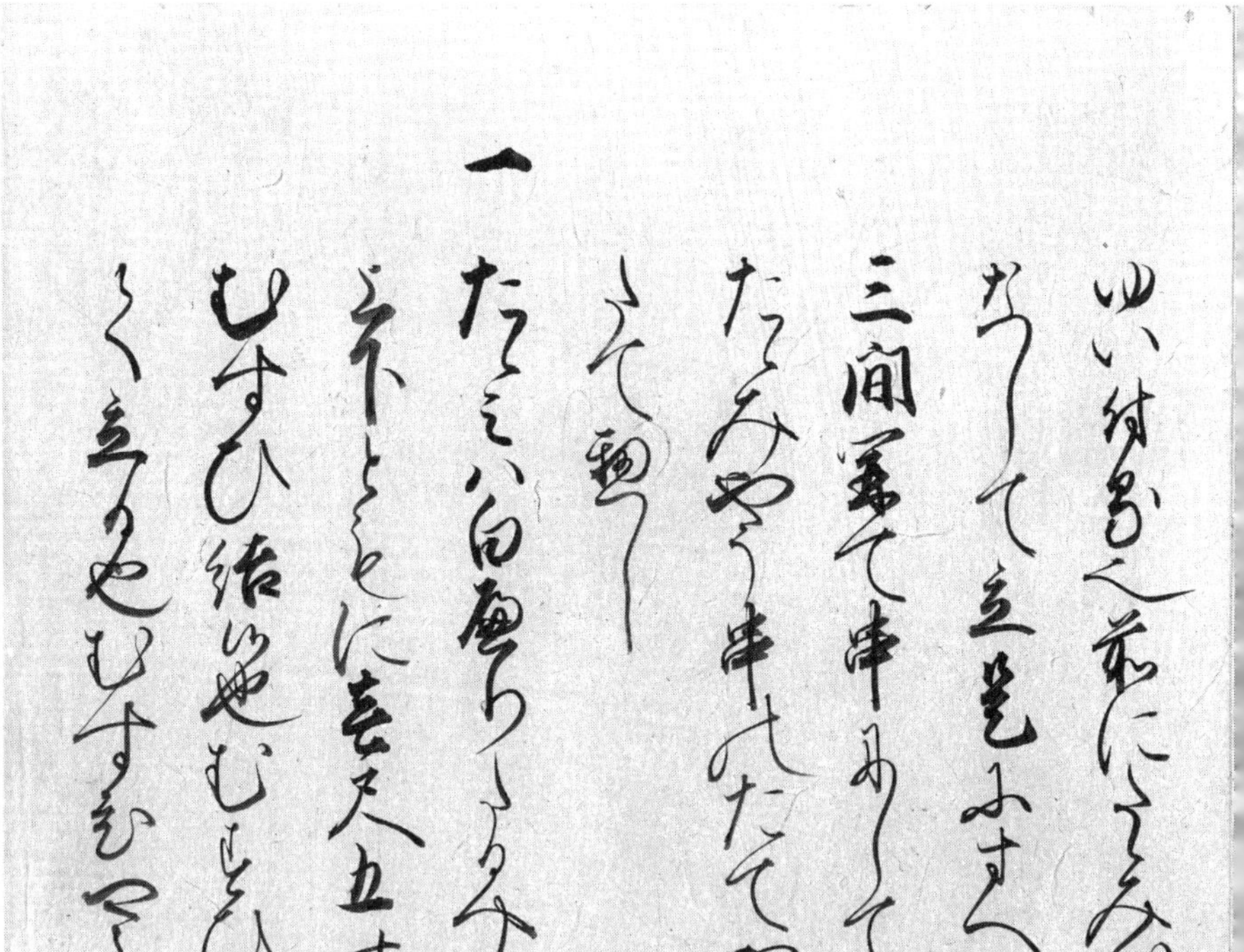

一たゝう紙ハ切目を前へなして地より
上六寸程くゝ立候也口傳
一方角の吉産屋を抱て付る也
玉女ハ吉方へ向て延生ハ奉行の所ニ念仏
延生ハ依時吉則勤ハ間日ハ不撰也
一弓場の次第庭ニ設て中ハ堂に前後
を横ニ渡へし　絵図のごとし
一後の席に桃ヲ提蟇ヲ一具蜂蝶形ニ包て
壺三盃くゝ付る也　同儀二ツ目絵

一　當のよく重一枚一がいる村くむその
席ハ盃成ひ一それにて抄とらて

一　有ハも飽栗昆布也壹ハ絵圖に記く

一　射手抄取二親样ろ志れ役也

一　村子ハ家の栗ハ役役流ハ射手と同一
かくふいのもの砂れハ子侍の内後得
今流た小主人ル抱済男へあり月ハ第一
の刊古ハ役流ヤ付るや

一　内にく校ゑ酒首時ハ式ニ茯くえ

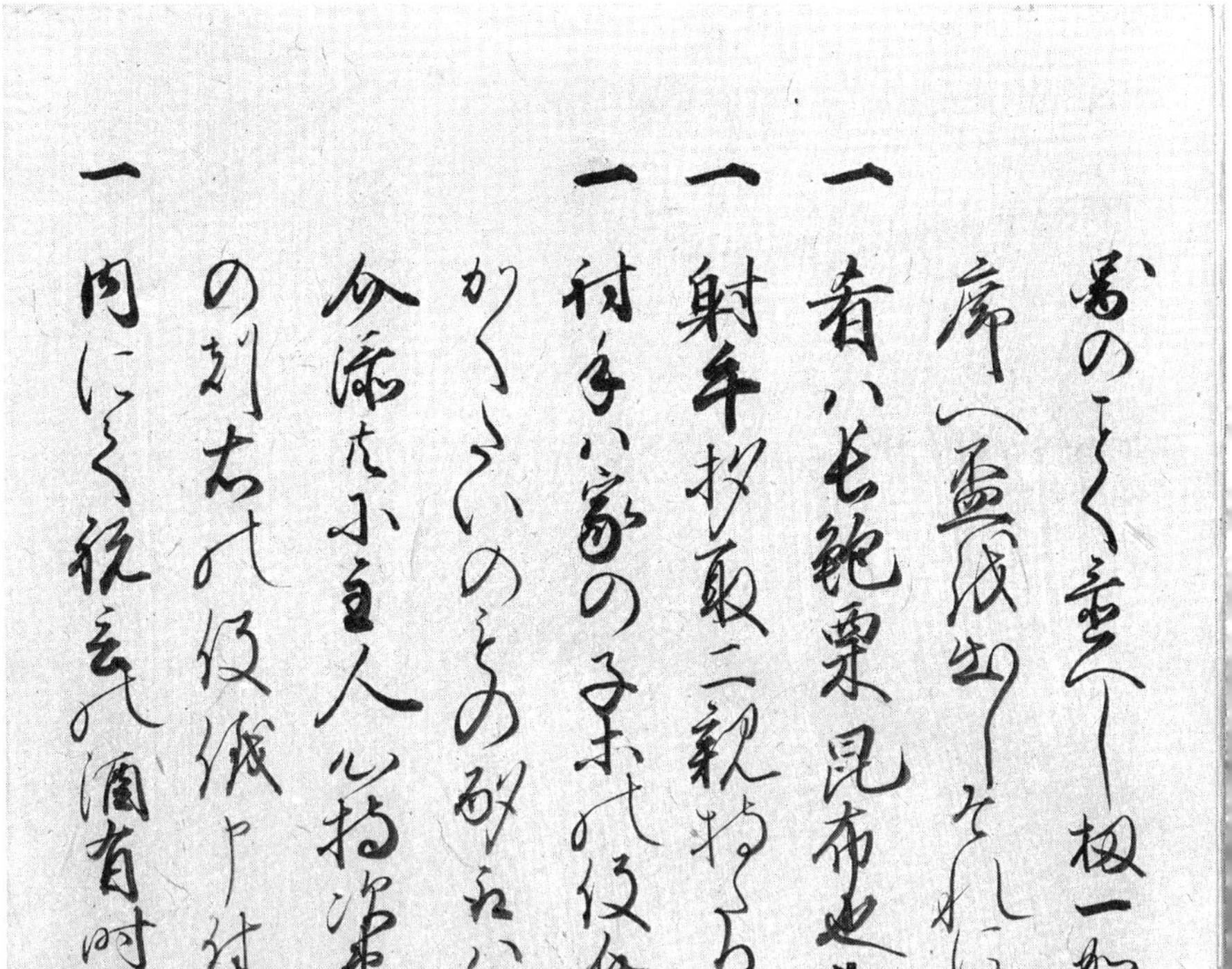

但暑飯ハ常のごとく三献の酒とふ
肴ハ
一　射手の弟子ども弓と矢を座中へ持て
行さばきにて勤へし　其外別家の子孫
とも座にゐる事也

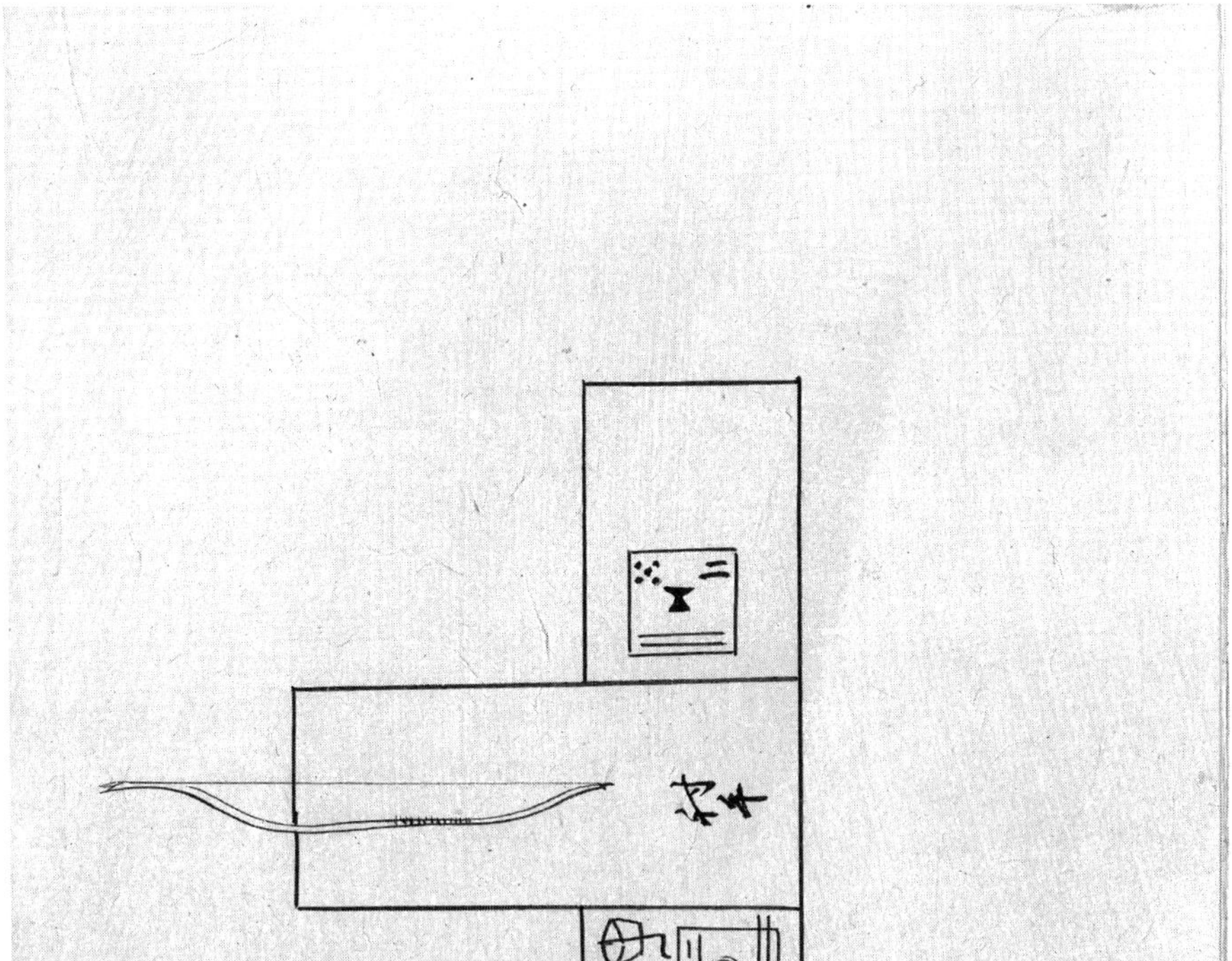
是ハ儀也

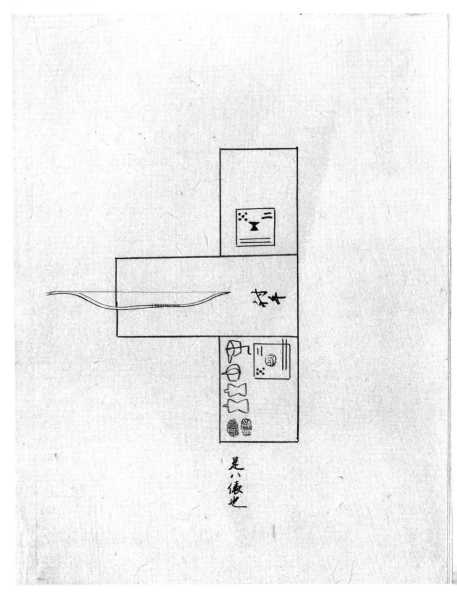

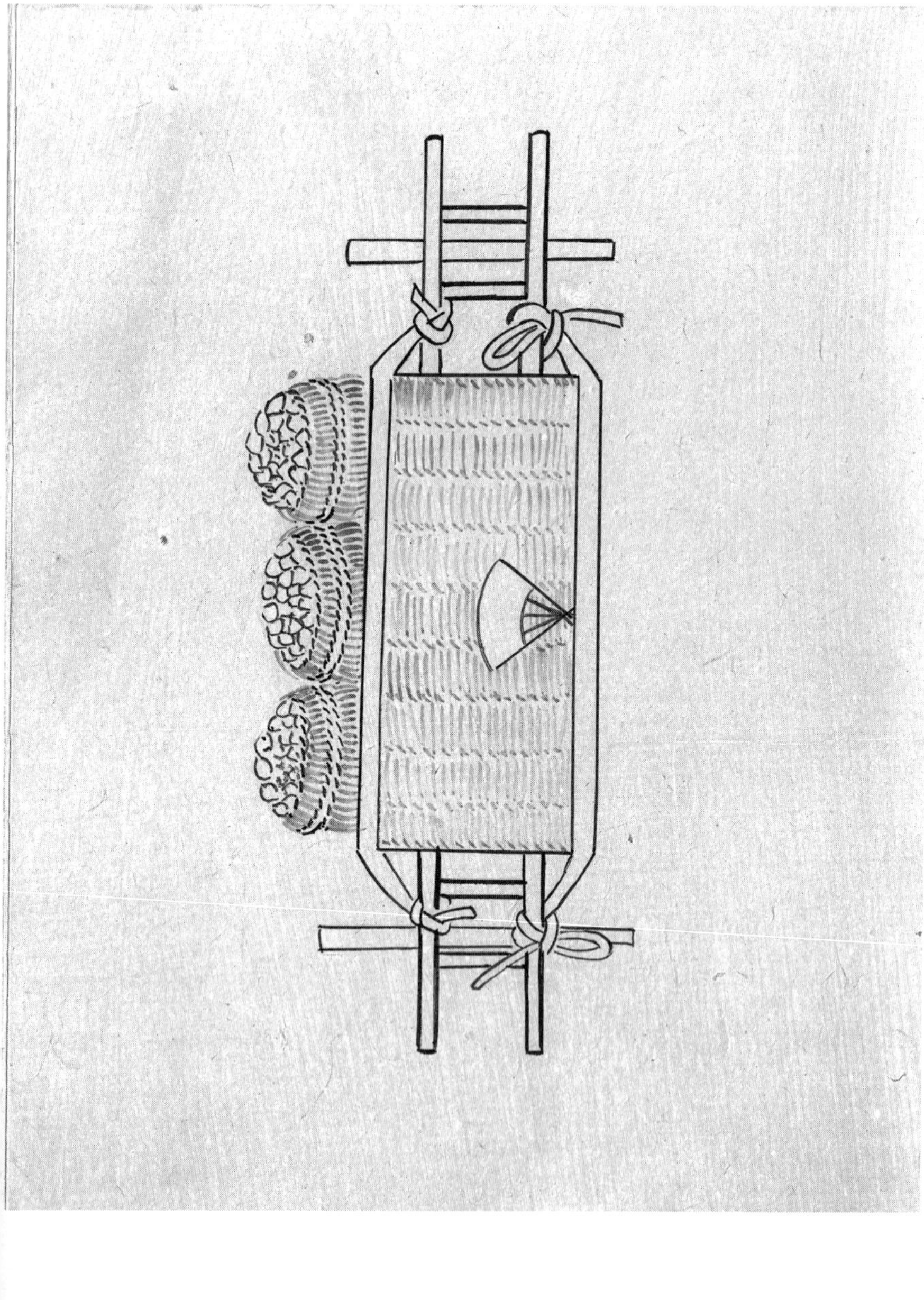

奉射之次第并的絵圖

一　射手六人一はひにくゝ三度に射る也六人
矢数ハ三十六也

一　出立の事ハ古ハ烏帽子直垂にて射る
と候也略儀ハ衣帽子上下にて射る也

一　蒲葦の変毛をたしてせとおりの
川小折、板様小折にゆゝつせらるゝ条ふ

れ描く由にけてゑひゝゝを我ゝすへて
ねおく時白毛の方成れ候し世と成り候
ふうみうら陣にて白毛披納のうへ
ありして猫白毛の方より立まりた
の足ふくて下に鉄描をぬきて上の方成
右の足ふての(く)く玉之椒鼻縁納作
時は矣志りはらにね流くたり多小て
たゝう紙之綿とゑくく右の方へ補は乃
下に綿小てれさんてれくゑ一茶ち

後らへに同前也

一 弓立両ハ第弓後ら見合く同くに
おおきを二枚のおれこも\一蒲食そ
さまに長右のす小矣に取流くら
ミ持たり平小く細矢らく也名傳
有くな利

一 弓立く矣矢ハ文字にぬく脇のた丸
逝りにら矣橫之人的を人合結くら
志介りて梅ら矣ぬ走了右小そてゐわの

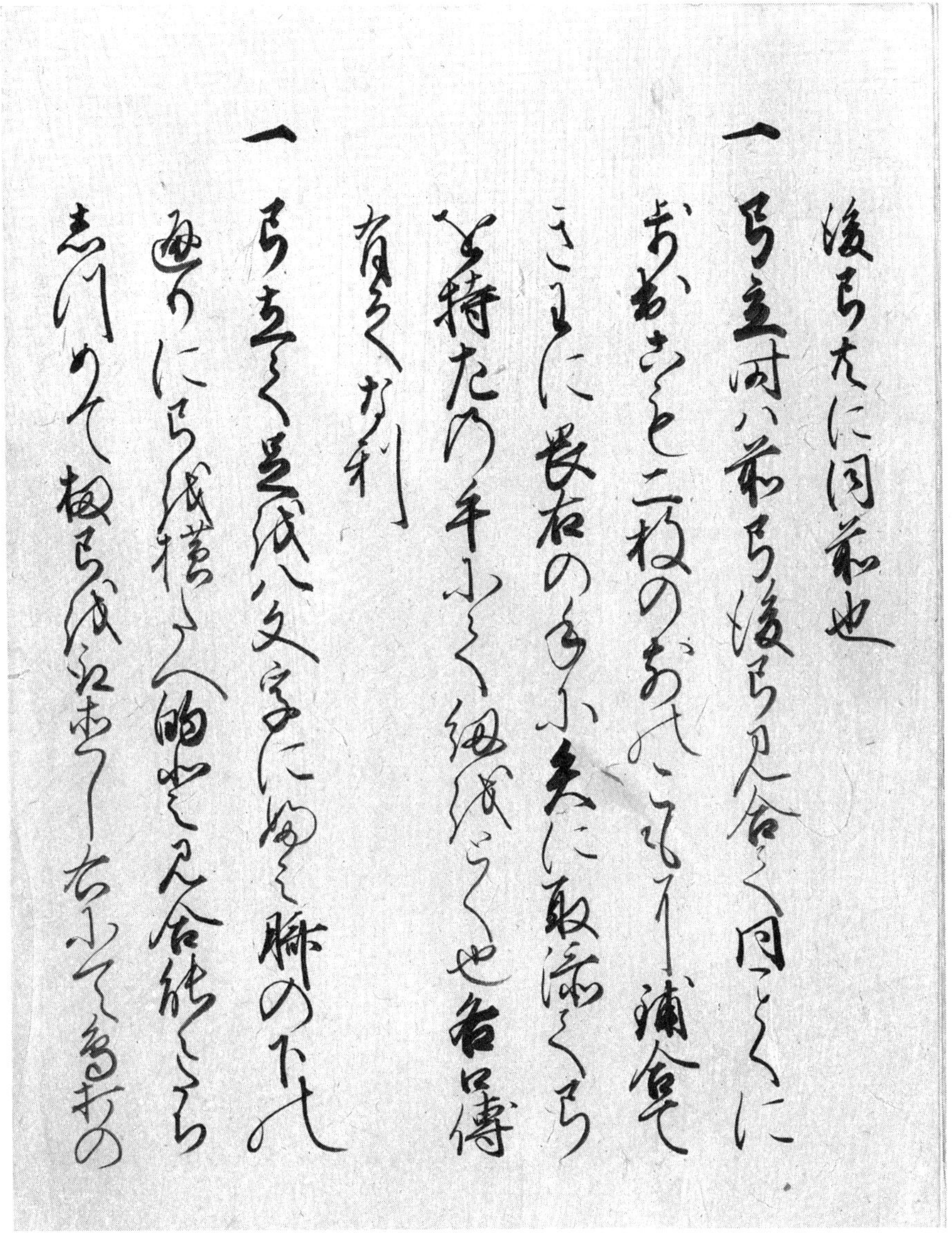

に鐔ね二つかゝるやうにそへてさしぬき
をわりぬ襟をたゝみて刀のさやの下
にわりはさみ帯にはさみ柄ぬき
とちのえゆゐつ箱にもちしのあく被ねる
両は弦四五寸下さくこの弦をそへなし右
あく横へくりちを後様といふる
肉りせむかいらんて手綱つかひ幸箭を
膝の節にかゝるやうへ射矢をさけらる矢の
さしく矢立り箙の方へ五六寸出し持

一　右ゆみ又ゑりんとかひほくわぬもを

　　柳弓志り成りう打らく可村いあけつ

　　初ねらゆく魚うらみ成ル右乃方の

　　足れさしにてたれ納ひ秘蔵所

　　志り成ル引そく廣成へひ其後むのく

　　たくらを夜在一せの立成ぬきゑり

　　長工後ら村あゑく見合く立屋一

　　坐引ぬかひ小続く見合一

一　弦切く事前らゑやにく弦成村切く

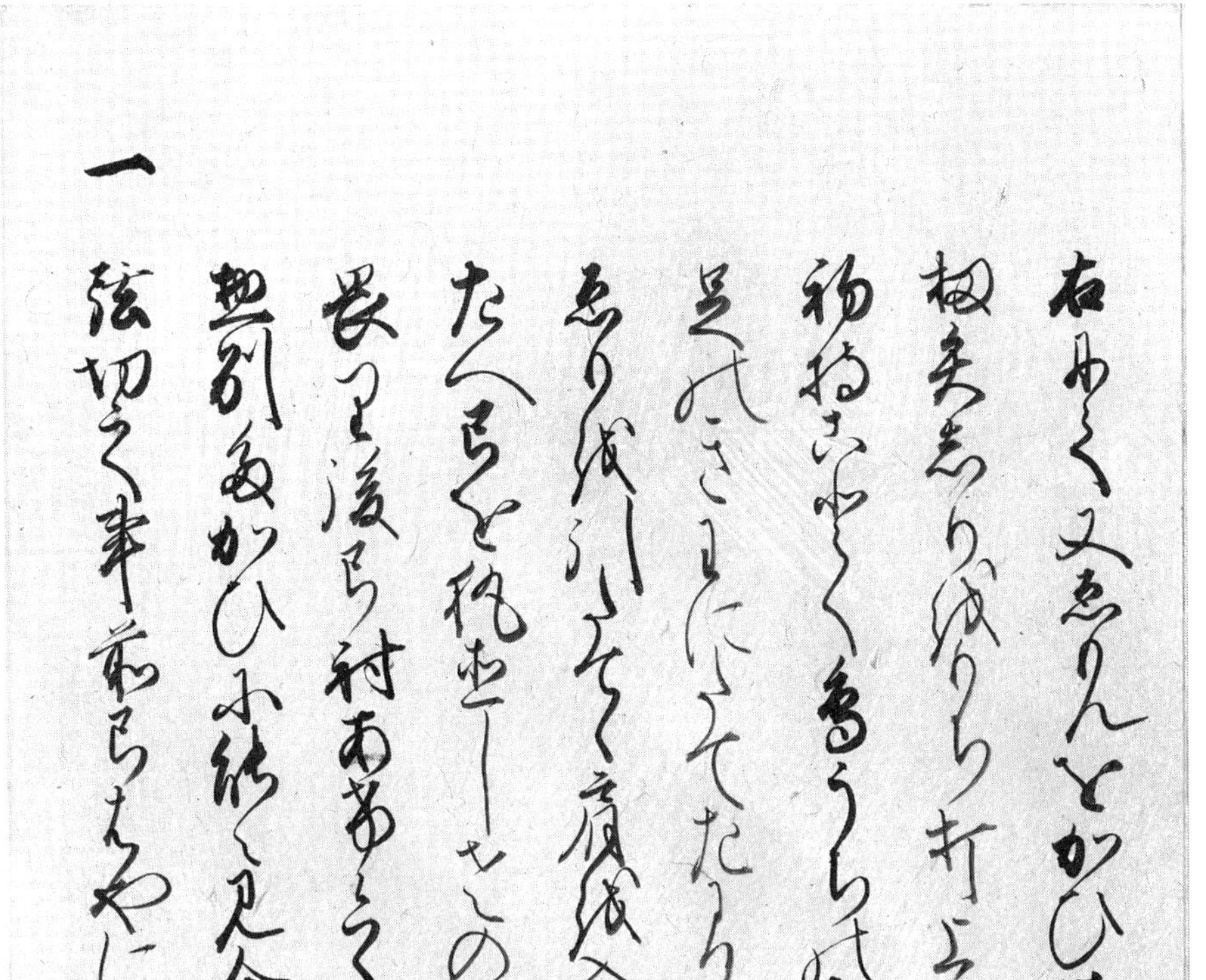

納ハ袖をいためしてかいなをハくりそれ
あらく罷く張替へハ侍へし相手ハ
射ましくハ弓構へをしるく握かいなく
弦のくせを持出居に柱に落たることく弦ハ之
なしてりらハ共後なよりてもとの
弦ハ右の手にくそへりらわけく
後ハ時弦切なる弓ハ我とと落してく矢番を
弓へし弦切まてなる弓ハ妙法ハ論なき也
握なれくりのさればとくたら立居し援ら

一　矢取出立て弓手にもちて陰めくなし
り引て後得る物に〱して也参り行

合時は手に手にうけ法に〱通るへし矢渡
五て持〱きやうたのもうし矢はり候持

右の手みて秕すれ共節みりと候こゝり

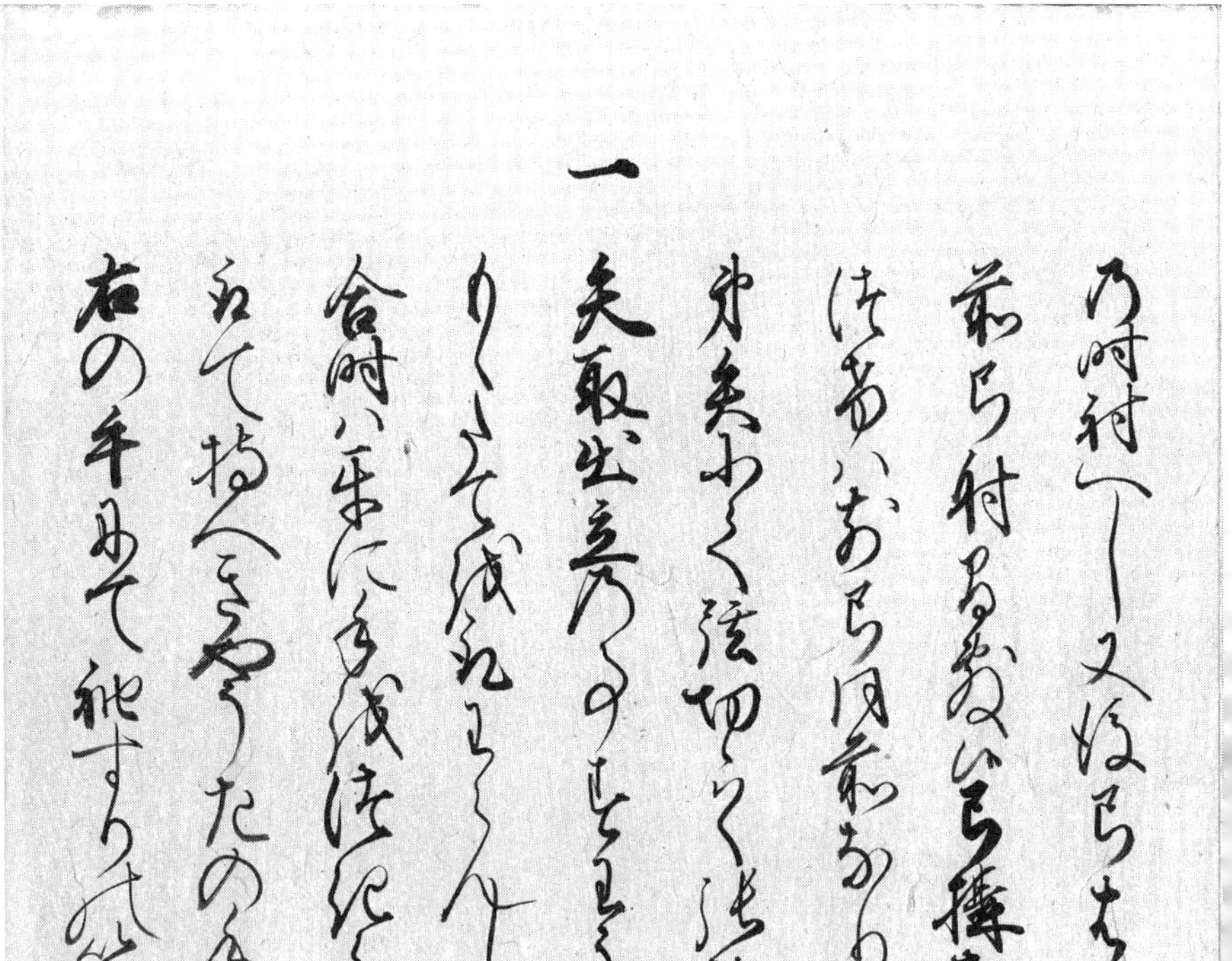

如法的にして左の方にて袖より
乃節のあとより矢尻を持て左にて
袖すりの節のりとはゆるし候也
一　的場の広さは弓二杖ずつ前一杖に
立つべし是式法也然共所によりて其
うちはくるしからず
一　数塚の高さ一丈二寸とて広さ六寸也
見れにくく構て後の数塚候是
的の方へより候也

一　的の鏡五尺二寸絵書のこし

一　串の寸法檜串七尺八寸内なり六尺八寸

そくし地より上六尺七寸也一尺五寸

地に入ふとさ切口二寸計

一　的掛やうは三寸八寸下七寸に懸へし

本さき五寸計宛架へし

一　蝉の長さ二寸八分計頭は黒く本

羽し三つ羽に紙黒と白也

さいに付へし

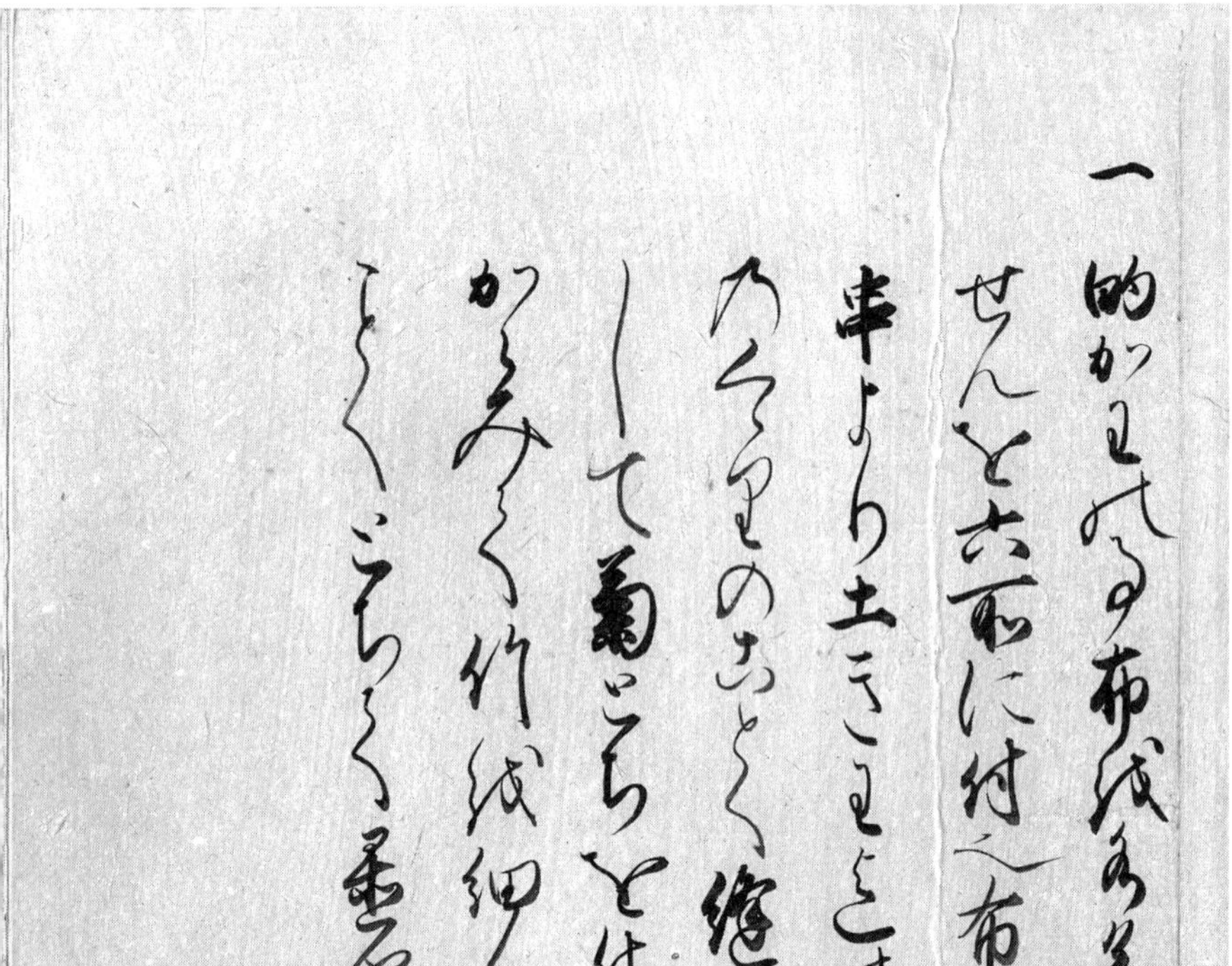

一
的かけぬる布絃の事に染くしみまん
せんと六指に付之布ハ六のたけハ穂
串より土さしを丸く太くを絃積
のくもの布とく縫て六寸斗縫さ
して菊ころを付へし横串小し
かみく竹絃細く削て縫目の
まくこしらへ候也

51　弓の書（表）

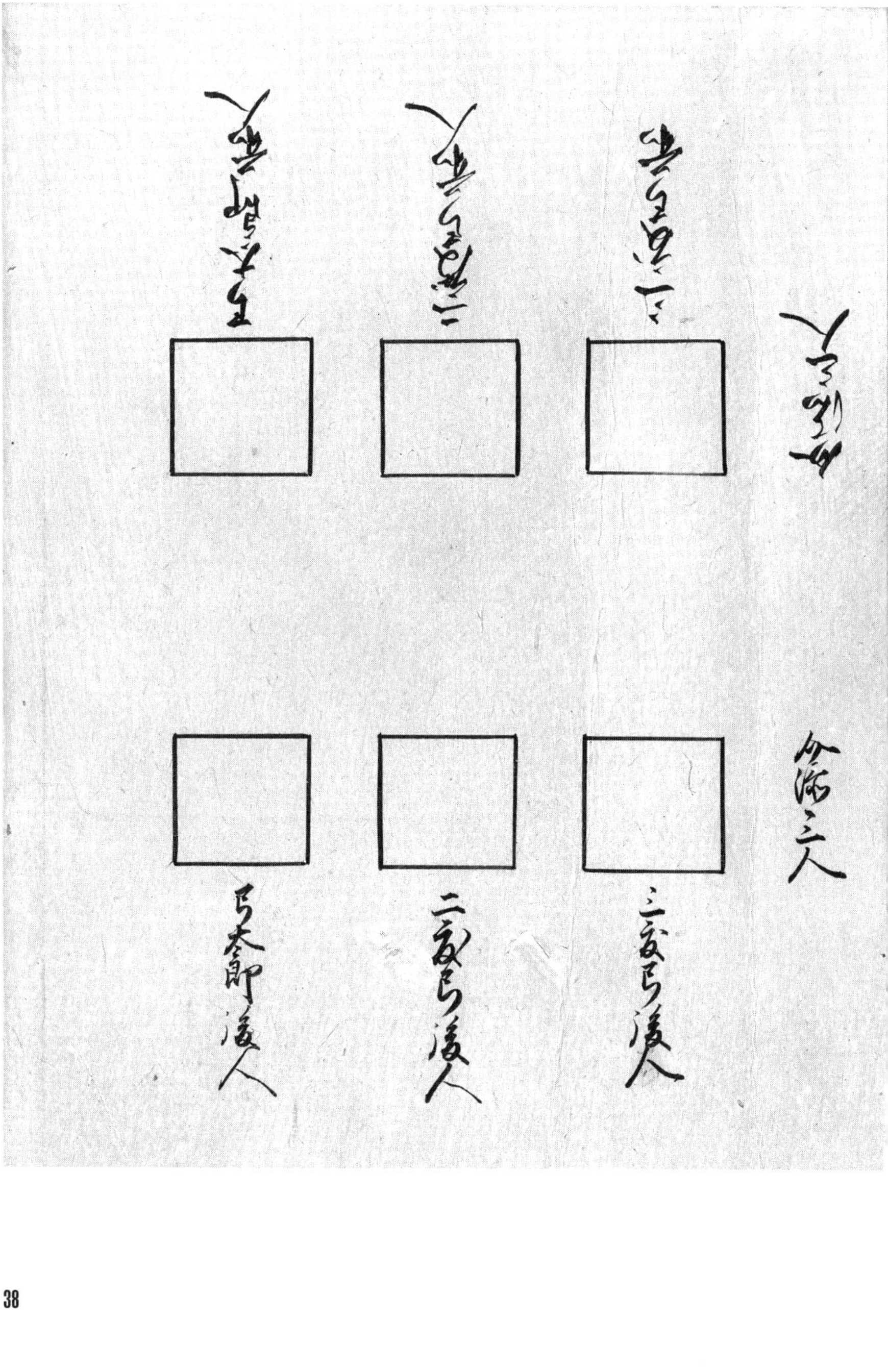

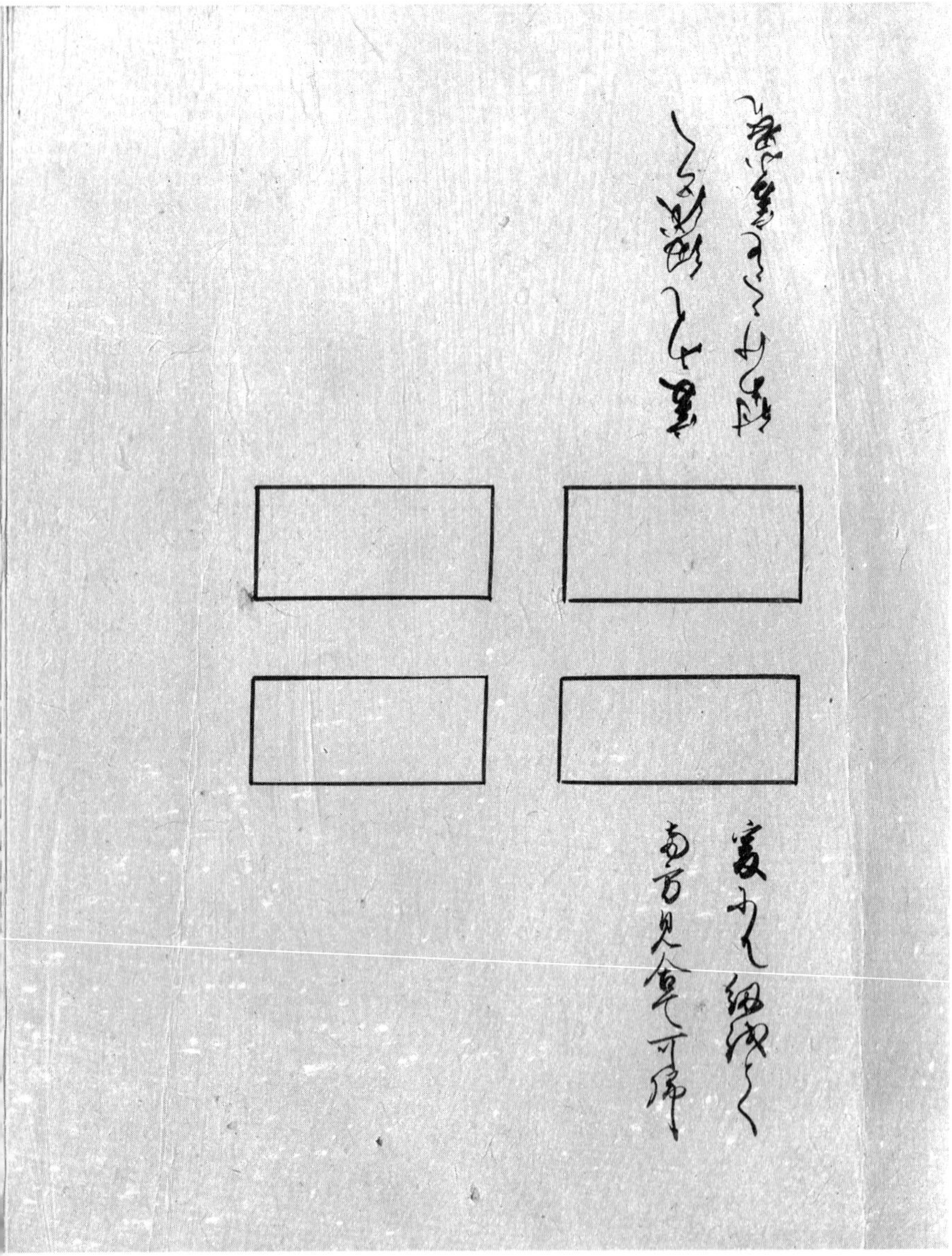

53　弓の書（表）

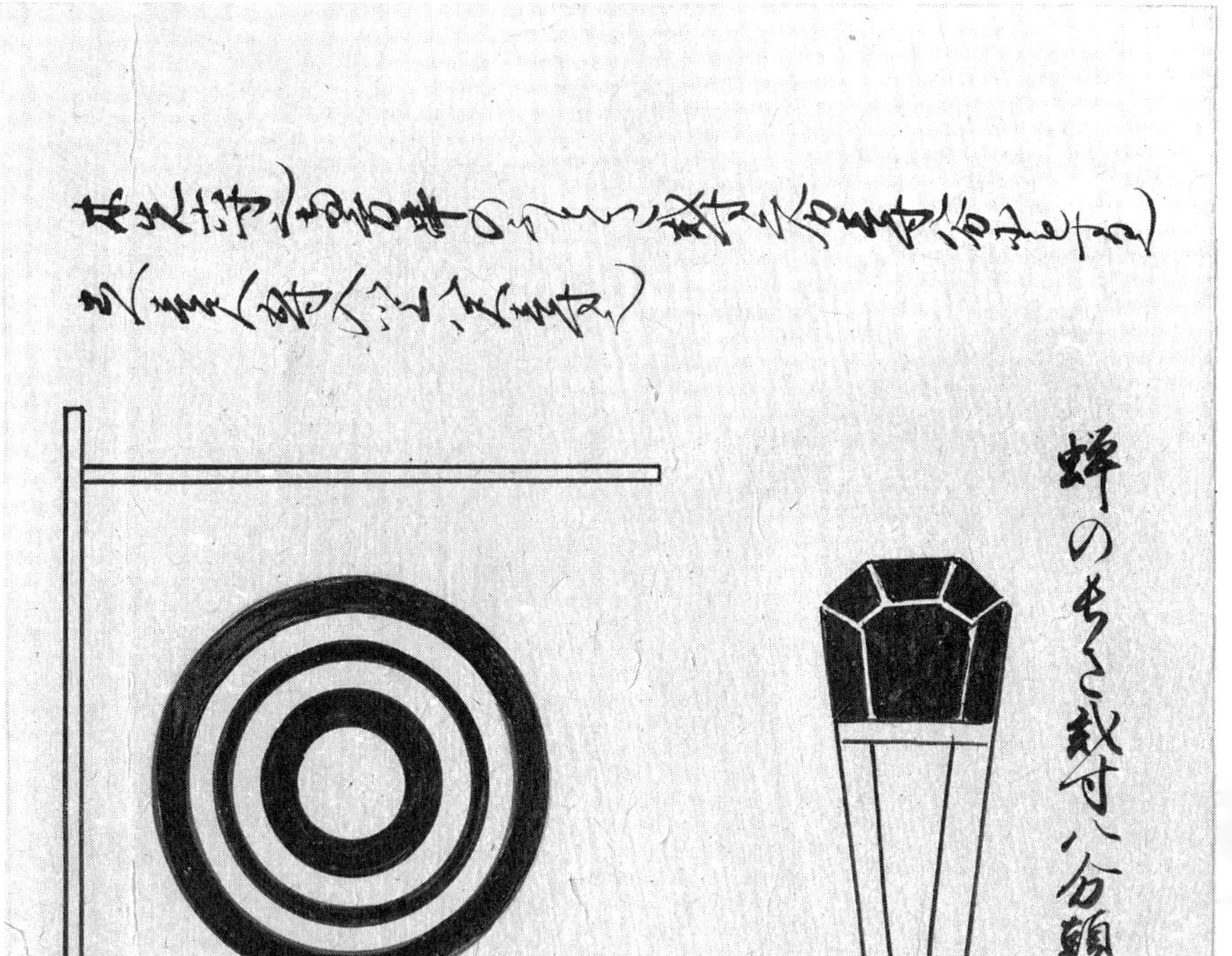

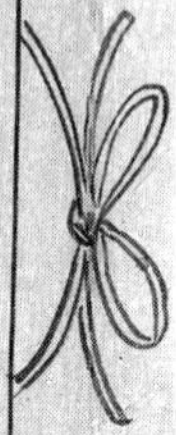

弓場始日記

一番
小笠原左衛門尉　○○○○○○
山中右衛門尉　○○○○○○

二番
小笠原中務少輔　○○○○○○
武田左馬允　○○○○○○

三番
大膳大夫　○○○○○○
下枝源六　○○○○○○

年号月日

一日記ハ紙一重宿積ニ
折て書様如絵図
一歩射之日記第一
やハ中てハ白然ハ
黒くすへし弓始之
時ハ中てを黒く
迯ハ白し

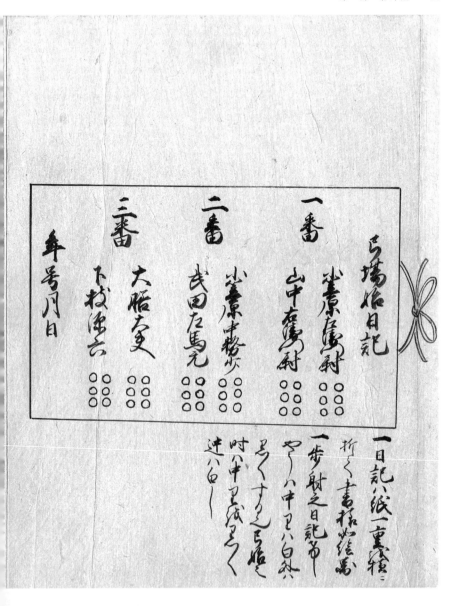

一　弓も立破ら大所と可心得小的対も可有

一　御所的の何せきの矢といふ事二変間乃

矢の事也と人ハ慈ハ矢を可書ひた

此矢あるり以ハいろうち同道也ち

て所要ハ矢と云ハ此矢の々六々に

同おも也

一　奉射の時も大盤破也り小暮を

持立対ハ上又対あけい時ハ先達し

ひいや小的の強又け居う主成な

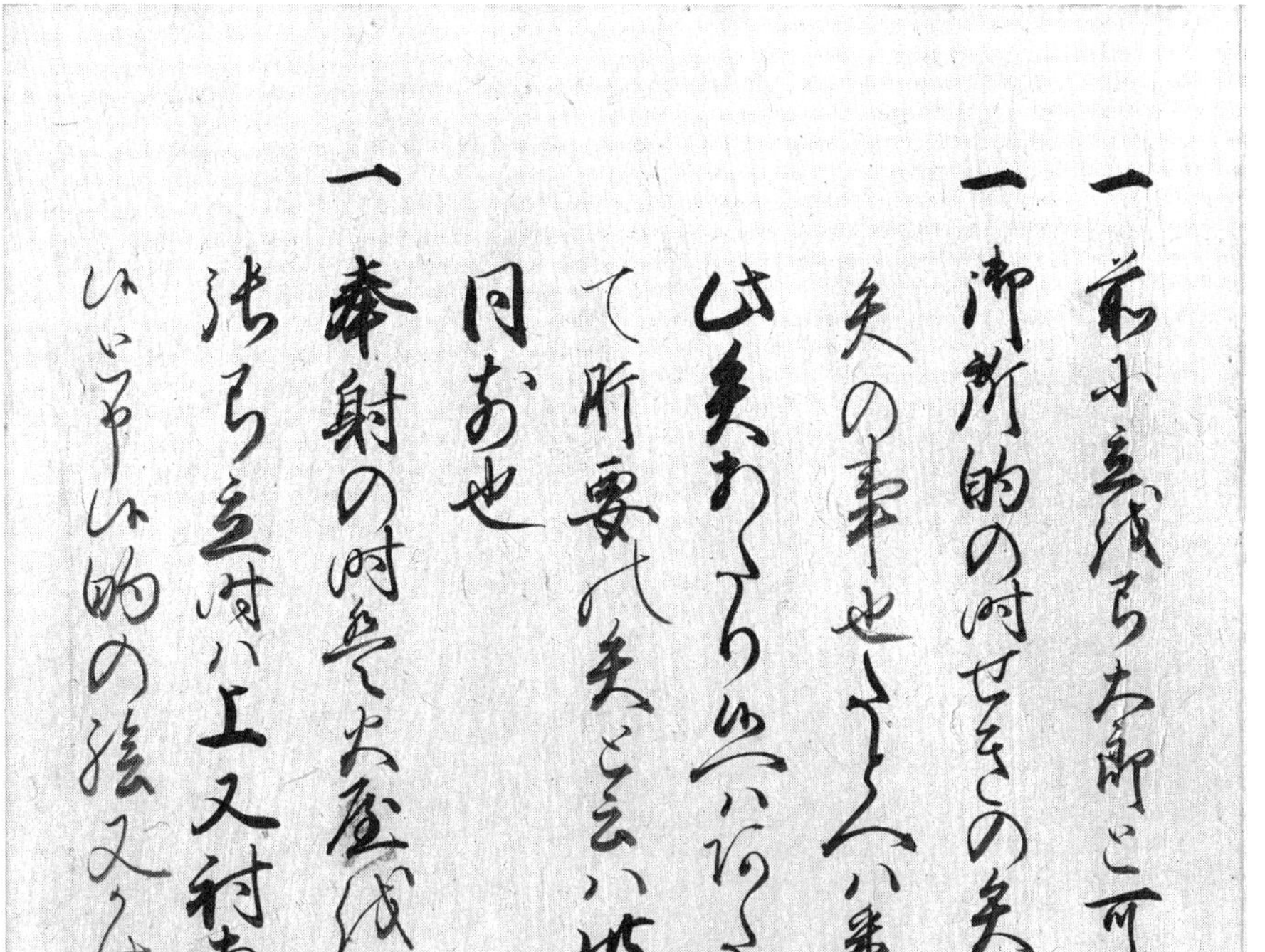

見勢まてきりめ〳〵志を程ふひまよ

せ〳〵まて〳〵従昌惟今をかもちろ

かふすろ〳〵約も有者浦い失ひ故

みくひ南いうめて精進成して諸

諸百子たとは百日様をせんてあ

〳〵に村うか魚川く将うろ〳〵ま

村と七日八とをさん〳〵く出その村ム

的の中外ふよを出天下れう歴ろひ

とちろ又を主人の内室至い脂ろと

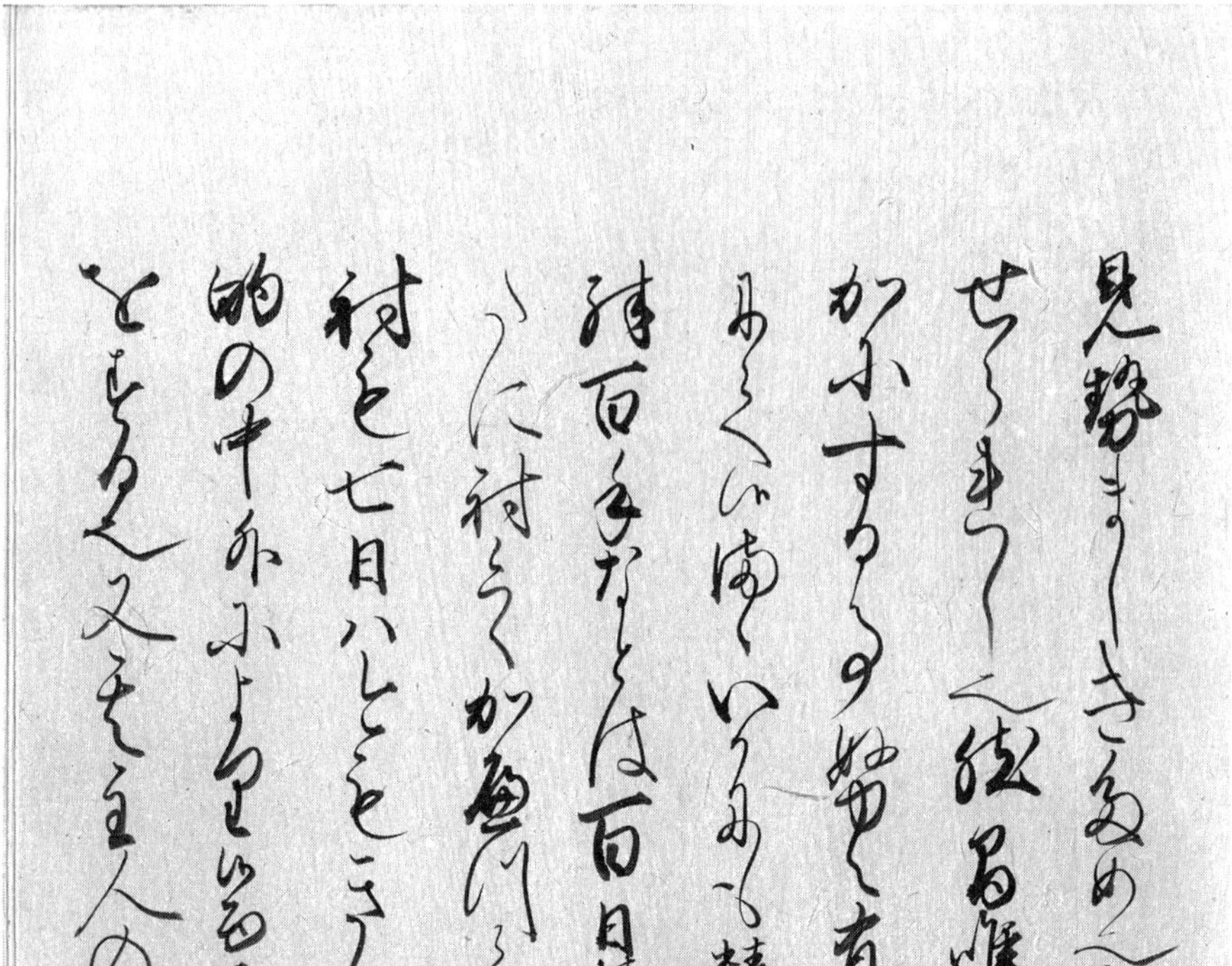

六は男女のうるるひかきとめんくるう

これ有矢のあらねふを女のき

又志んた汝法もさんまのありやま

もりゐるけんのすくもくひちやう

よくは女也又まに六は男のすくや

此去精ゑを悪鞨しうく村くく遠

可串は

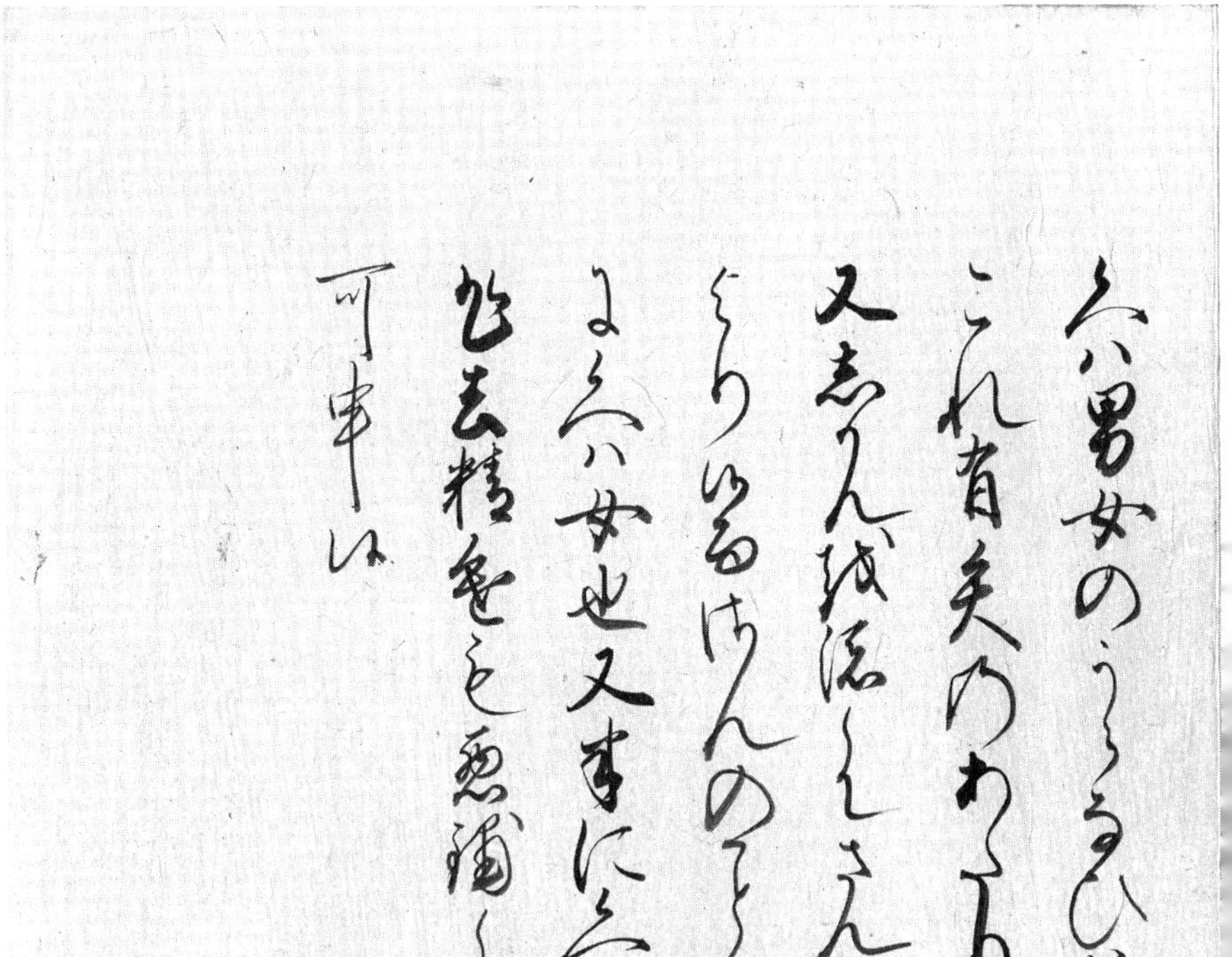

百手之事

一百手の事是ハ祈念のため不断ニ射い
たし精進ニ成て致し射る要之首台
百日の志やう志んと云儀ハ的ハ八尺
弐寸乃的ニ射手の出立以下射やう也
十七日ハ同前候て其の補様ハ出立ハ十
一枝数之一人のおにまた一枝宛也三尺

修り花蒲て候也同證文とも在之候へ
一同文く成舛也弓立下成下立證也
同たう本の儀之同く成舛ゟ物手
ゟるまいら也重書舛る成さぬ物之二立目
より矢弓に条りあけく　十度と出新
弓場成かゆり之大前ゟ大後よりの大
後ゟ大矢あり弓ハ弓也又射手人数ゝる
十一人にく十度弓立也矢数弐百四十
ゟるく一同射様ハ舛あけめて射ゟ也

十一人一宛にら立て十矢目のし失敗は

弓〜てもしむそ惡わうりに付う

此此同分流十一人〜矢玉を同並堂

を十むるこ〜〜碧紙父方かく〜南四

此去社堂成〜てきて〜れ村之御覧

哥社作也日記ハ紙一重成を候不折

〜て〜月二ヶ小て〜ち火〜主人を

官空計去候人ハ名字〜〜成去一

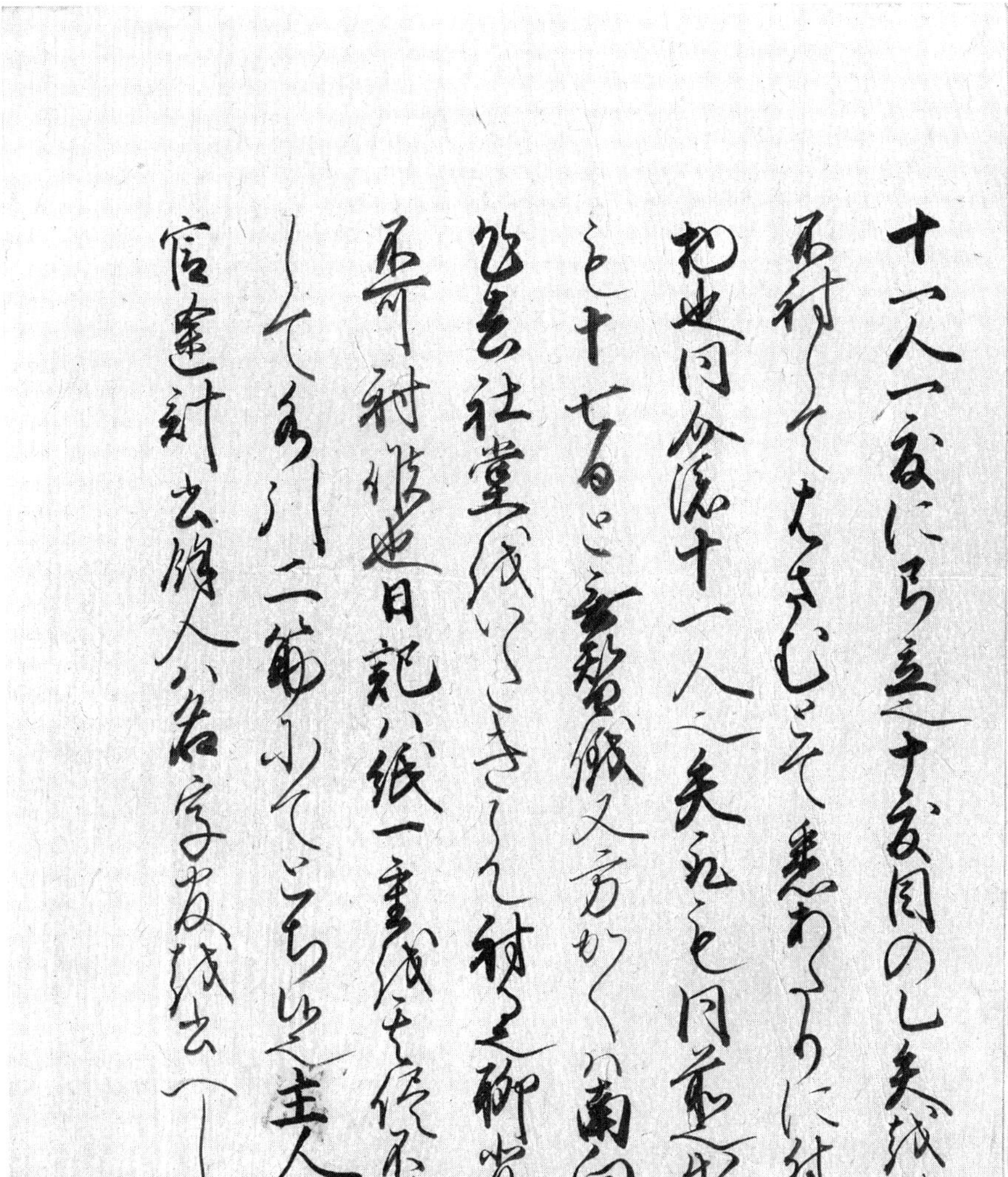

三度弓之次第

一　弓始乃事正月四日當家之政又ハ十七日
稽古のためにこれと射候ものハ者立候
以下紫衆ことに十七日と同前之月十七日に
云はよ射のるの之是ハ天下の祭ことハ候
為上古ゟハ百日乃稽古にて勤之到
今大事可為其趣

一的の事寫也かんなにかけを写ツ丸切て立之
円切的とゝいふなり
一的数乃事二十六用意すへし継わくる
長さ九本数多出して無程へし
一串の長さ乃事地の上六寸に立へし
串寸地小入へし又余分大かく除之切目
と花の事へなして立へし
一埋乃事無くしてさく乃せうして立也へし
何とも口傳あり

65　弓の書（表）

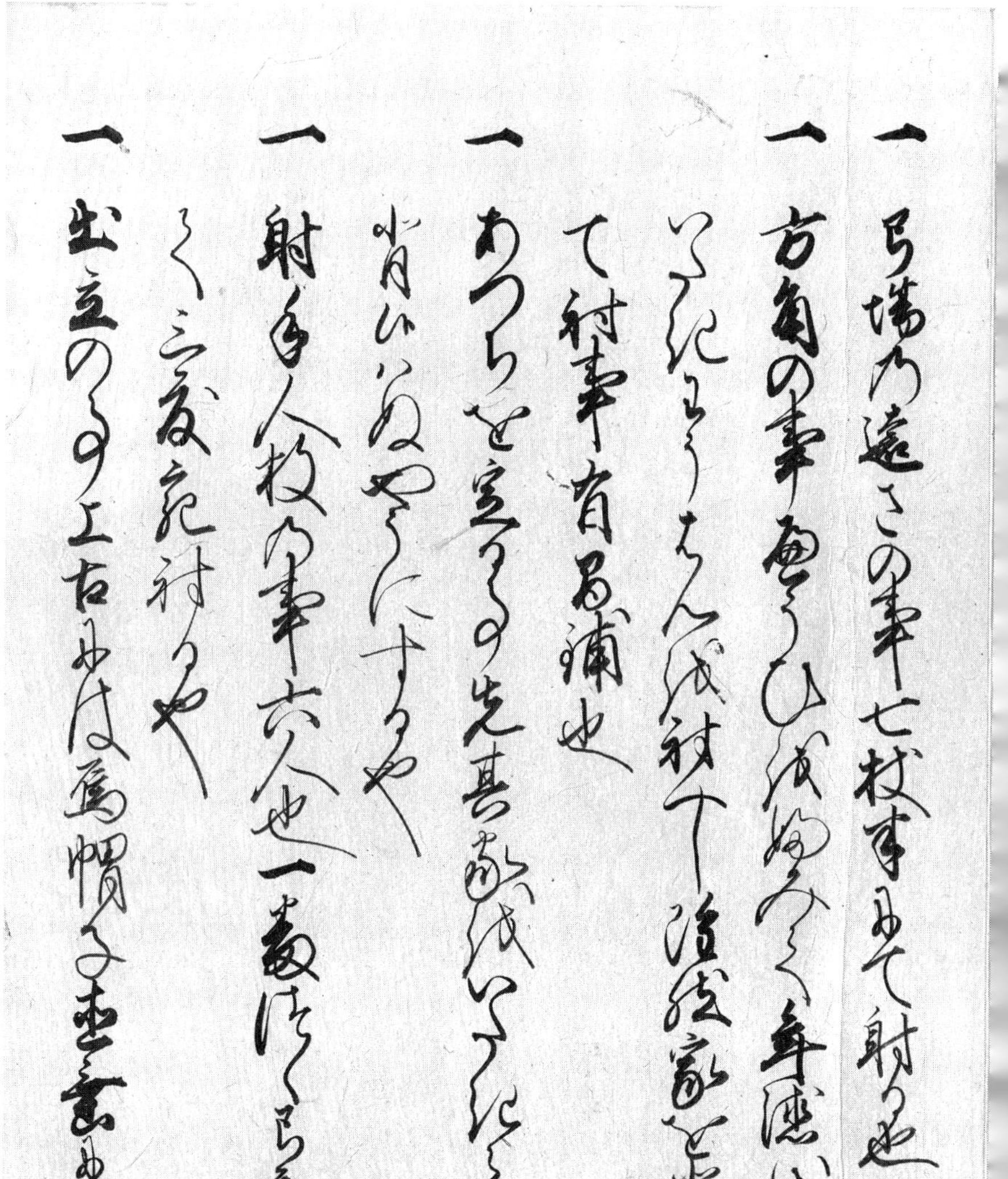
一　弓場乃遠さの事七杖半ニて射る也
一　方角の事悪しく候ハゝ年徳ハ候
ことハりちかひ候射下ニ従彼家を背
て射事有呂補也
一　あつちを空るの先甚敷候ハゝ〳〵
背ひらきやうにするや
一　射手人数の事六人也　一蔵ほとく弓立
く三歳宛射るや
一　出立の事上古ハ烏帽子直垂ニて

ひきう候はんく也當世出来候略するとも
烏帽子をきかけてひかうとかうくに
一　弓ハ白木也弓矢ハ弦ハ頭之拳付の
時と袖以なり
一　弓場へあかる時ハ弓候かひきいる矢候は
袖以ぬけ出して持之円数候をし院
持て出之数候に候数候なる候則象て口傳有
一　弥源六人出也一人ハ獨立出立ハ急也一を
わけ待え以つつりく立候之

67　弓の書（表）

一　矢ねの事これを六人へお立八すゝり
　袴小ゝ□ゝむら□なく□□袴り
　□□□度に□ち利

一　矢ね遁りの度両は車に手度は死礼を
　とるなり

一　矢取つ□の□矢度浅の若□□度た
　おしとよう乃神めくれくるとふれ

一　矢鹿をかくして興□□□度人□れた
　一病あたゝ紙納□　尾肖

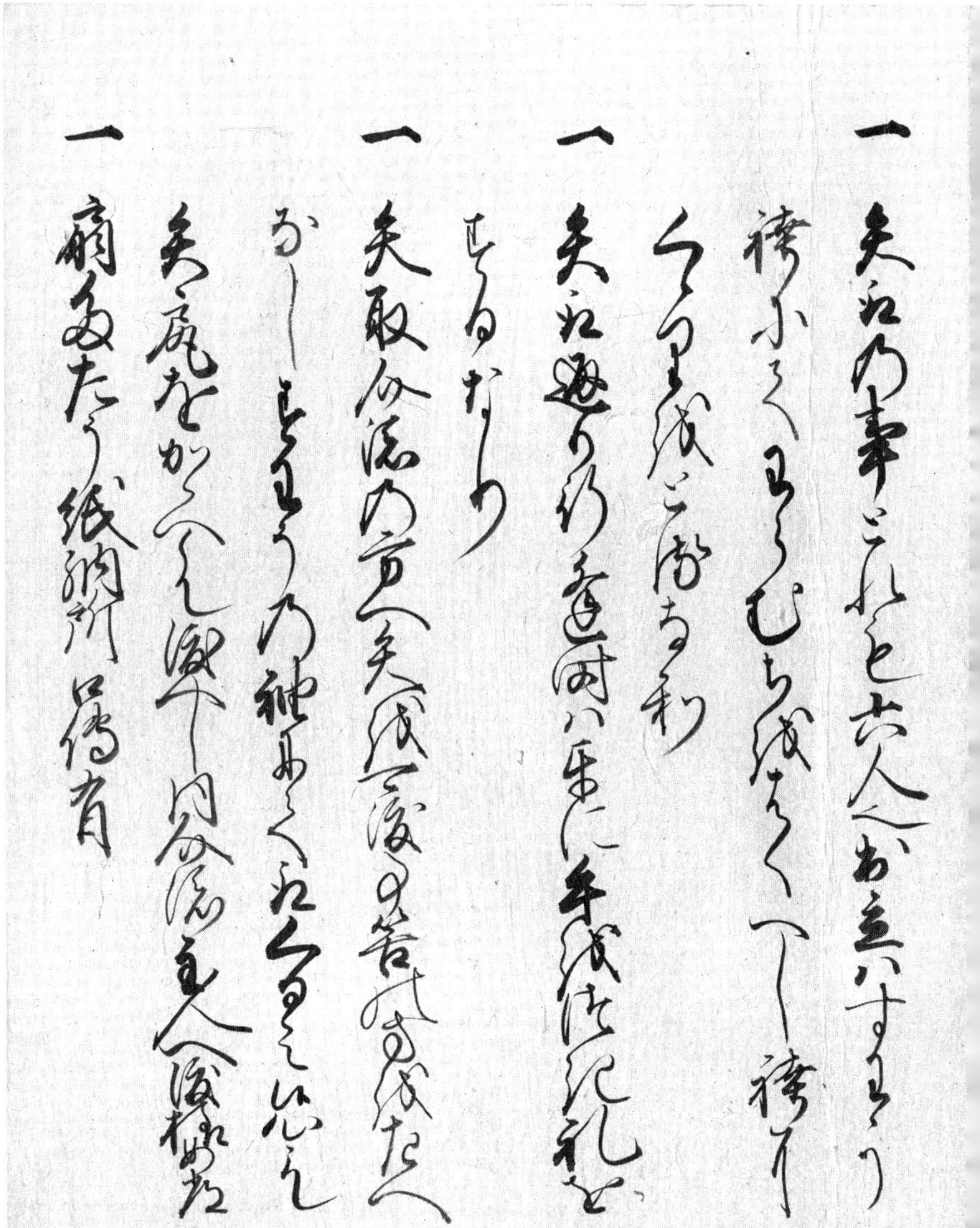

一　日記ハ紙一重横ニ折テ懐紙のごとく
水引にて二所ゆふ也
一　射手ことに補指の事先たゝみことに
札数根様ニ又二枚数之補座之筆
口傳有之
一　射手一法をひいて中ると後ニ附ニ記
矢指数のかミをよせ之束にいたし合わせ
とりく先様に数をよことも可長く
はそこにて紙ハ纏ことく之

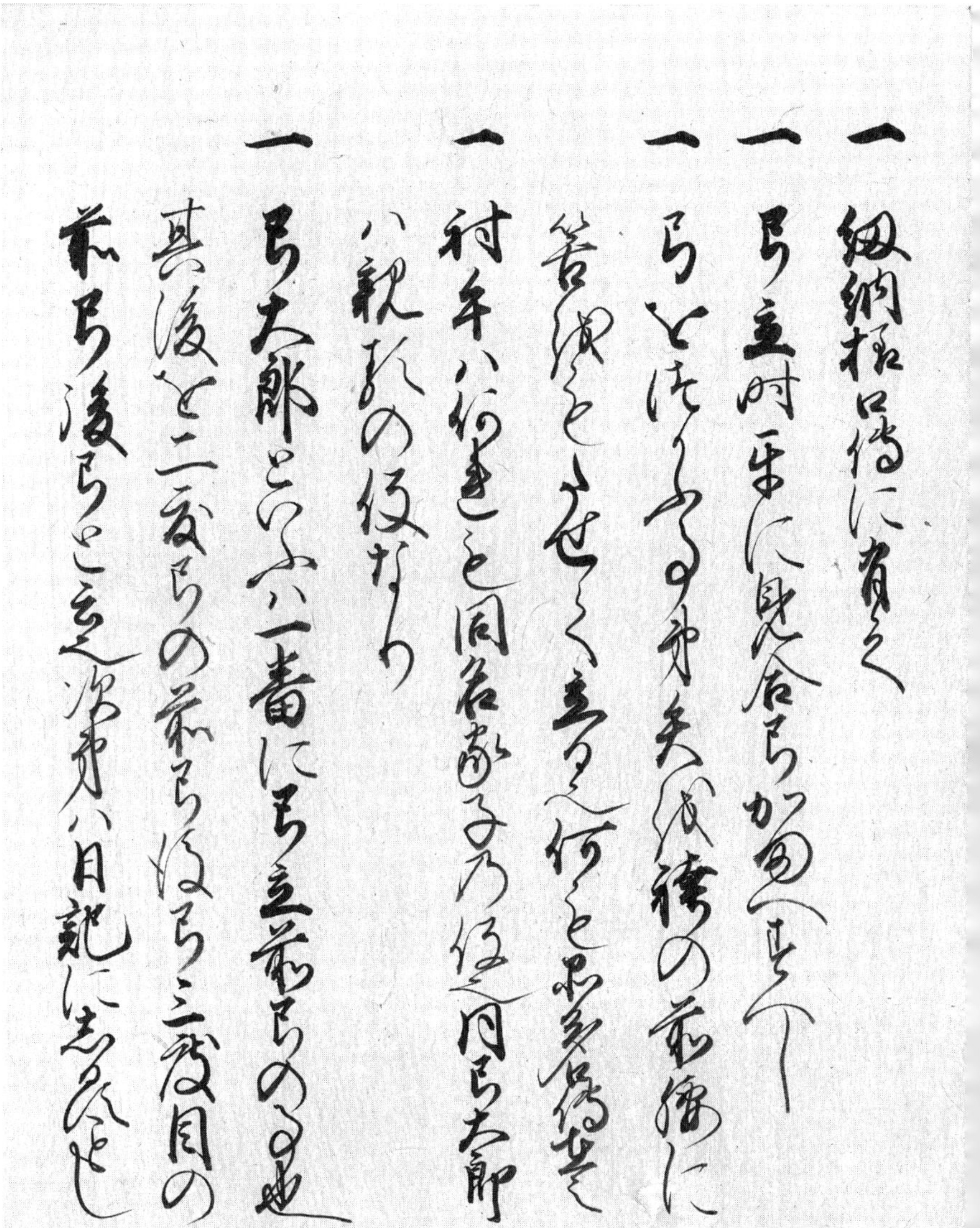

一　三義目の矢ハ主人射之後ハ射可然
定りたる也口傳有并男の役之
一　射手のおもて成なし筈文字所に
如くいかたり
一　日記の紙ハ鳥の子成先閉に書て極
縁取のことく墨にて付てあるへし
にたりく書也
一　墨丸書しゆう廿多は大概書之成書参
ハあるりとあり其子細ハむつかし　ハ私也

幸をくる萬代人

すくなし

一　村時ハうひにハ谷打あけ弓倒し

村あるなり

一　射あるくハ△成る手△

くをきゆさ〓へ△成

ねる成〓長重に見合〓〓座へ

かくるへ

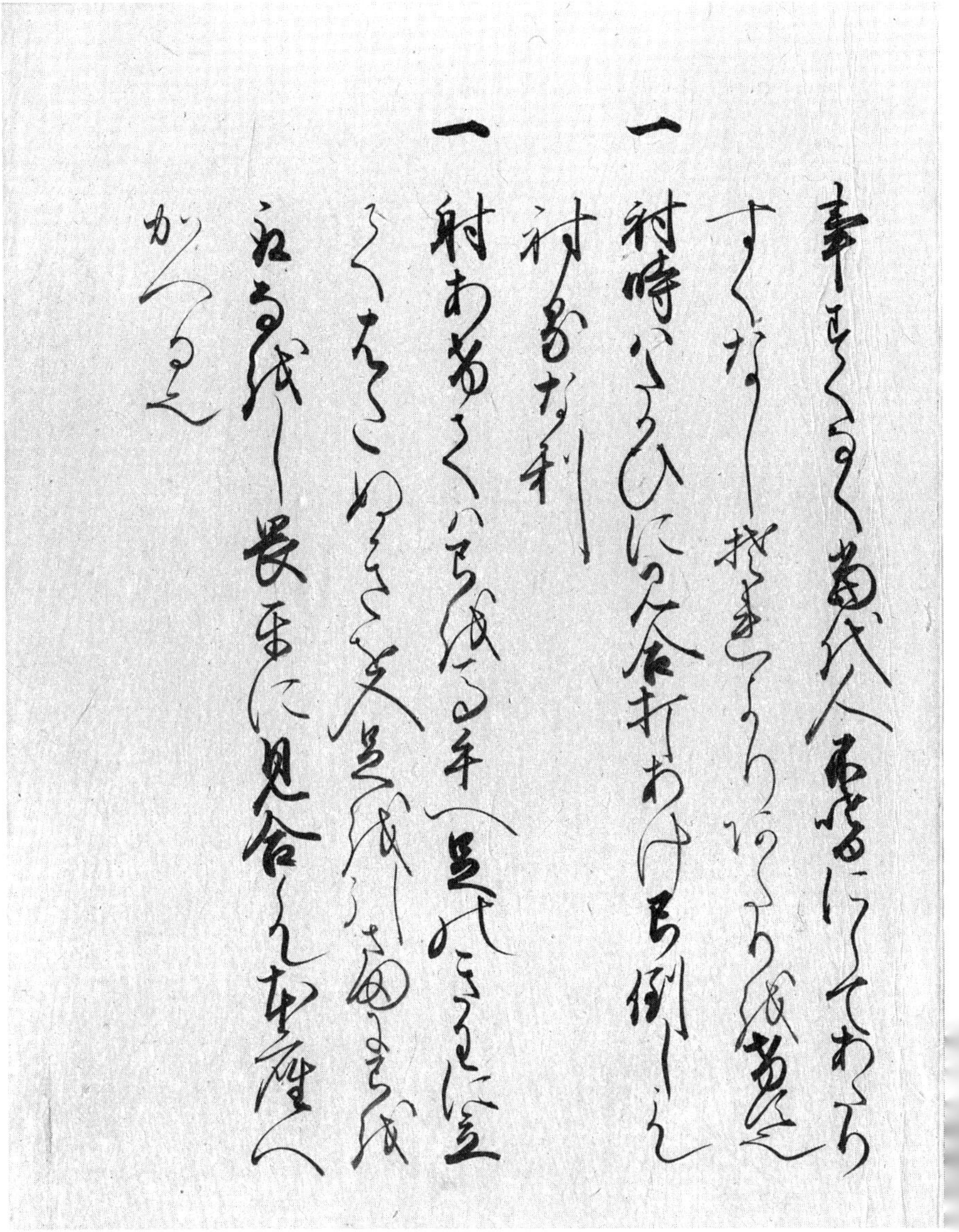

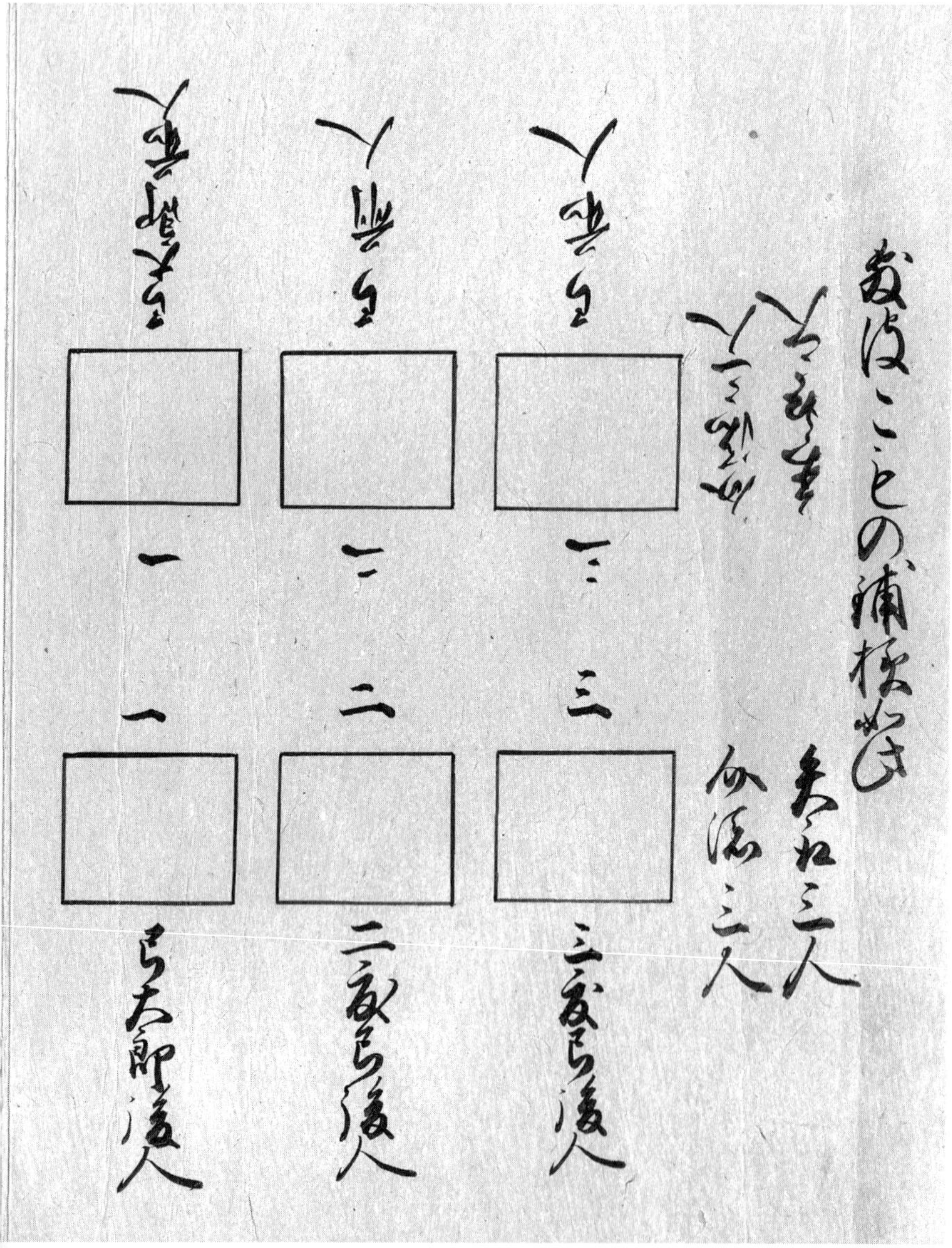

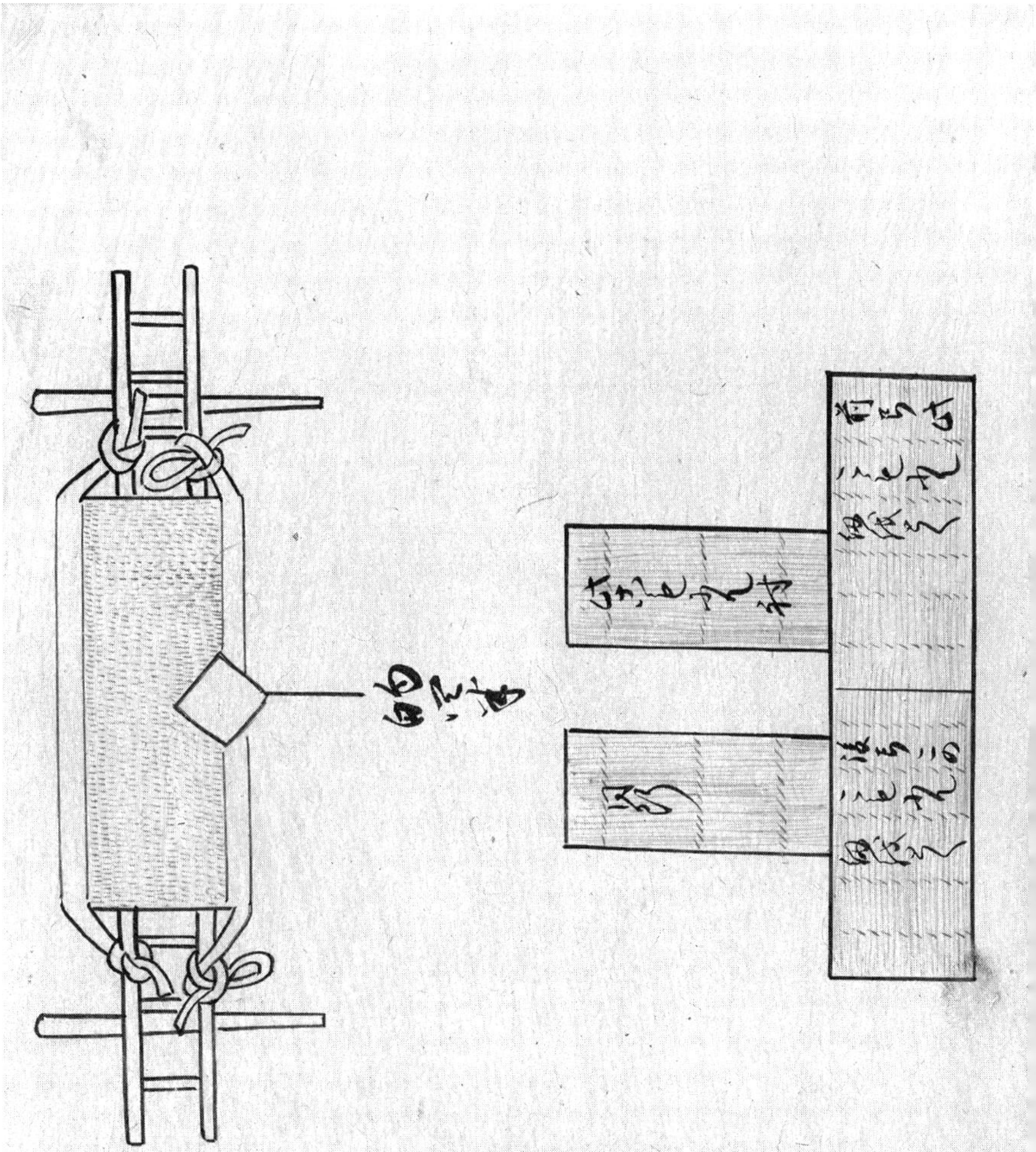

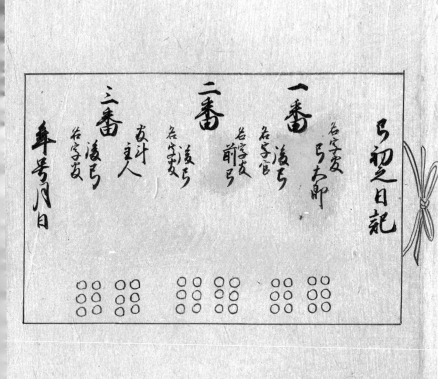

弓初之日記

名字安
弓太郎

一番

名字官
後弓

名字安
前弓

二番

名字安
後弓

安斗
主人

三番

名字安
後弓

年号月日

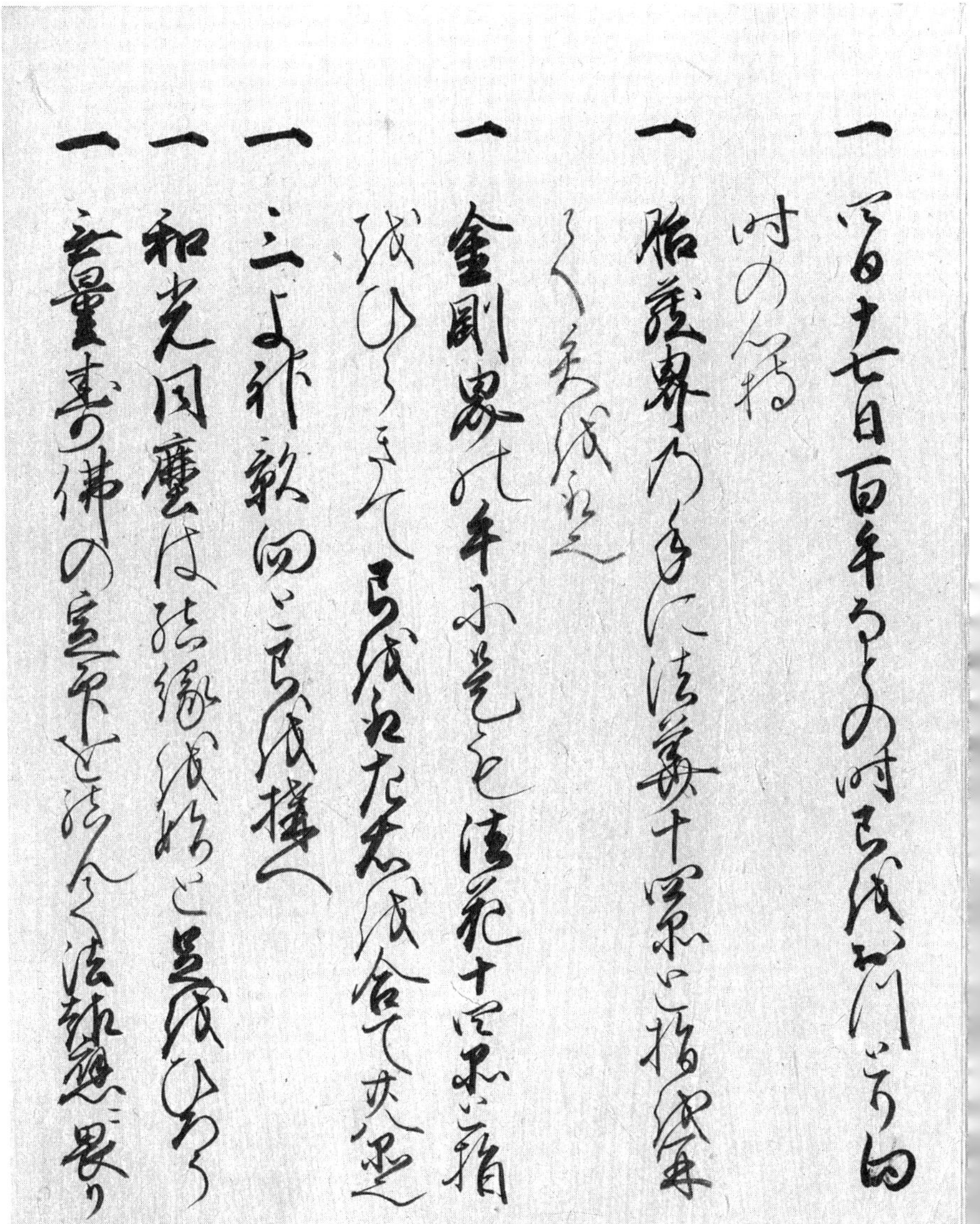

一　慮り[illegible]細[illegible]せ

一　くりぬえハあは[illegible]せ

一　あひらうんあん[illegible]

一　むつましきハ今生[illegible]ハ後生[illegible]観念[illegible]

一　兄弟ハ現世安穏之兄弟ハ後生善所

一　[illegible]是は[illegible]の二足也

一　阿弥陀の[illegible]して[illegible]
かくうしこまる

一　天長地久[illegible]て[illegible]御道は

77　弓の書（表）

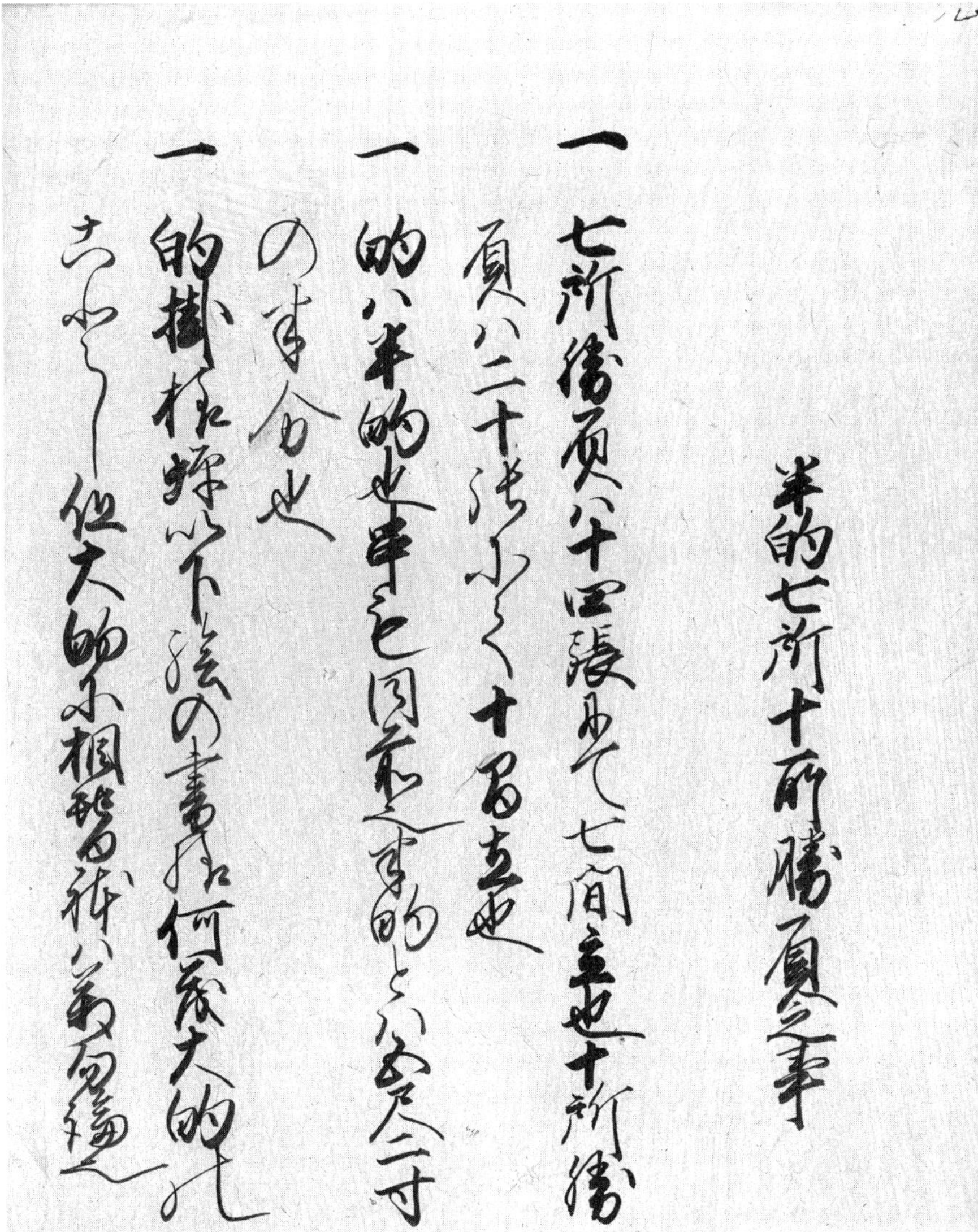
半的七所十所勝負之事
一 七所勝負ハ十四張ニて七間立也十所勝負ハ二十張ニ而小く十間立也
一 的ハ半的也尺ハ已同前也寸的とハ八寸二寸
の寸合也
一 的掛様以下張の書様何成大的ニ而
ちかい也大的ハ楓形紙ハ菊唐紙也

一　的串ハ小標之内に串残して的を懸へし
かけ前へ出して　くし立てゝ結之何も口傳
一　的串ハ黒く塗へし
一　的掛やうハ串にちいさく穴をあけ
おしそへ筆へ蝉縄をとりあはせへし
猶くハしき事ハ何も口傳在之
一　的縄の寸法の事　外の黒一寸五分
次の白壱寸　中黒ん黒一寸　次の白一寸
内の黒壱寸五分　中の白一尺九寸也　め之

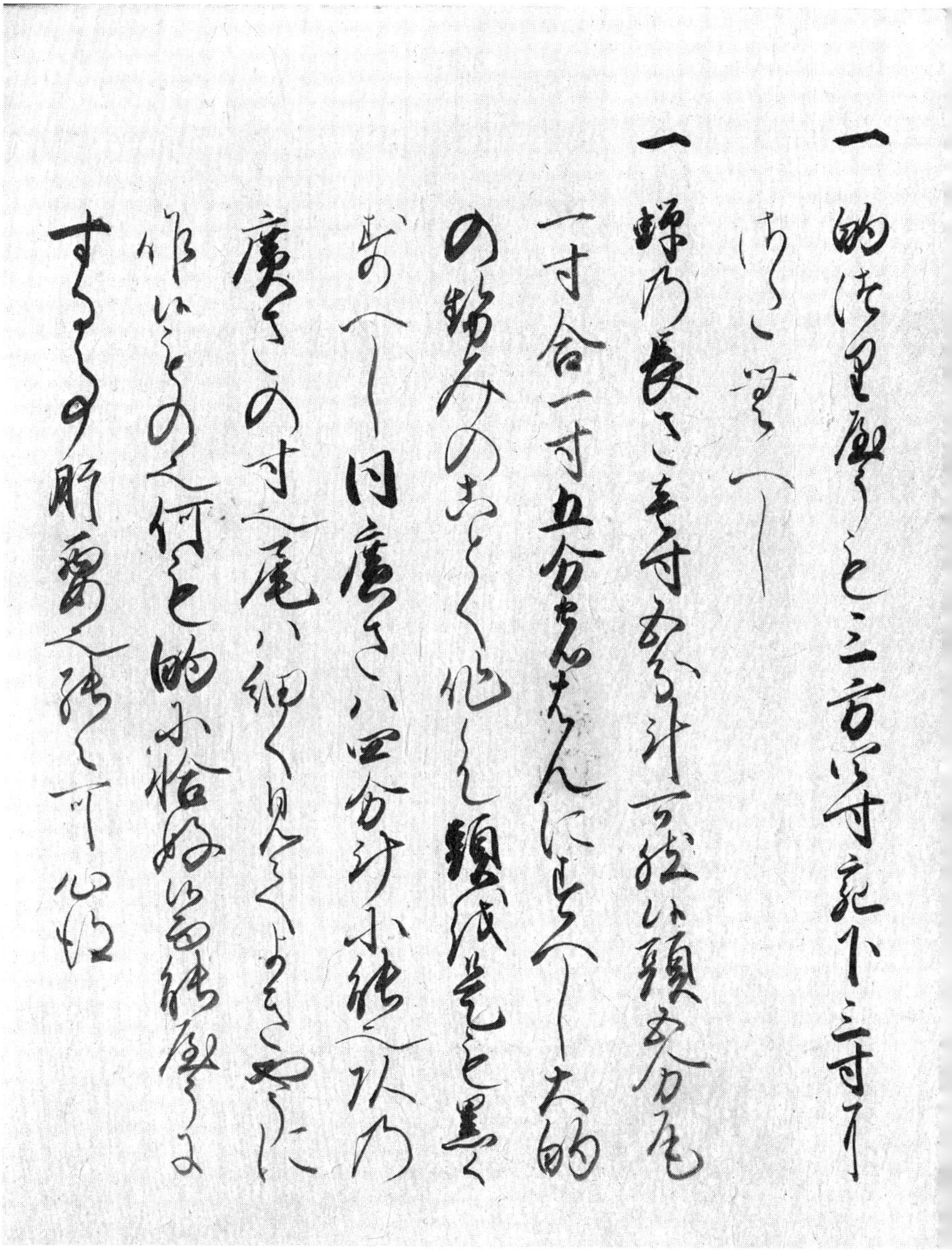

一　串の寸法三尺九寸程と然ハ内わり三
尺八寸五寸立串地より上三尺二寸七寸ほど地ハ
入也埋るきさし切口一寸ほど弦ハ何と糸を
口傳有之
一　矢代折様の次第小的に同前但矢代
乃御かし升に紅白く懸に接して紙
にたゝみ折て紙を板敷して主人
次第に余人の矢代より紙白本式に成
ことゝ又後ろより主人の心不但し

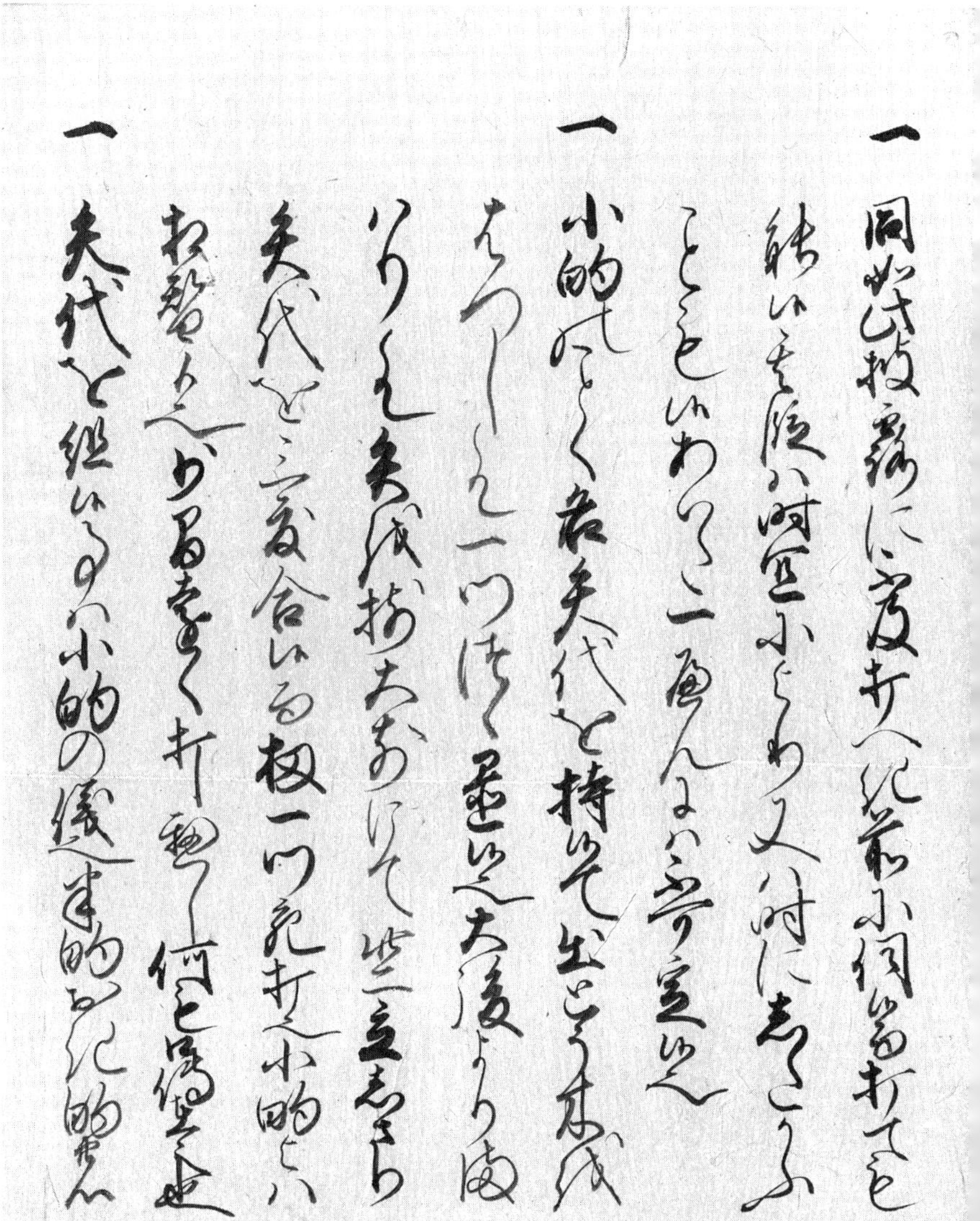

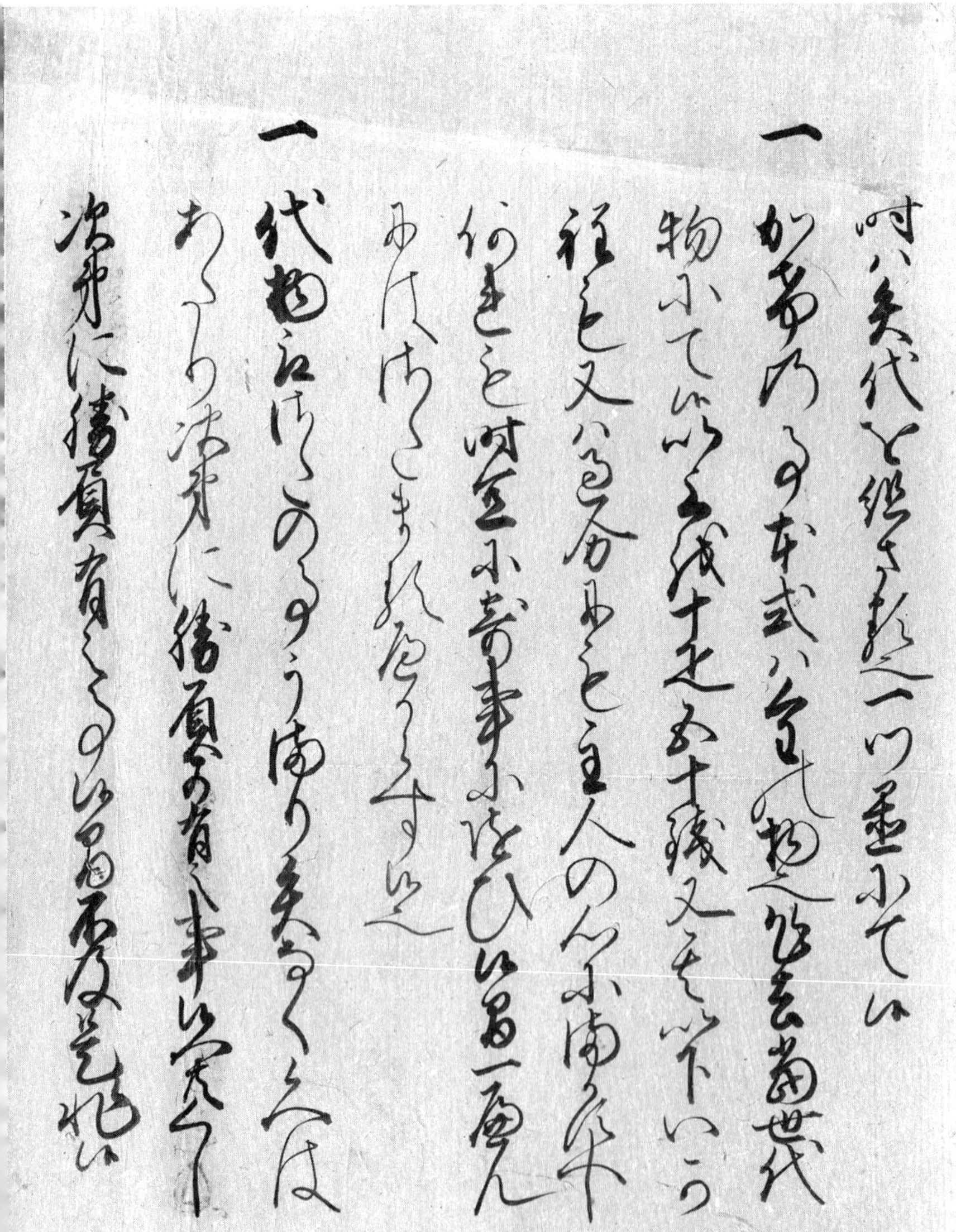

一　五村ゟハくじ取にて弓并ニ勝負在之
なり七所くのくじ取て以ゟ七所勝負
せいふ之日十所勝負とも十所にく鬮取
にて以ゟ十所勝負とハ云也組て後とも鬮
とも筆記ニ入候ゟ持てまいりいらせ候
人よりのみ出して取のハ負論也後にて七所
勝負十所勝負とて云得益也をりにて之
能く可相心得
一　鬮は本にてとりけれとも任へともちに

紙にて書たる筆墨に入たる歯りしたる継之
ことくハ一本ニ本ツゝ三本ツゝはこ
候又本ツゝ六ツゝ七ツゝ本め貫一
一同十所勝負ハ一本ツゝ里十本ツゝ
出たるにて也七所勝負ハ七本ツゝ十所
勝負ハ十度ツゝ何にても見様次第也
一七所勝負十所勝負ハ上矢下矢の法
ことなるハ相手ともの意趣により
勝負ちうの事にたる様よく仕候と存候

玄、小藏殿へ、一覧の所れゆわひる

きぬ持ち、へ、一、惟杉古よりめ引出来

いるらぬましれき

一、七所衛頁十所衛頁ハ其の一を失川平

失のやほと小的のやにふくに圏束

のす昌右に去すしくへ

一、惟悪なつきしし衛頁てる時ハ圏八敵道

光はもゑの使へ者的小すれ失ハるる

引ぬやうと圏沖津の衛頁ちゟ稚れか記

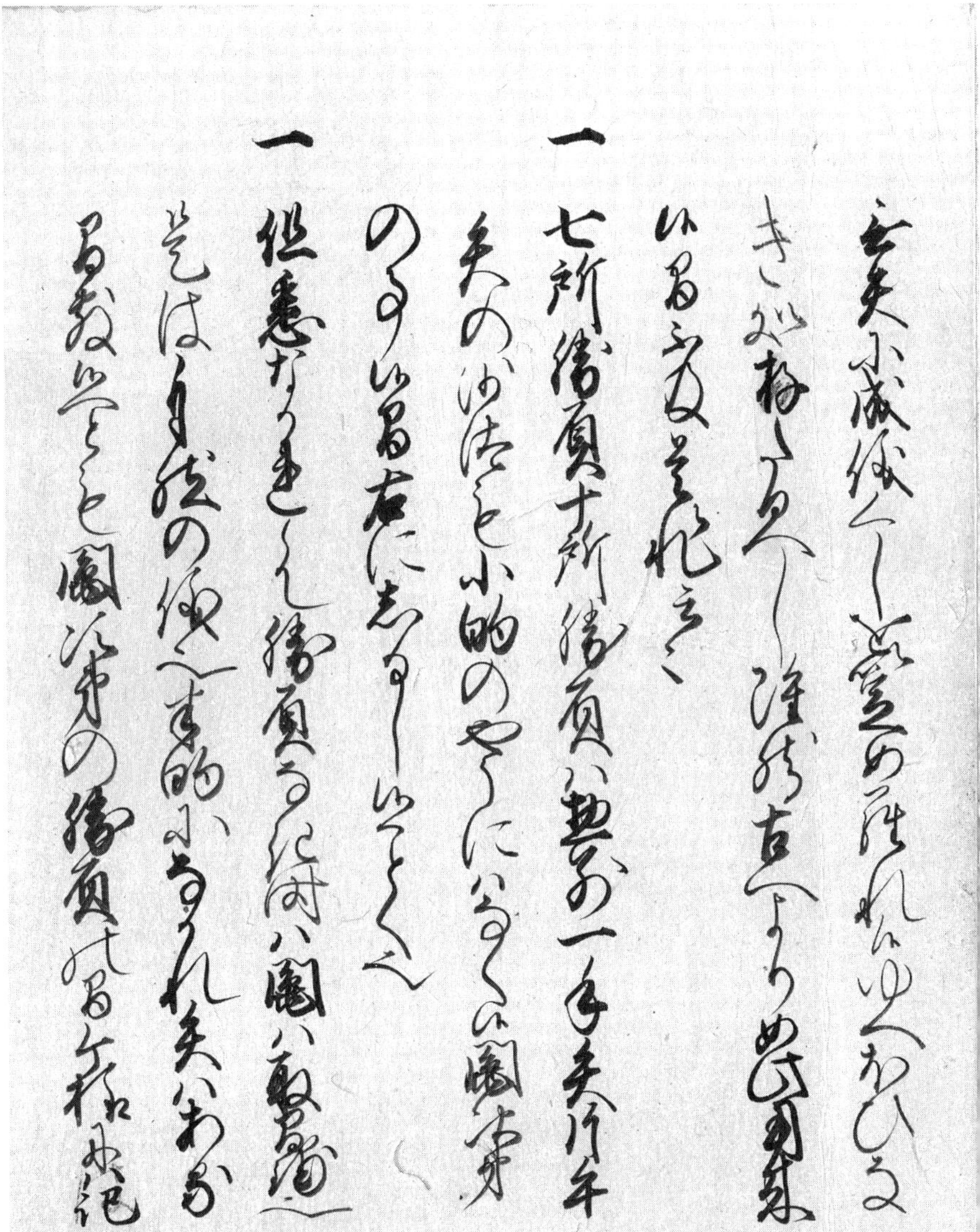

悪敷也何と能く分別有度にて候也

一　同断の時くし取ぬ時も内か少しも替て

くしハ籤取ぬ時くしあひて同くし

なれハ勝負ハ其くじの之是は先数同

し先数の時の事之可心得也

一　日記大形にて付之先日記に付て後

清書として之を日記の時も七所勝負ハ

紙七枚にちかひて其小付之也別に

弐日め七枚原七枚以上紙に懐紙あけとて

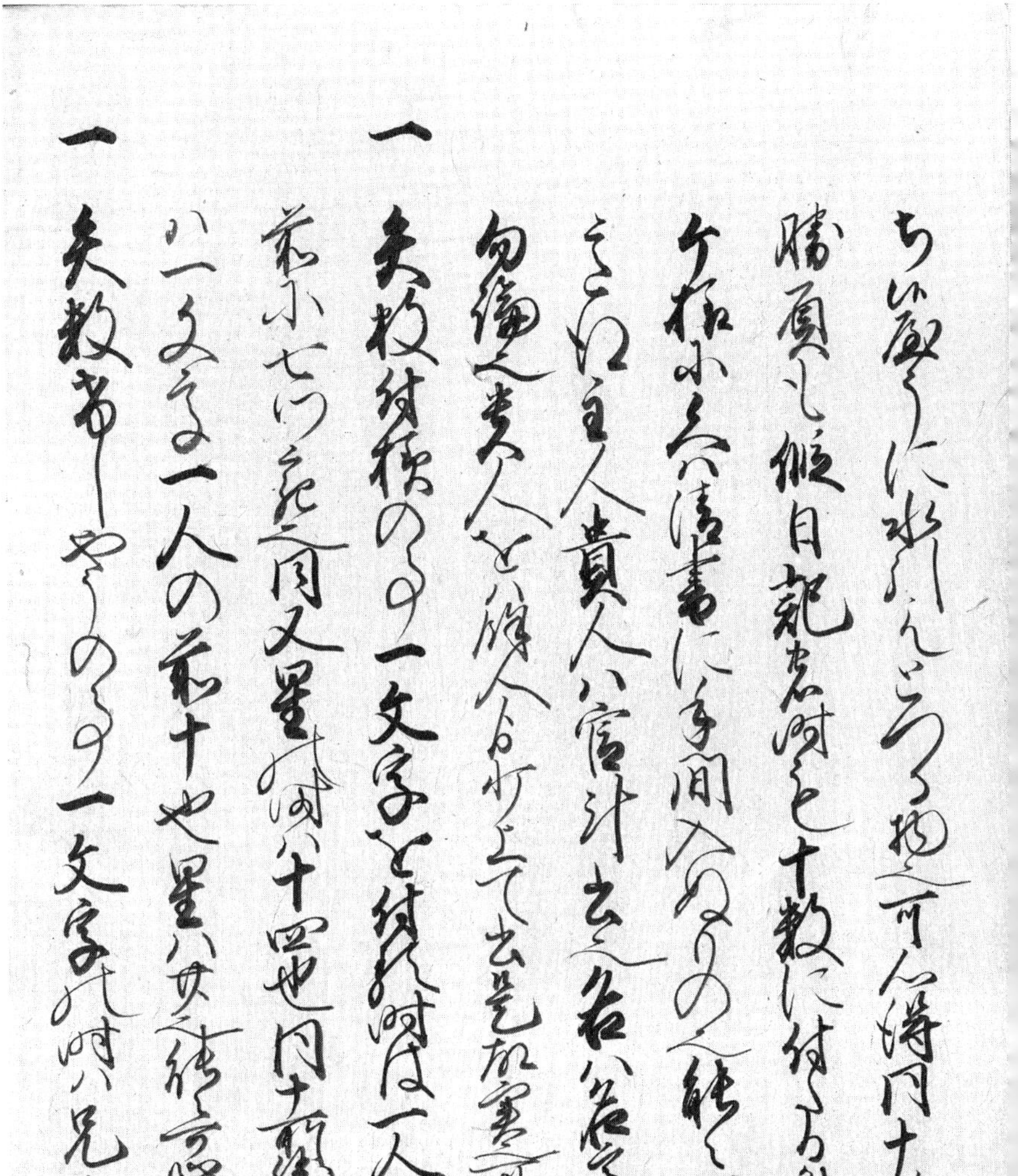

し矢に息残ゆるし見矢ハ太し矢ハ太延
望の時ハ当人や待て可然ニ仰を案内得
一 拾残往人有時ハ圏ニ付而其を拾のニ不
及候わいこケ様の時ハ勝負の前ハなし
以付而其を以為立人より褒美有るへき
ハよくくこころへ有へし
一 同日記付候拾の時ハ矢数の下に拾と付る也
一文字乃時も同前にて候に仰を継可
付ハ清書の時ハ略して太のこゝろへ有へし

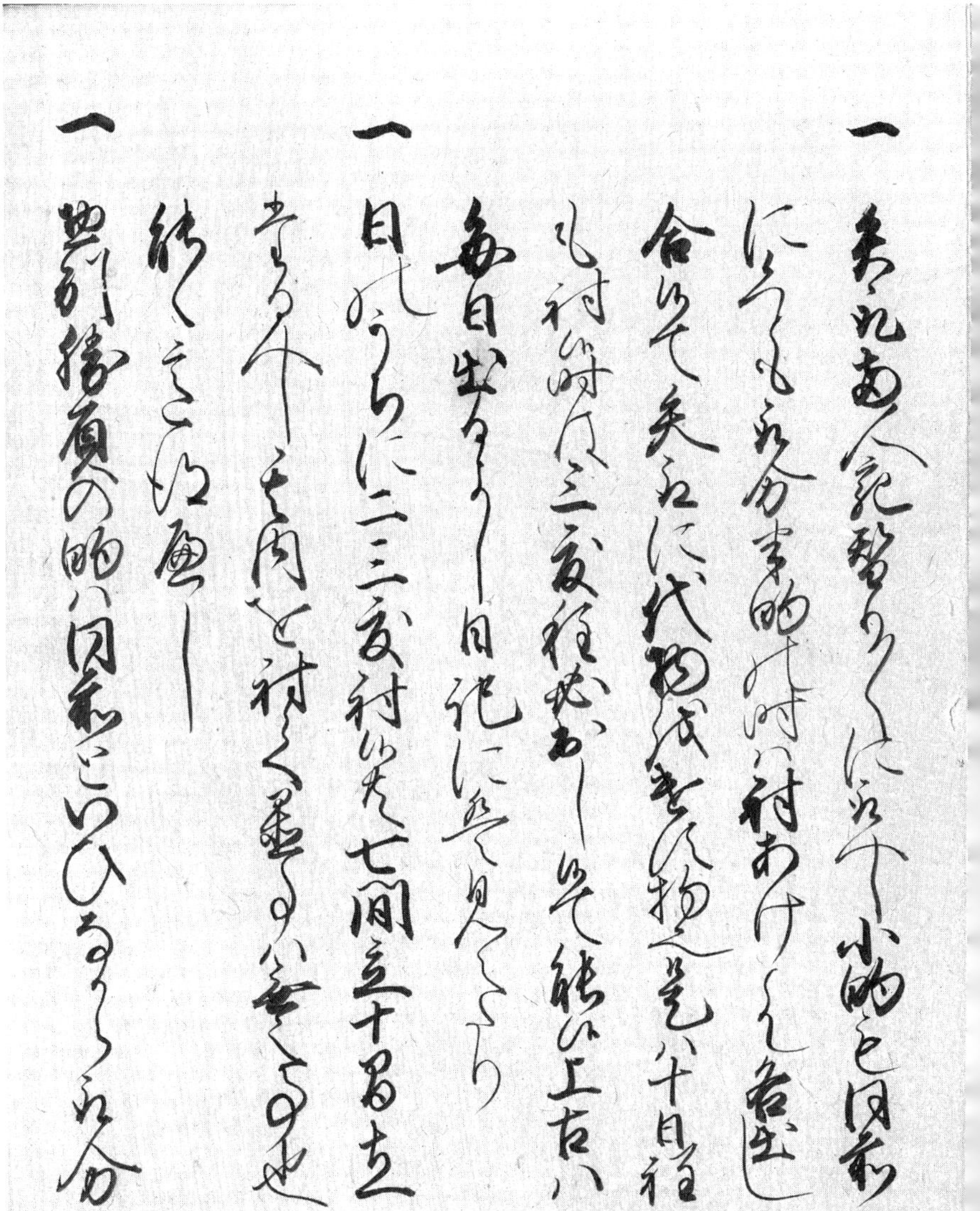

半的ハ弓稽古のためによき事ニ一段と云ハ
ことわりひとつの縁なり
一　七夕ニ七種の遊ニハ色々大追物とて的射時ハ
半的を用たりし由ハ小的と申事ニ候時ハ
色々抱めてハ代物のかけハなく
一　色の物射時ハ一人の前ニ七種宛持くよう
ニ之代物の時ハ是て十疋つけられハ一人の前ニ一
貫ニ百文也如千疋ハ七十疋宛如千
ちす付越ともりて毛下と合別者下

一　色の地は弓太刀鞢矢同矢の根弦靫鞍
かひ色の数まで同一束一本也地或は馬の
さくなやとも出し候之も外色て其数
あるべし

一　御的射時弓色成候時も御太刀弓征矢等
なり候ても頭巾同色也地に弦袋など
も出しもくるしからざるよしと也之
何色も一色ならさしきまり候すは衆鳴

一　弓場へおりて弁是は小的と同前之弓袋は

一

たかはけくね矢筈に蒲のはなたに取

流しおれてなる、板らりてせん所へ打

と立うけて、むを矢筈と打小をておさ

おはなゑのくしろぬくり

一らなふそけんを筆のら立ねかつまに

打をすて支にらゝ、苦なりせん、む

ものゑ右の方小三尺作小引にせきへ矢筈

とかあて、ませらつ陽のゝ作小助の古くら

作くをんにゝゝ

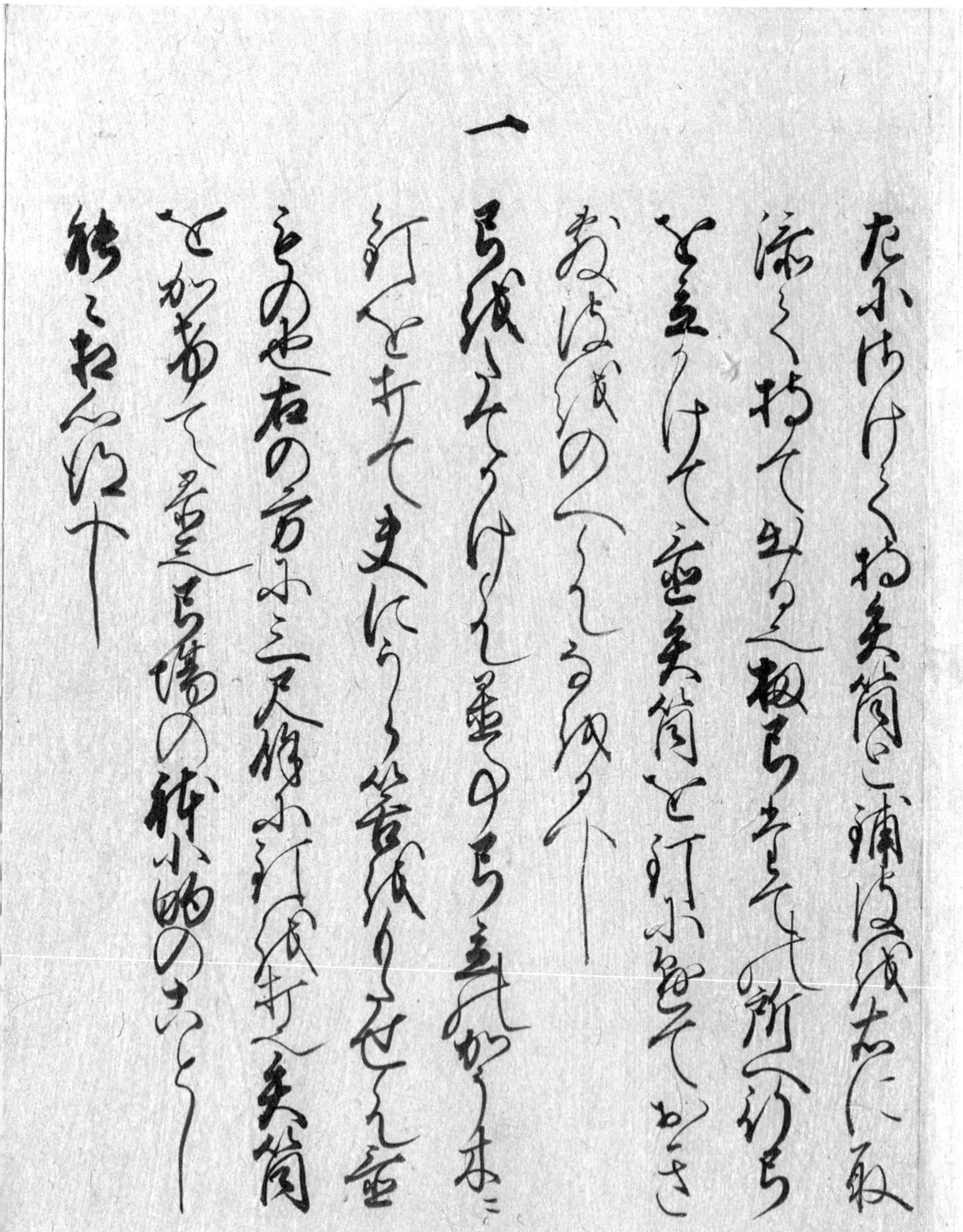

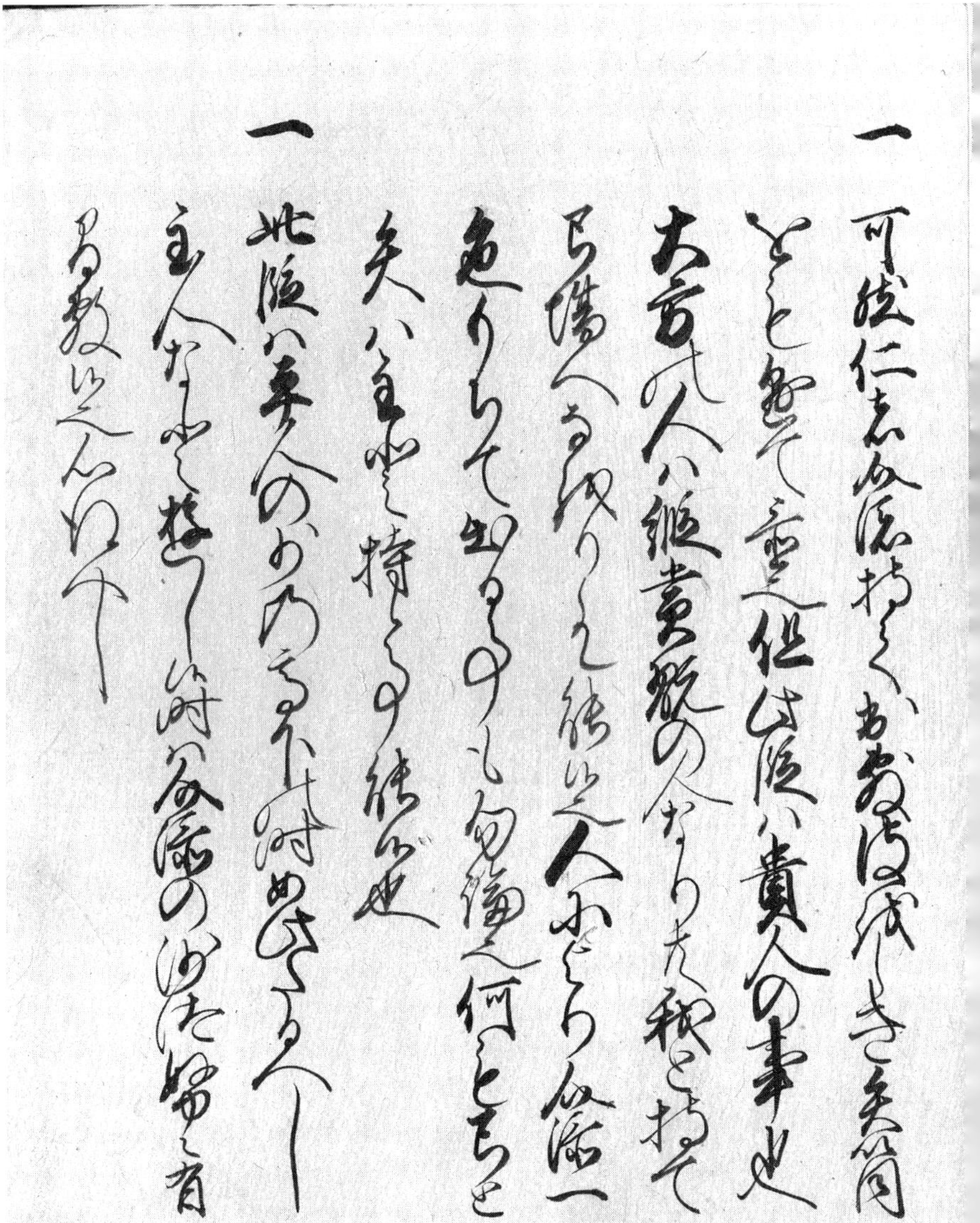

一 補役ハ貴人の御前にてハ折かけていたし
しそ也候縁斗けてなかく下の
御ゟハ蔓之能々可心得
一 惣別射手の人数ハ何も数役とハ数に
常之役儀よりハ相替申候條能々可有分別
一 数役ハ補役の/の次のさうし毛のすき
地へ付て緒乃付ところ成候へハ能々可心得
一 数役のつのきわと麻数本に而候
とかく能々ハこれ小深くし付の事本かんは

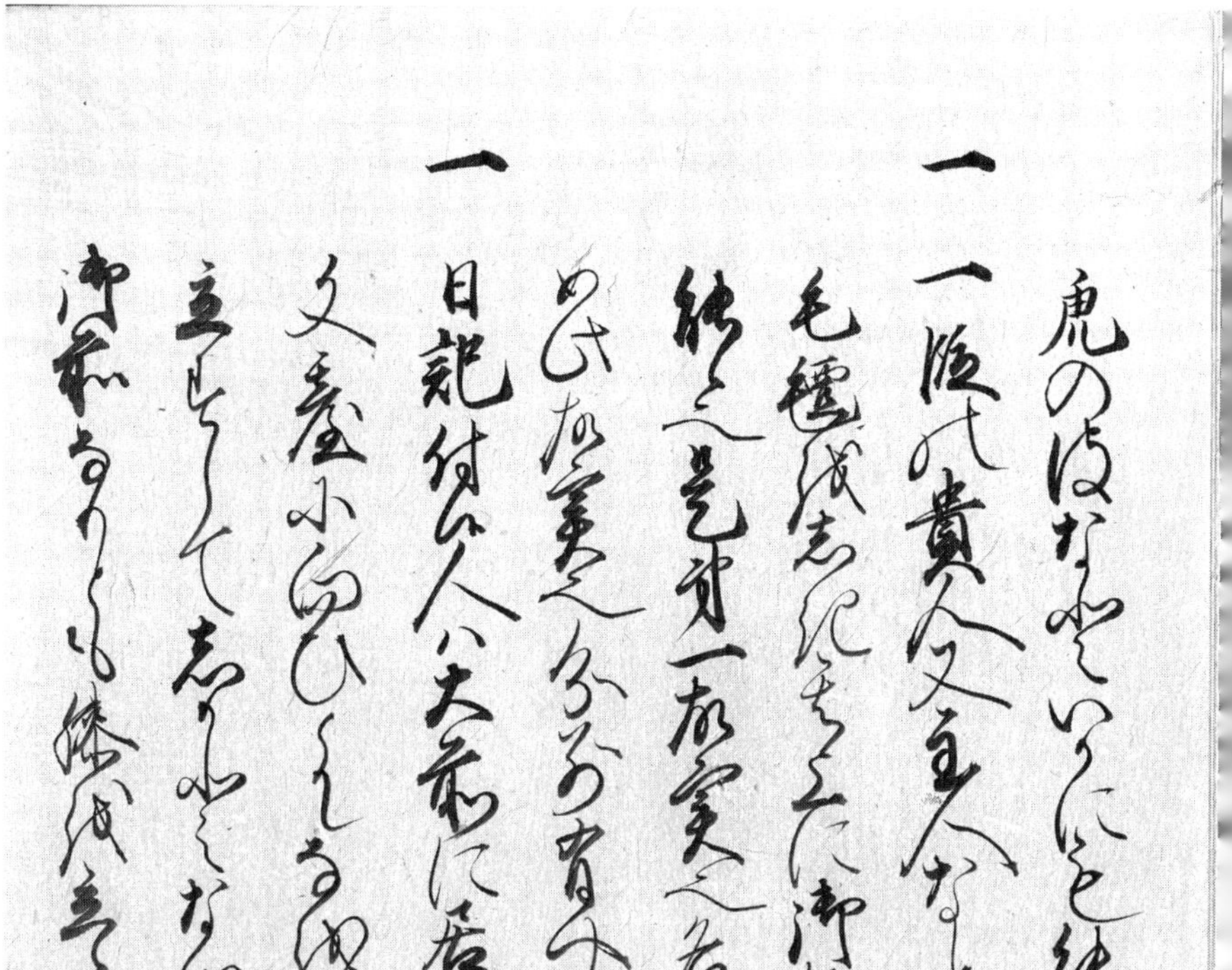

可作頌曰花付る人ハ未極小精得之ハ是
使動から花の事也此類ね分別すへし花之類之
一 的掛やう見めさせ也さらんへ廻しへし
板かくのごとくしてみへしにあるへ何とも
太に志るしひとくへ能くね心得可申

一　串ハ地へ差所とハまくらのことくかくへし
先ハ細く削へし紙之内紙のませんたる流
きうまのことくいれもうくへし
一　星ハ付時一人前ニ十町迄ハ各数ハ消之拾の時ハめさ

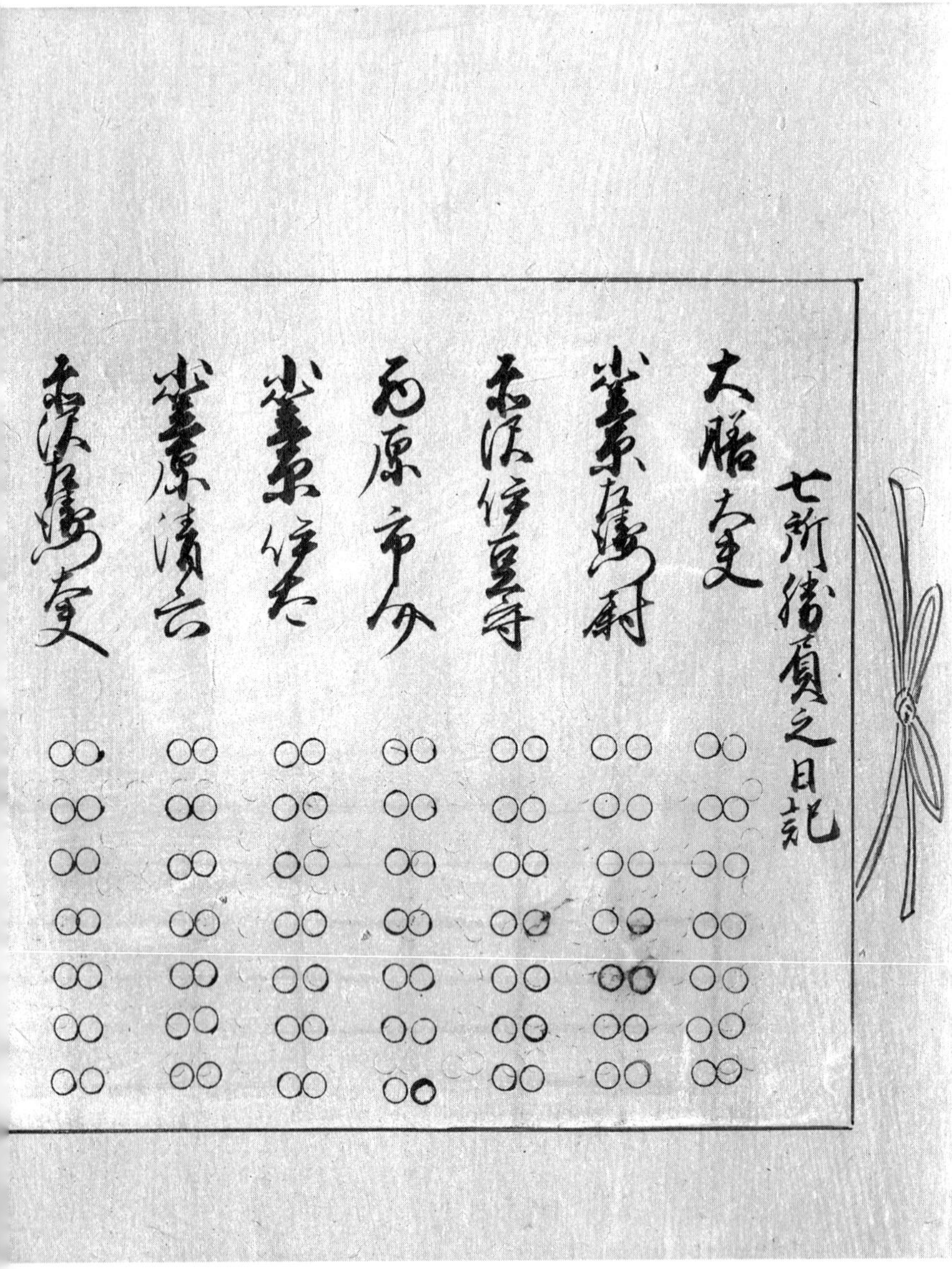

七所備貢之日記

大膳大夫　○○○○○○○○○○○○○○
小笠原左衛門尉　○○○○○○○○○○○○○○
赤沢伊豆守　○○○○○○○○○○○○○○
石原市介　○○○○○○○○○○○○○○
小笠原伊太　○○○○○○○○○○○○○○
小笠原清六　○○○○○○○○○○○○○○
赤沢左衛門大夫　○○○○○○○○○○○○○○

101　弓の書（表）

松尾又助　　　○○ ○○ ○○ ○○ ○○ ○○ ○○

二村源大衛門　○○ ○○ ○○ ○○ ○○ ○○ ○○

寺沢三郎兵衛　○○ ○○ ○○ ○○ ○○ ○○ ○○

小原喜夕　　　○○ ○○ ○○ ○○ ○○ ○○ ○○

石枝甚助　　　○○ ○○ ○○ ○○ ○○ ○○ ○○

出田平八郎　　○○ ○○ ○○ ○○ ○○ ○○ ○○

山本也辰
天正十年〜三月六日

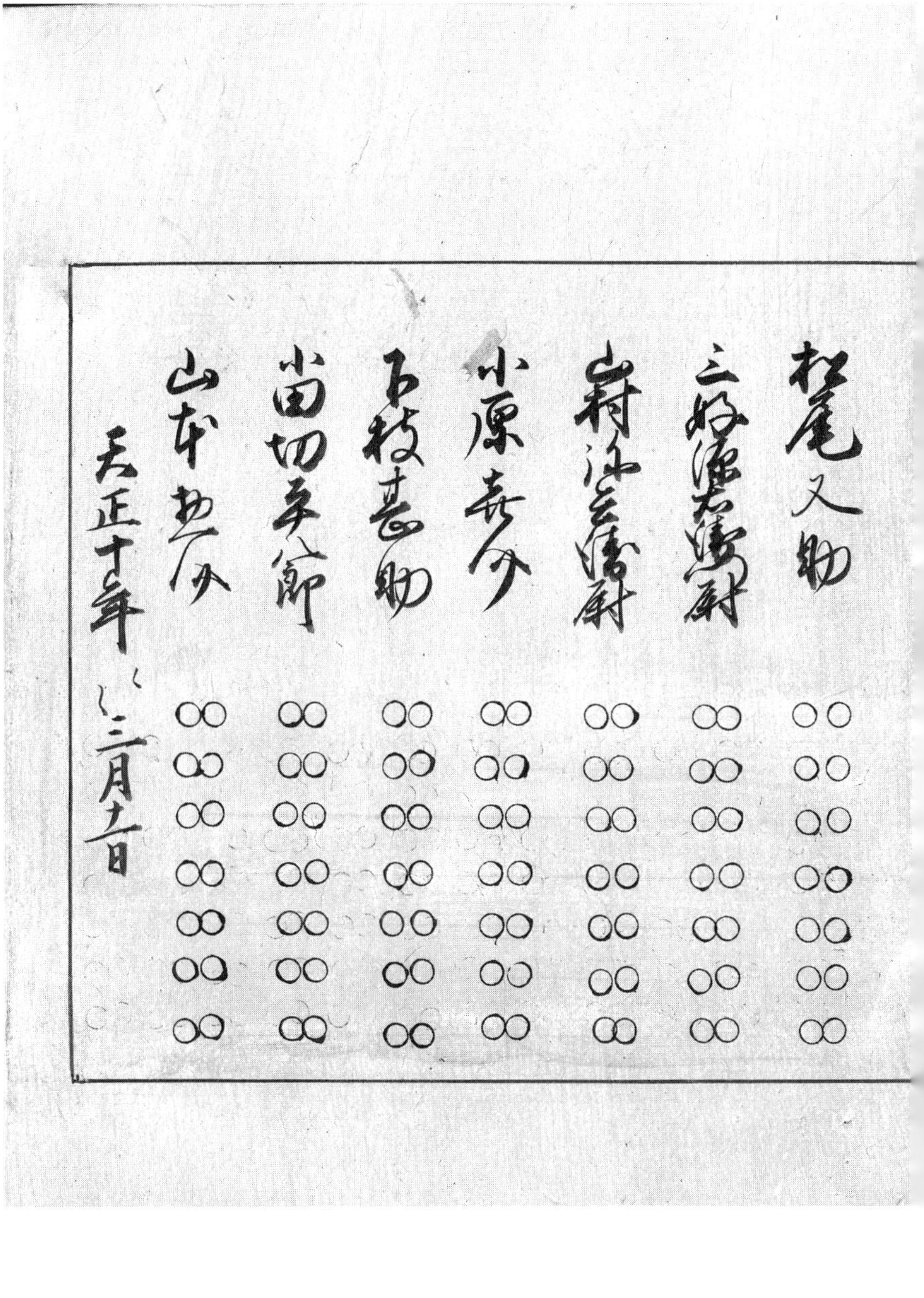

一　十所勝負星之時ハめ氏一人前其記可有矣
数ハけり之はくの時ハ星を上と下ニ拾之可付

十所勝負之日記

大膳大夫　○○ ○○ ○○ ○○ ○○ ○○ ○○ ○○ ○○ ○○
松尾右馬尉　○○ ○○ ○○ ○○ ○○ ○○ ○○ ○○ ○○ ○○
山本民部丞　○○ ○○ ○○ ○○ ○○ ○○ ○○ ○○ ○○ ○○
小笠原又内備　○○ ○○ ○○ ○○ ○○ ○○ ○○ ○○ ○○ ○○
赤沢出羽守　○○ ○○ ○○ ○○ ○○ ○○ ○○ ○○ ○○ ○○

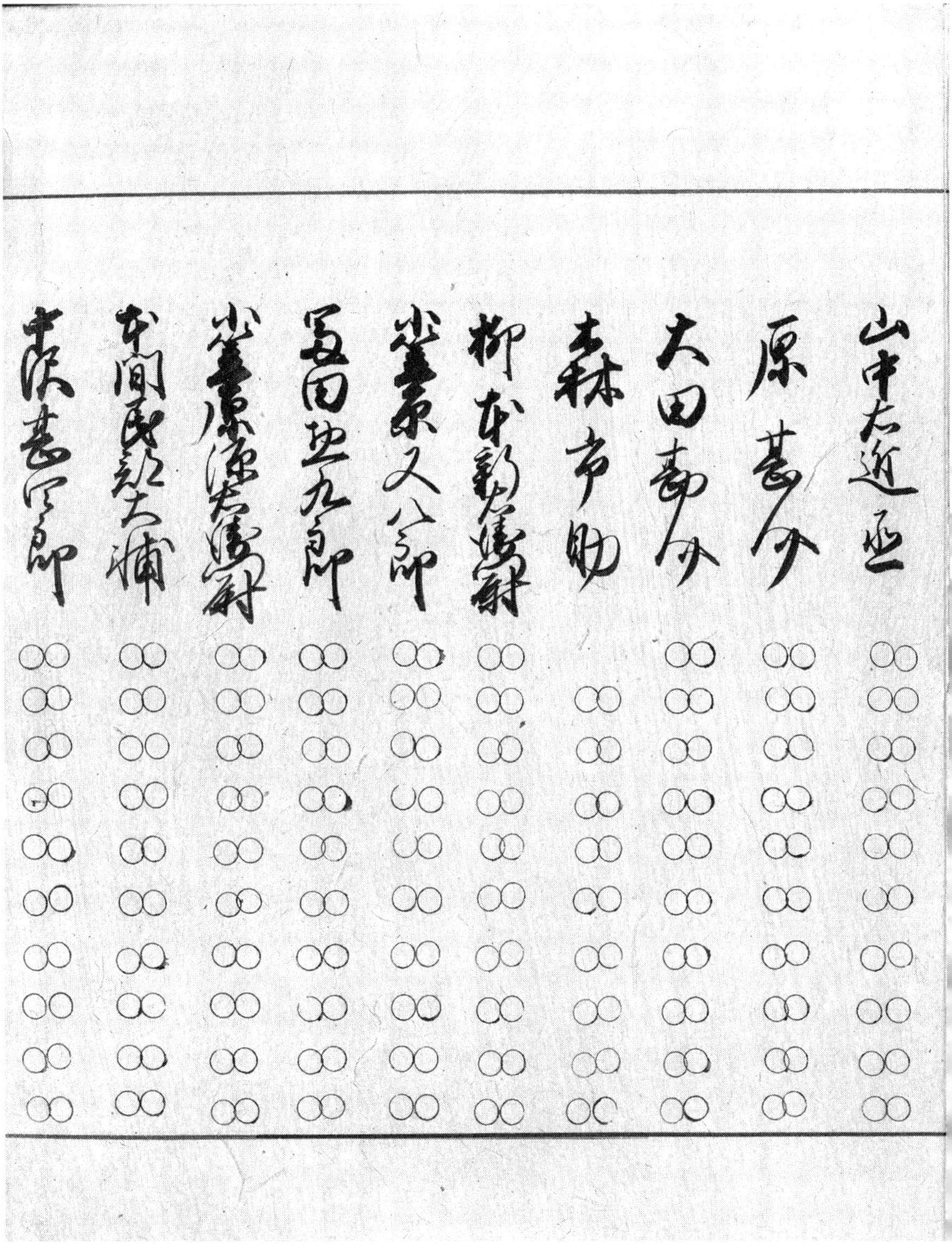
山中右近丞
原甚六
太田郡少
森彦助
柳本新左衛門尉
小笠原又八郎
冨田弥九郎
小笠原源左衛門尉
本間民部大輔
大沢甚四郎

松本又右衛門尉　○○　○○　○○　○○　○○　○○　○○　○○　○○　○○

杉山久右衛門尉　○○　○○　○○　○○　○○　○○　○○　○○　○○　○○

山田清五郎　○○　○○　○○　○○　○○　○○　○○　○○　○○　○○

田中才右衛門尉　○○　○○　○○　○○　○○　○○　○○　○○　○○　○○

宮本源十郎　○○　○○　○○　○○　○○　○○　○○　○○　○○　○○

天正十年　二月十一日

一　七所籏負一文字の時ハ手懸小やし矢点
とうけ候之拾の時ハ是を上下に如目記点とて付
十本籏負も同前

七不勝負之日記

大膳大夫　一　一　一　一　一　一　一

小笠原左衛門尉　一　一　一　一　一　一　一

赤沢伊豆守　一　一　一　一　一　一　一

西原市介　一　一　一　一　一　一　一

小笠原源太　一　一　一　一　一　一　一

小笠原清六　一　一　一　一　一　一　一

赤沢左衛門大夫　一　一　一　一　一　一　一

松尾又助　一一一一一一一
三好源太衛門尉　一一一一一一一
山村与次左衛門尉　一一一一一一一
小原長介　一一一一一一一
下枝甚助　一一一一一一一
小田切平三　一一一一一一一
山本惣介　一一一一一一一

天正廿年壬辰九月十日

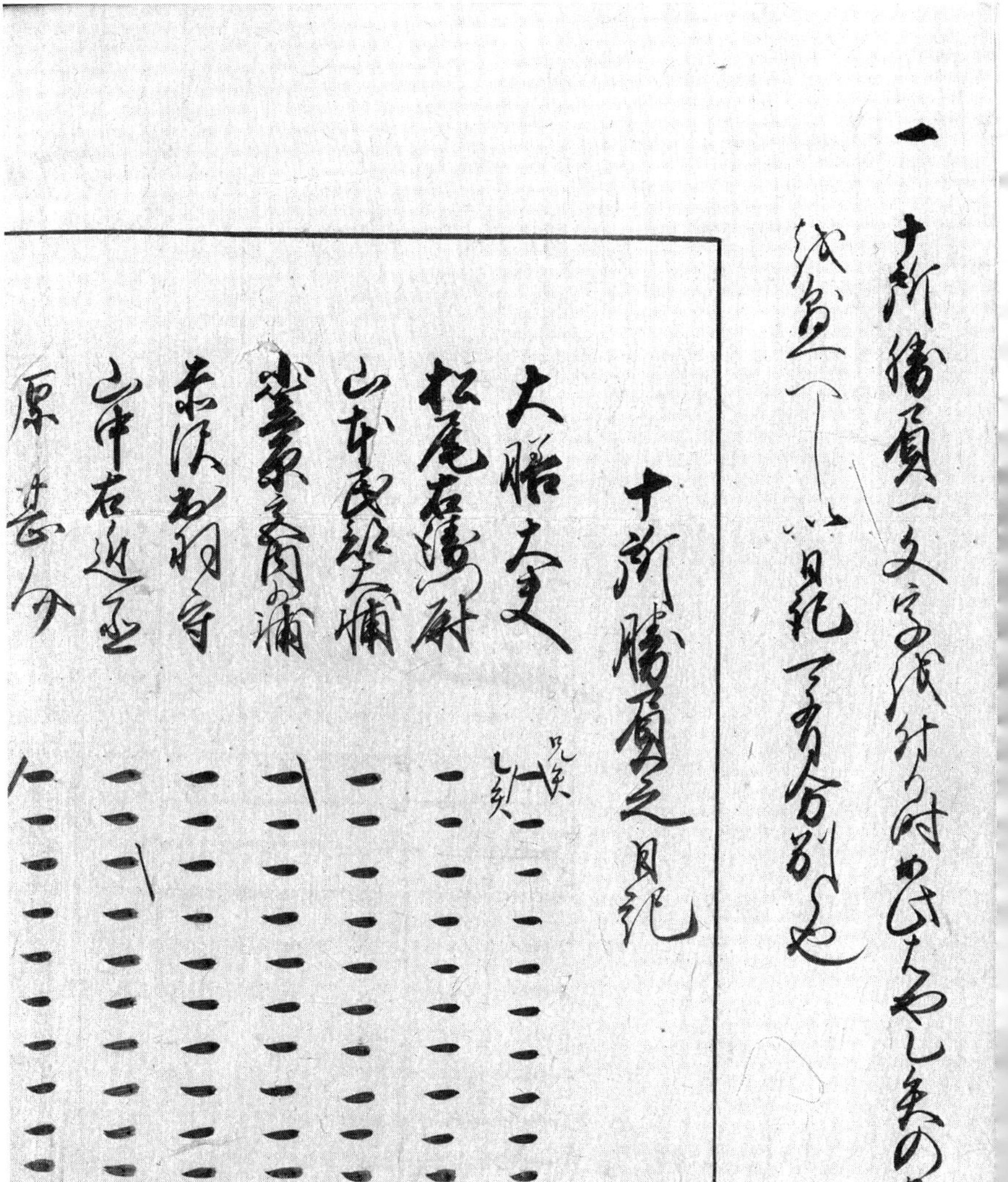
一　十所勝負一文字
十所勝負之日記
大隅太夫
松尾右衛門尉
山本民部大輔
山中右近丞

大田勘介　一一一一一一一一一一
森帯刀　一一一一一一一一一一
山田彦右衛門尉　一一一一一一一一一一
柳本甚介　一一一一一一一一一一
小栗又八郎　一一一一一一一一一一
冨田甚五郎　一一一一一一一一一一
小栗源右衛門尉　一一一一一一一一一一
本間兵部大輔　一一一一一一一一一一
中沢吉四郎　一一一一一一一一一一
松本又右衛門尉　一一一一一一一一一一
杉山久右衛門尉　一一一一一一一一一一
山田清五郎　一一一一一一一一一一

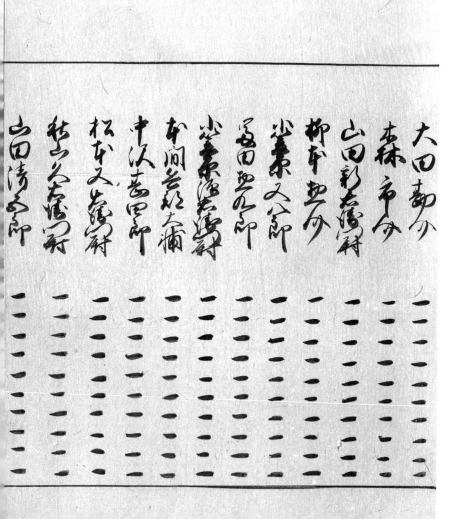

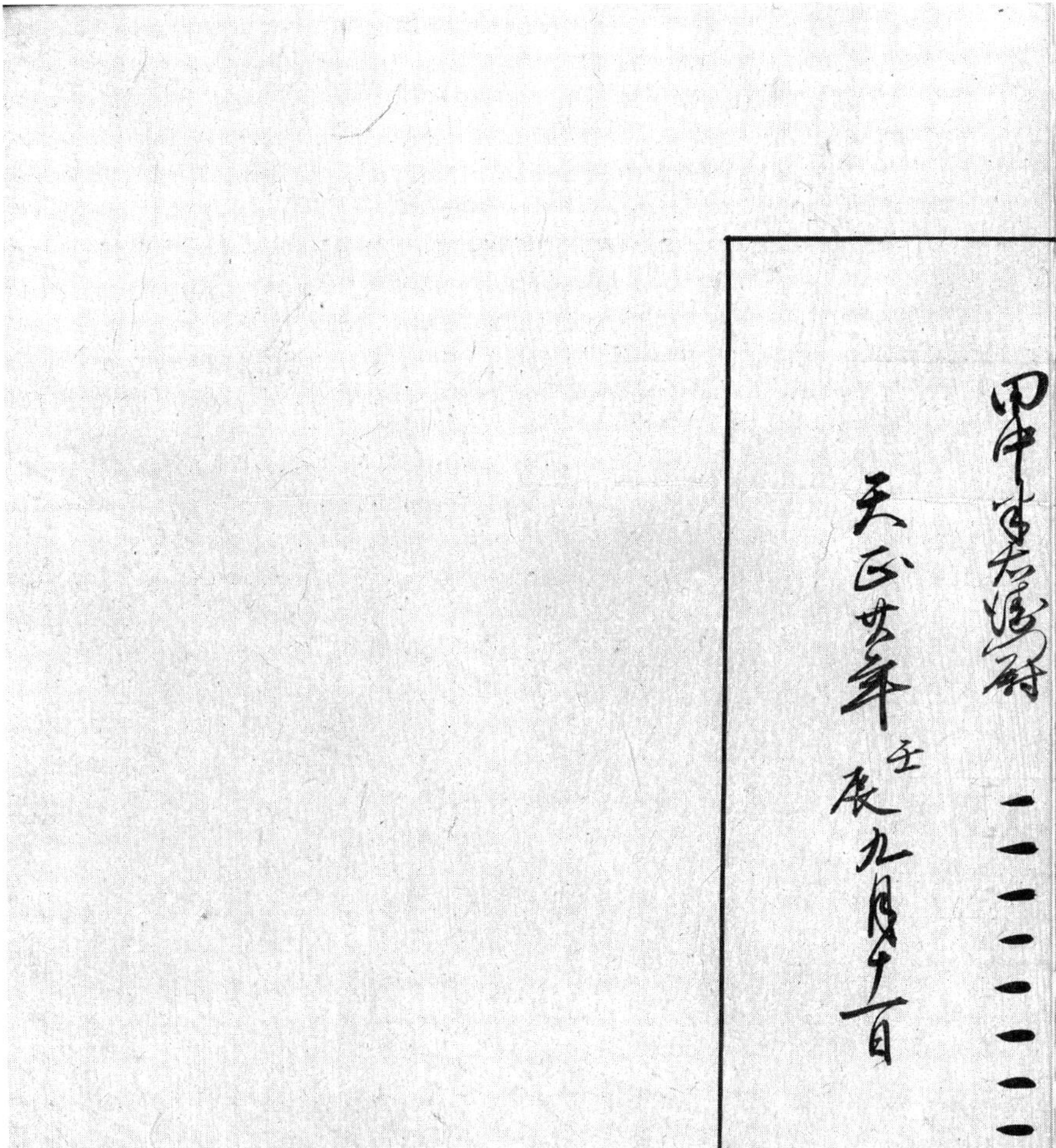
一一一一一一一一一一
天正廿年壬辰九月十日

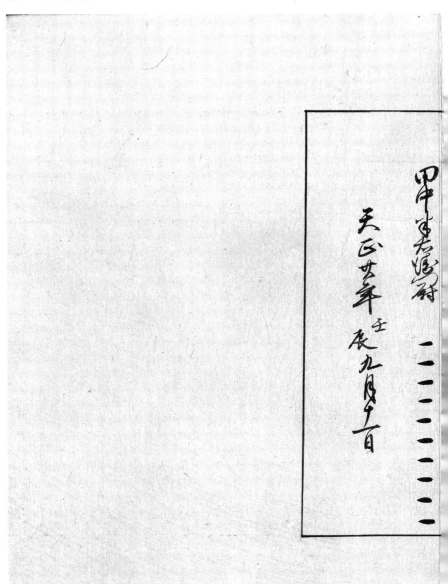

111　弓の書（表）

113　弓の書（裏）

曼陀羅弓　雷上動《ムラシケトウ》　一張弓尺云

一弓軍之巻者弓曼陀羅何三流之
御沙汰通法報應三身公空假
中三諦《タイ》時者四半九半者真草
行三標《ヒョウ》也夫草鹿圓物者何畢
竟皆空納之但五佛時者陰之陽
私何《ナレハ》從《ヨリ》地水火風空見《アラハル》

一　三代沙汰之事木與竹合事天地
和合之沙汰也但百皇百代時揚

拄杖射悪魔掃拂子持秦皇
去倶漢高祖而射悪魔悪神
也時拂子鑰也千金莫傳
一於干亀茲國推歆王時此弓箭初
出来也何有生者悉云毒蛇在國
中亡人馬時天地祈之其時此弓
矣出来毒蛇打随而切拄卜云悉
是名拄杖去神通鑰也扇名拂
子為佛法之云〻後都留拾云木

西指枝多羅葉云其木切以得
五形弓長七尺五寸也日月星宿
納此中附九曜矢摺七星下廿八
宿廿八部衆巻鏑藤日輪附上
千旦巻月輪三十六禽不動三
十六童子也

一弓者半月満一空圓形上分下分
地形也羅刹經注可尋密宗深
秘要巨可傳授

一三輪二儀之事　一勘（父大慈也）　二恵（母大悲也）　三命（四海）
注ニ有之可尋文王記兵法ニ引之ヲ

栴檀巻之事上四寸五分下ハ四寸也
蝿頭形也

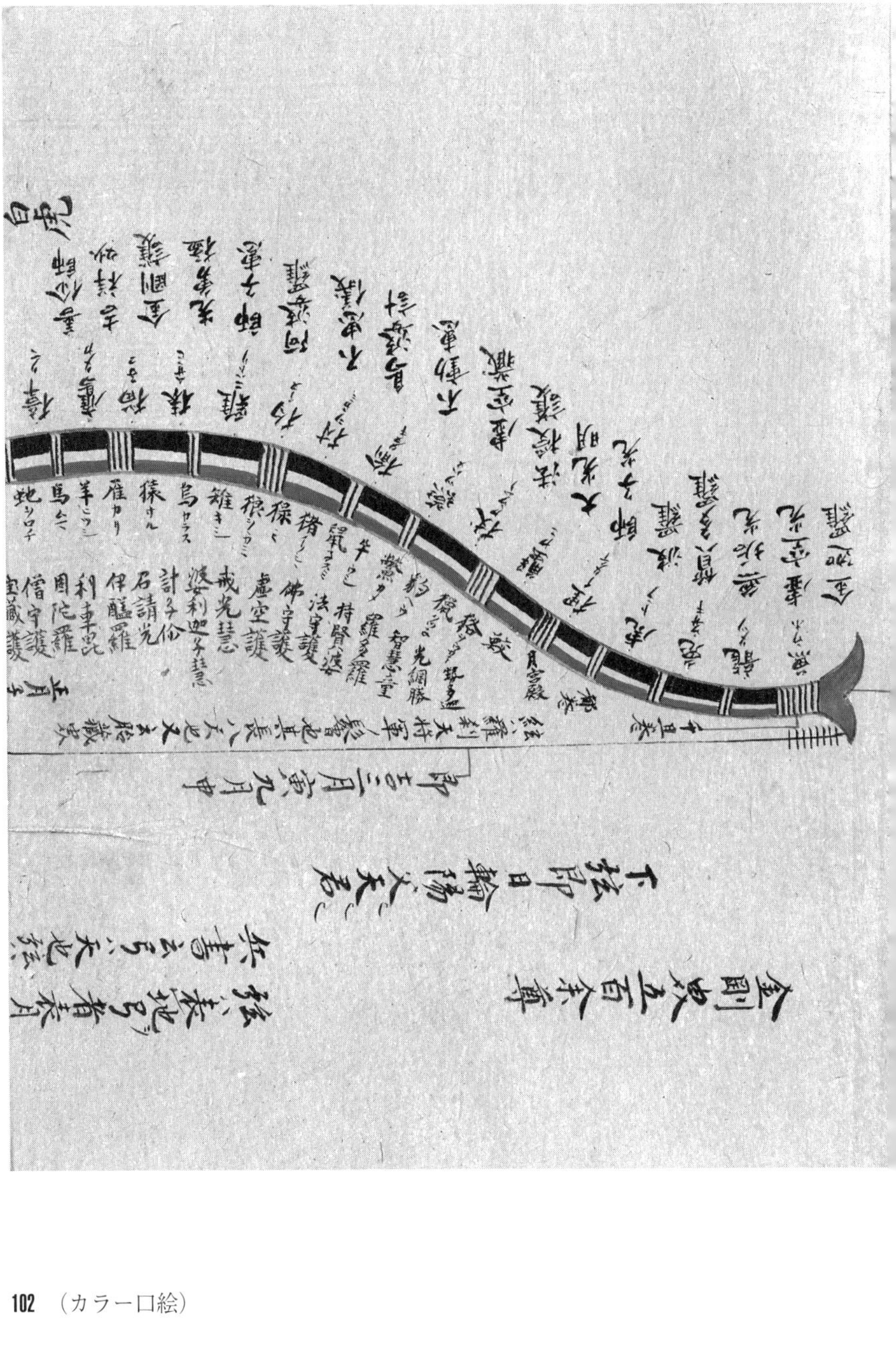

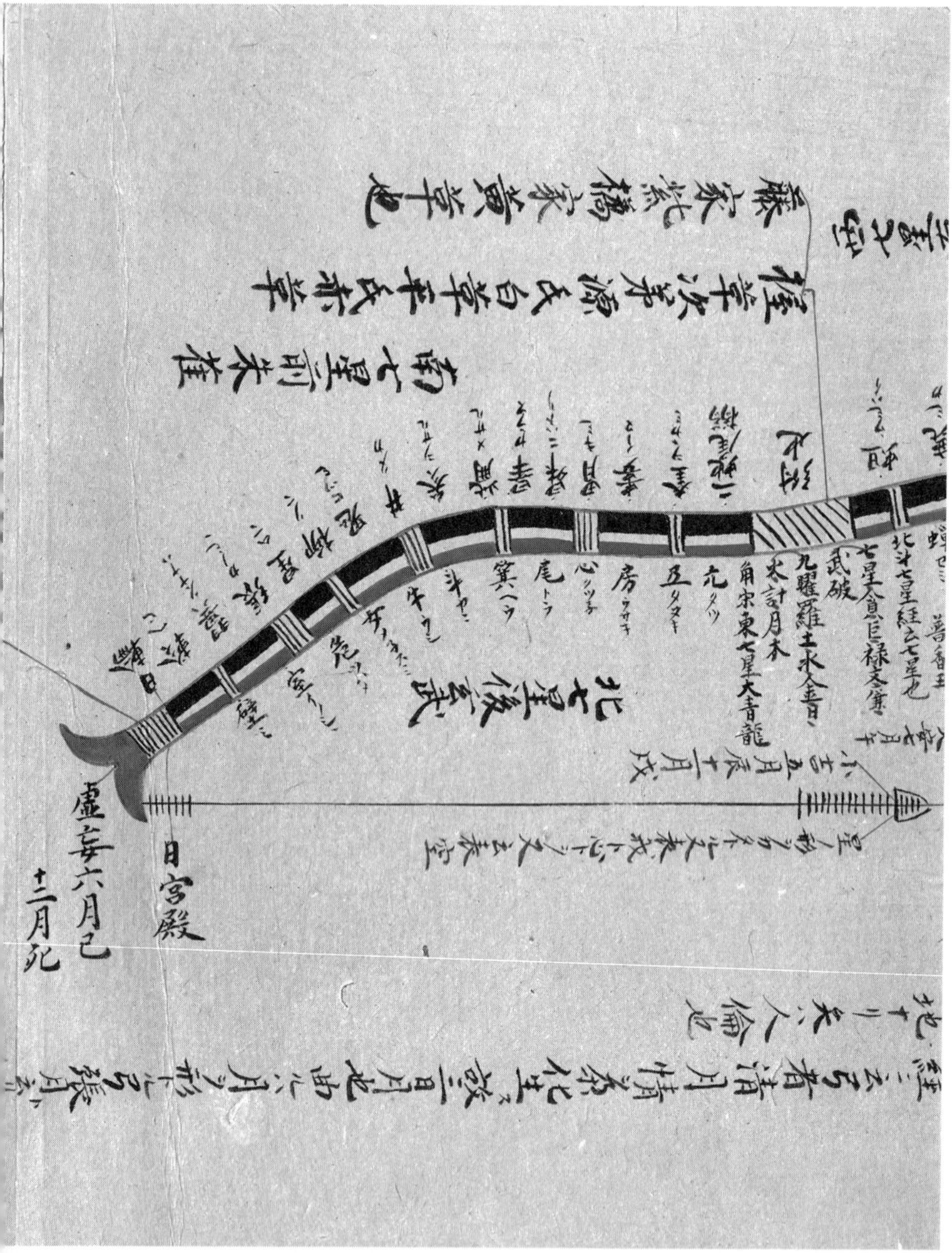

赤四月卯
十月酉

上弦卯月輪陰母地臣
多門天王
千旦巻

七曜

貪《トン》狼《ロウ》星《ジャウ》　巨《コ》門星　禄《ロク》存《ゾン》星　文《モン》曲《ゴク》星

廉貞星　武《フ》曲《ギョク》星　破軍星

九曜

羅睺《ゴ》星　土曜星　水曜星　金曜星

日曜星　火曜星　計都星　月曜星

木曜星

一 曼荼羅ノ蓋目ニハ周行七歩不動ノ
咒ノウマクサバンダバサラダセンダマカロ
シヤダソワカウンタラタカンマン
此文ヲセインヲ以テ可書之
一 宿直蓋目之觀念周行七歩
一 誕生蓋目之觀念周行七歩七難即滅
一 神通鏑觀念　摩利支尊天八幡大菩
薩錦　革ノ下ニ竹ノウスヤウニ書入ル愛染
明王頭ニ可書但何茂梵字

123　弓の書（裏）

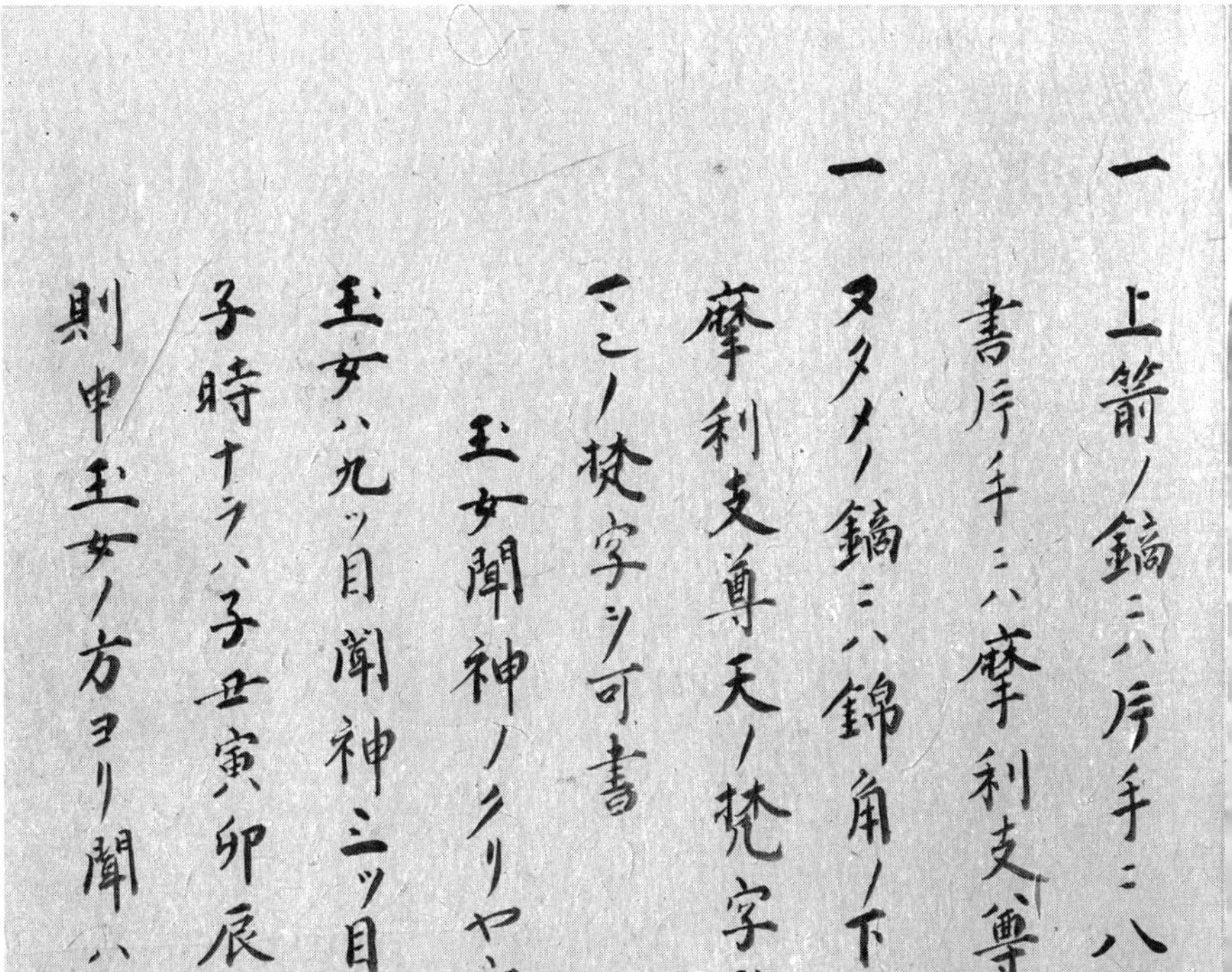
一　上箭ノ鏑ニハ序手ニハ八幡大菩薩頭ニ可
書序手ニハ摩利支尊天ヲ可書
一　ヌタメノ鏑ニハ錦角ノ下ニハ八幡大菩薩
摩利支尊天ノ梵字ヲ書ヤ頭ニカニ
ニノ梵字ヲ可書
玉女聞神ノクリヤウ
玉女ハ九ツ目聞神三ツ目玉女ハ縦ハ其時
子時ナラハ子丑寅卯辰巳午未申トクリ
則中玉女ノ方ヨリ聞ハ其時子ノ時ナラハ

子丑寅三ツ目寅ノ方也

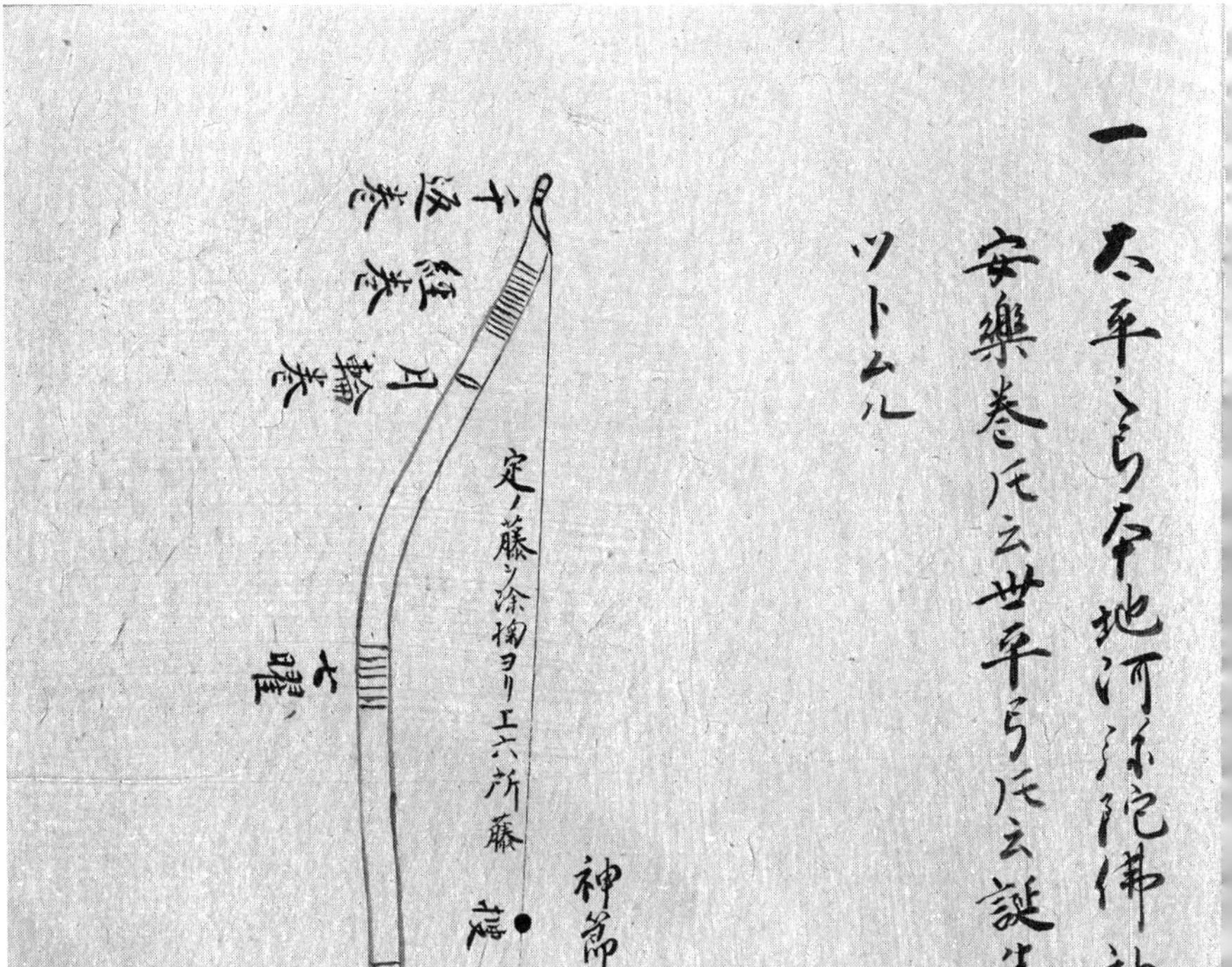
一太平こら本地阿弥陀佛神ハ手力雄明神や
安樂巻斤云世平弓斤云誕生墓目ハ世平弓ニテ
ツトムル
神節ガ行ト當てヽ當家ニハ
さうとし
定ノ藤ノ涂掏ヨリ上六所藤
握
定ノ藤ノ涂掏ヨリ下五所藤
千返巻
經巻
月輪巻
七曜
九曜
姫藤巻
日輪巻
嘉藤巻

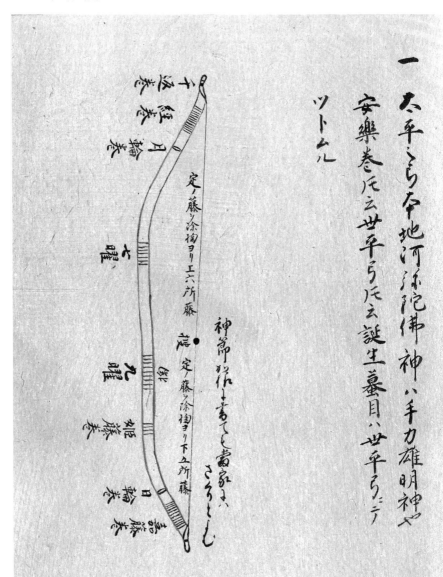

二番羅形弓

此弓ハ化生の物下村弓也不断枕ニおく立
置へき弓也三本藤しニへし節ゝ不亭る
私ノ作て秘ゝゝ三所藤尼云三寶ニ表ス
三世ニモ取也

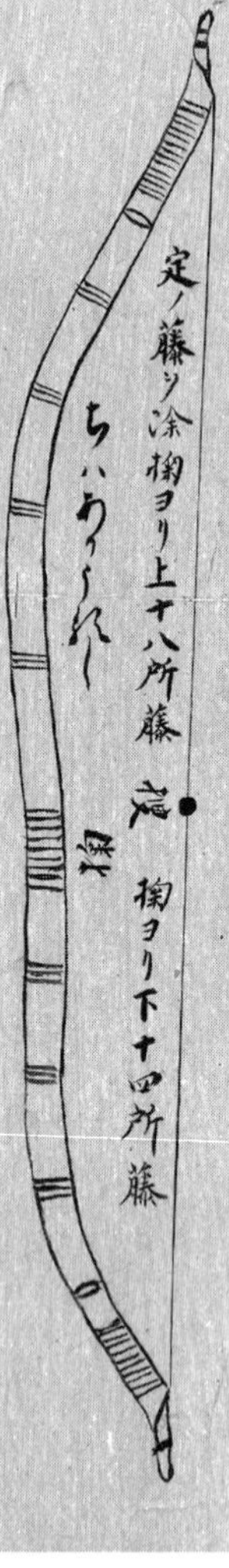

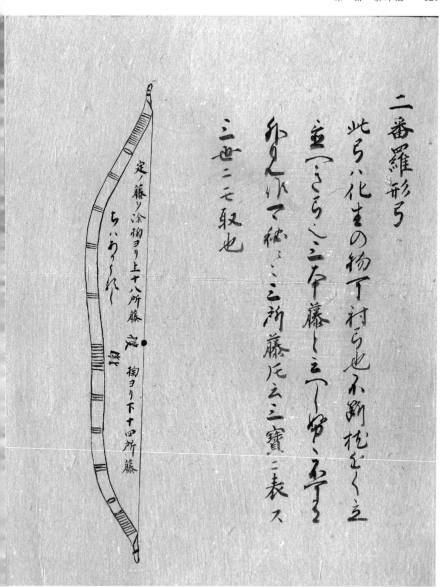

三番作踏ゝら草鹿圓物其外作物可射之や

而深且夜巻尺云七五三尺云サライ弓尺云

四番四足のちにまりとかにまきなる二十八巻

かまりのふかきふ二十六所下まきや天の廿八宿

地の三十六祇を表之也同こゝろふ候

凡弓に可添らや但口傳有之曼陀羅書とし
之くさり口傳別紙にありく書月にに天の
廿八宿地の三十六禽の名を書付こめこまや
重藤弓云

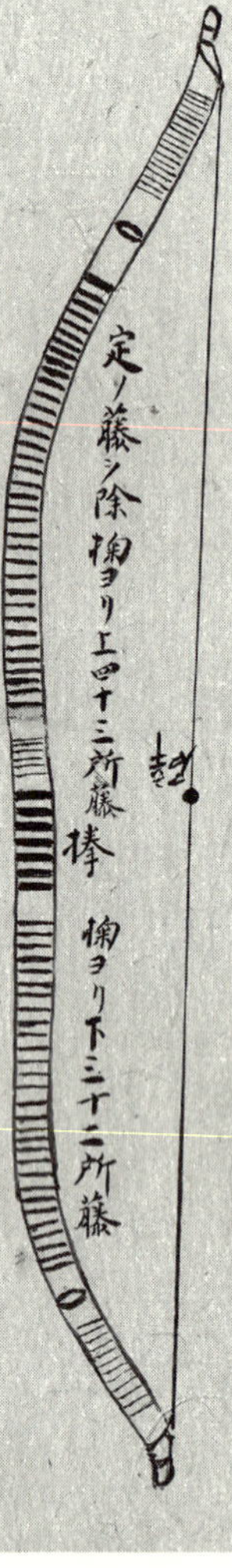

此弓朝鮮と平ヶ軍陣大儀之時可持らや

129　弓の書（裏）

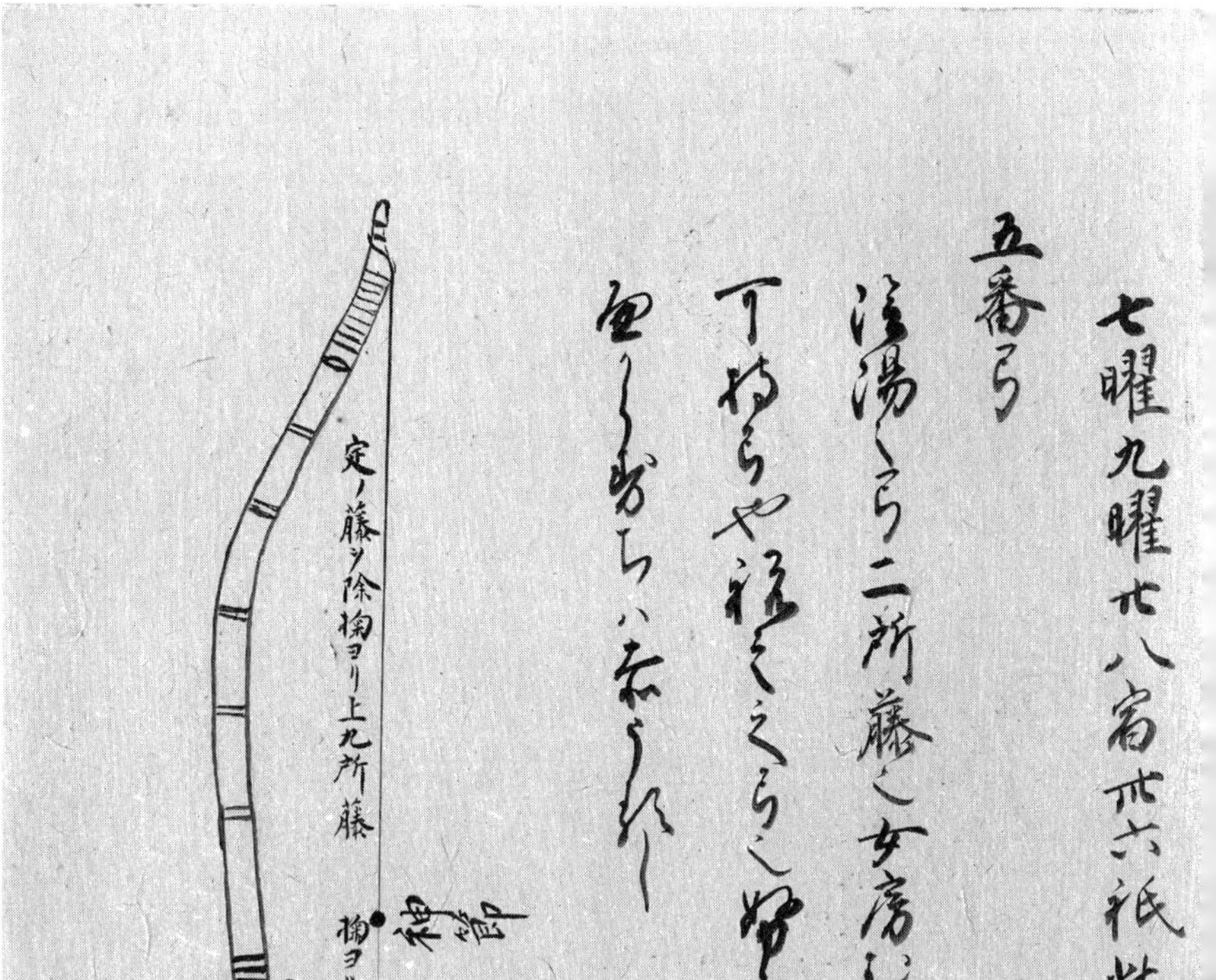

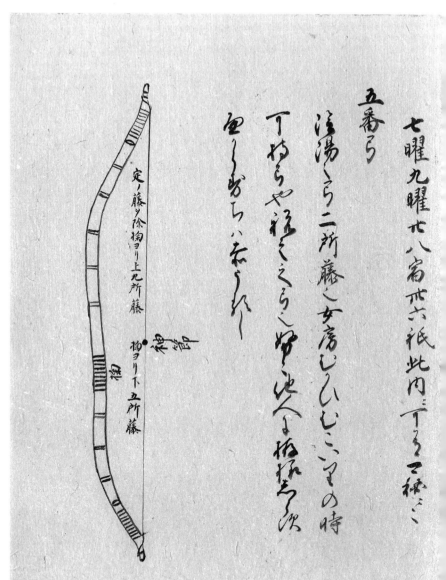

六番福蔵之弓鏑《ツリ》をも出す戦場に下持ちし兵ハ
おもしろし出弓落たる時祝すも身の弓や
七所藤と云

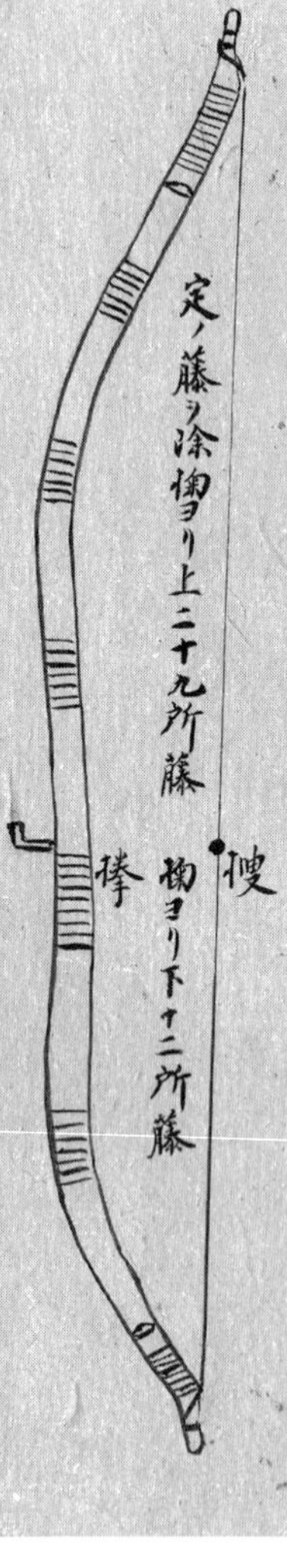

七番勝巻くる不断下持ちや何ぞ出目に合ふ
終に下口消しおもしろし吹ヨセ藤と云

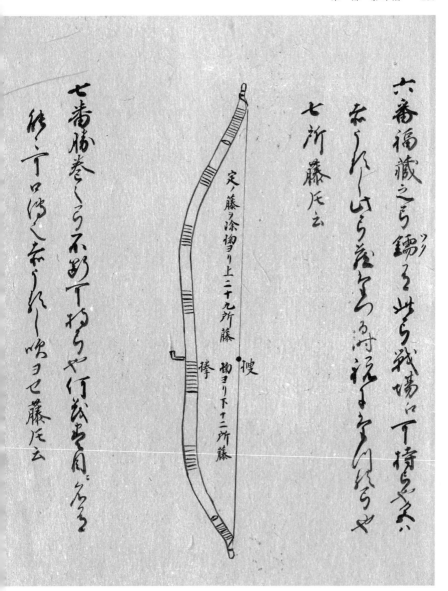

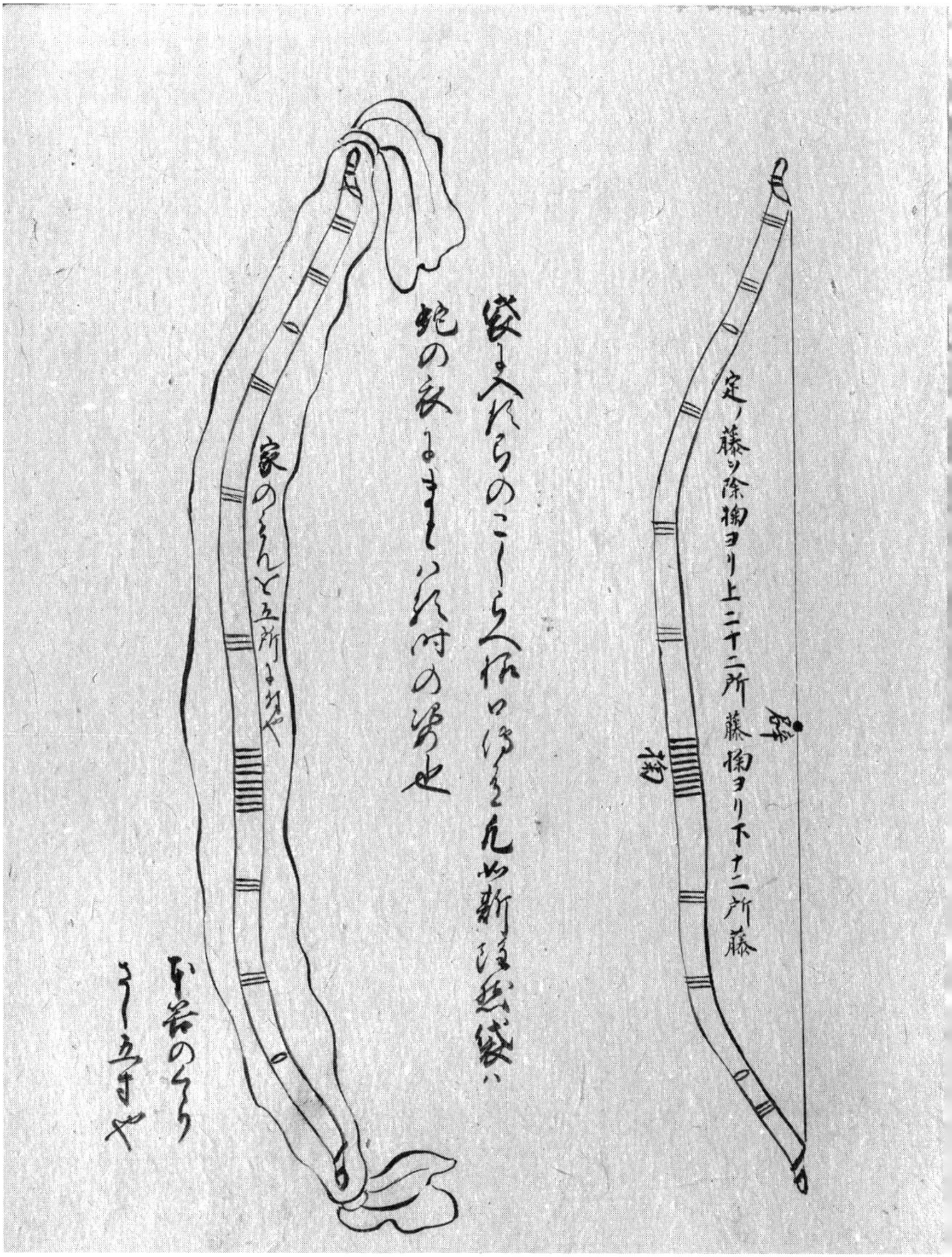
定ノ藤ッ除握ヨリ上二十二所 藤握ヨリ下十二所藤
握

凡竹の竿は長サ三寸八歩廣サ八歩其竿と
中しるへし紋の打られたる大弐寸家の紋を
付くこき浅黄にて染へし

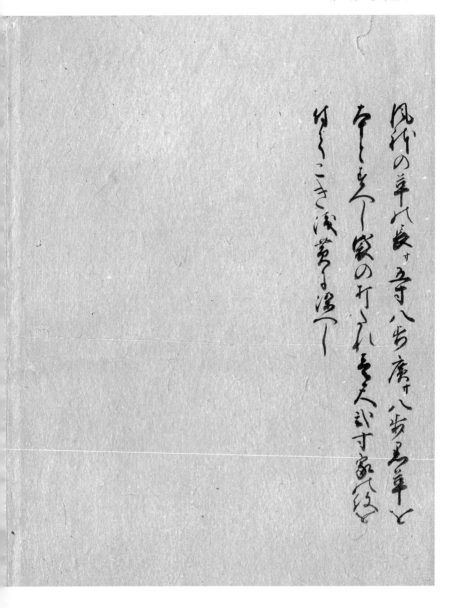

一番地形くら日本くら〻名や美と的ら〻云
的ら返矢にしまりの上れ美や口傅多く
古ーきやーら圧云

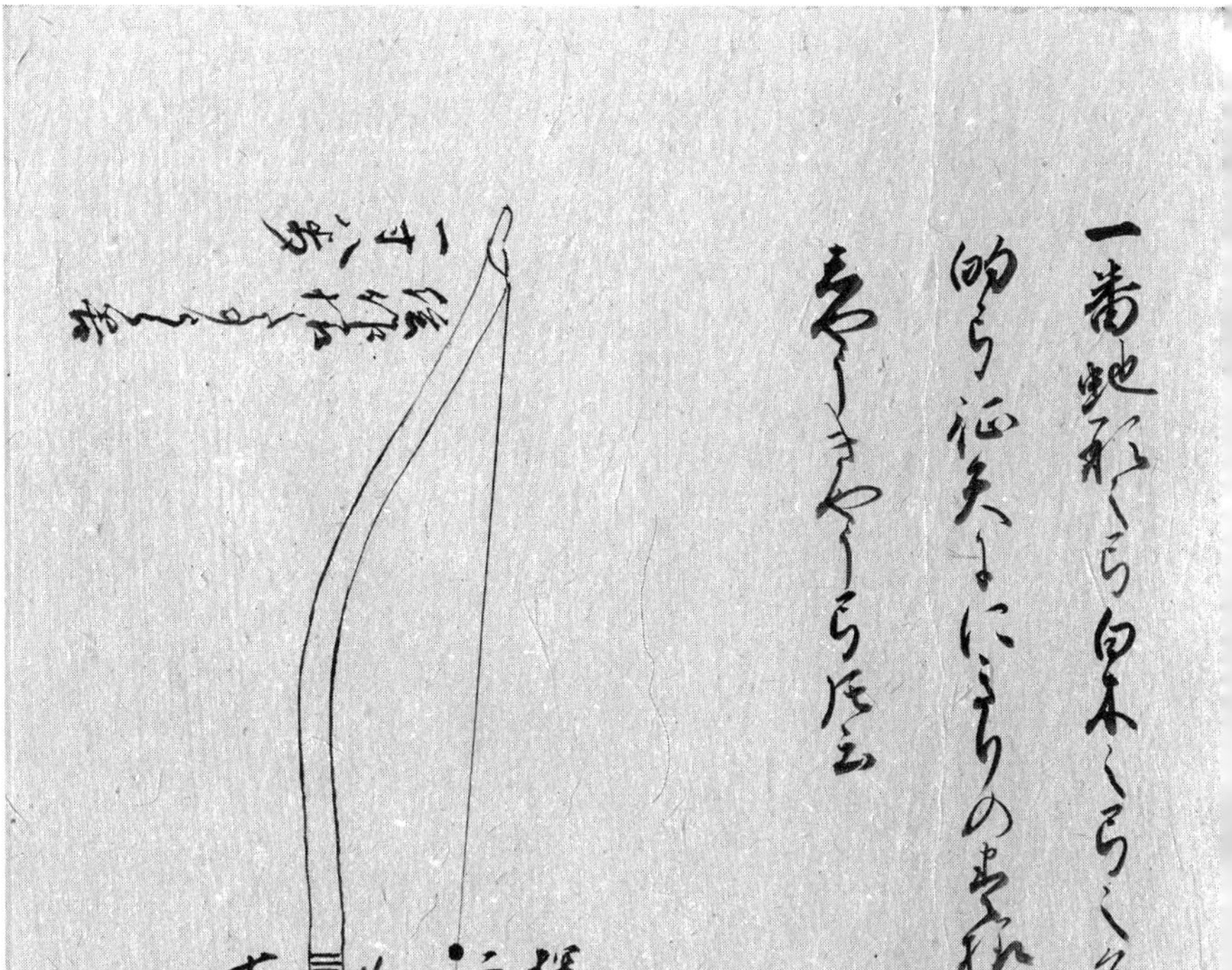

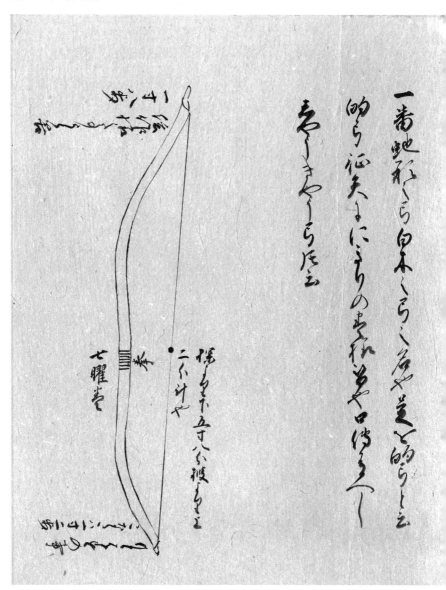

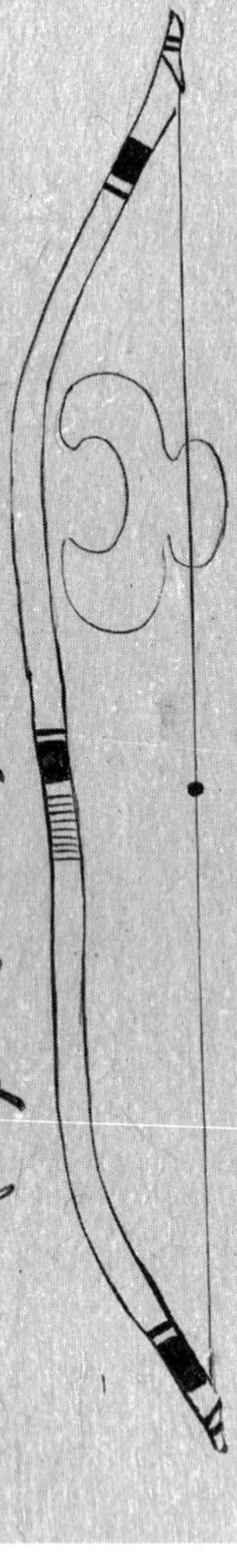

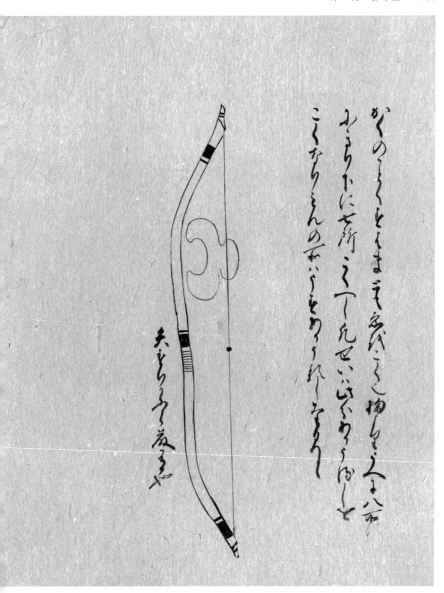

135　弓の書（裏）

（以下、記載がないため省略）

137　馬の書（表）

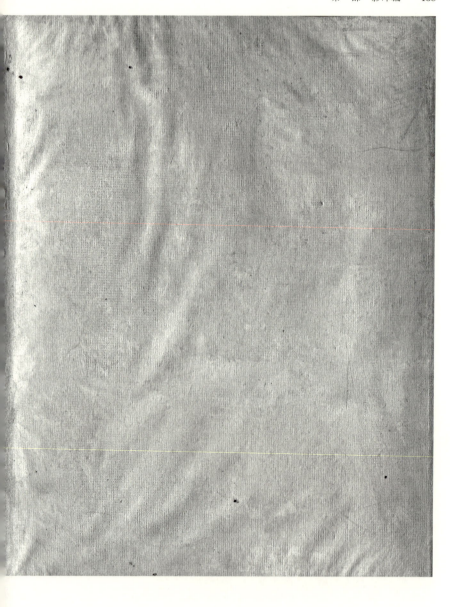

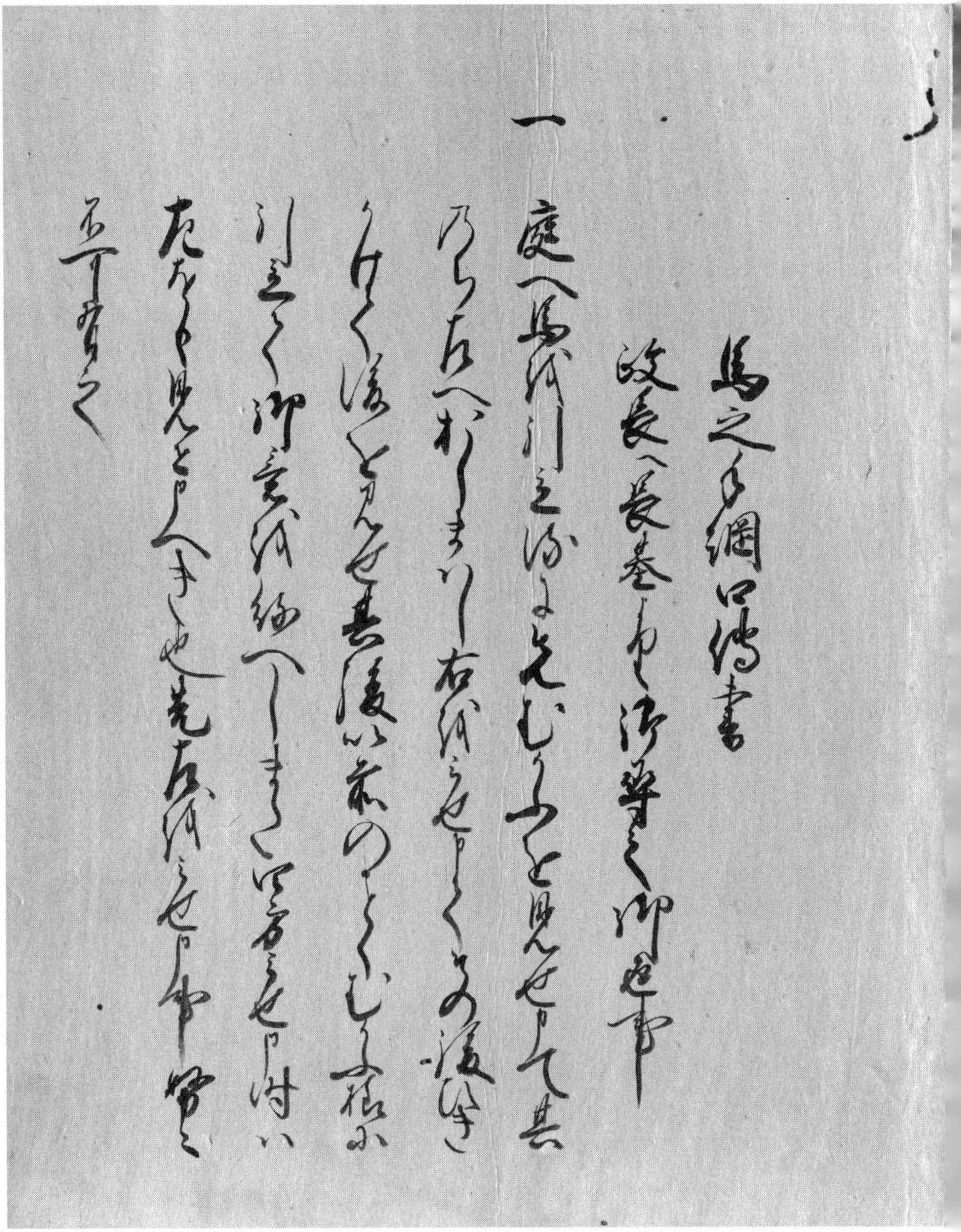
馬之手綱口傳書

一　出津なる花い浜辺の老ひ魚ことも末その間を

さくその渡りかくく見れ見へて引て

一　庭に馬をあてて宗川く作もへいぞ斜欲ら

作くれに候まれへさけへ喜らの方（志れとい

まへ一条の遊く馬辺はいもしふやう

かふあんをしば志川るくありもれくまへ

何と作わりもく花思よありかやれふへく

あまり作くくらはがんしり末たてまるんを

侍やくしへ波その全とまして宗れまて

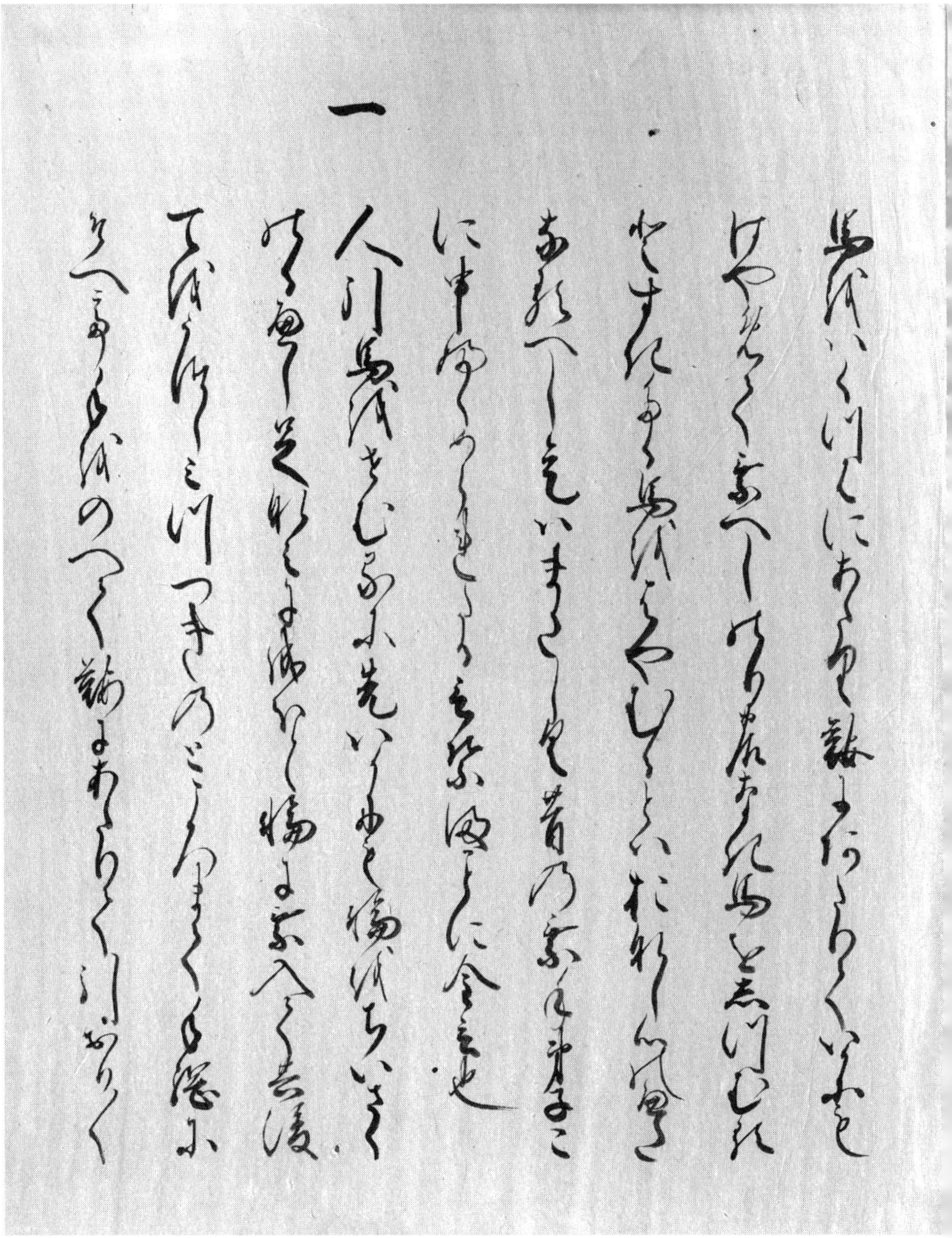

さん／＼に引廻して右左なれ口を経て
六寸ばかり引て其後十日も十五日も百日も
退屈させ日を積て馬術をしへしむましく
之事あるへくもと大概初心の人のためなる故
其術之をもとゝしけり

一

馬術庭へ引出人かへしをなす事もあり
こゝの事なきやさりあへる庭にて待まて
引掛りする馬なとにはいかに馬をしもなすつ
そくいうふけ出

143　馬の書（表）

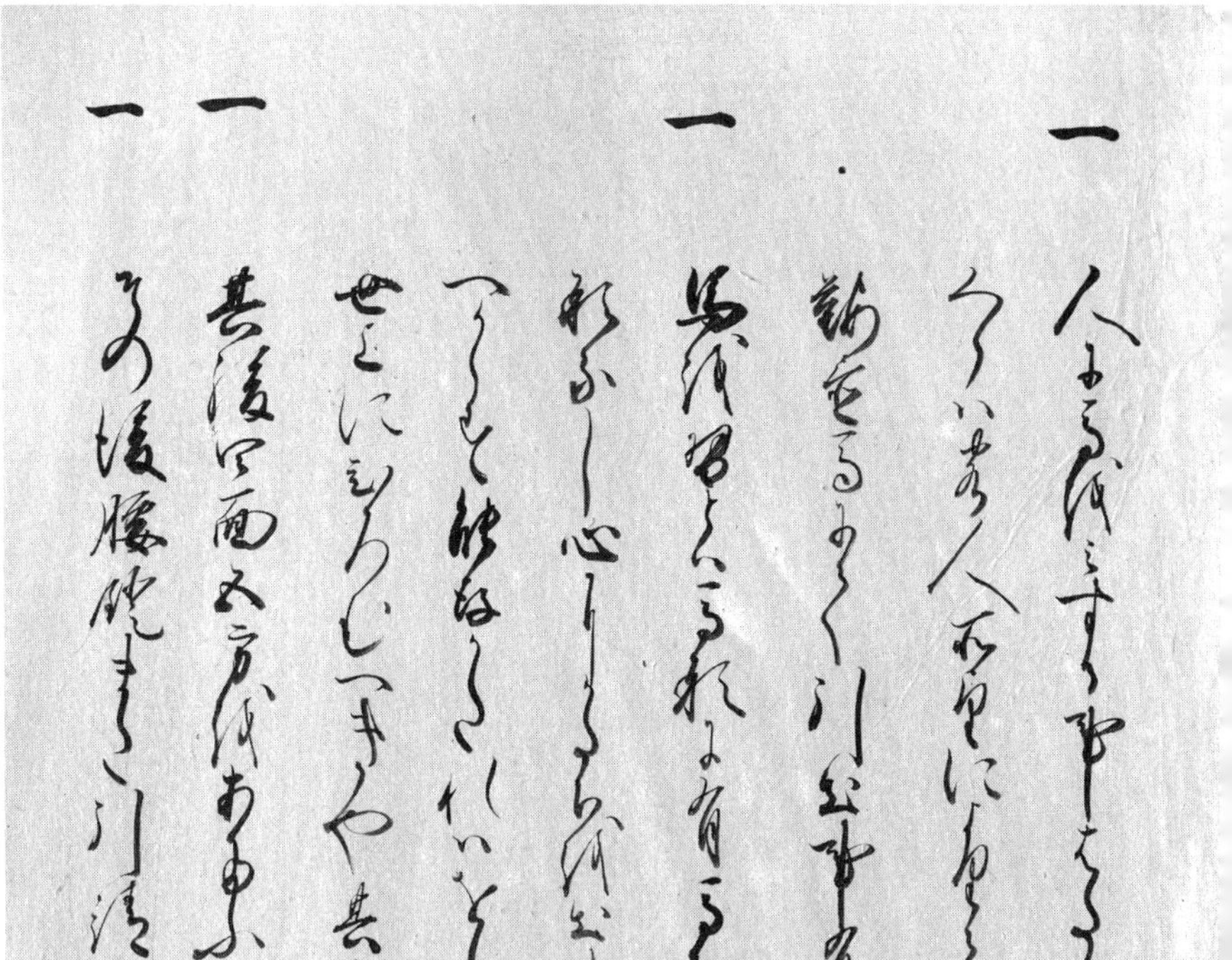

一

道ふりきられ二ツ家にて

一　馬代川にて若人を出してかい家もの方ち

川も少く底めく馬をも引まりある人を

見をして渡ふりきけるに信頼人とを先

渡方より馬代渡人をも文庫をさいます

もり去て文庫をも其人々を寄く礼を

する渡人をして後も礼をして去るより

渡河通りある人や後も立まけりきへ人の

太度渡りあくしける人

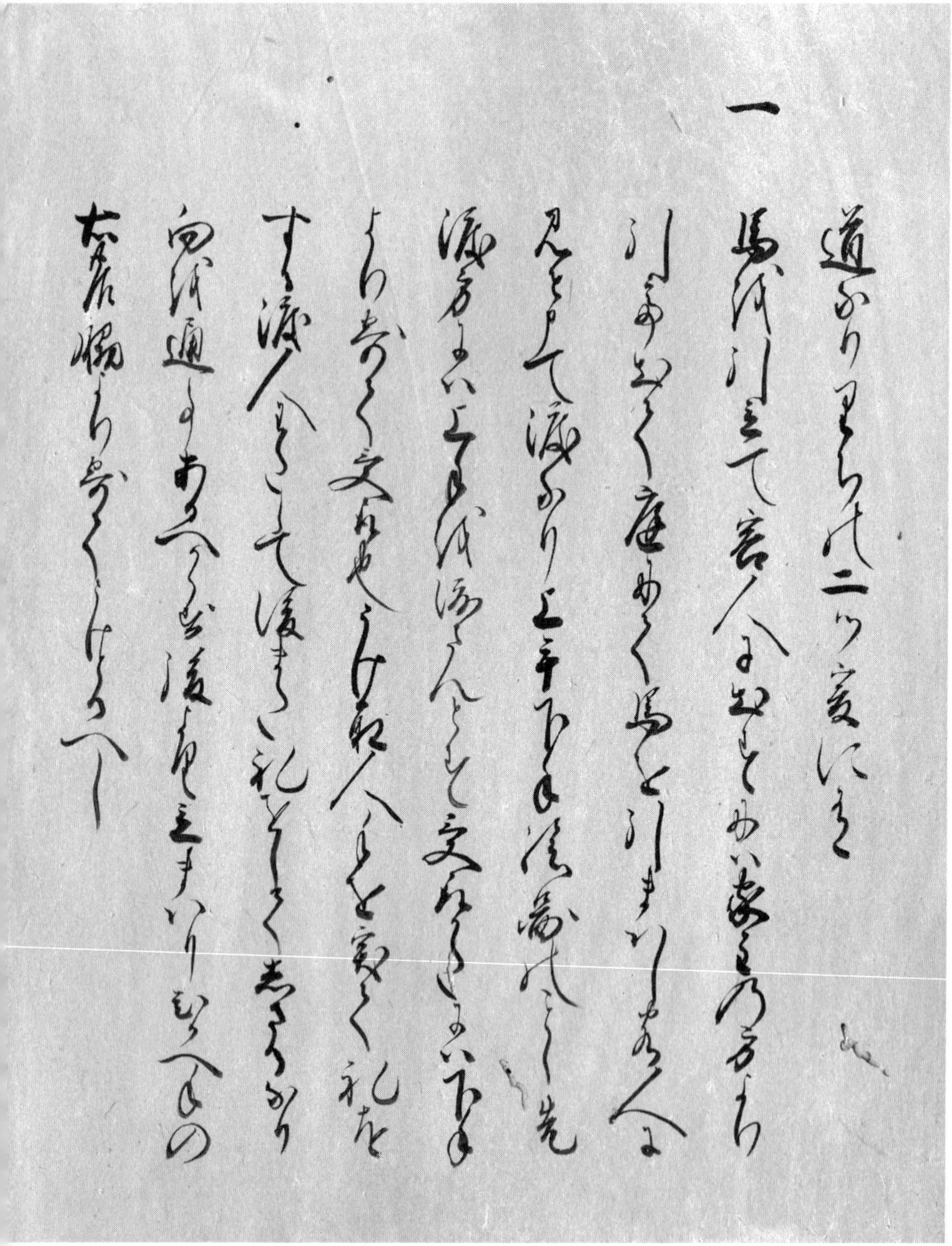

145　馬の書（表）

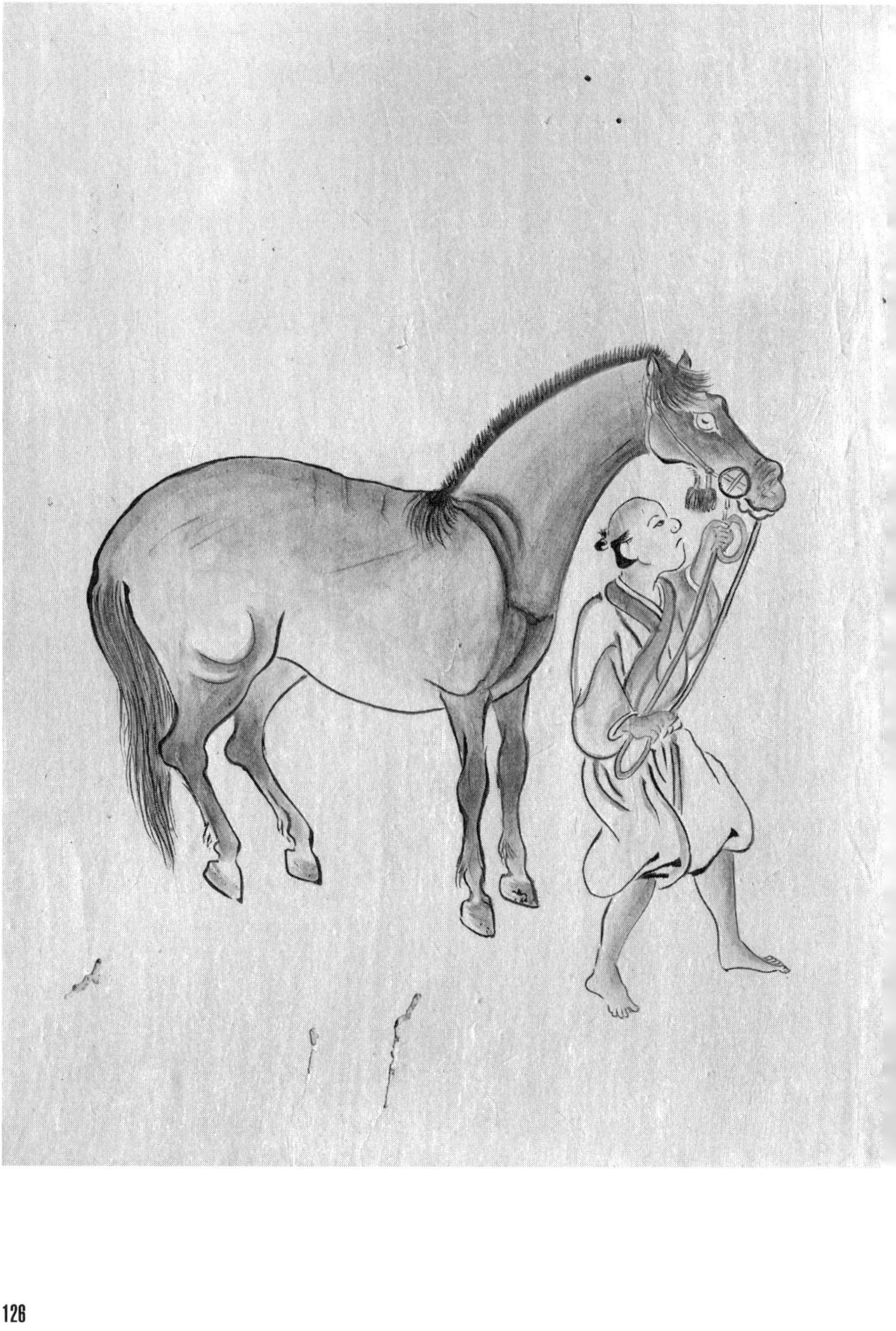

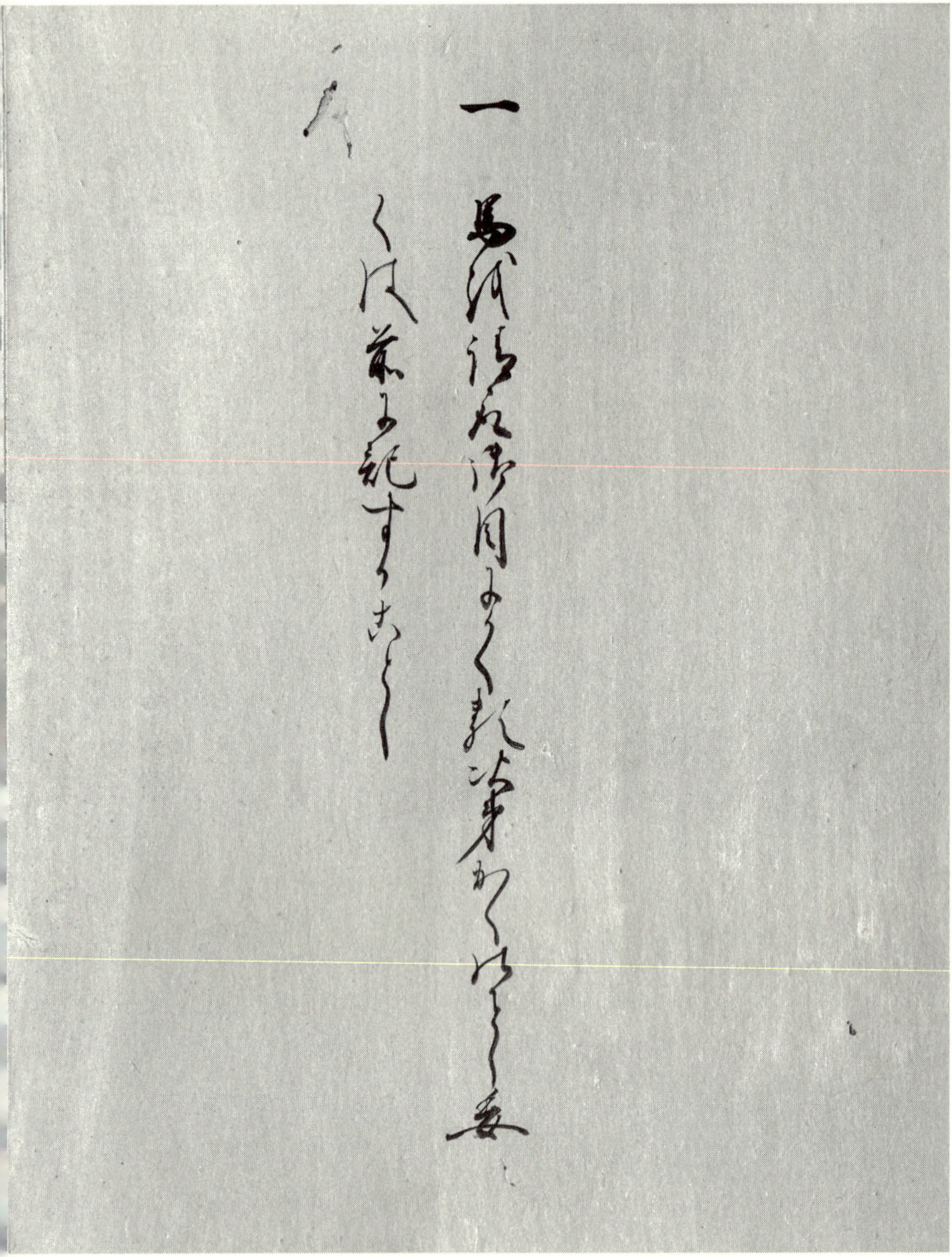

147　馬の書（表）

一　四面五方にかまへ別

一　五方前後四之中下左右縄綱の二つ有

一　四面のくゝり前後左右也前掛り流

くゝる事前かけと云時かね色のくゝる事色

かけと云時あけるかくゝる也　後かけ出入

馬のくゝる也　後掛りたる〇馬のくゝる也

149　馬の書（表）

一　ありまのうまやのかたのたきよりあくらい

　　　清はらうしてあるゝゆゑ新しゝくてあくゝ

　　　きはしらうよありむらばいてゝ消えてゝ

　　　ないゝあくむらゝくあくゝ詠よはり難く

　　　あくゝさきれいゝ室へしあくゝむゝいうを

　　　ゝ間りらうきゝおくにしくてあるゝゆゑ

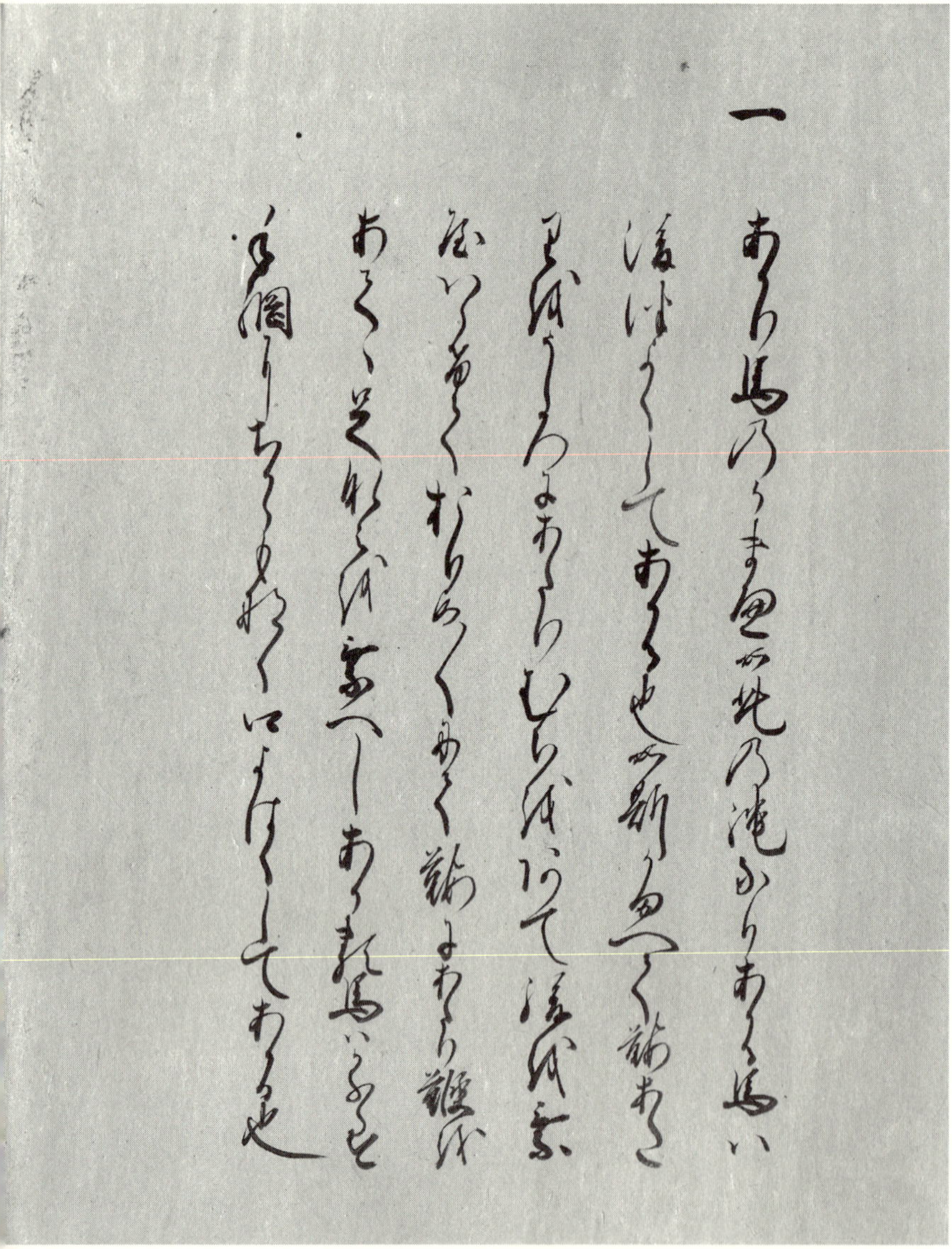

151　馬の書（表）

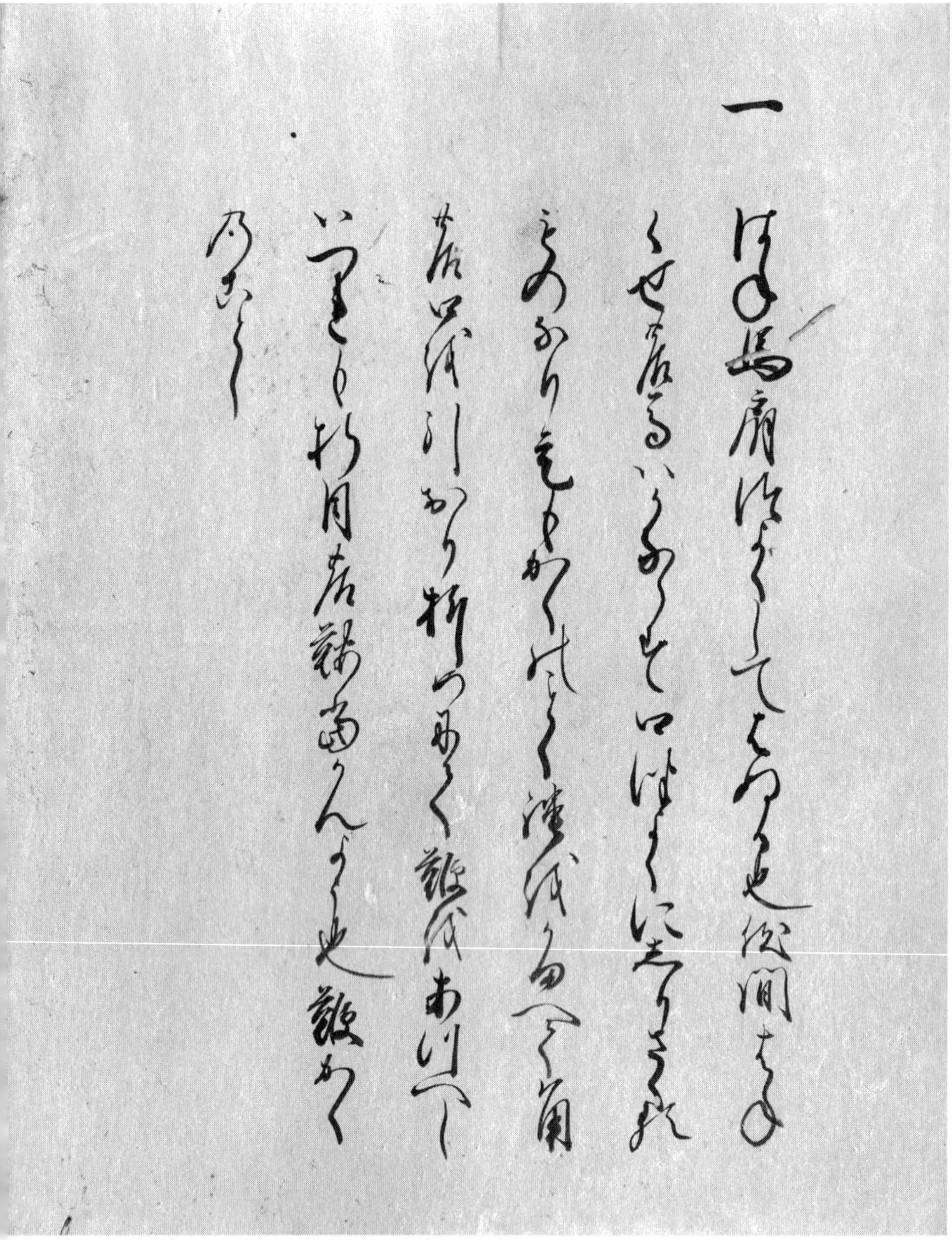

153　馬の書（表）

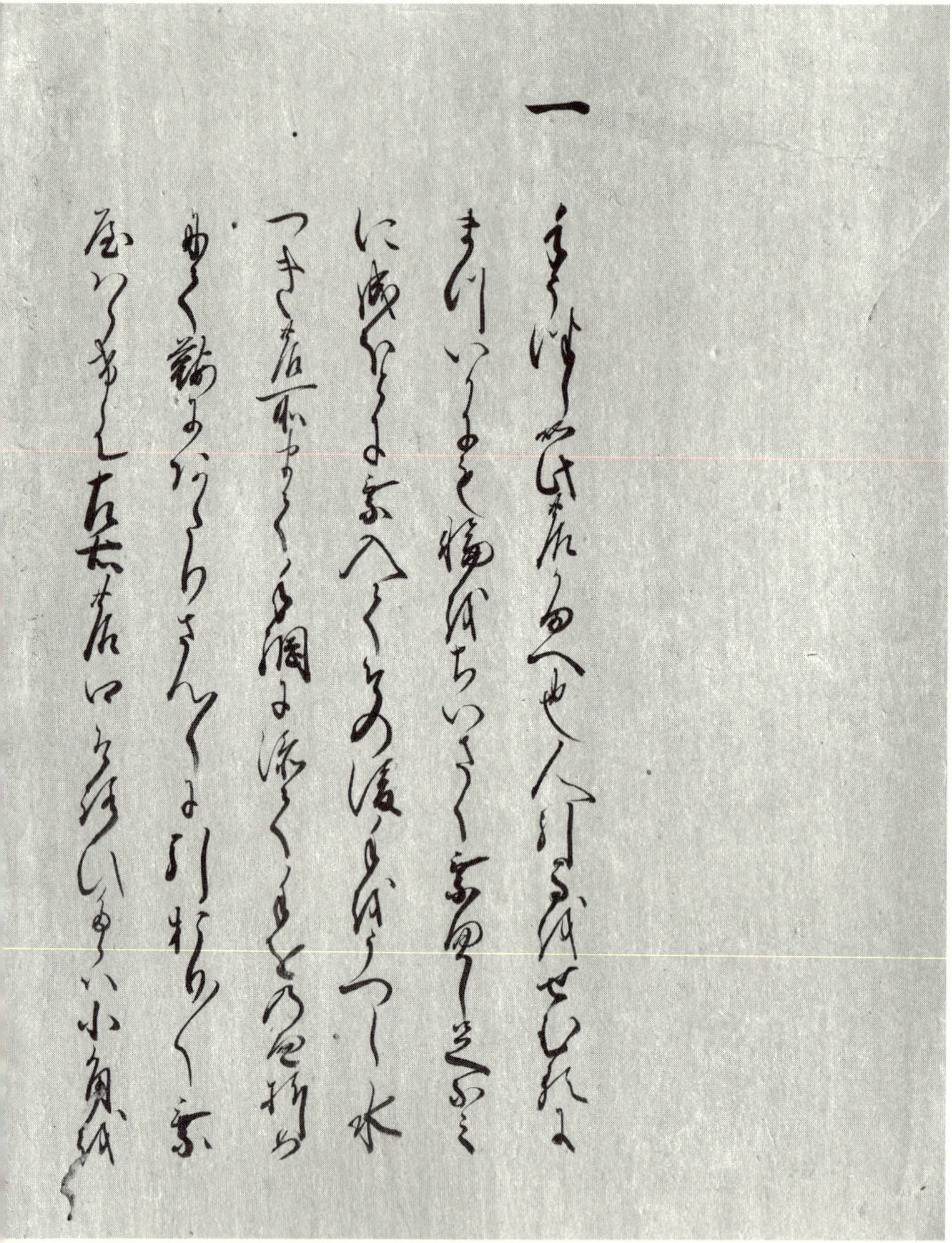

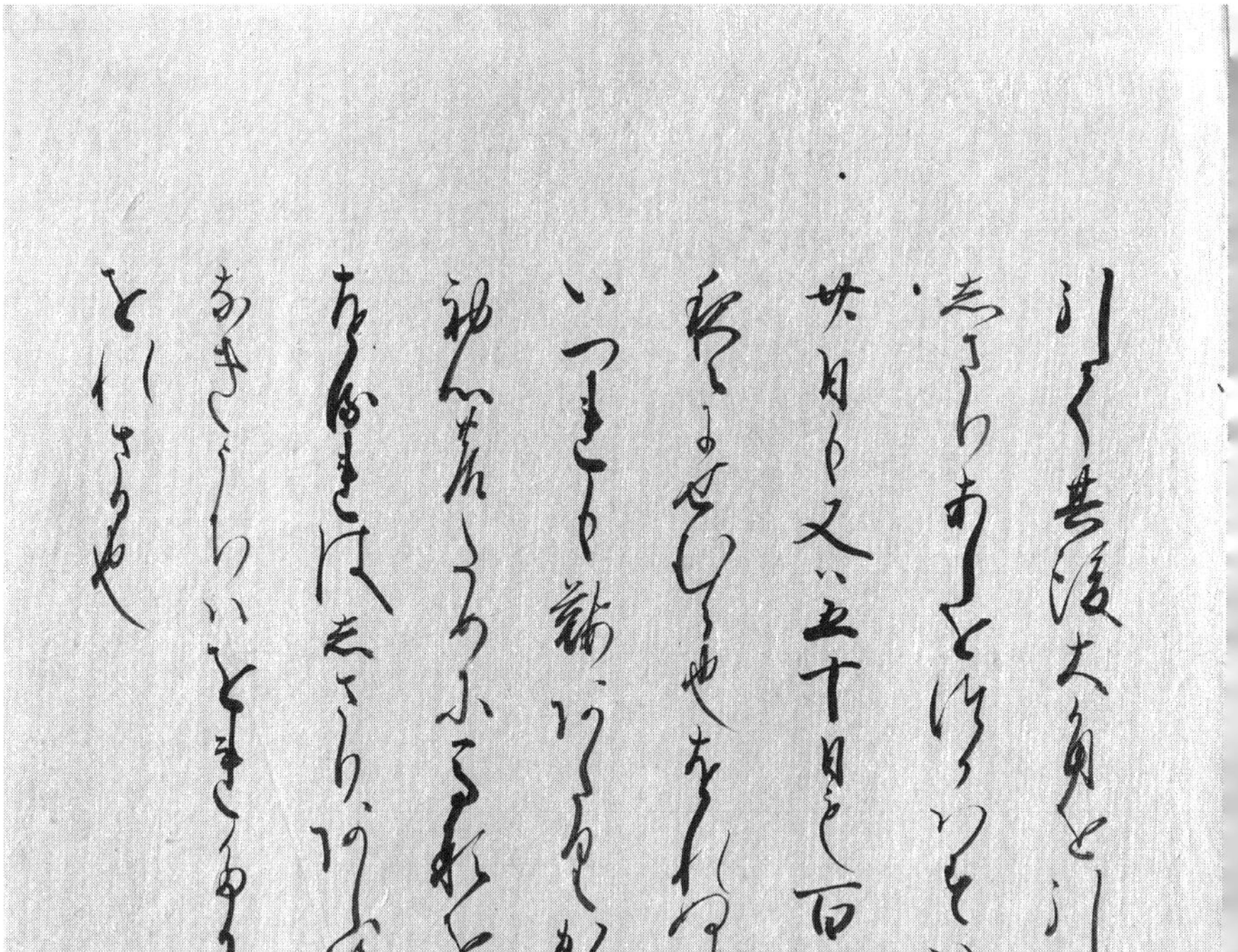

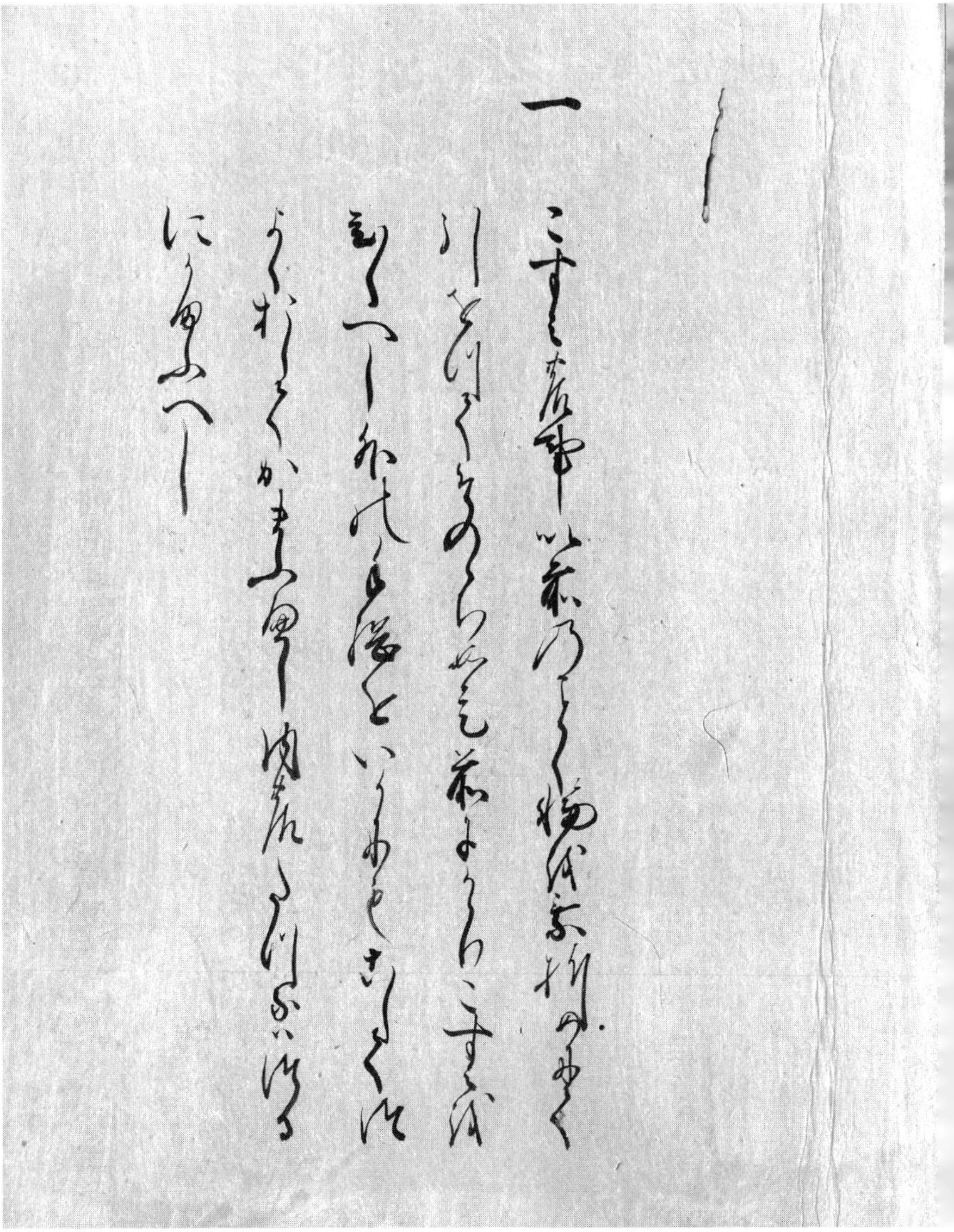

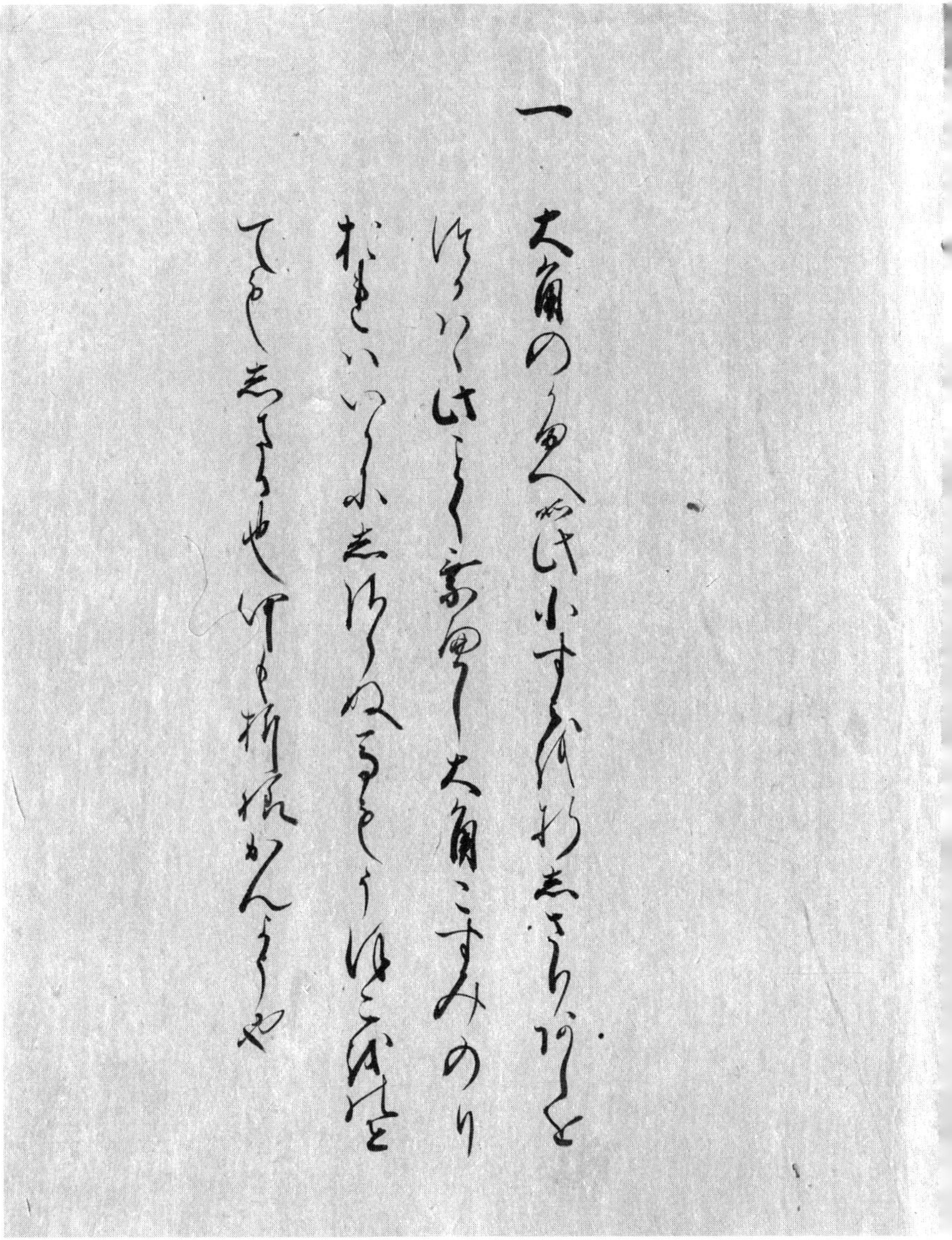

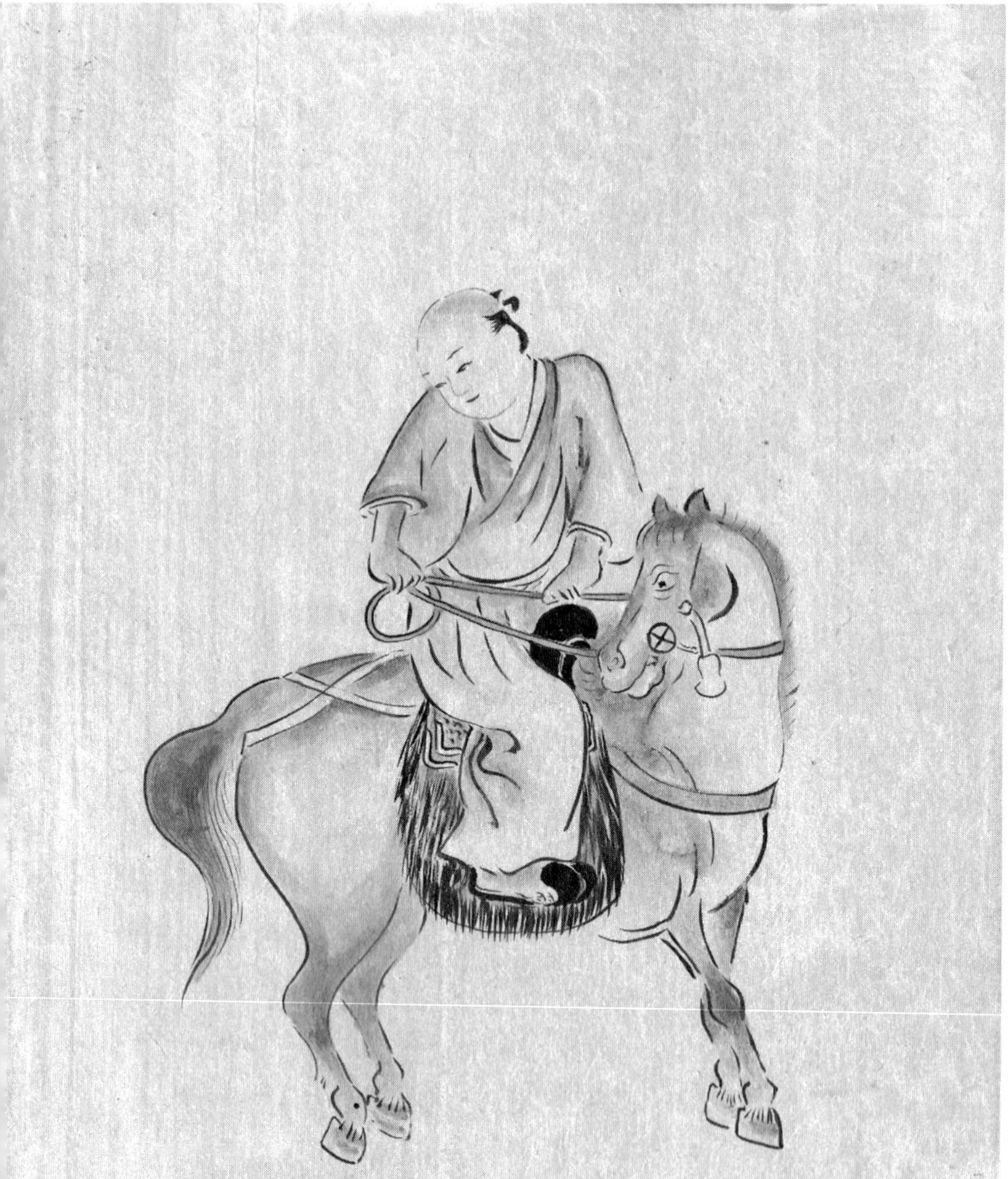

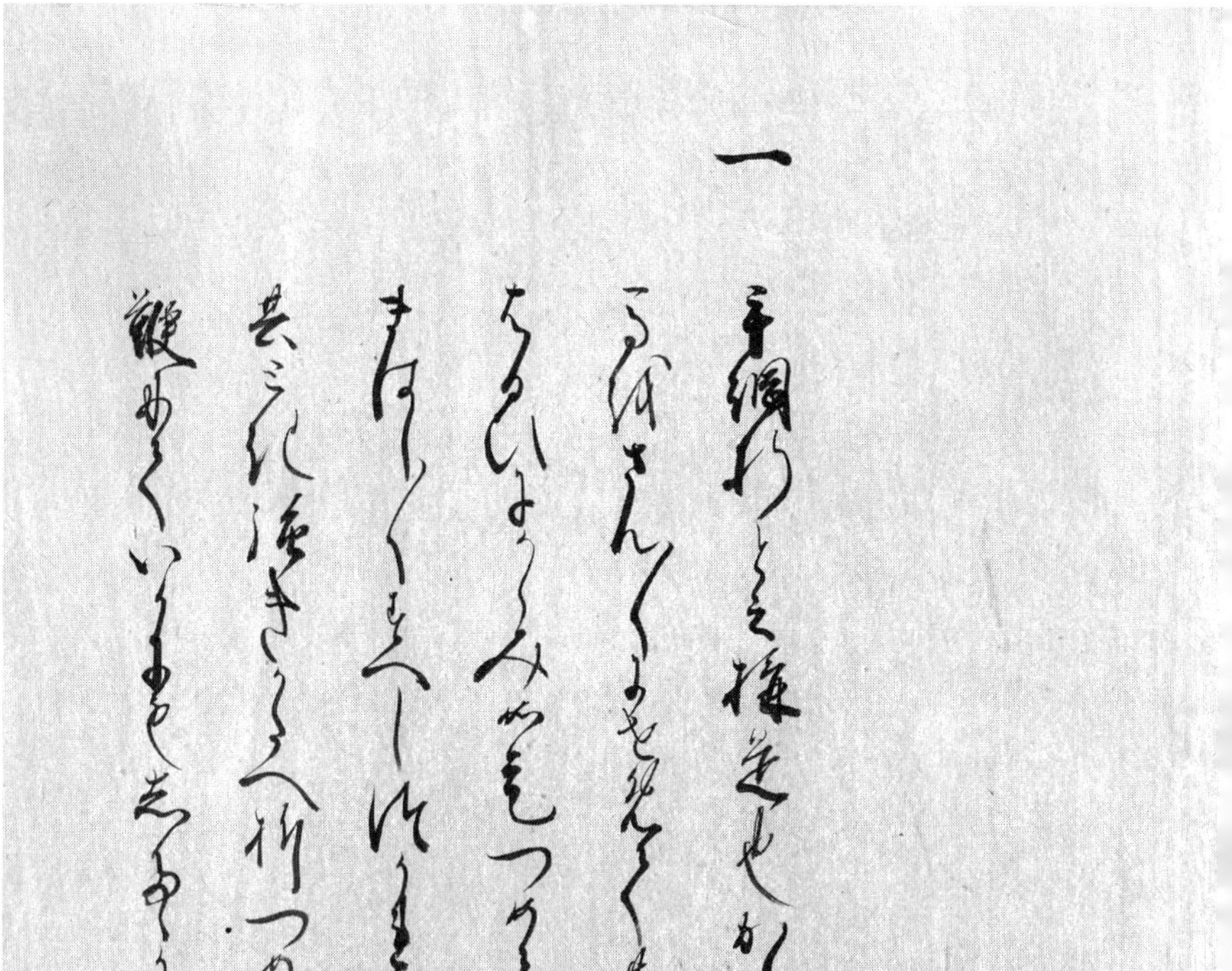

163　馬の書（表）

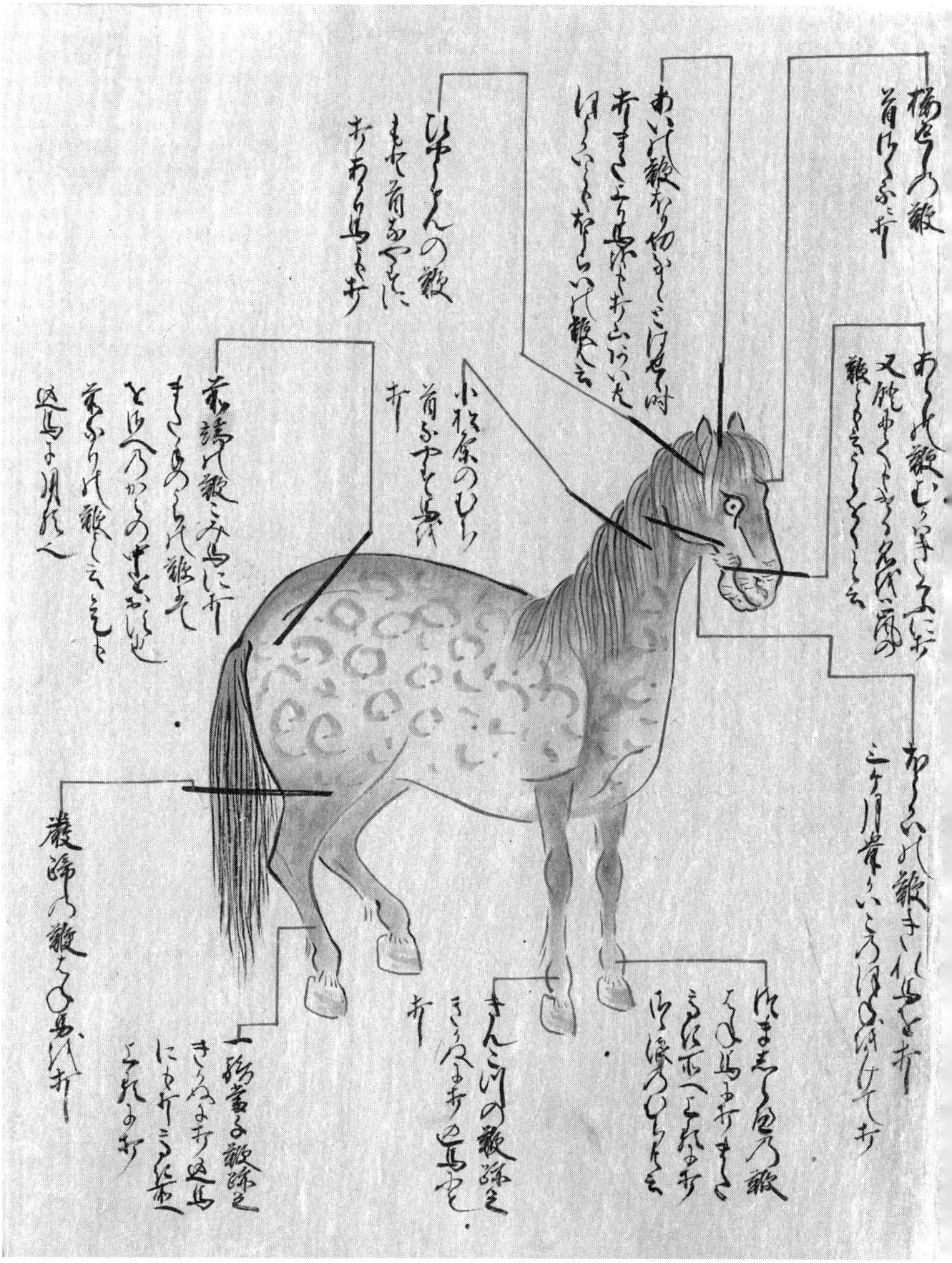

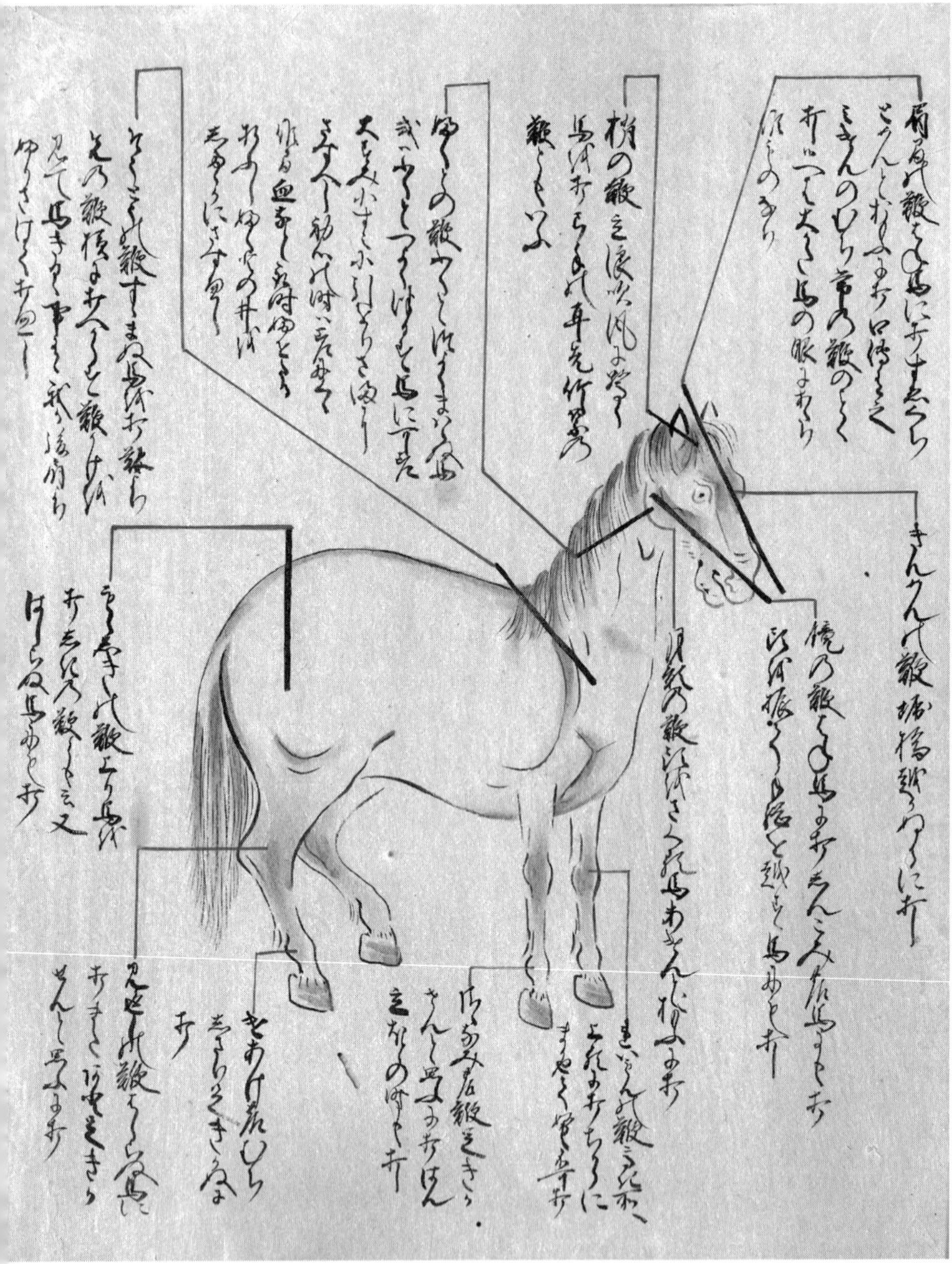

165　馬の書（表）

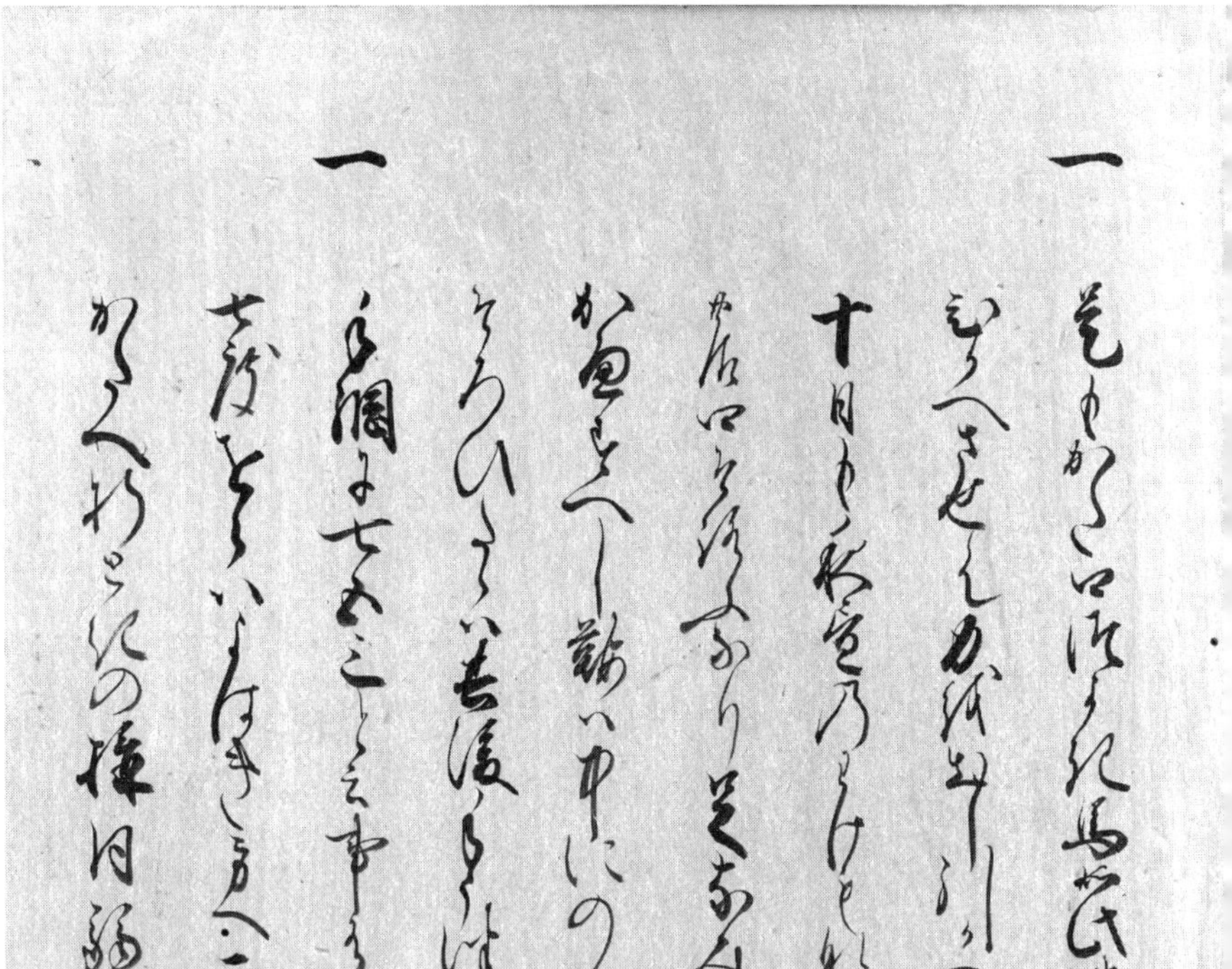

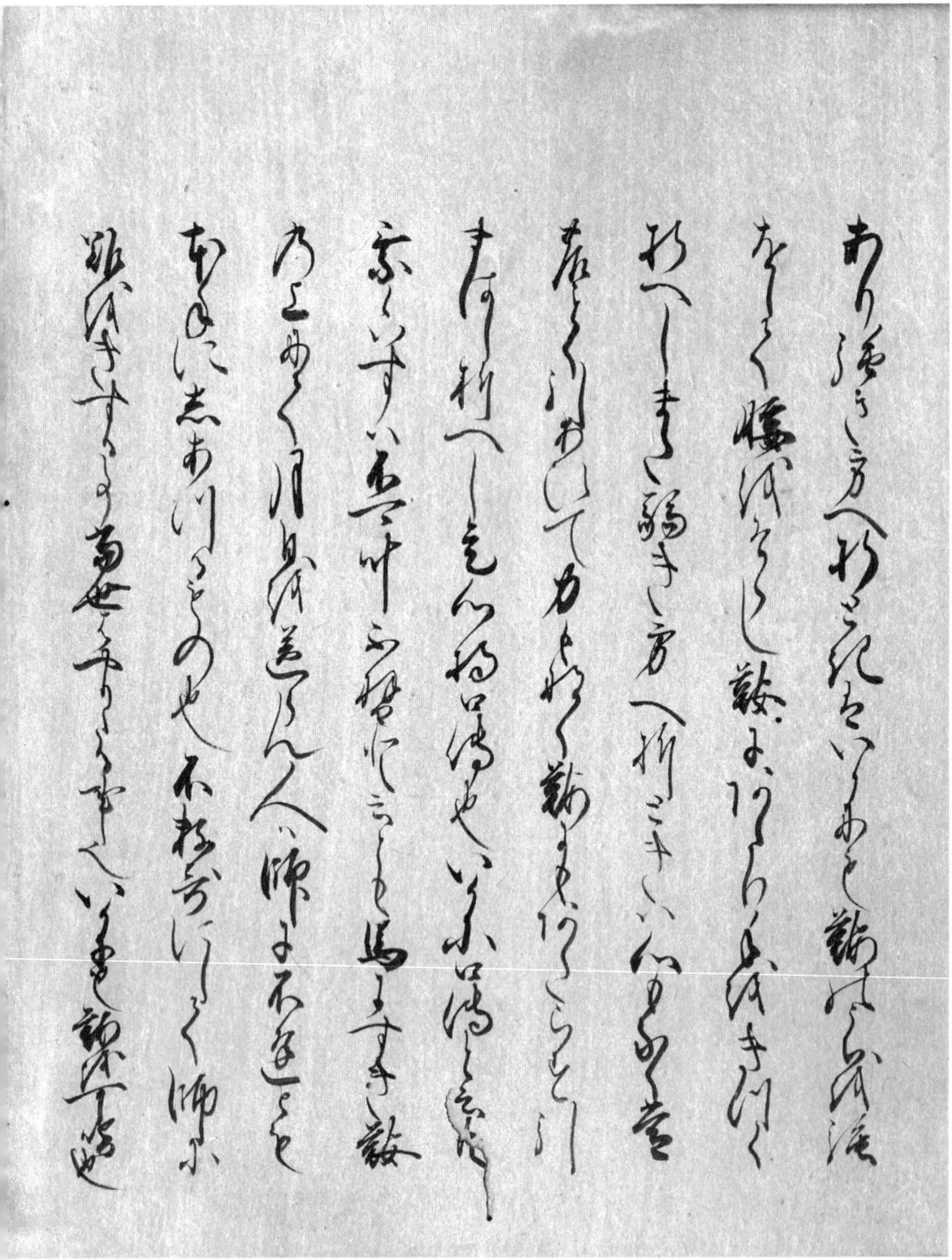

167　馬の書（表）

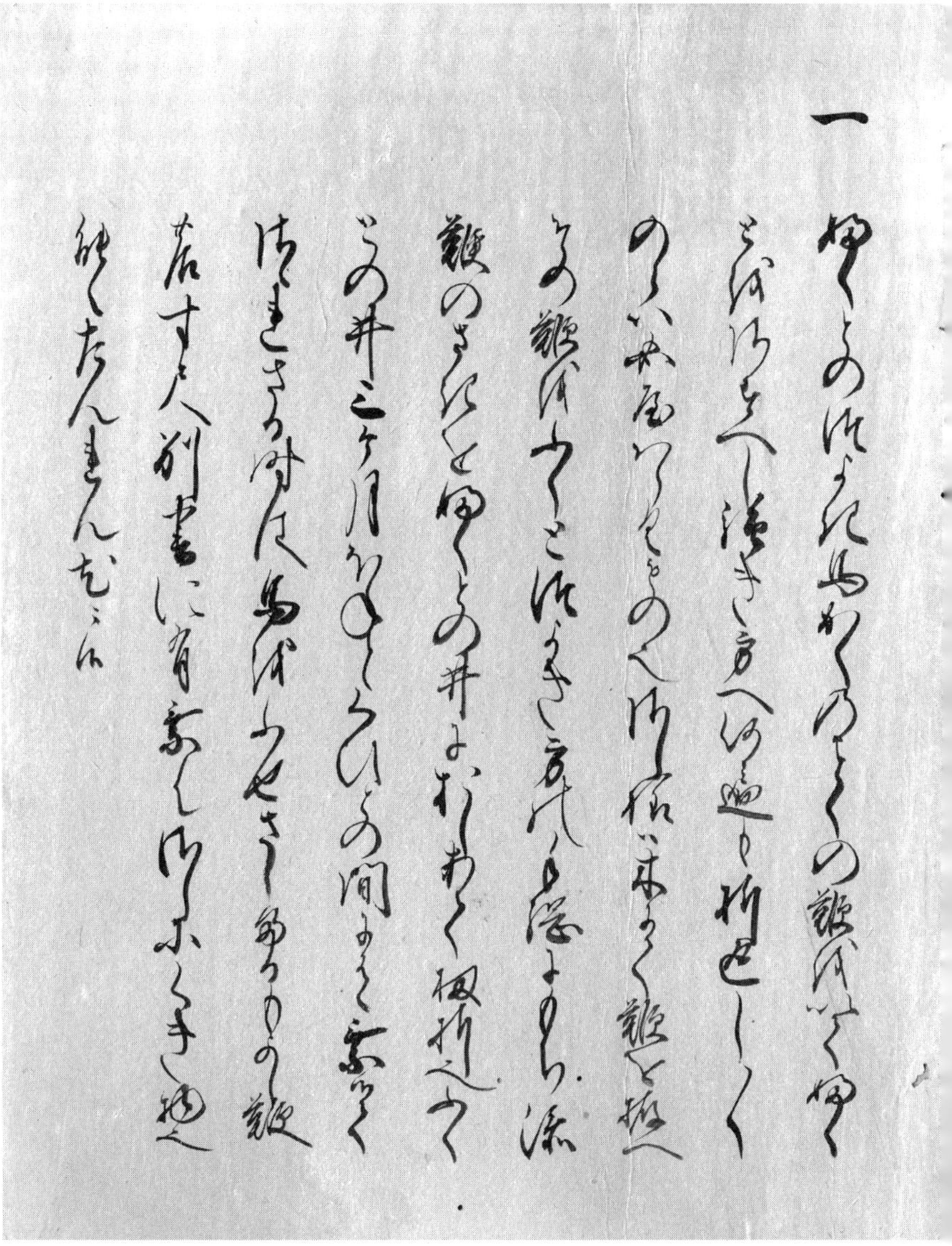

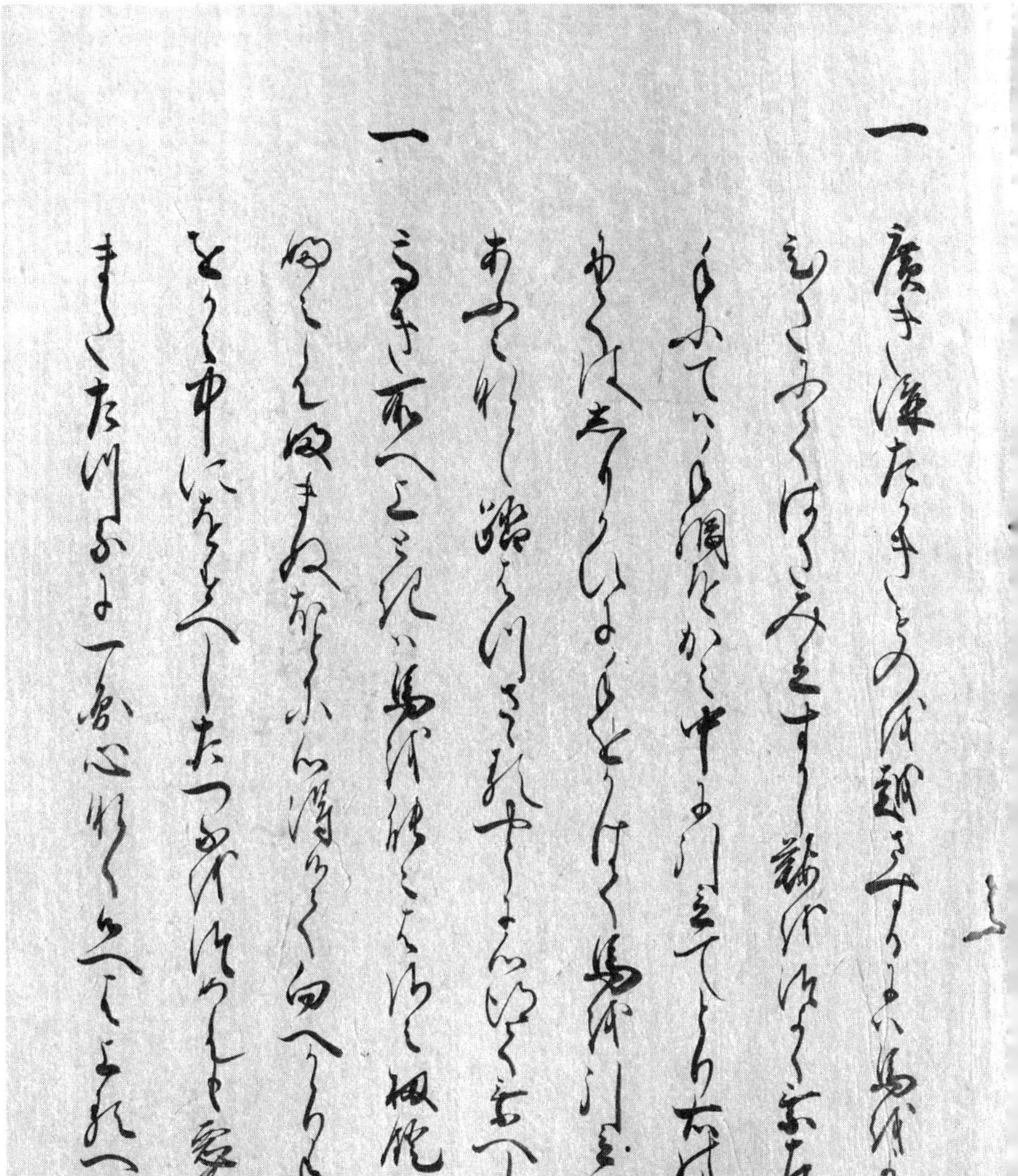

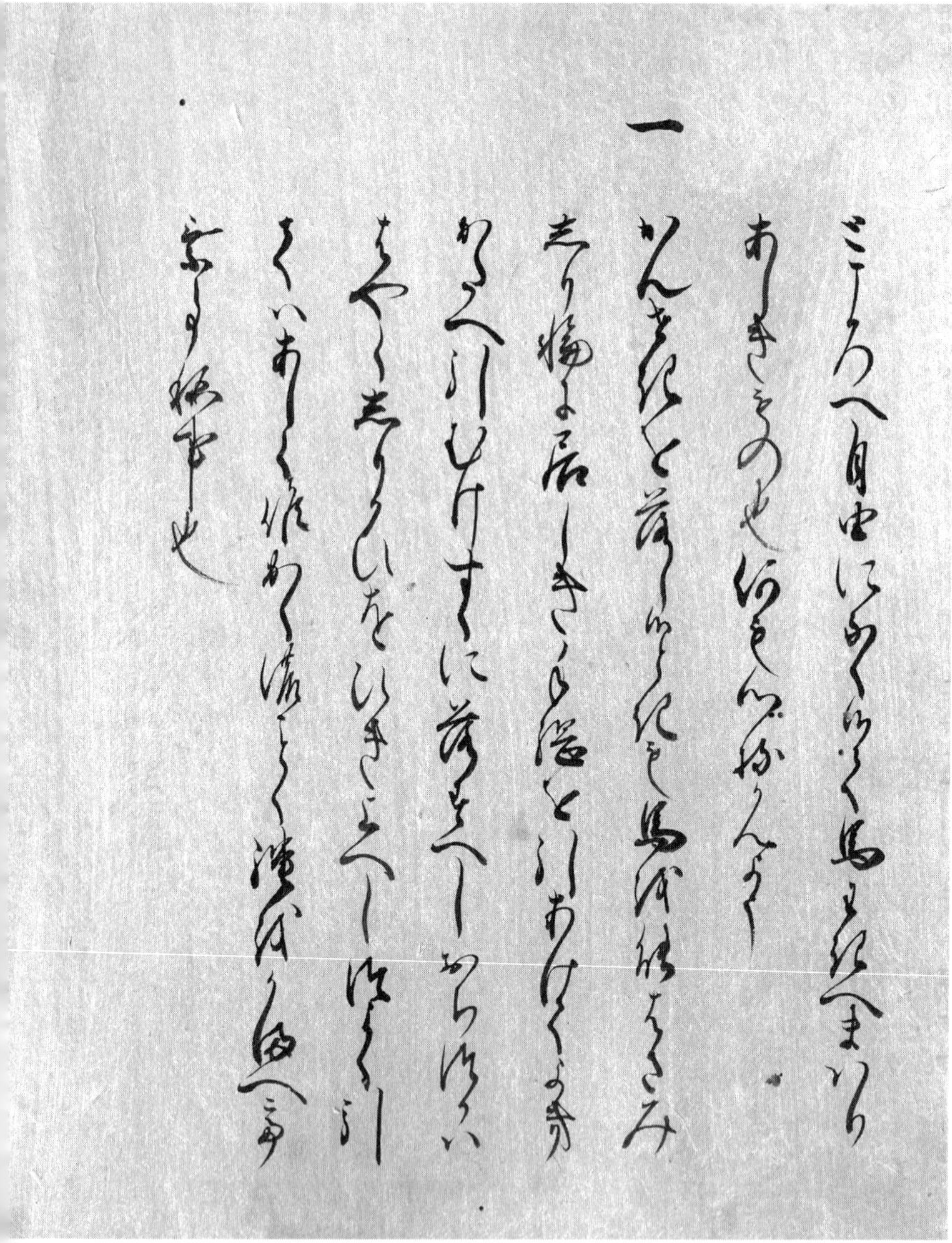

173　馬の書（表）

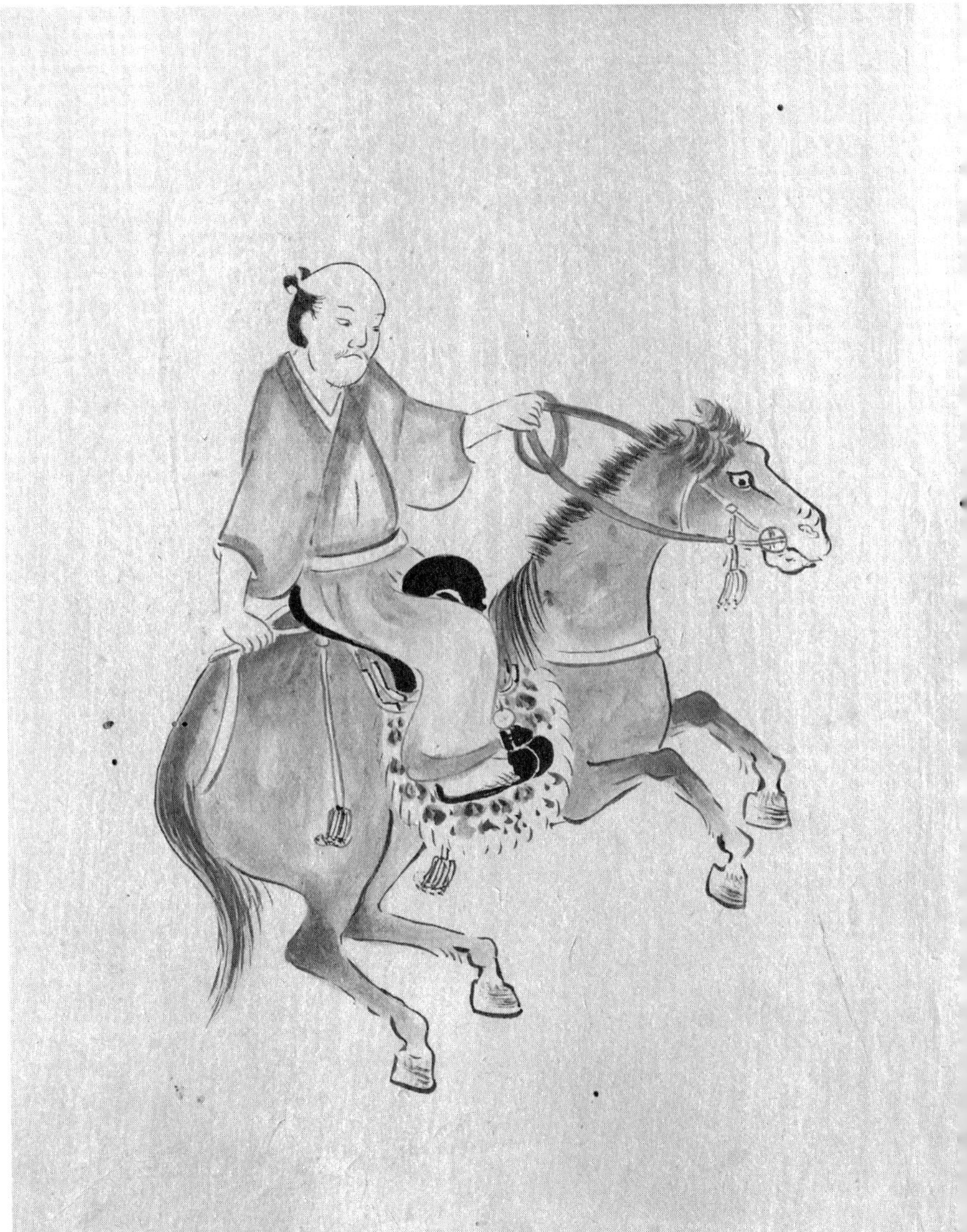

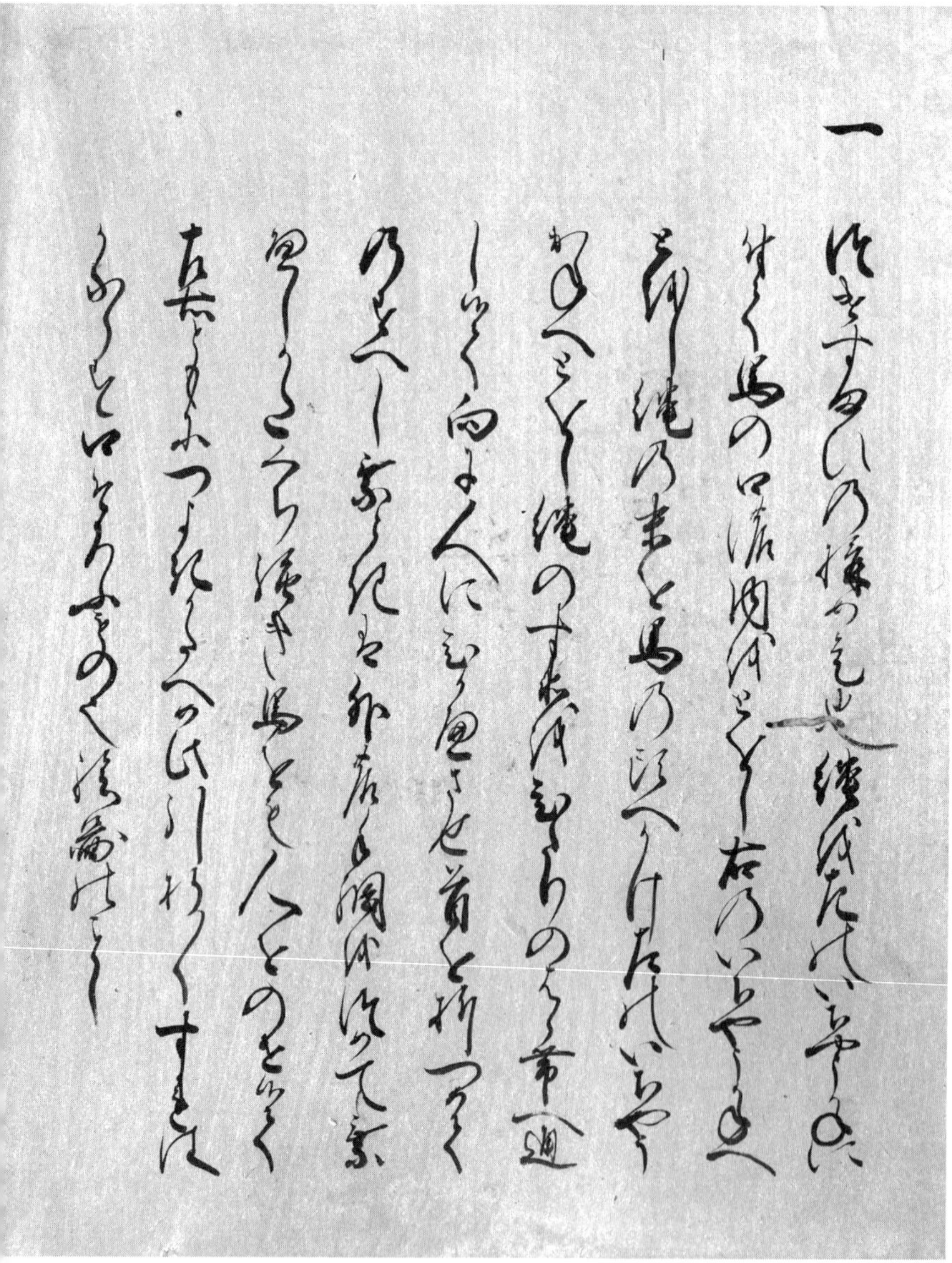

175　馬の書（表）

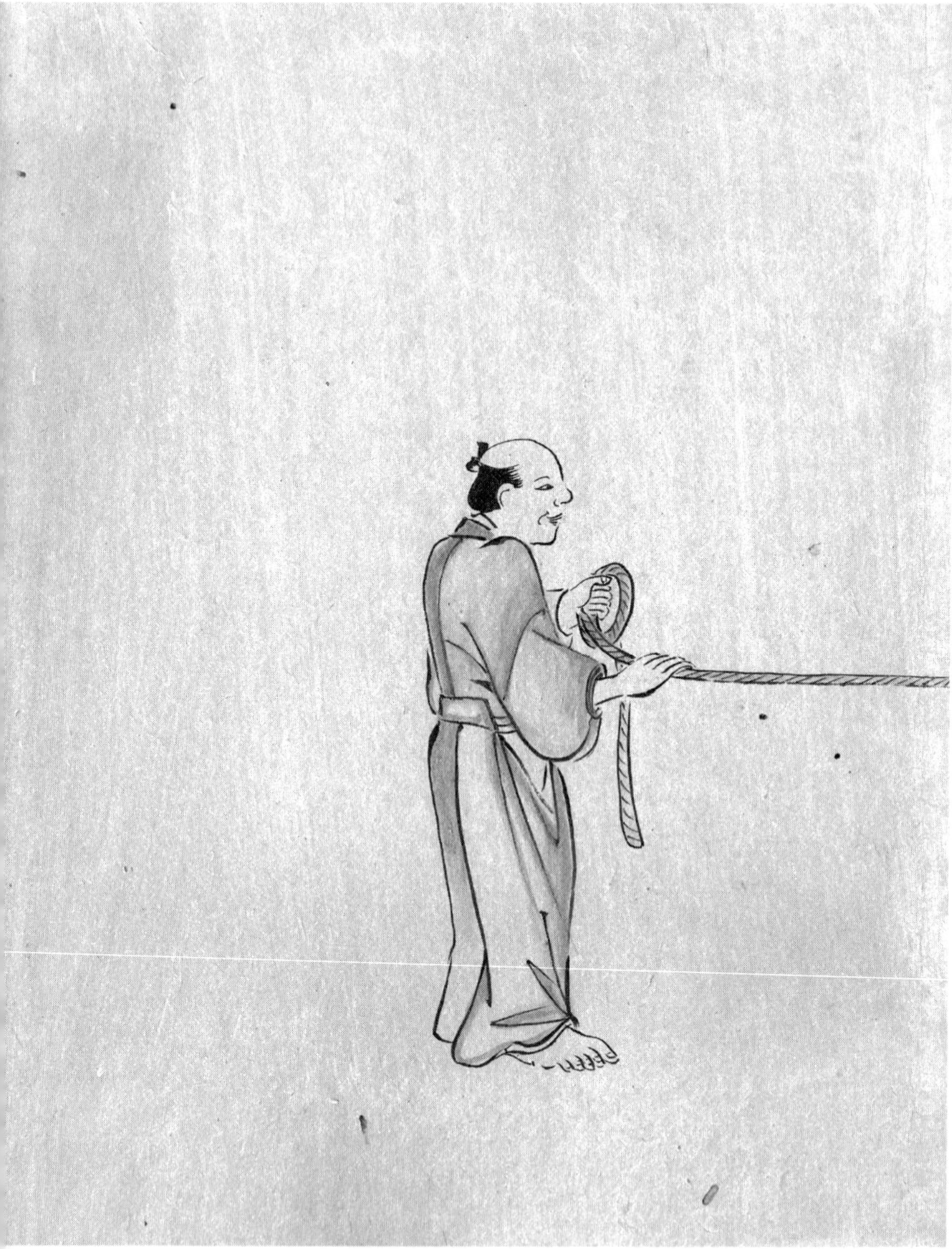

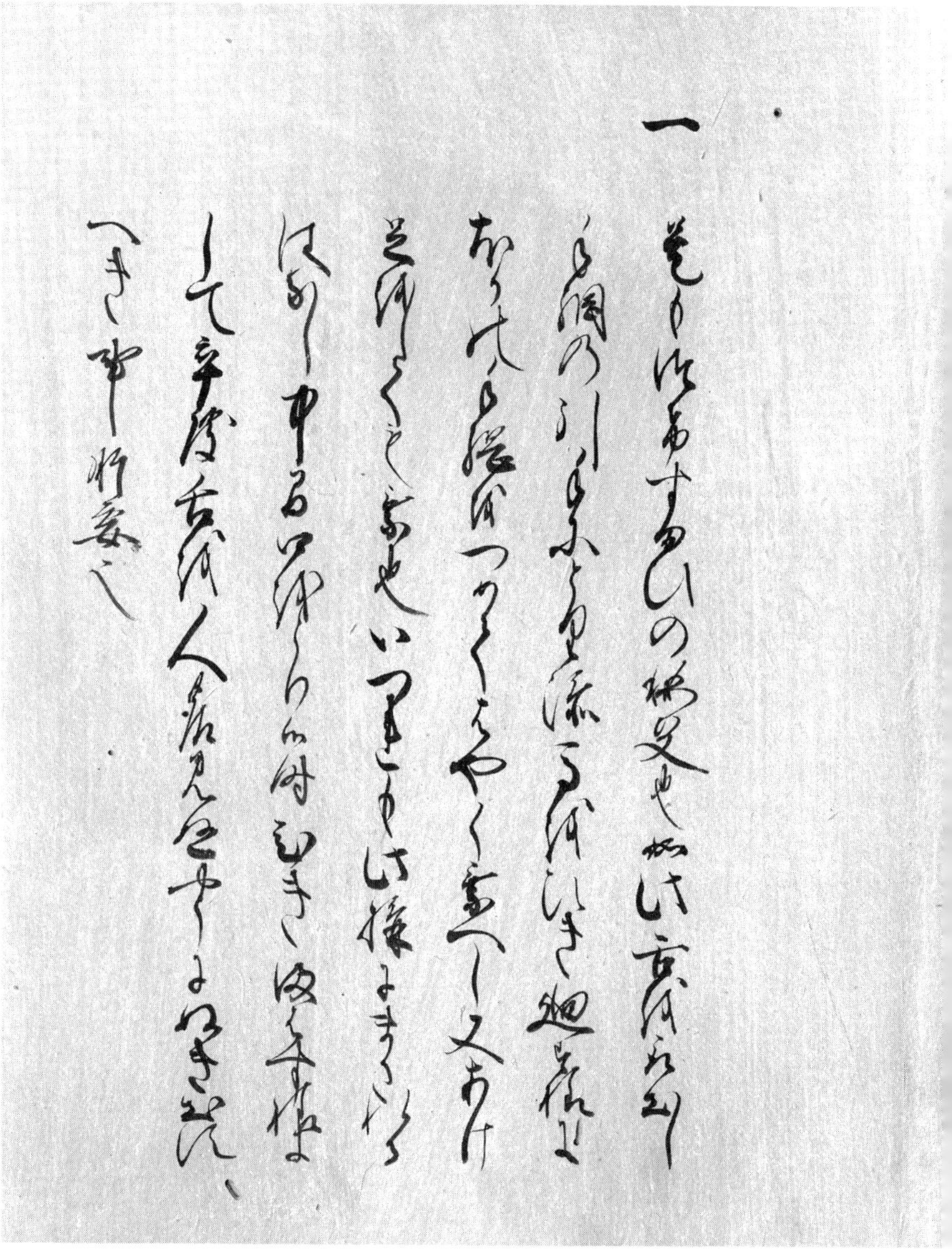

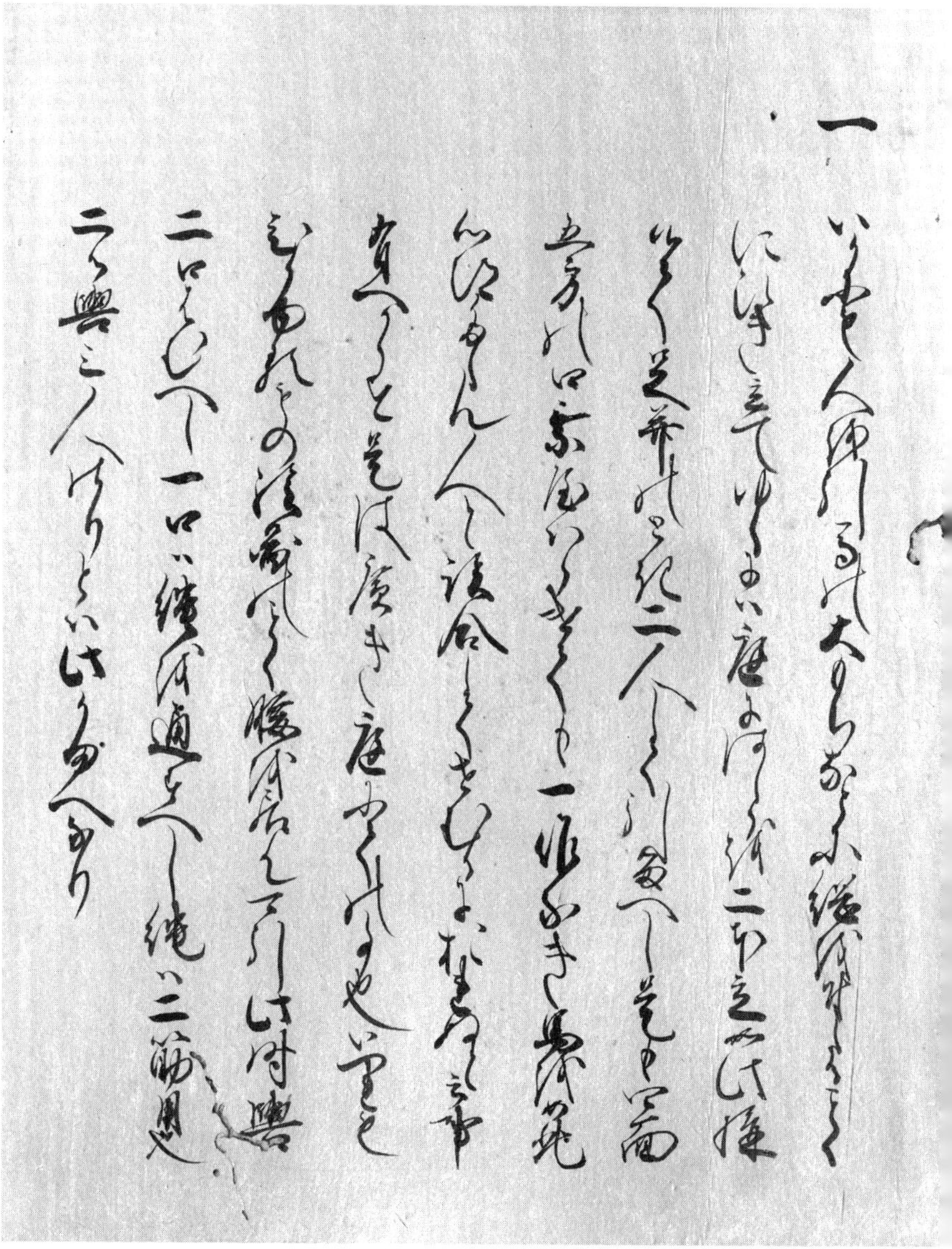

181　馬の書（表）

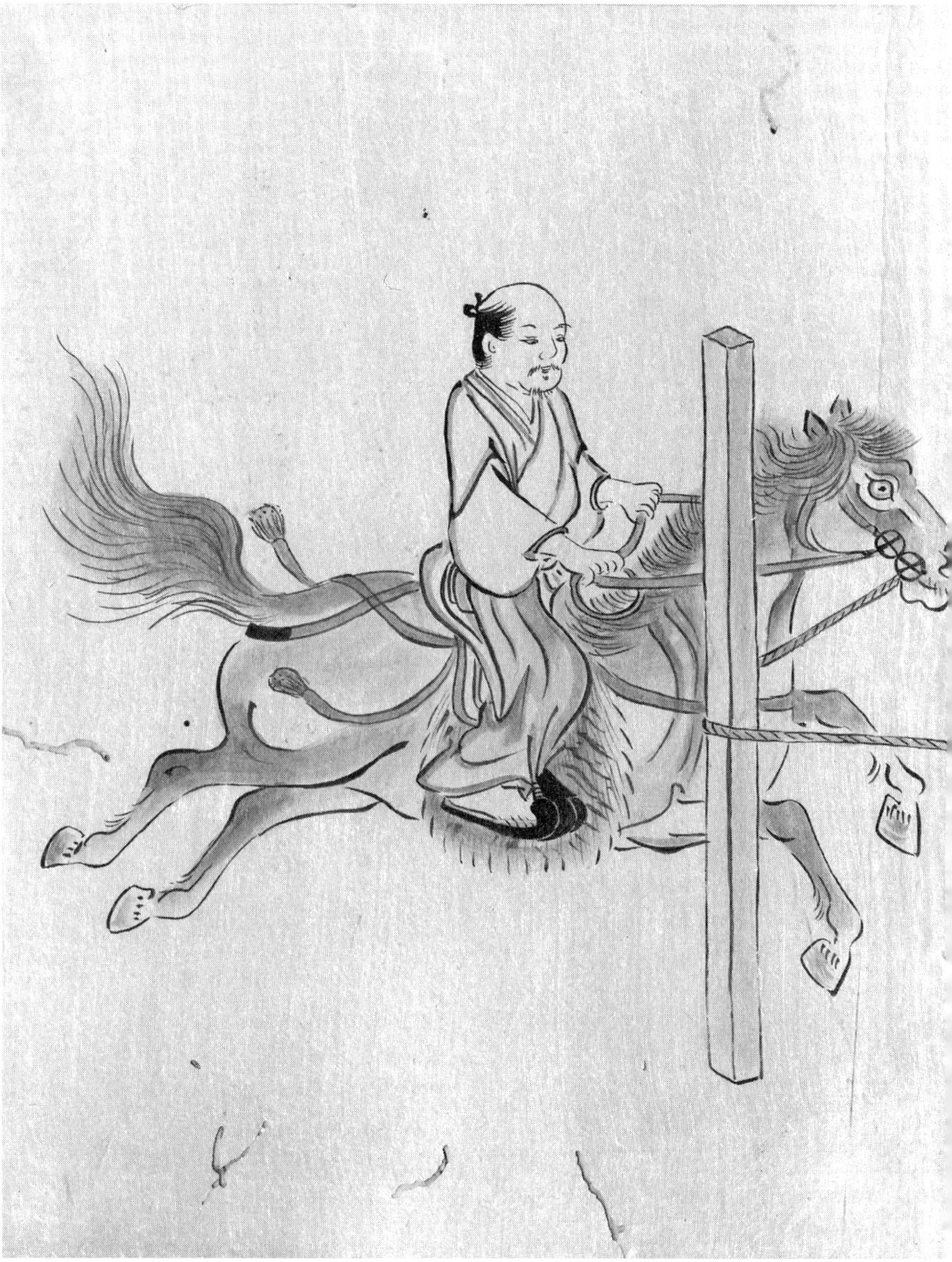

一

しけ馬之様ハ興する時ハ一ツ二ツ金銭にて頭を振り

飛乃向ふれらゆらよとら金折そえ左へ縄乃端を

引廻し向よ人にむさへさせし引縄て興をとる下

ち振にいそしハ不働くてあるきすすへ馬を挽と

作まりて平あるゆるしへし乗りの地の用さに一ツ

二ツ金銭自也馬けう有物きしたかへり紙ちけ縄

馬かいけ縄ちから縄のくしらて縄の握よ落へ

廻しも前を此中へ引廻し右の方縄左へ左を右へ縄の

左縄を遣へし二人まて所観をする時ハ興をる時ハ用送

183　馬の書（表）

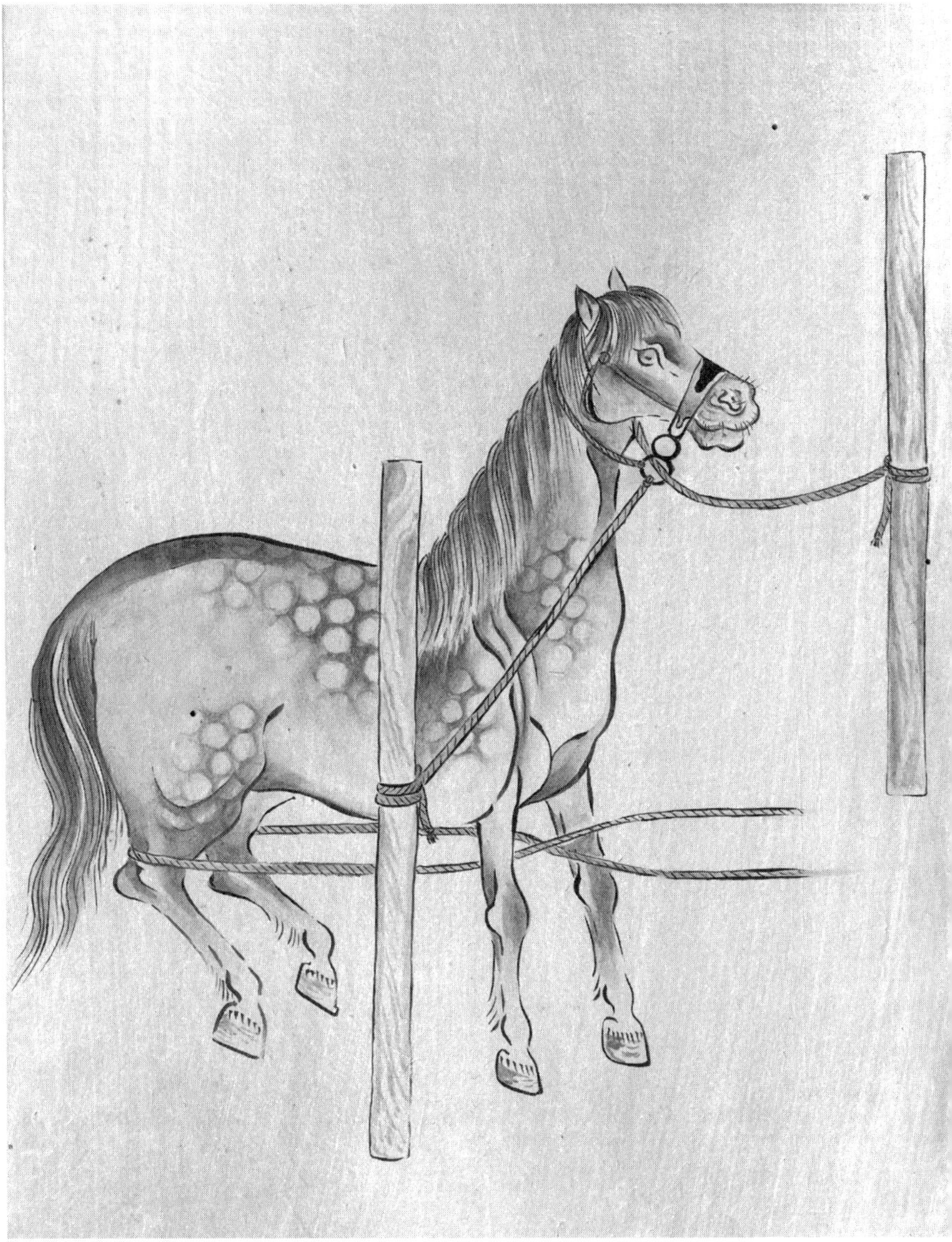

一
志かいえへたる馬乃様也かゝる中にハ名馬もなく
志てらふ小緒ハしゝ馬志ゆうあるを作りいてたやく
ゆるやかへし諸示之所をいつくし御よいてみ
らん面に中面し若殿ゝりゝも志ゆう名馬
ありまはい前之代師しの也代平あれ川
へしまとくをのとく開をそしあはり
名馬も有代ゝ志ゆいあり菰ゝく人の
見る示めくいまへしとゆうし事まいりそ
いつまとも大変也

185　馬の書（表）

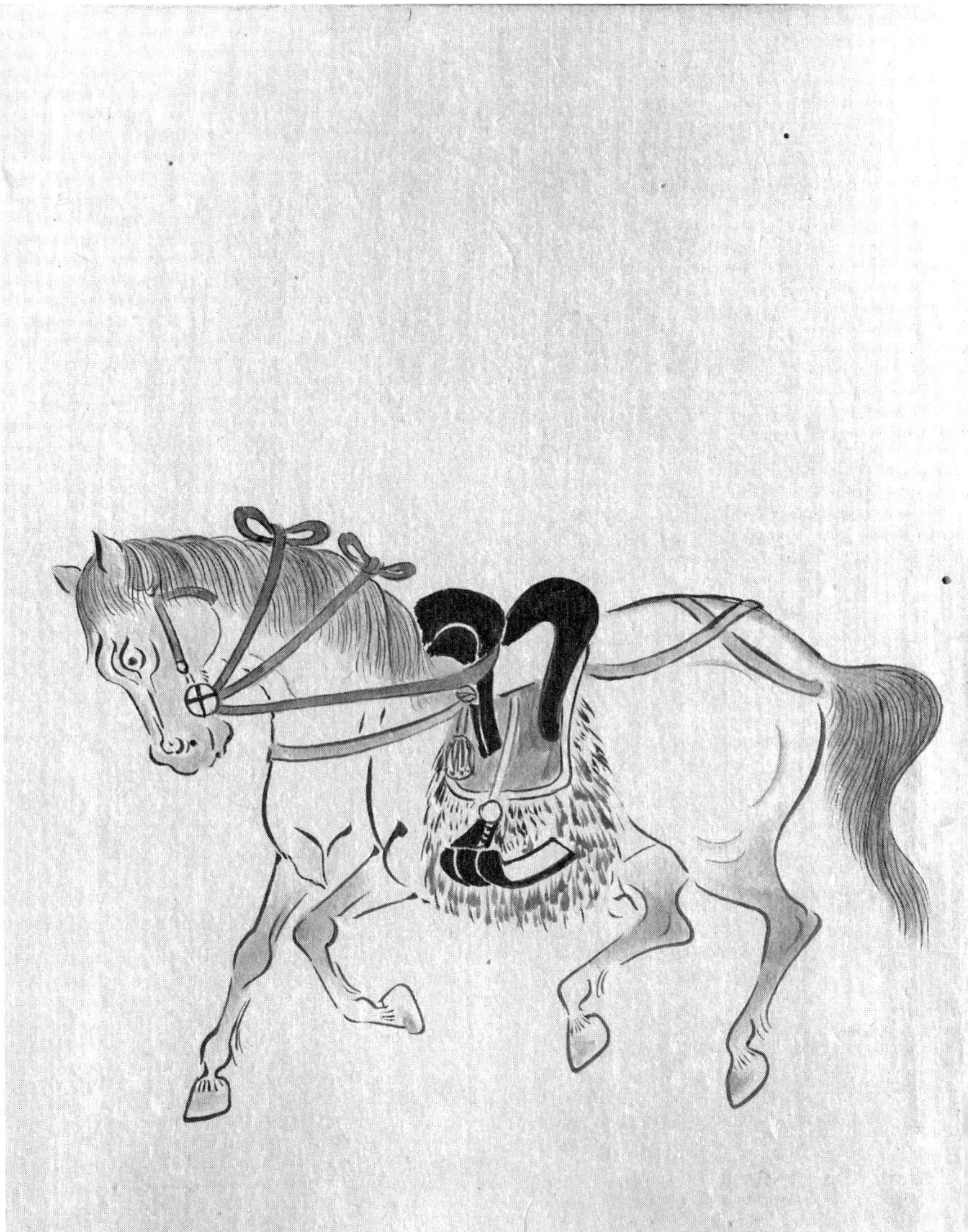

一
さし縄と云ハ馬なとかゝ爲にも能様也さきハつなし
に一つゝ合候かしらハ沙汰をいつものゝく首
をさけたる時ハ手綱へ通しよりあひしらひもなく
腹帯の合へ通し而さしぬく也下
後鞍のしほてぬくも前輪の手綱
ゑつく首のこし成しもしハ不要之何ましく
口にも一不成しも馬同じ也かく
漢候むふぬく引通し而成なく氣
すゝ也

187　馬の書（表）

一
是は人々ゆるさぬ身一乃秘事也能々二筋
周ことさへし明らかならし後事にいへとんも
共へし古来花流是よ諸流村雲ゆゑ
通し滝乃来流はしら小有し当へし後
利せ滝と流まくするゆゑ也上へ追出し
まへし後らの右らく後是流乃わ流有
母し有事ハ馬是ならざして是流なる乃へ会
ときまれとれなし有へしらぬわく出れ
時まわかへ之を統てまさく是らり是流有てた

189　馬の書（表）

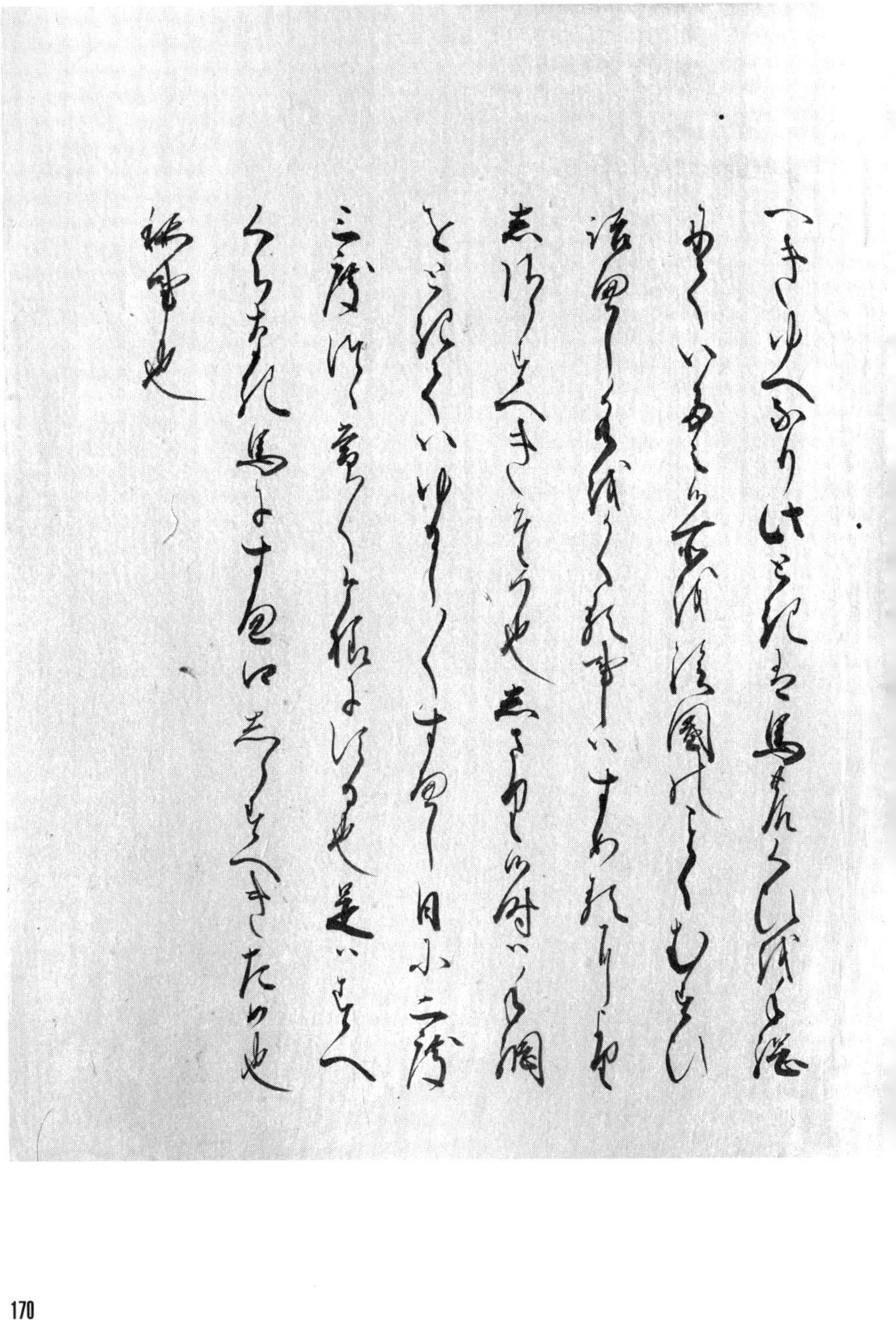

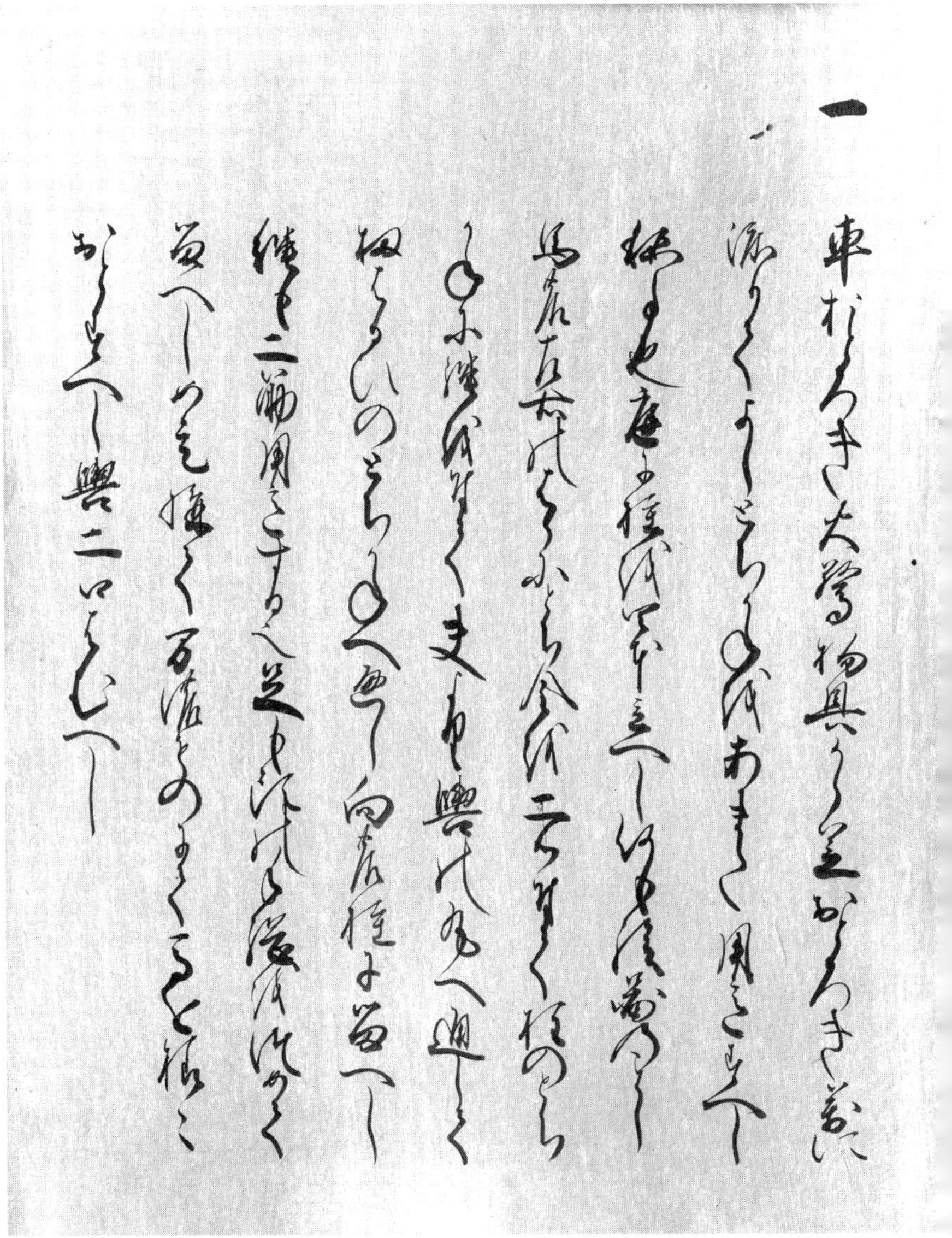

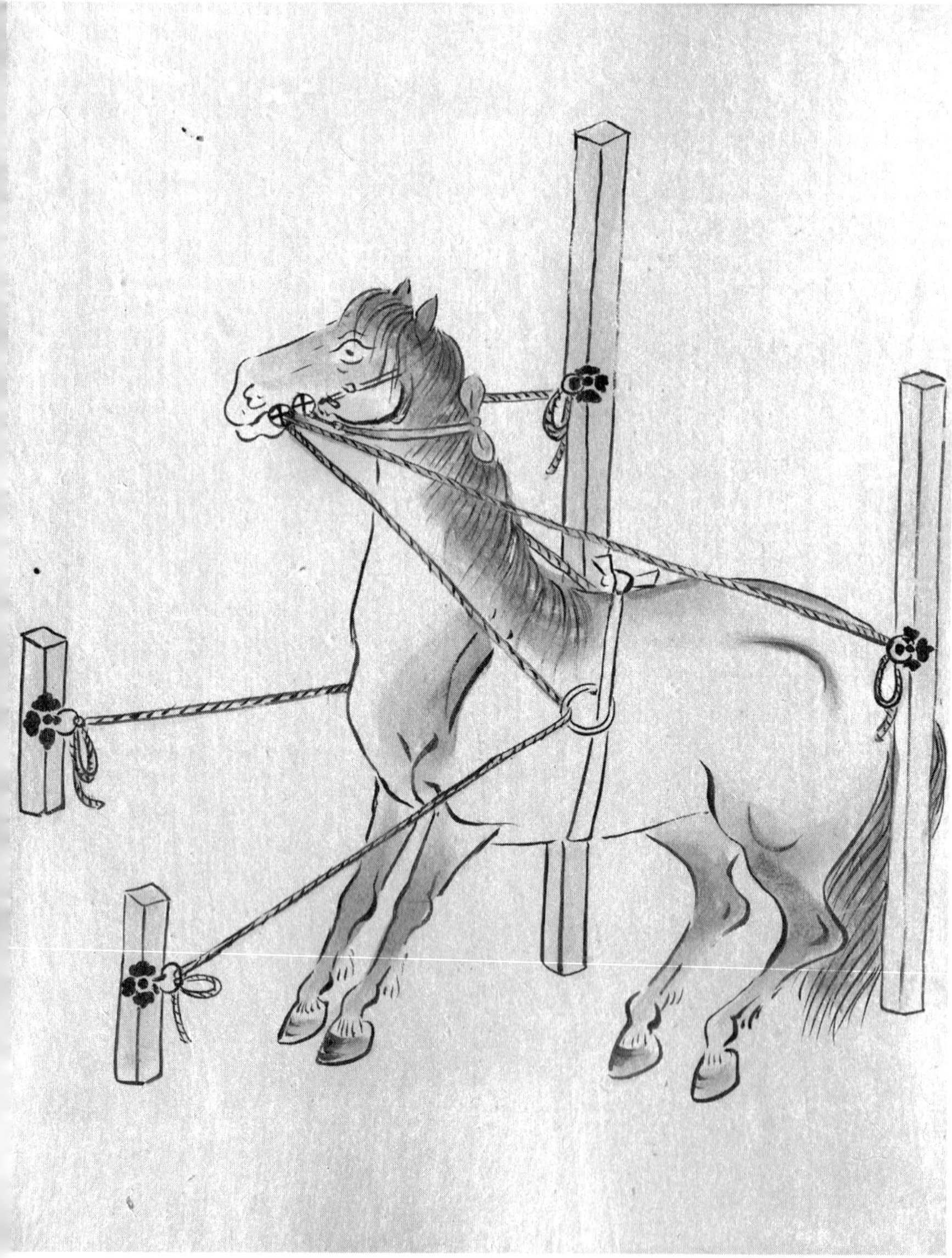

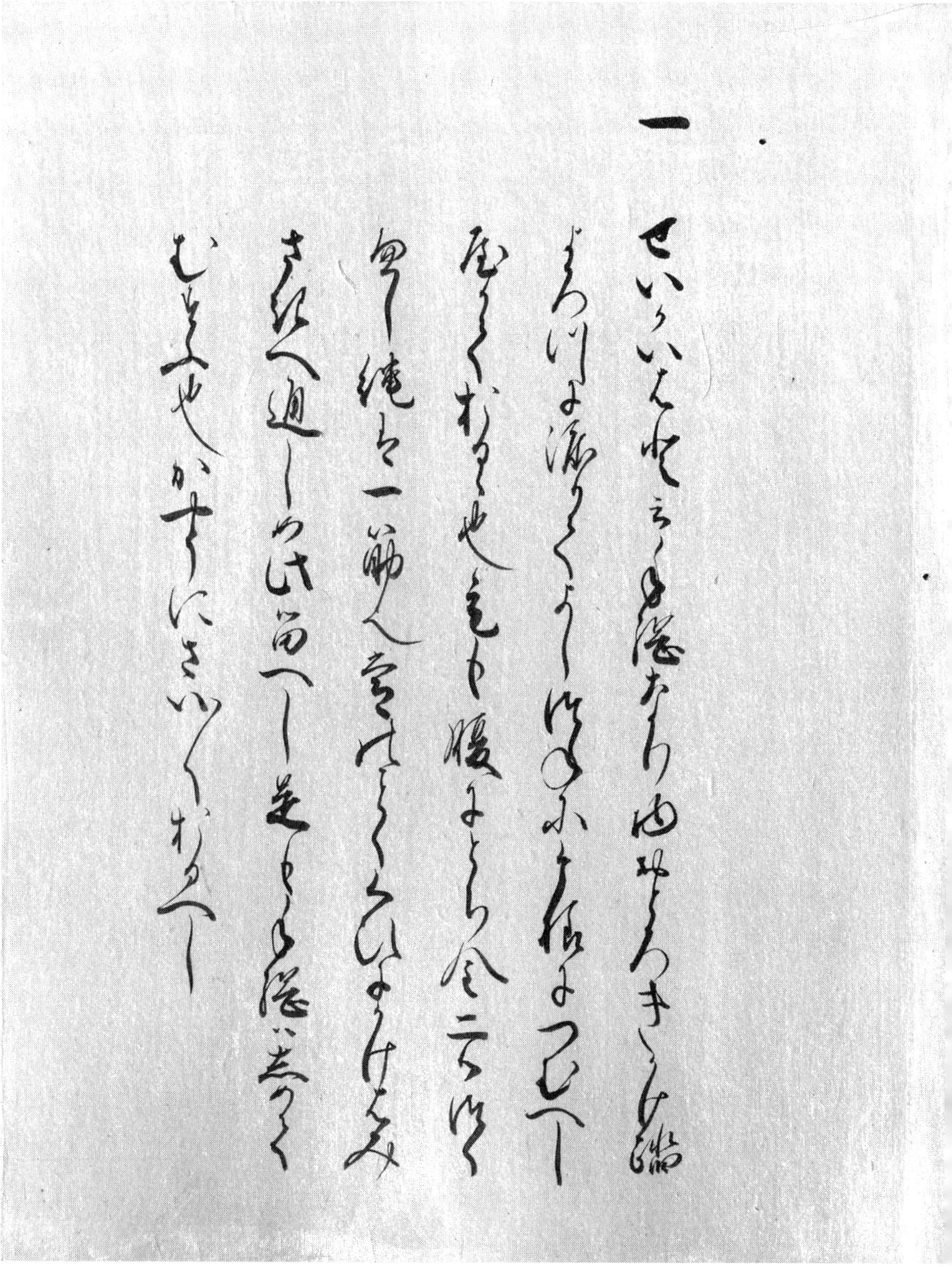

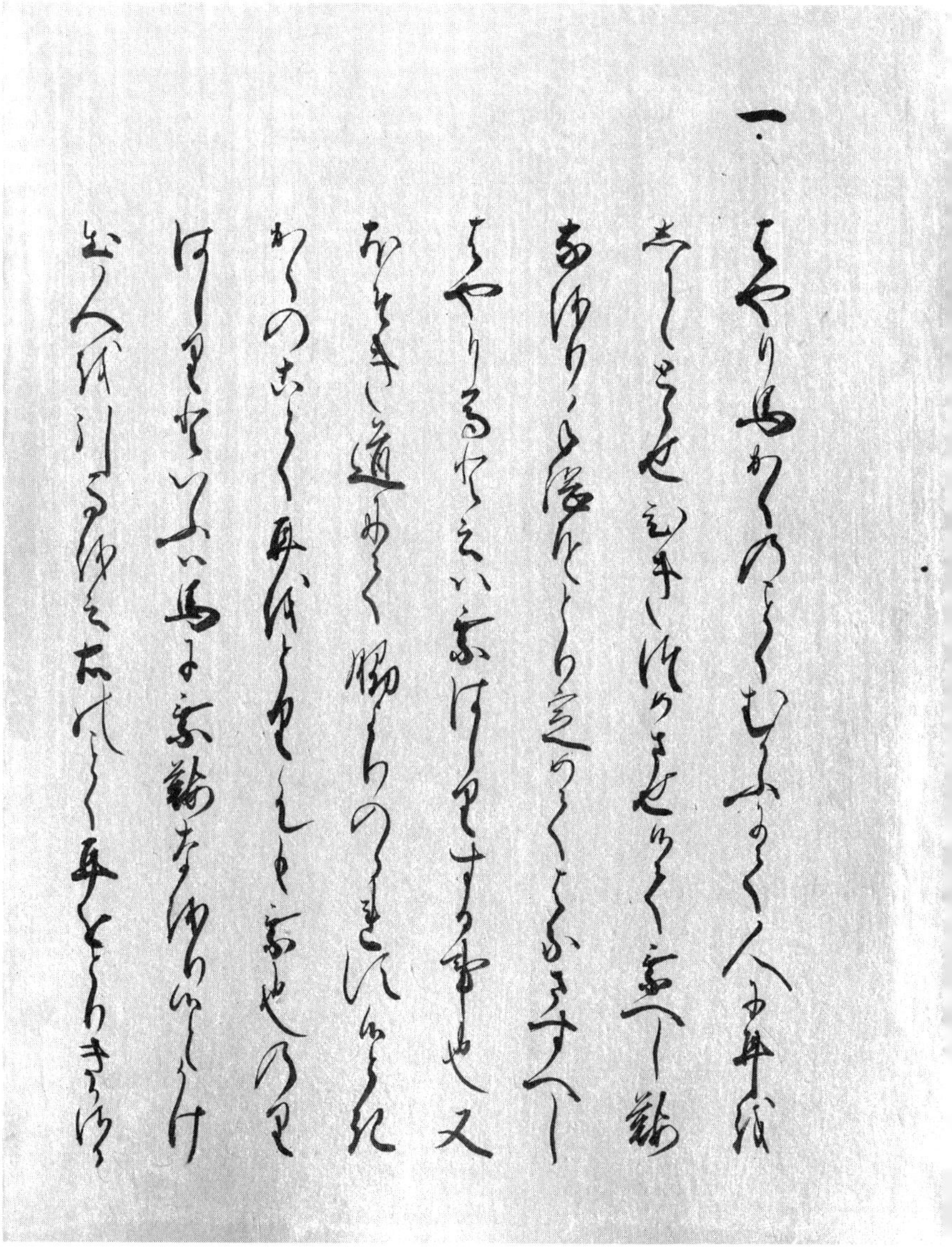

馬をはやらかしてうちにはつる五くきぬ
ぬきいて

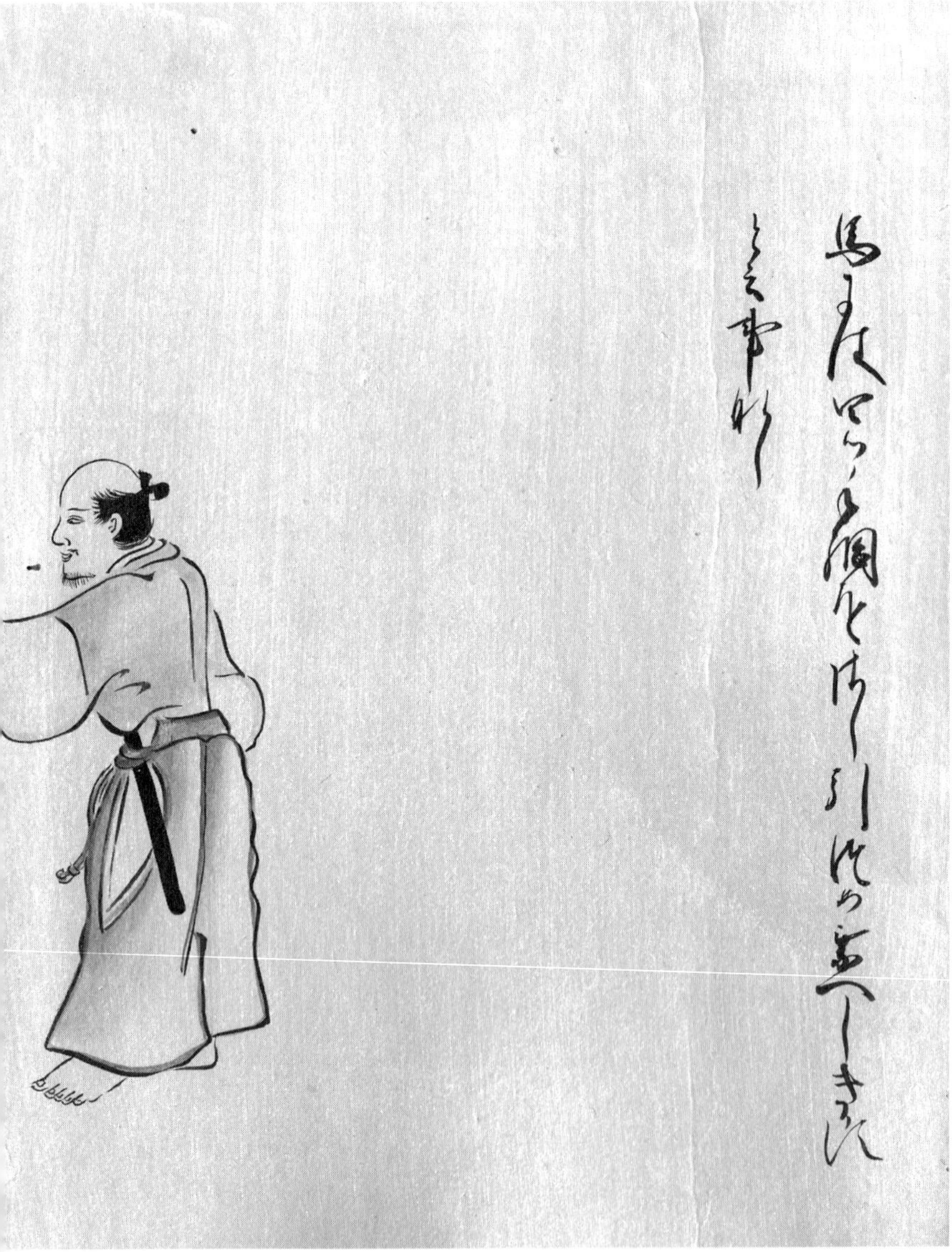

197　馬の書（表）

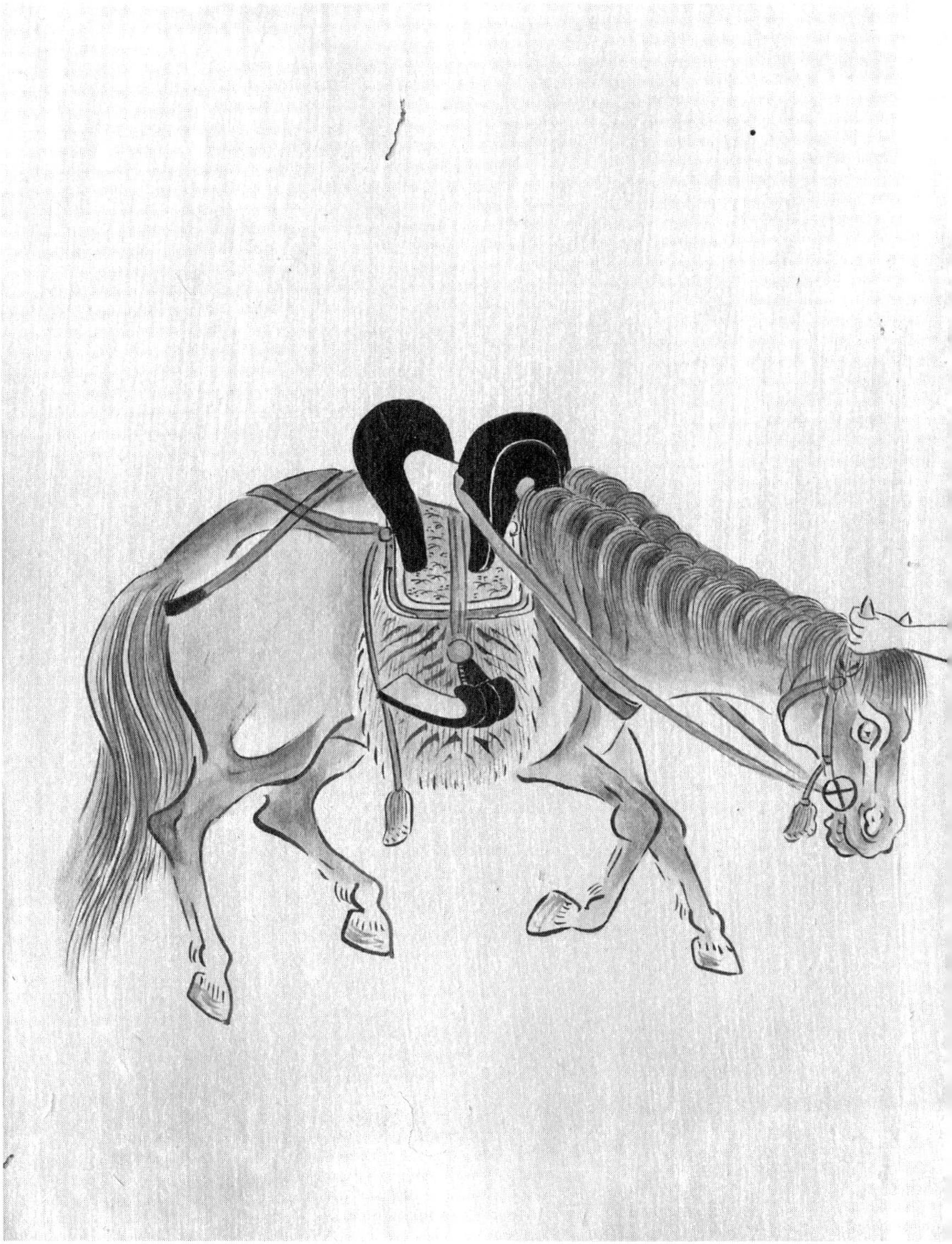

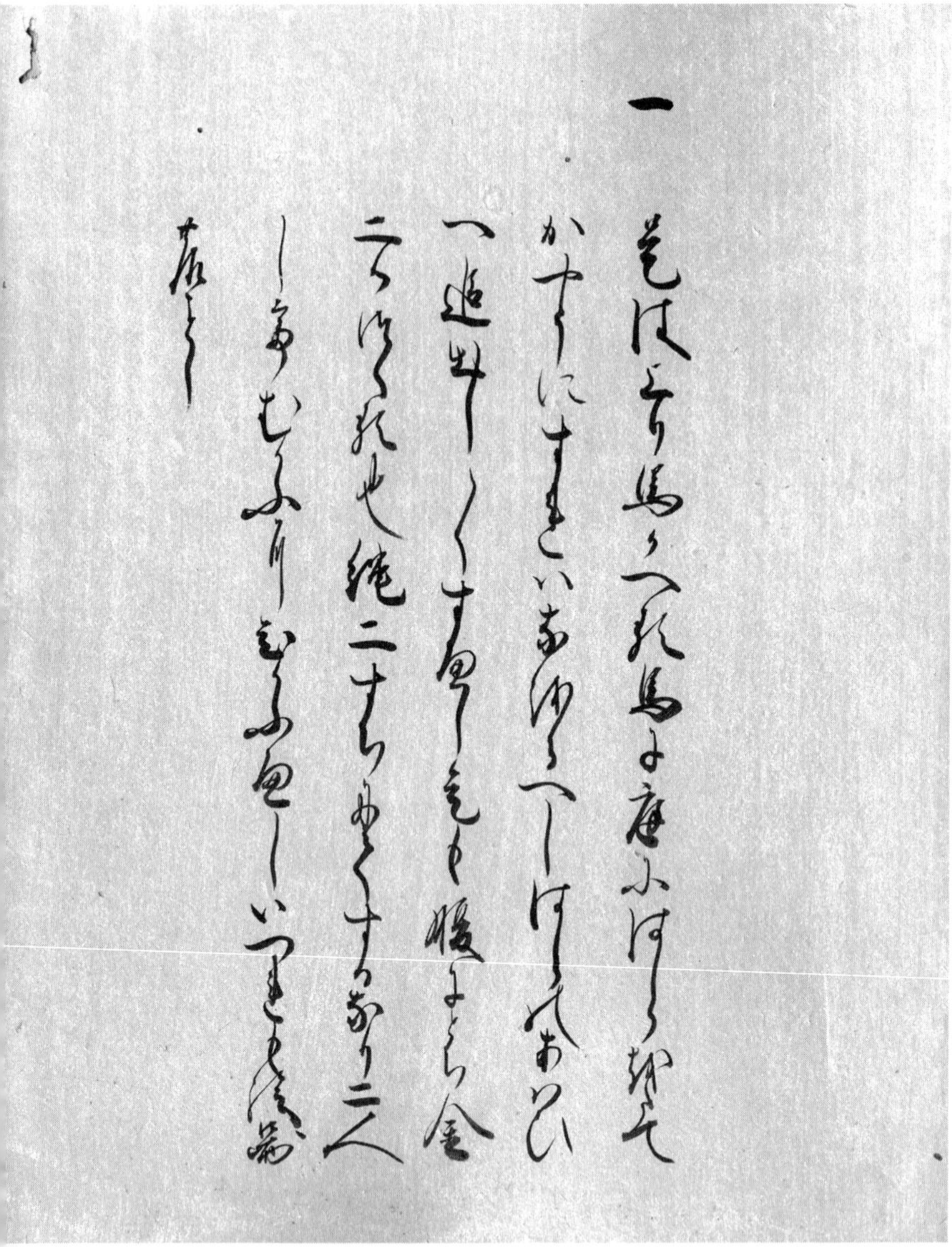
一
[illegible]はのり馬々つれ馬よ庭ふはしり廻て
かやうにすまといふ事候へしけれはおほ[illegible]
一追出しくす里し色も勝まら[illegible]
二つ作る死也絶二十ちゅくすゐり二人
し事むつかしきつかしいつまても[illegible]
存候

199　馬の書（表）

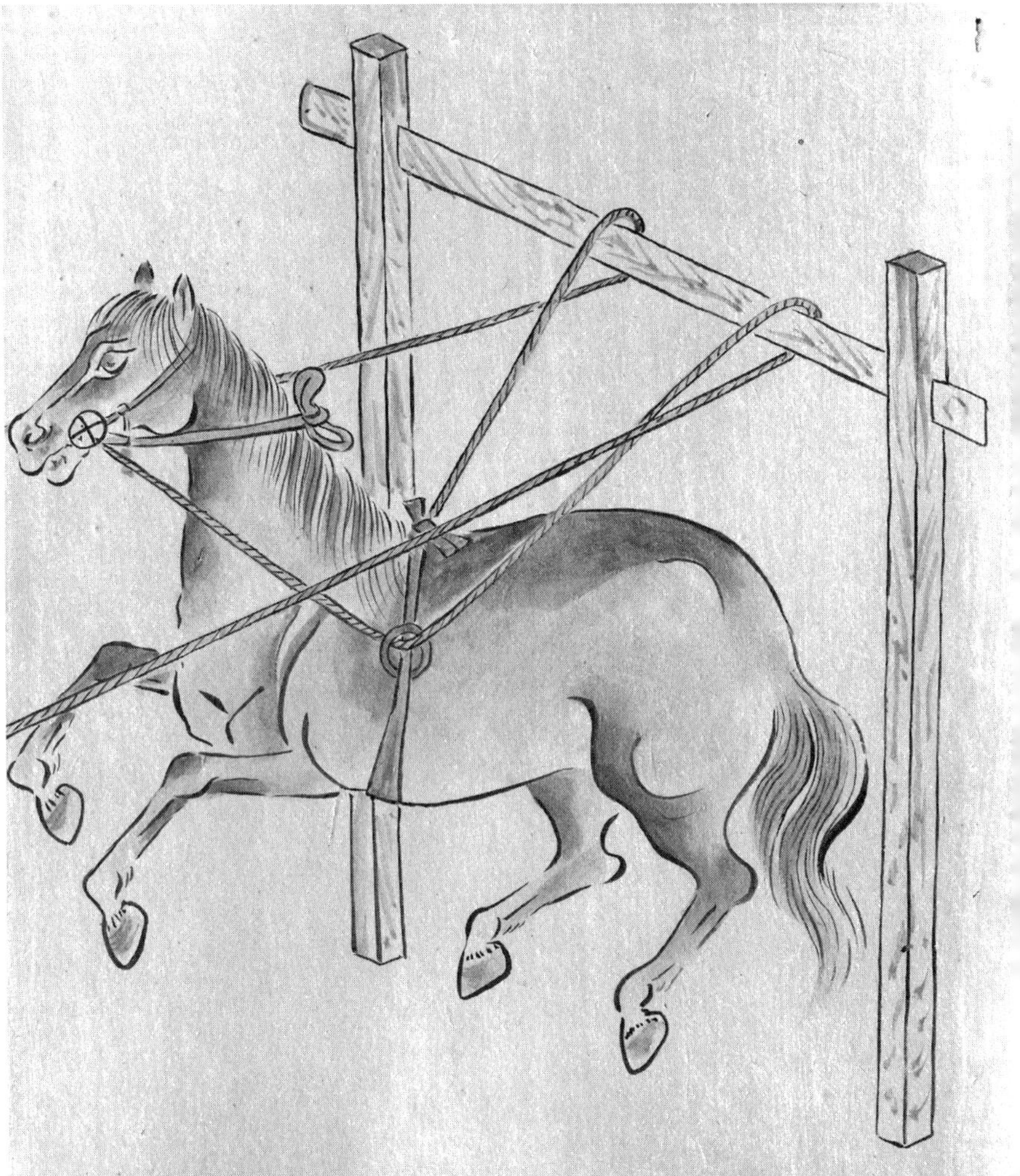

201　馬の書（表）

一　まろくあらせての中をよきやうにあらせて
　　うてもくひひかけはちきうちやつめ
　　ひてよきやうにあかひつしてへ丹に
　　もよくありやくこらとうてくくらしあひ
　　右同へ打へたりけれは豊かに三ら
　　用たまへり一日をむせくよりあうそ
　　まろいあししかうきひ引しへきこそへ
　　たりきりもあらりにそこはかれ下かし
　　かいひつゝや

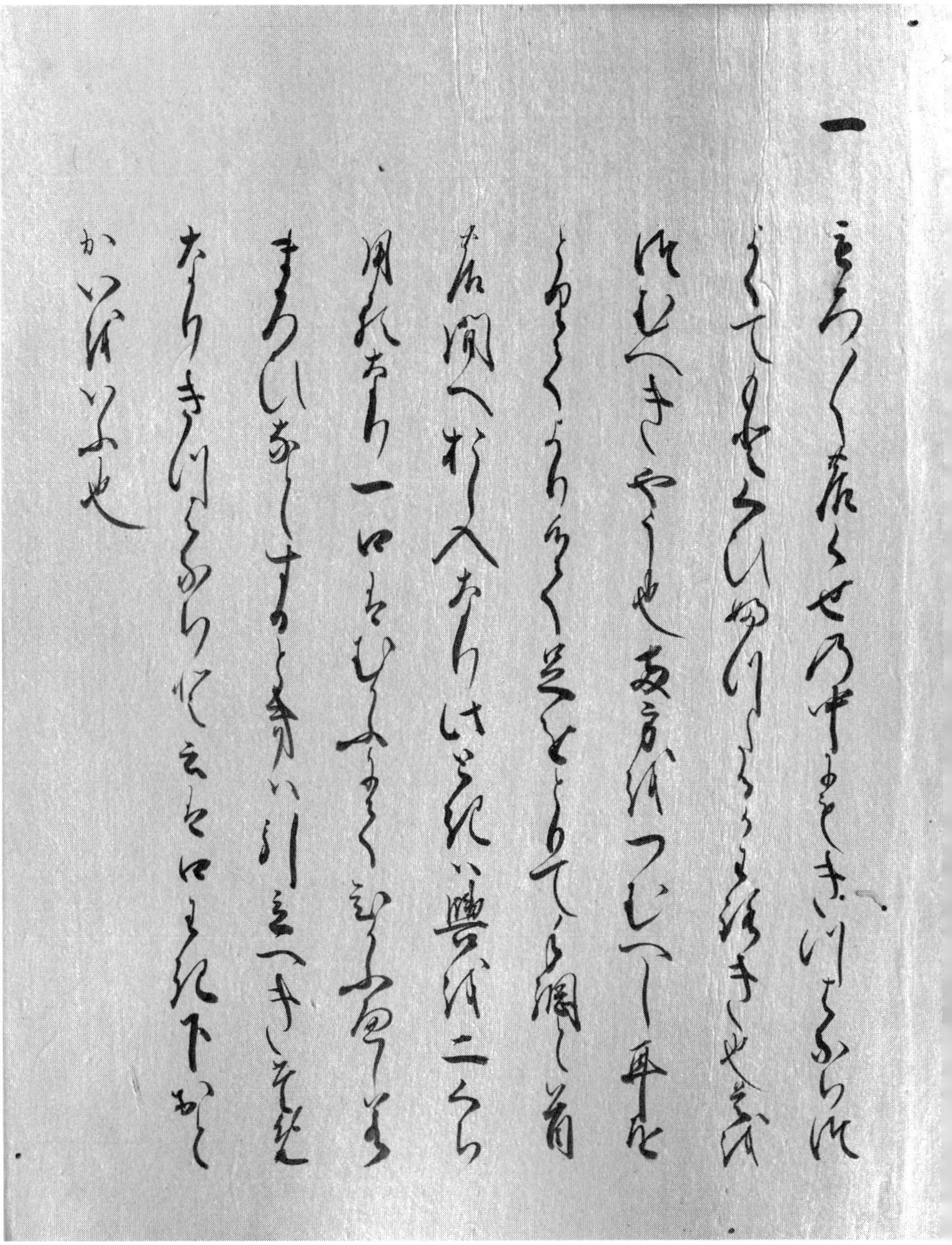

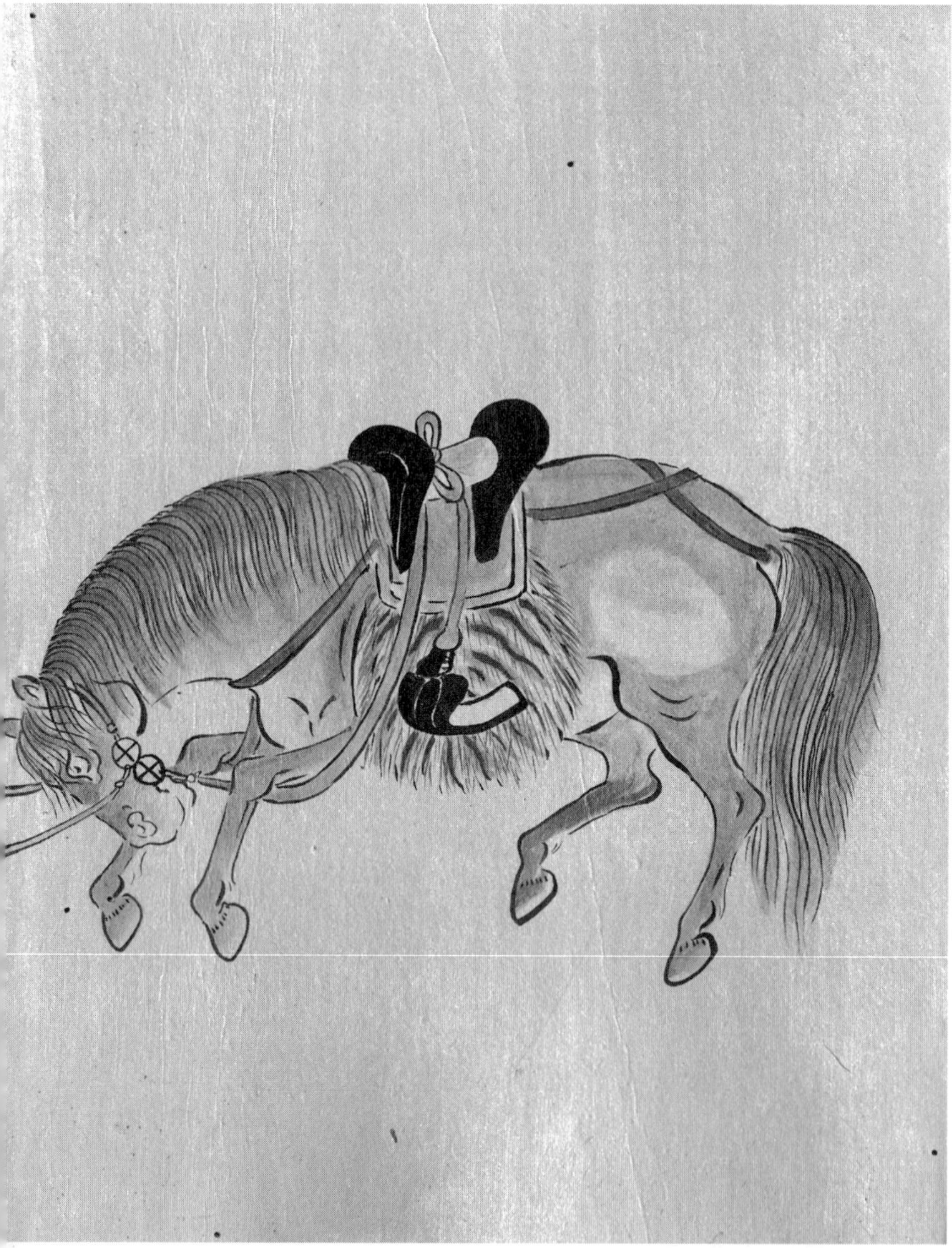

203　馬の書（表）

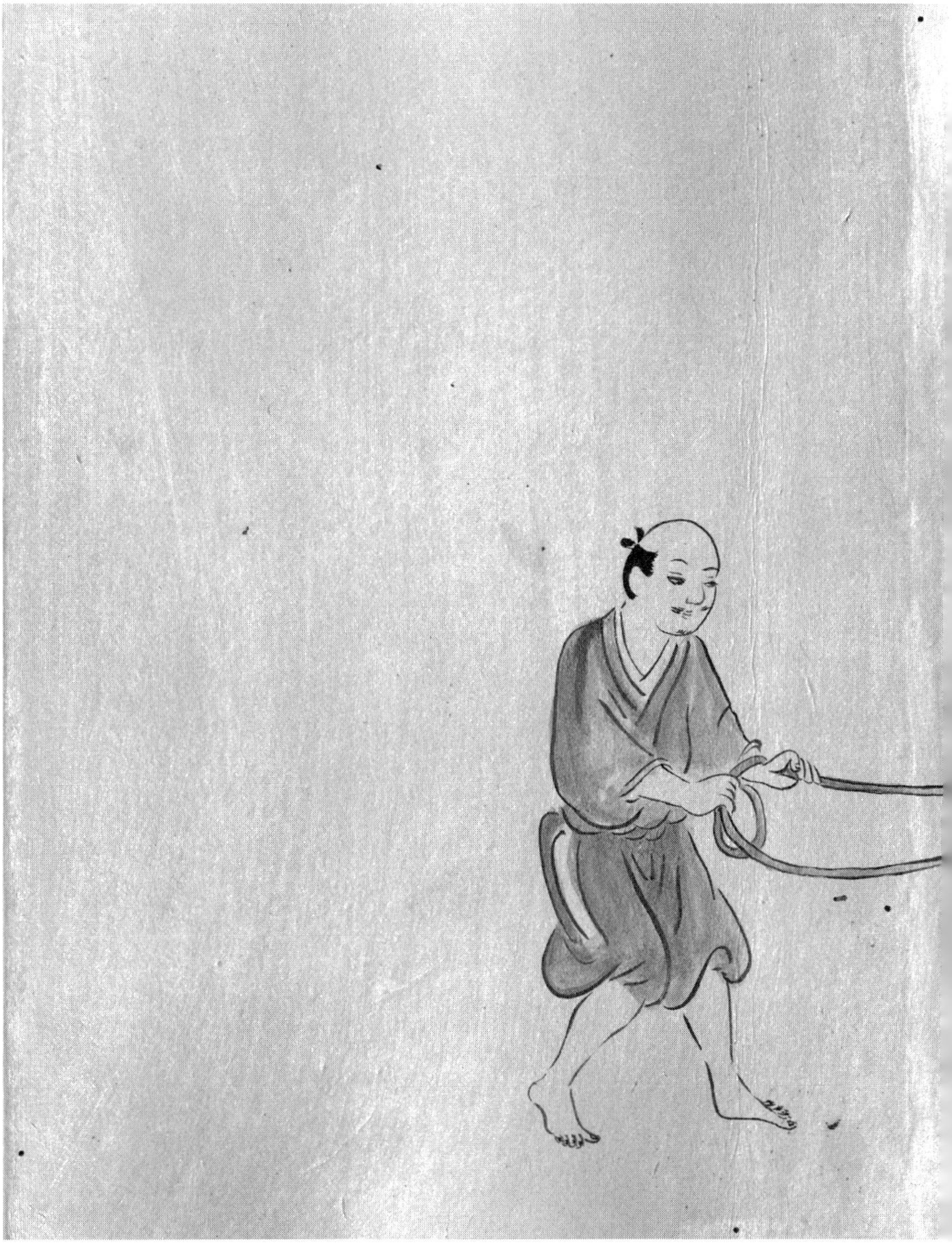

一

いかまゐ去りそ行きて隠れころく屋

毛蔭にすし寺川ちらり口ふるに馬又く

をくり馬をし絶ふり喜く後まれ馬り

芸州にうろ忠庵まれお海まとやきてす

なり地に馬よ風へ口湯もいけふき

をり武庵も毛りち興とくり門おくく

一酒長くし馬五七へし申小あ方り

ほ中に興のまれを へ下あ手くの

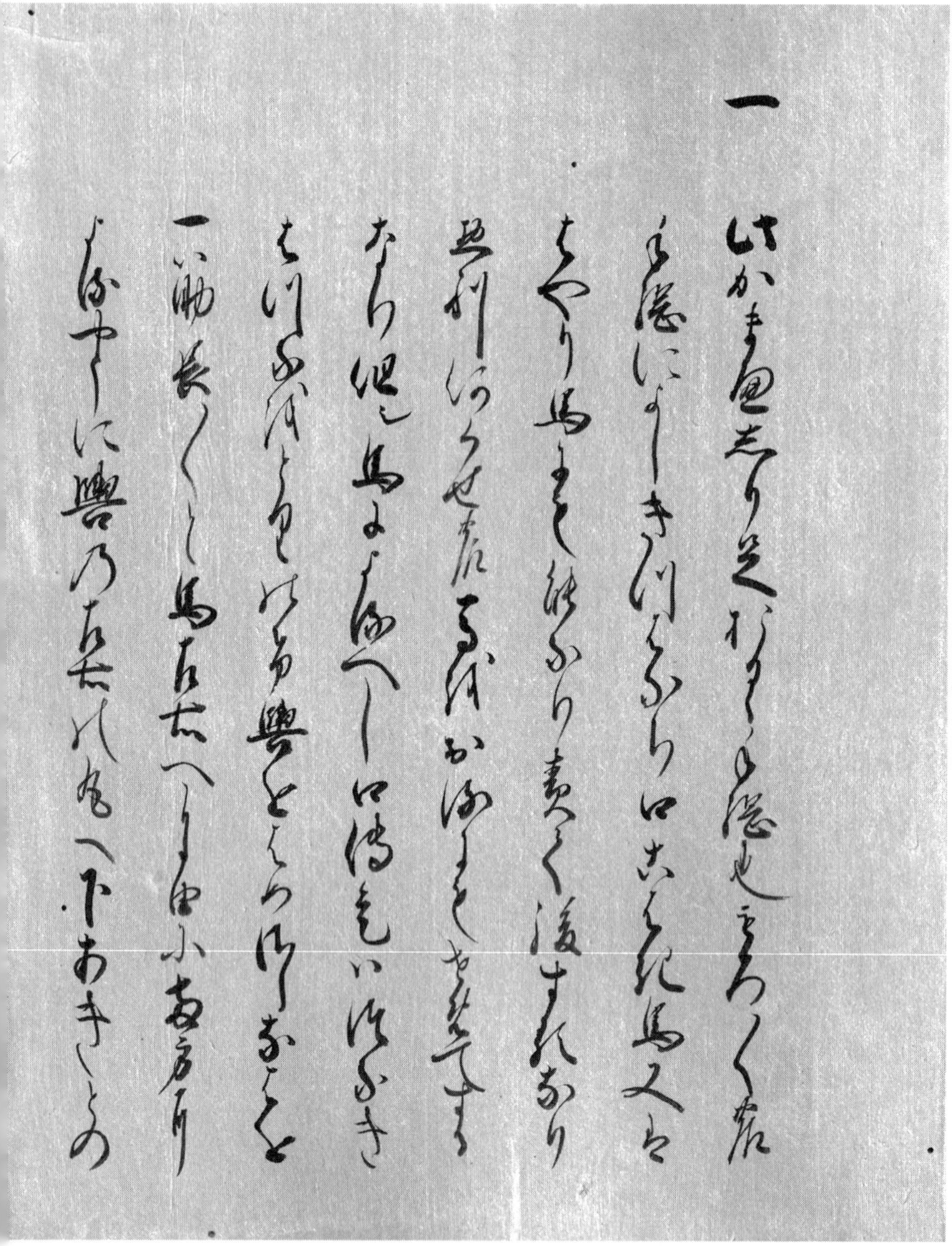

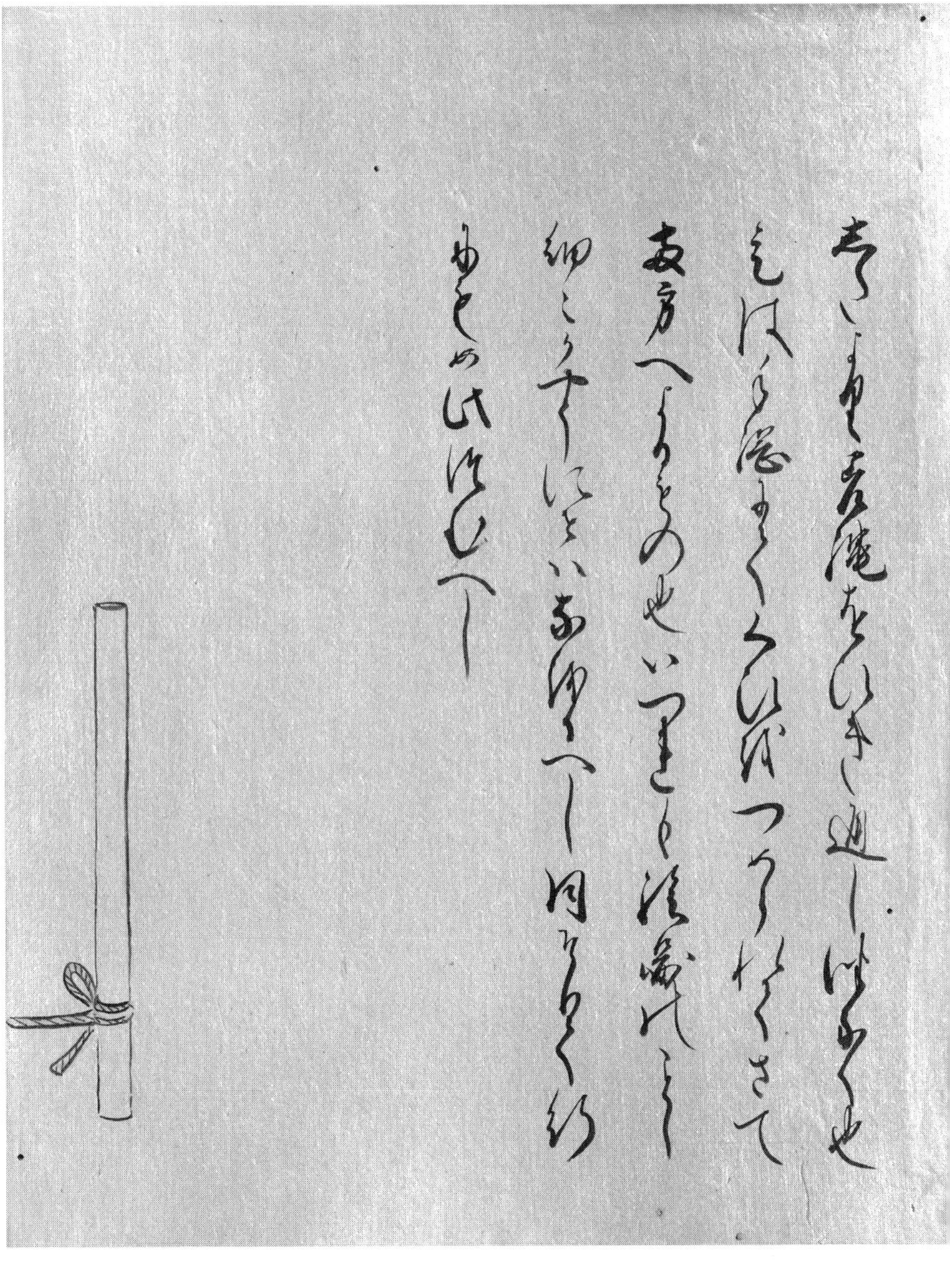

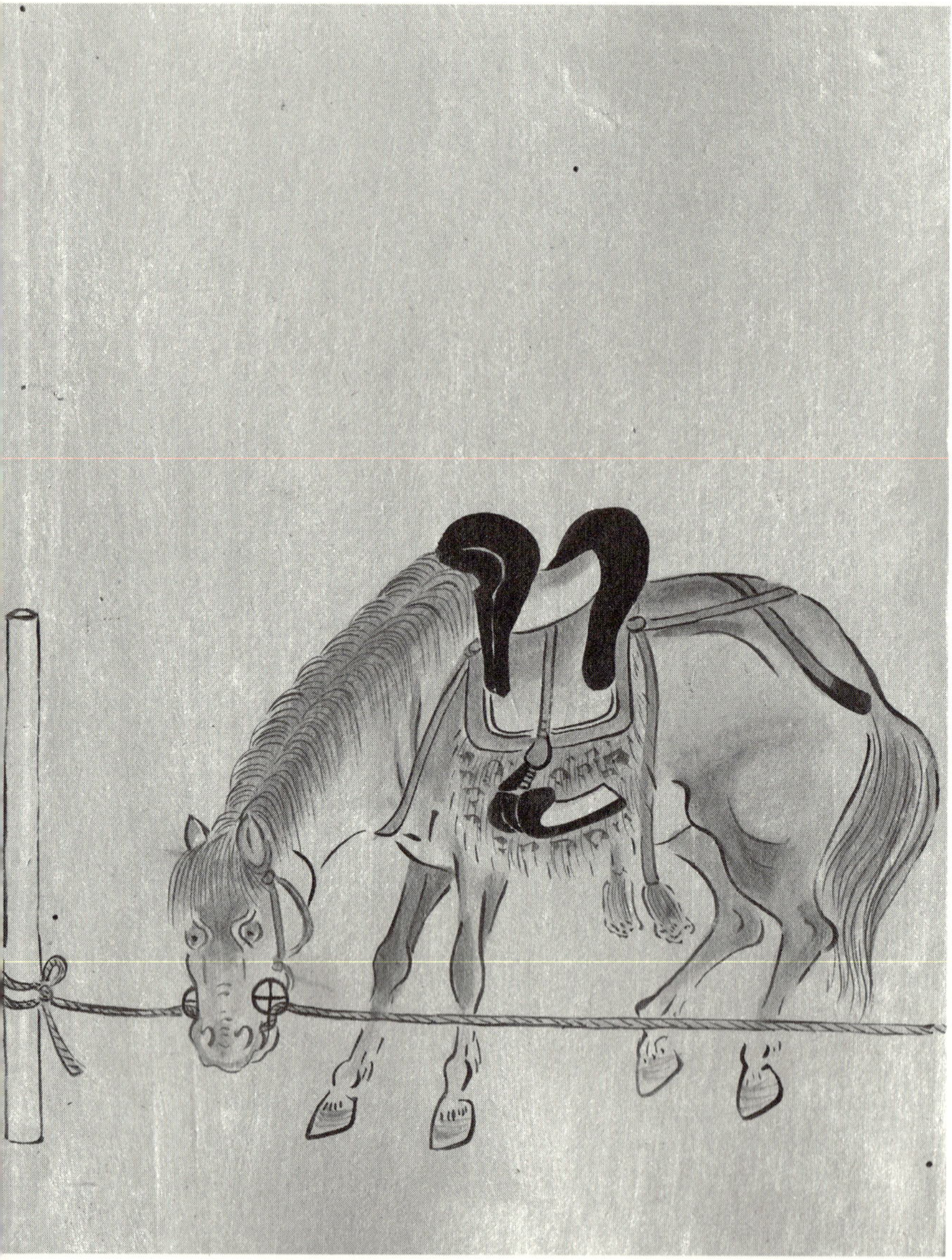

一、まいつな馬ふ打する右滋月候事へ通し
後右志いて不当畠ていまを引つゝ
まいつなへむしいましそ尾むくれして
板馬をえい手僧をゆるといも先志候を
おりつゝ右々候ま細と行へして慮
を引結延しつしへ

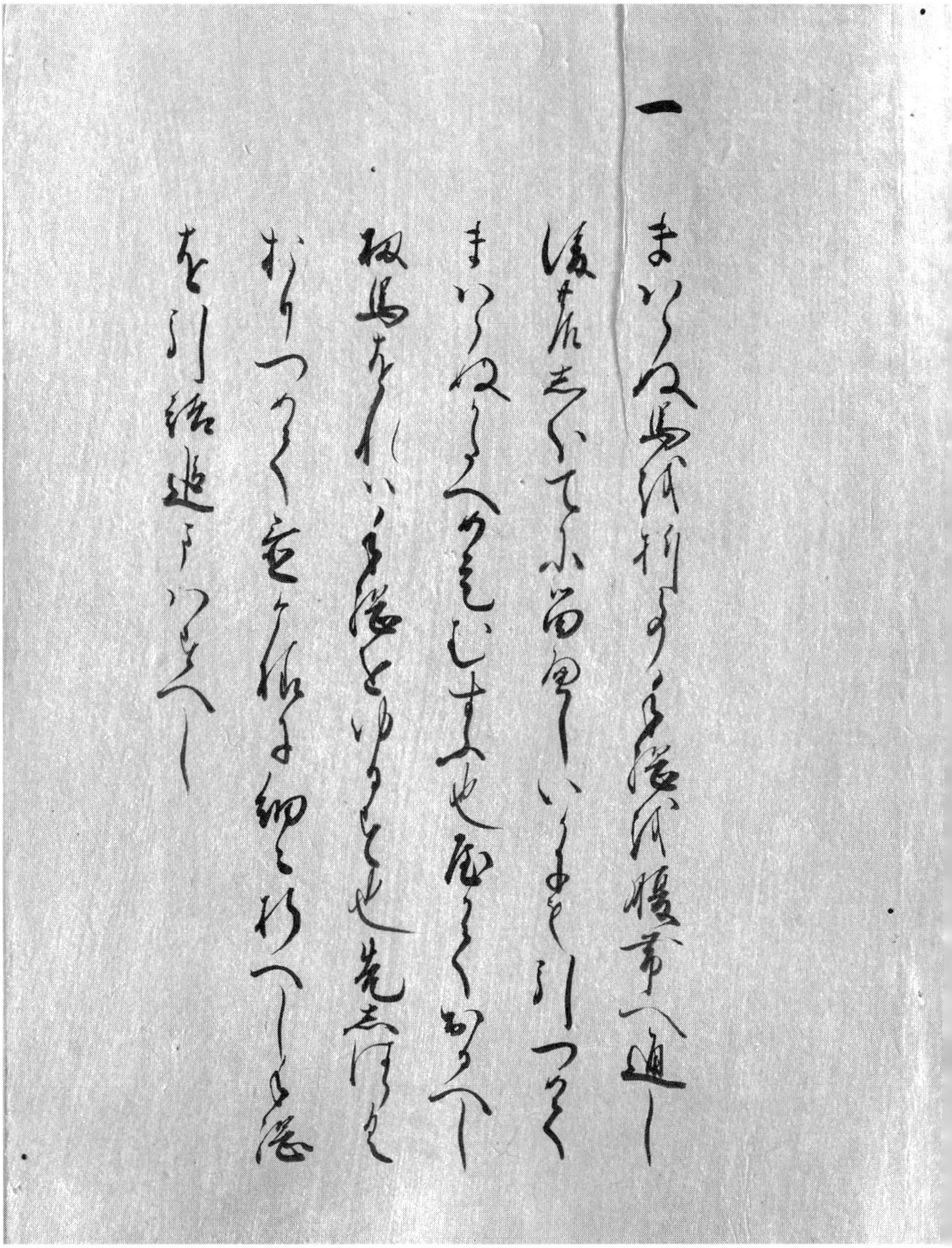

209　馬の書（表）

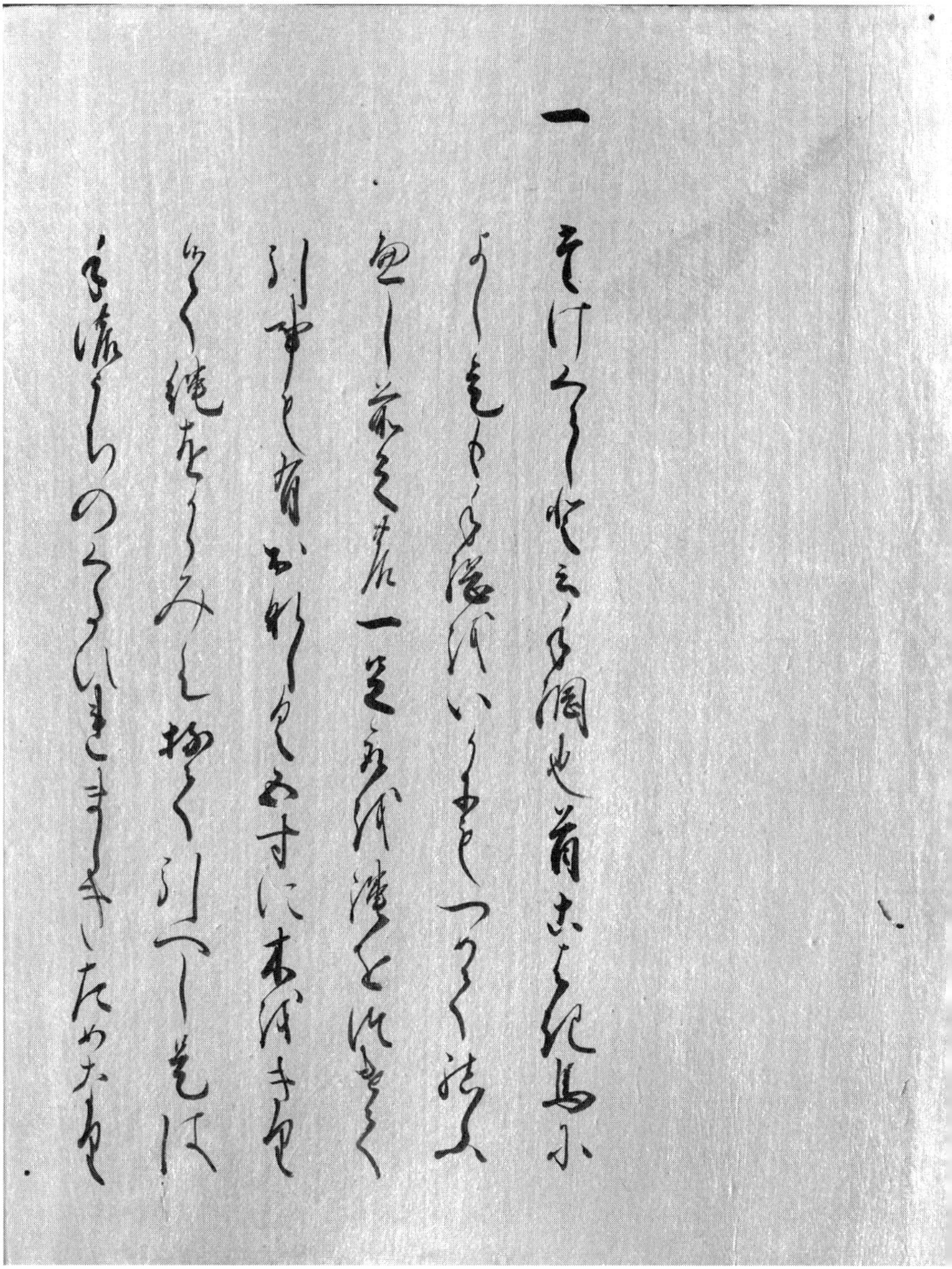

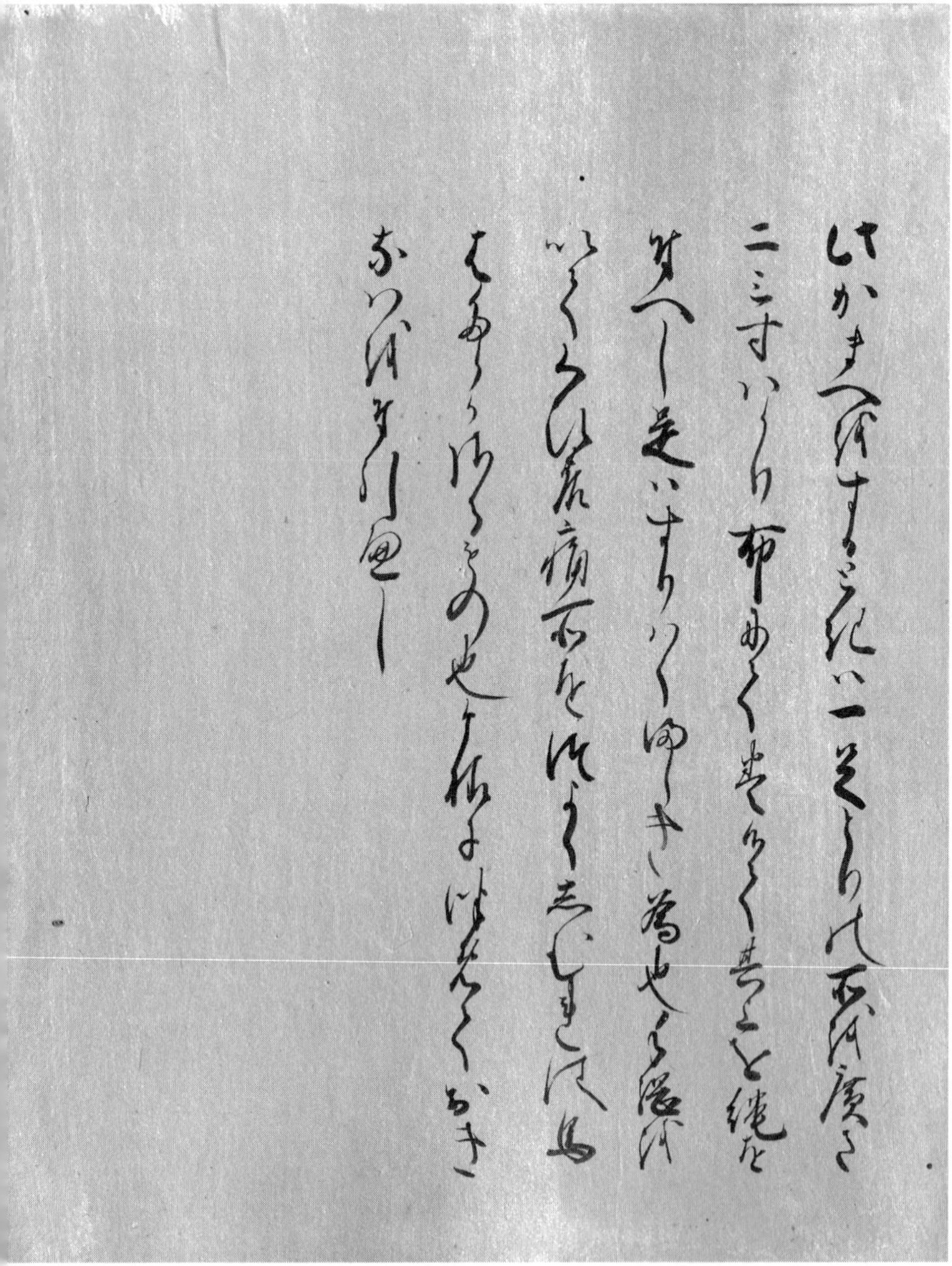

211　馬の書（表）

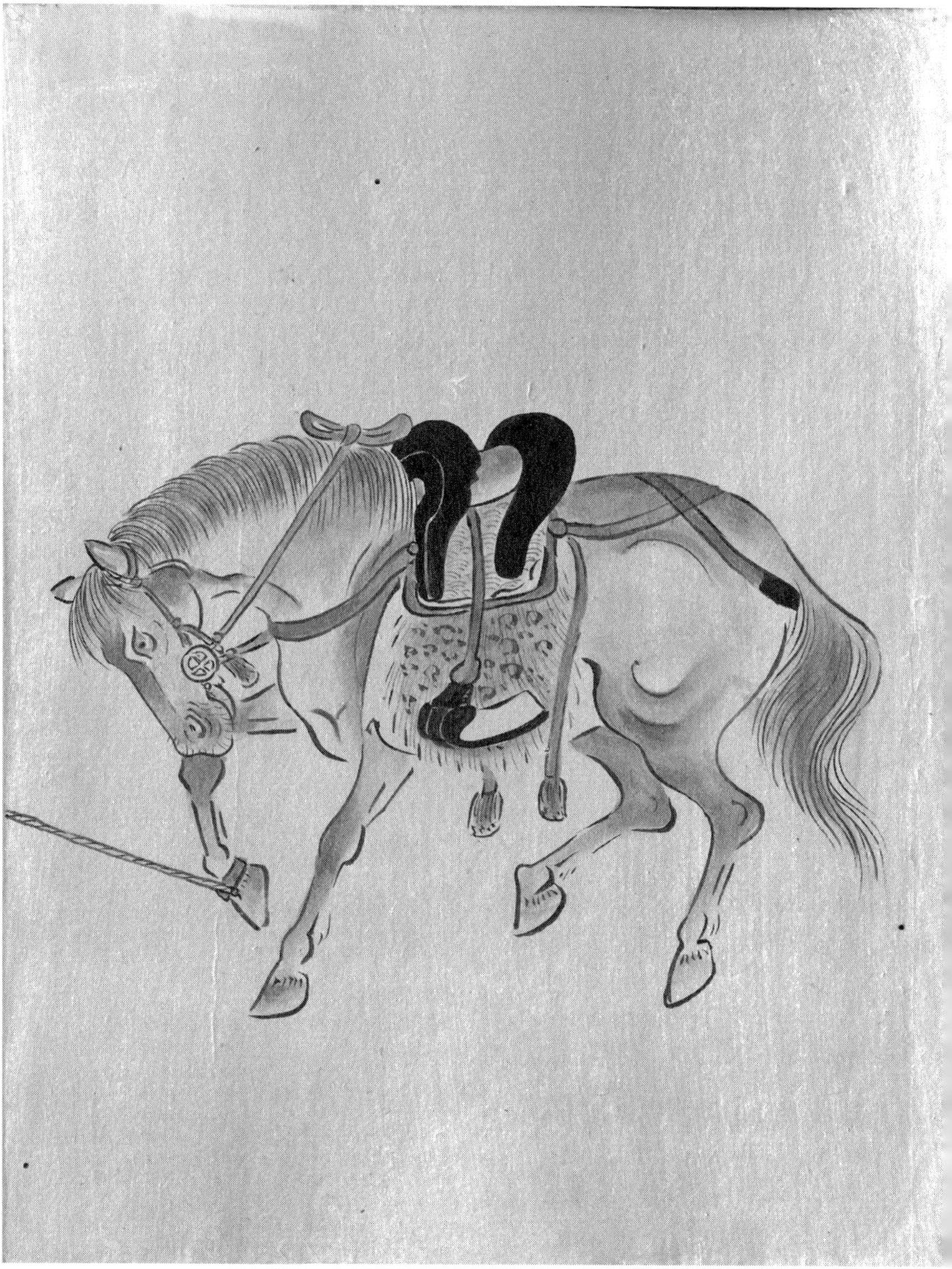

213　馬の書（表）

秘傳十六疋

一　鞍結ひきしの事馬よりおりさまに時に綱は
鞍なれ左の方にてけんひきを鞍の内を
左の方の掛へ引を一まき鞍の前輪に結く
たのもしく結へ馬のくしをひく申へし
一　鞍よりて綱をむすひつけ一巻まきて手綱
右の方の掛の前輪の内右の方にて結へ
まりしきてに手綱をよそに渡り向てしたる

215　馬の書（表）

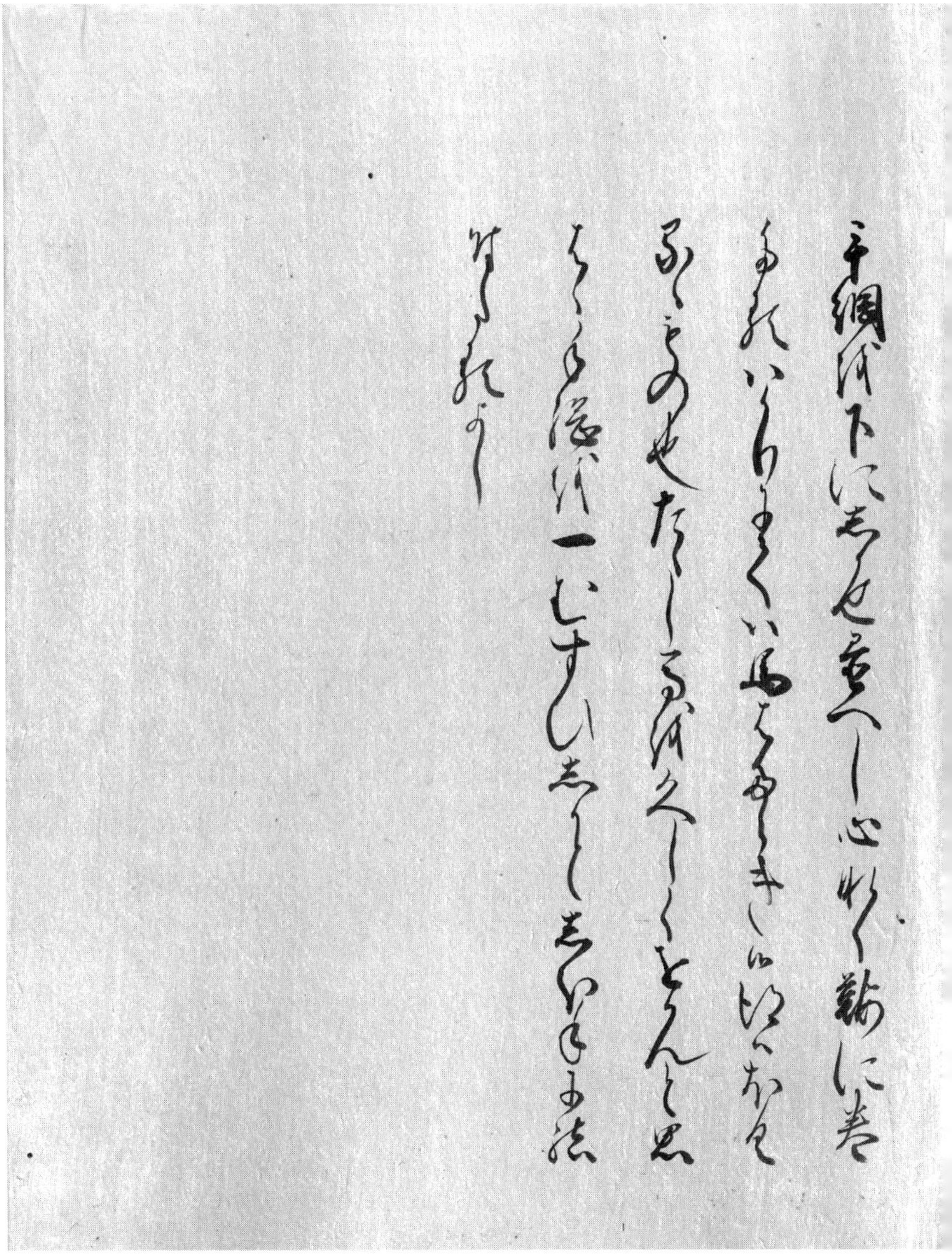

一

　月果つれき若電馬をとり係え
　馬乃おもひ頭ゝ戈尺首中へ一来
　に引をゝ暑ゆくえをゝきつ死置
　鱼一えんを能み們あり候當乃
　出ゝ

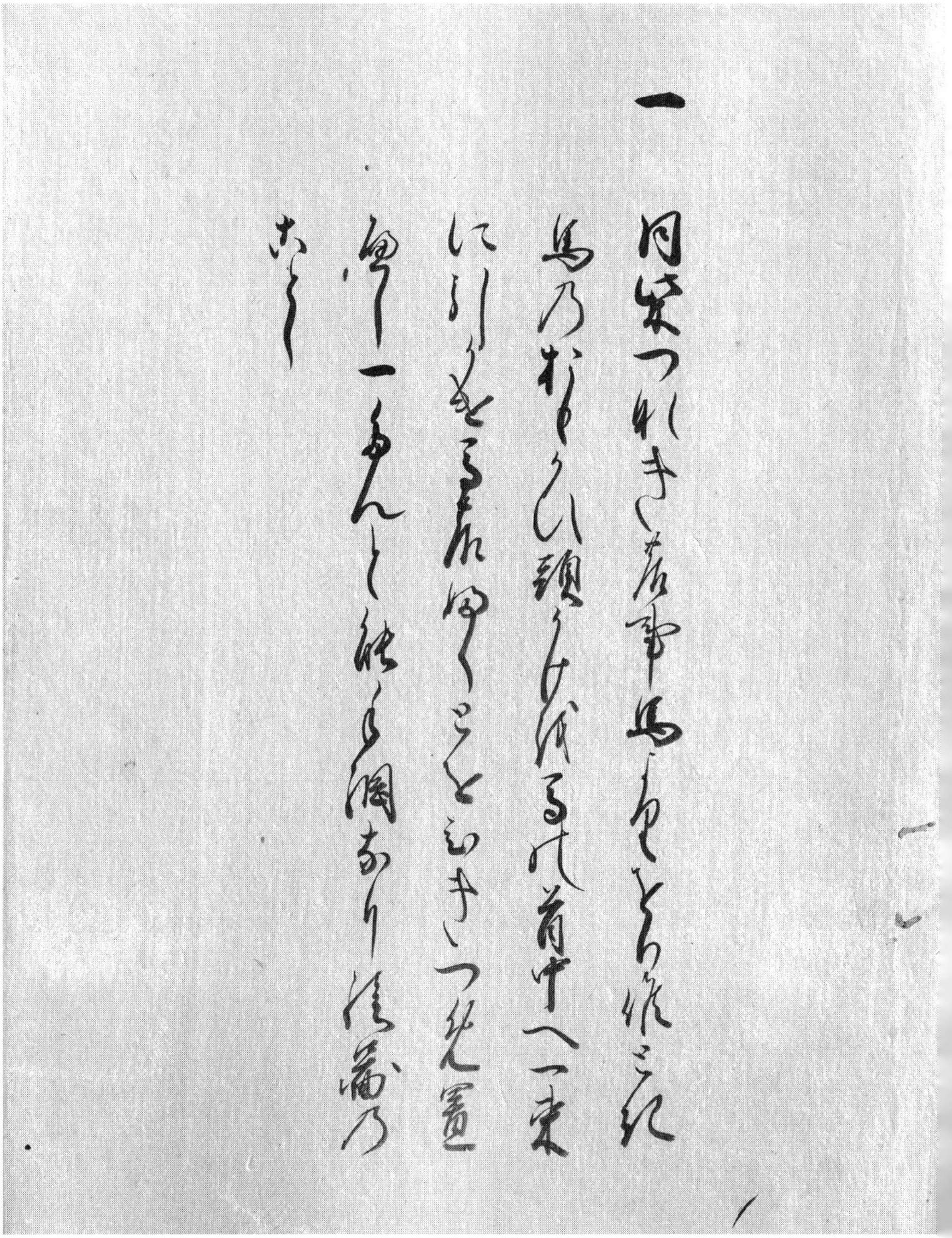

一、鐙□の□□□□□川□□□武□春林
□□□□□□五□通□□□□□首
□□□□□□□□□□五流□□□
□□□□一□□□流左□□□□□
□□□□□□□□□□□□□□流□
□□□□□□□□□□□□□□□
□□□□□□□□□□□□□□□□
□□□□□□□□□□□□□□□
□□□□□□□□□□□□□□□

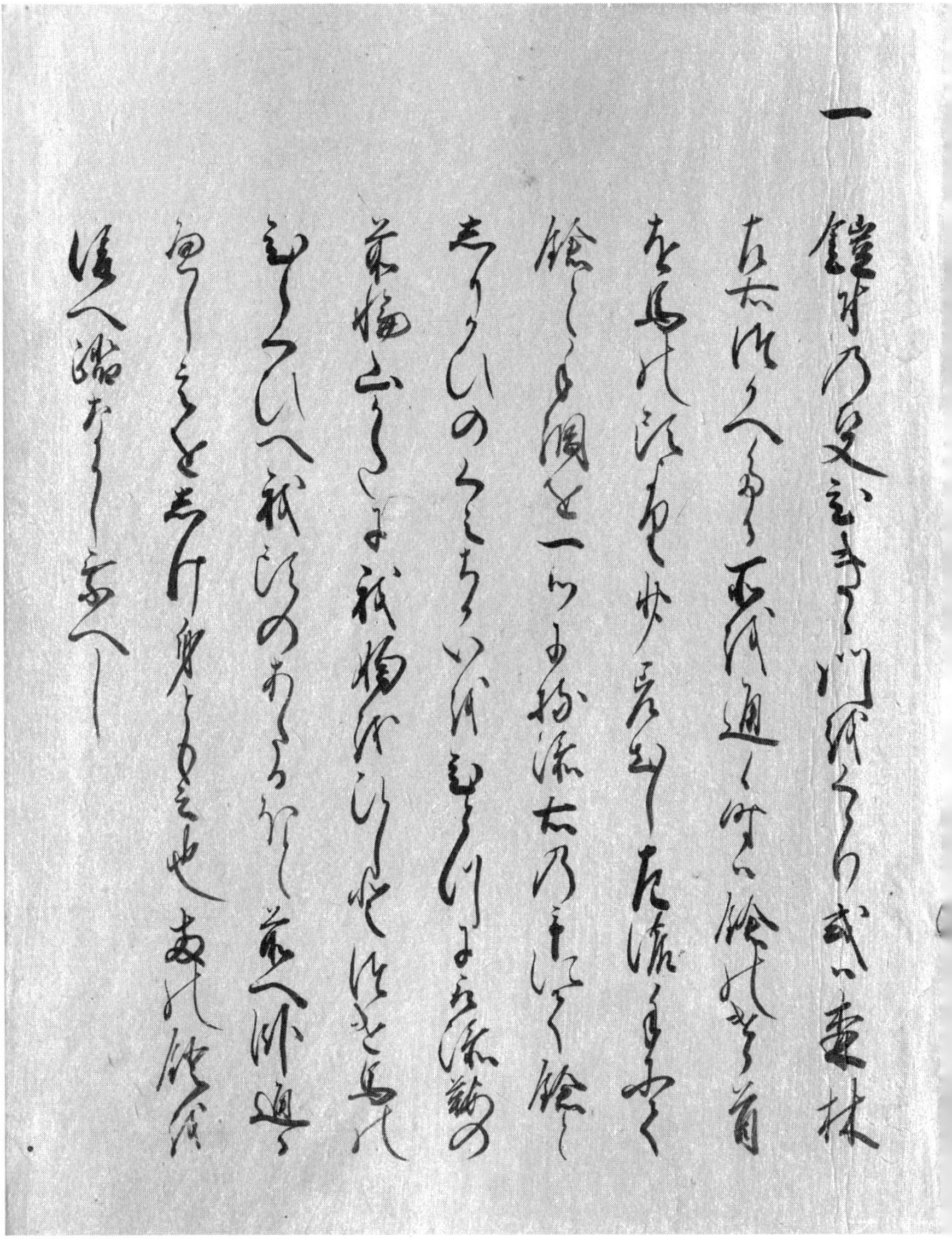

一

馬にて川渡すへき事ゆき掘増川

つる小馬渕し馬とて猶まあく泥深は

とも一走りくいのほりを房と左右

さに鞦をとりて瀬こえ鞦れ四へ引

ゝりか糸の腰よ三くけ込み瀬鞦小

のられく木末の鞦とら在とけ馬

左ゝりくさゝ馬杉よ川下へ走れ川む

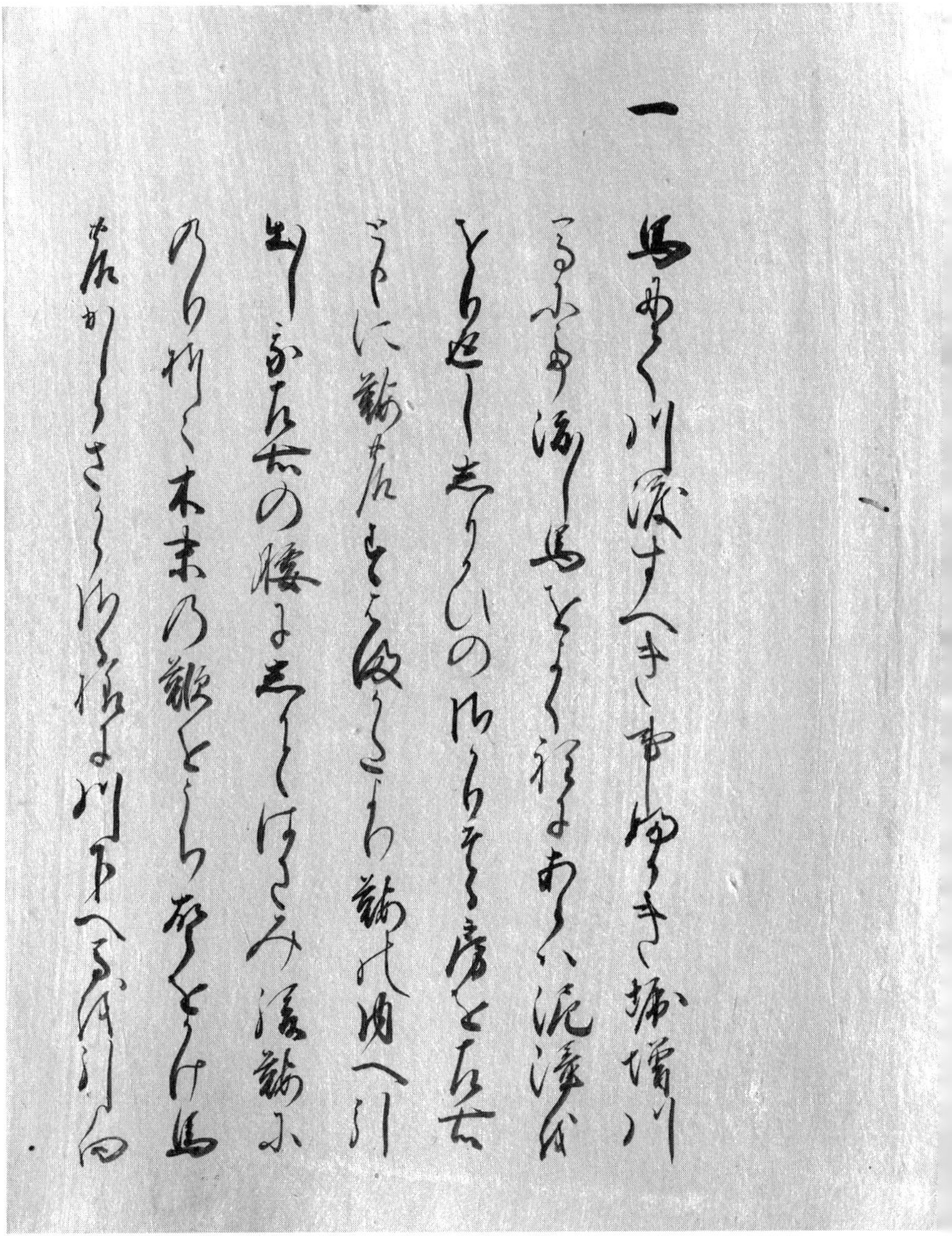

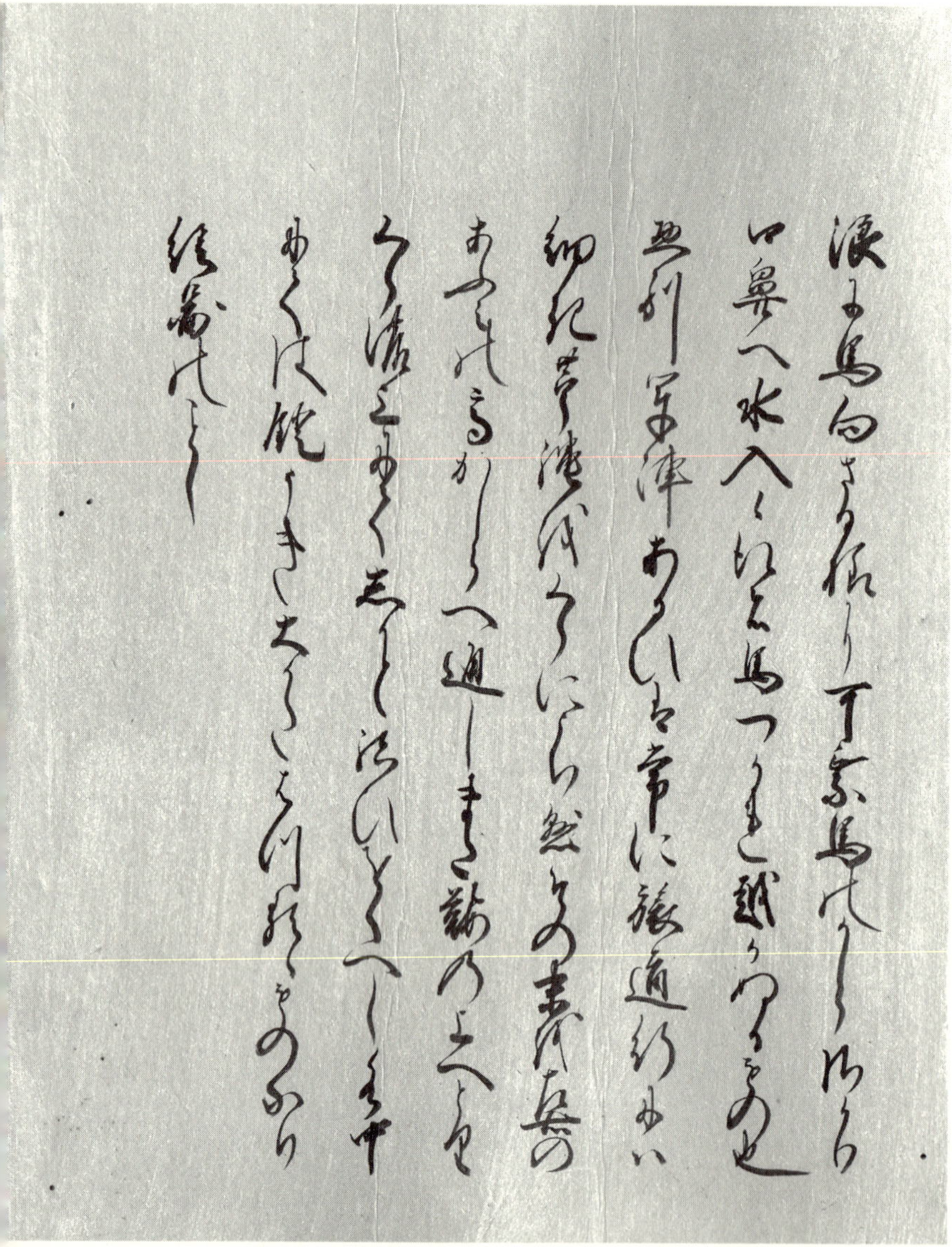

223　馬の書（表）

一
ミきん落鞭の事口伝ニ常ニてくん
あくらの人ハ鞭をミてしき馬の眼ニあれ
倒しミきん候とめんしおかけて候
ろもおしに候へ鞭候をもめれく御とも
候定馬ニ落耳のうへく御ニ候事候ハゝ
おしゝ候乃色をくもらうて鞭ニ人招
此ひとたくのせ此ひとを○けくて升此ひ
その へ鞭ニ執事様ニて後備のこゝし

225　馬の書（表）

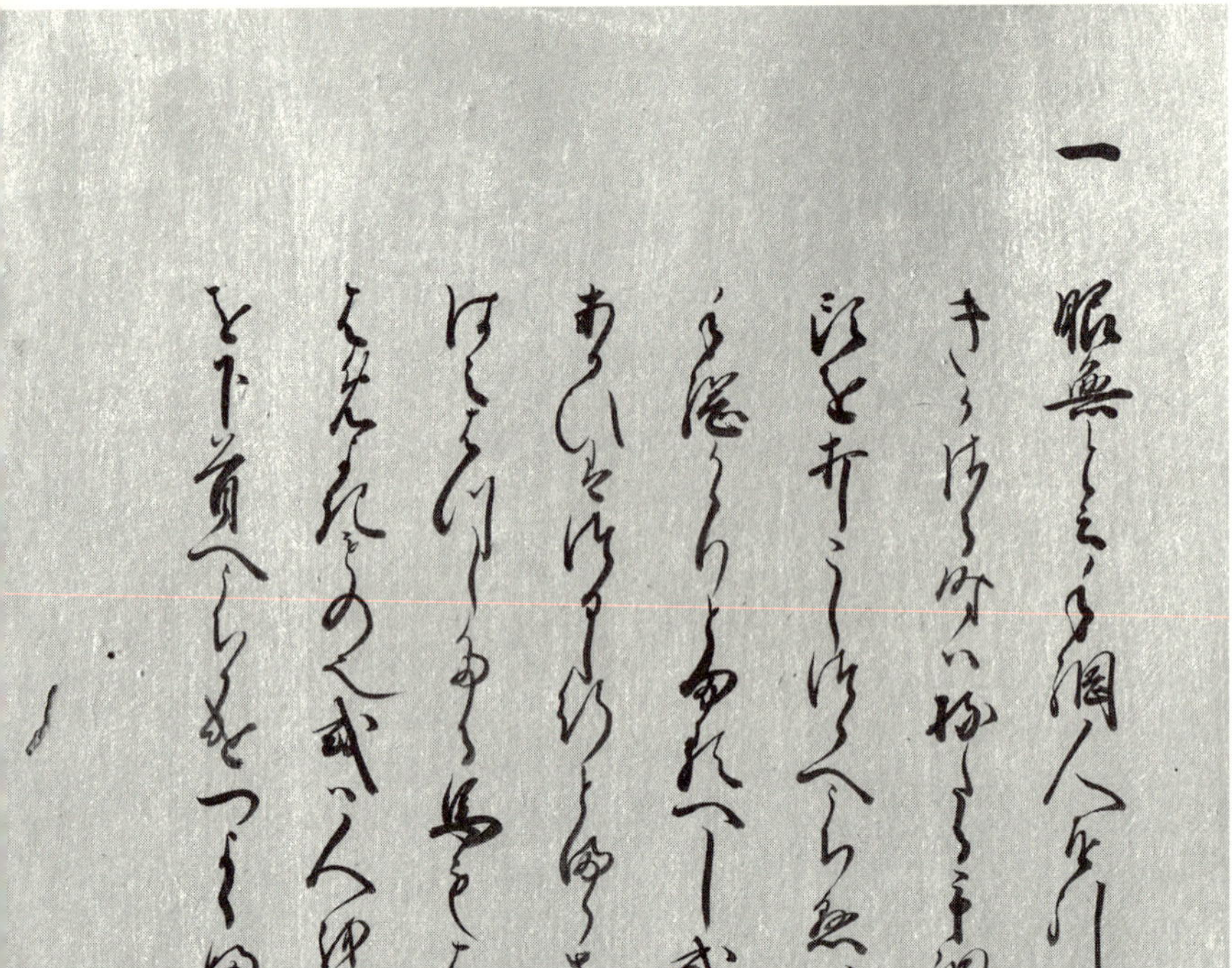

227　馬の書（表）

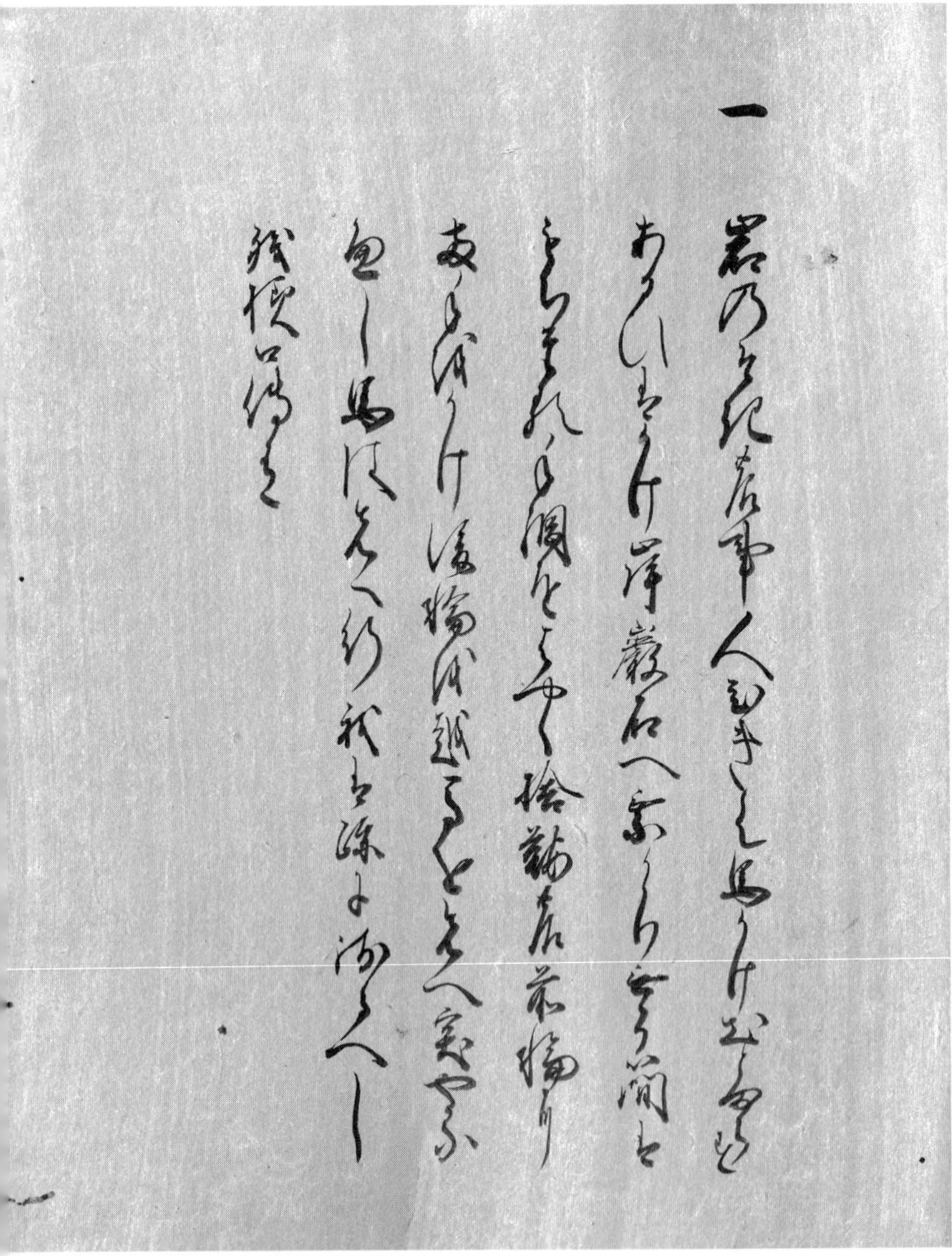

229　馬の書（表）

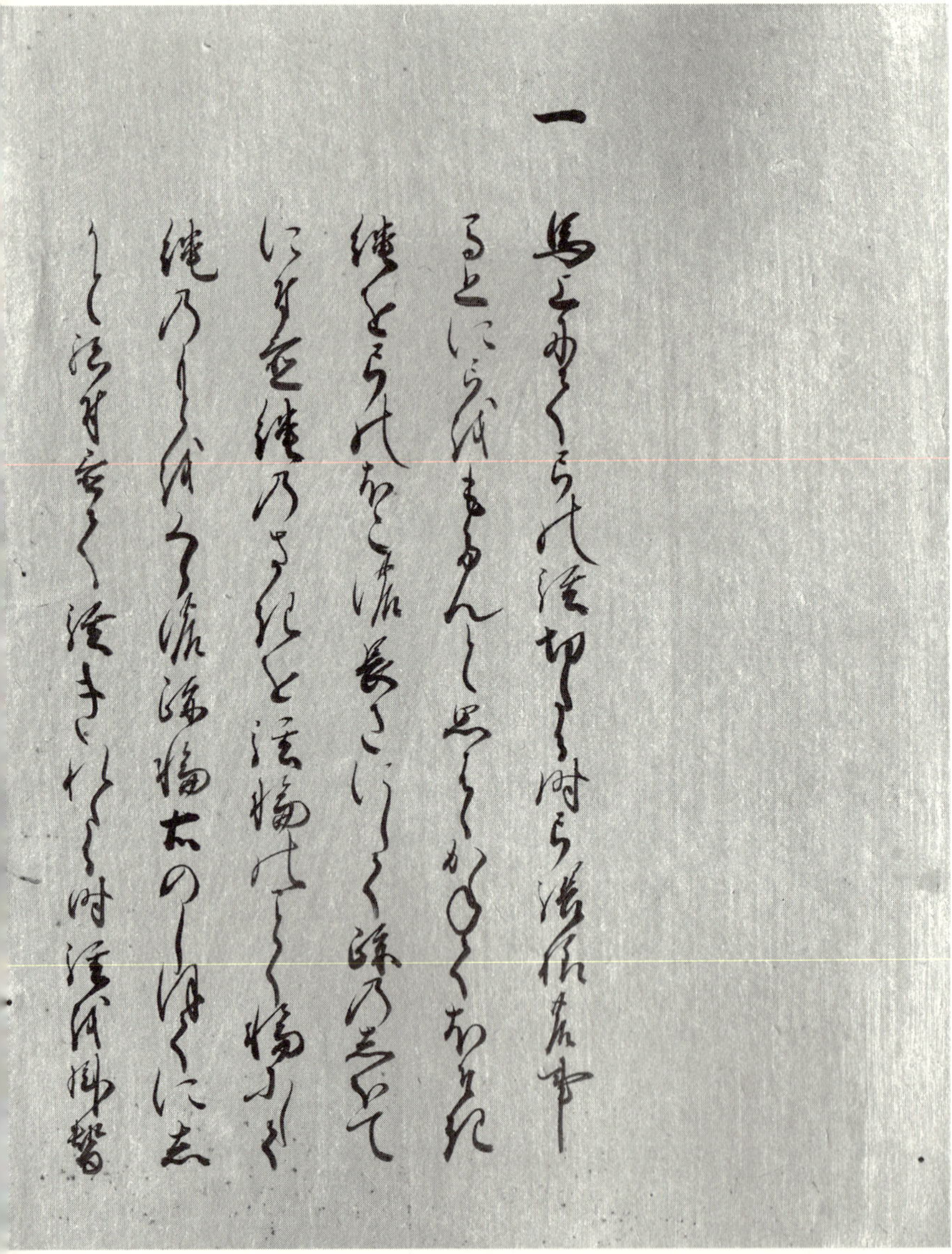

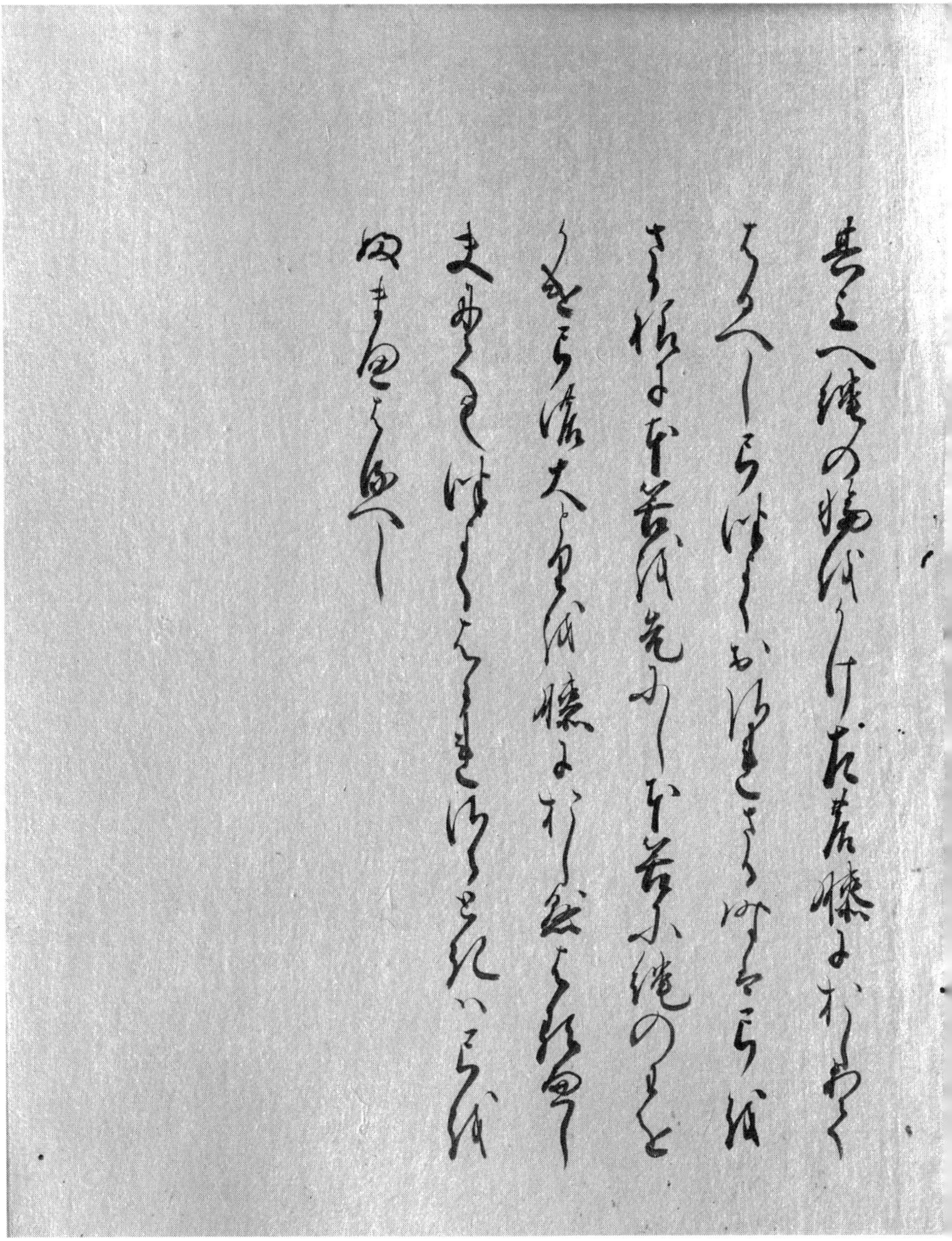

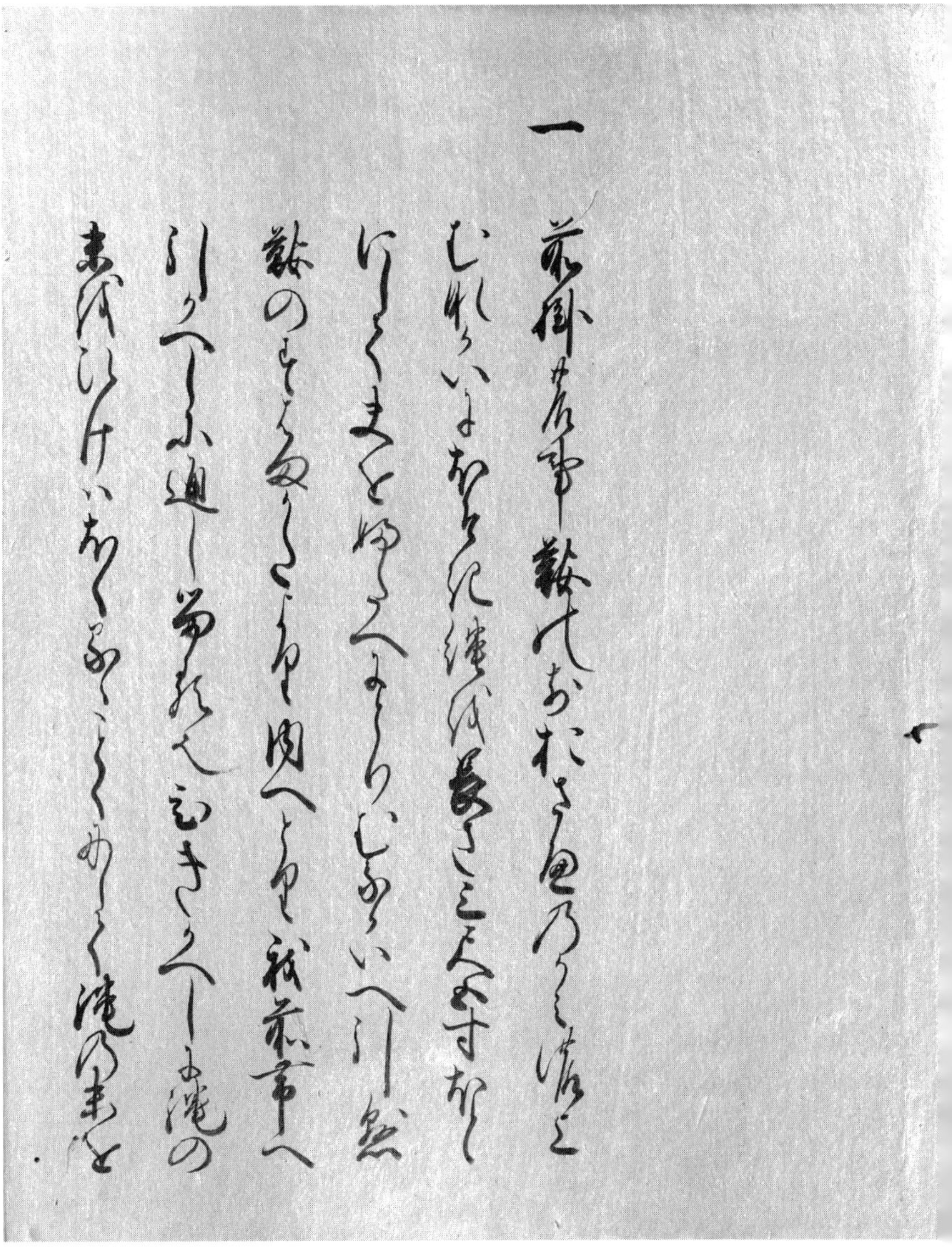

手綱にてしもしすしいと絶かへしと隠は
秘腰右より先後背の先へ返きの事
にと絶定まて於てこ紀の手綱にて乗付けいと
前後も一段にとりすへし大事
懸鞍にて引へし　懸にてあるし
わるし

235　馬の書（表）

一　惣して馬上にて太刀抜へきさまは先
左膝の脇へはなし惣して引付まゝ
二ツかへにて草摺へかけ腰帯へ引とをしき
しかうしてむすひとめその末は五寸へより
前後五寸はかりにさして置その寸法
五寸より小鞘のすはりて鞘へとめ
秘前帯にしり鞘は當流之太刀抜候
かいの小口をとれ前にてむさけ太の
手綱を小口のこゝにて抜へしかくて

洞有下まを按くいかくなく渡のきり
くまを中あ秋くて心浮月て本し胸
ひし腰を滝川くけひまくら巻かの
而まく志し法及くるもう鞍不色の
たりまき若在をけふくくもく丸又
津の我在れ腰きくとくのを
くく滝の本在祈くりおゆく引合
にしくせ重く口のむり

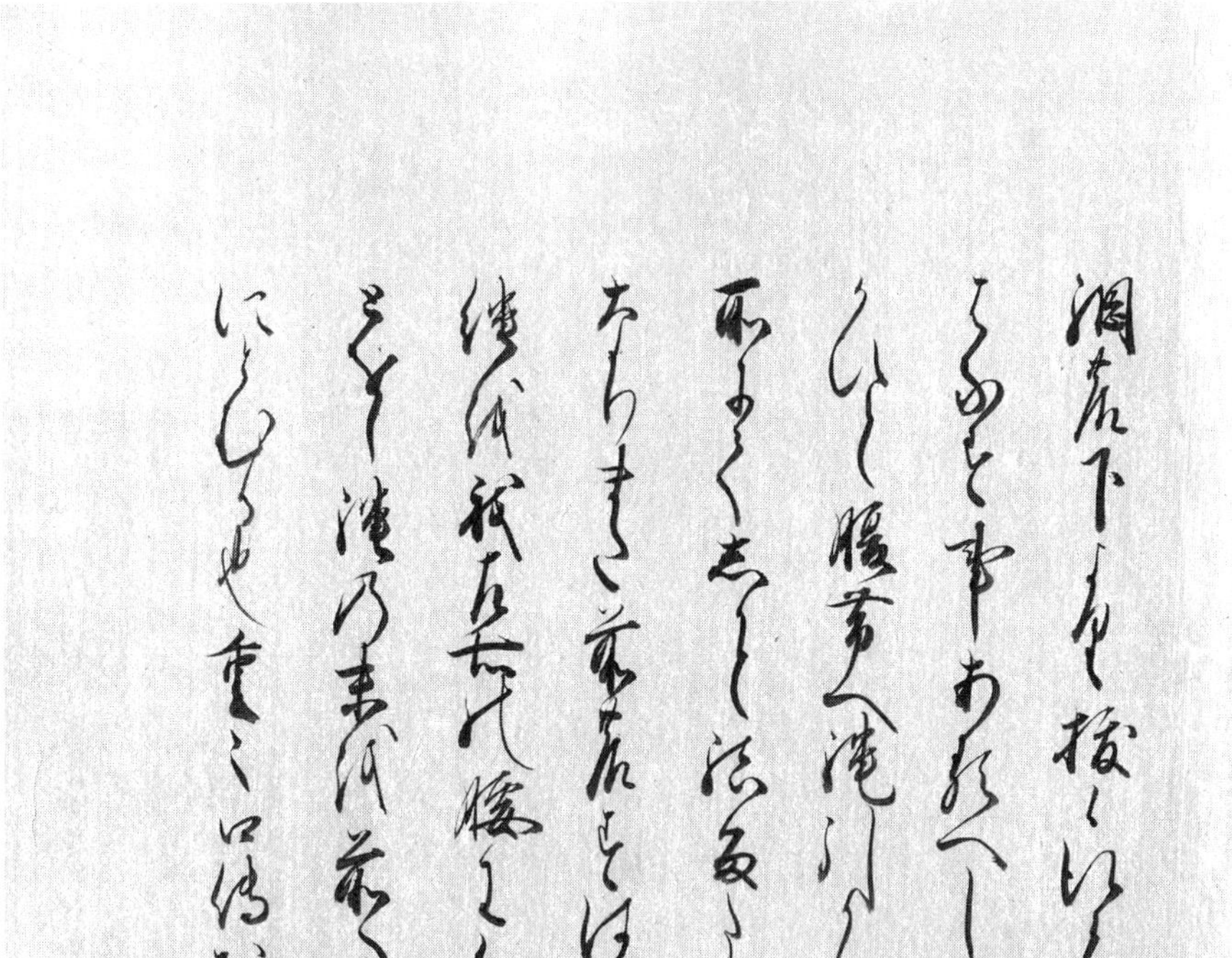

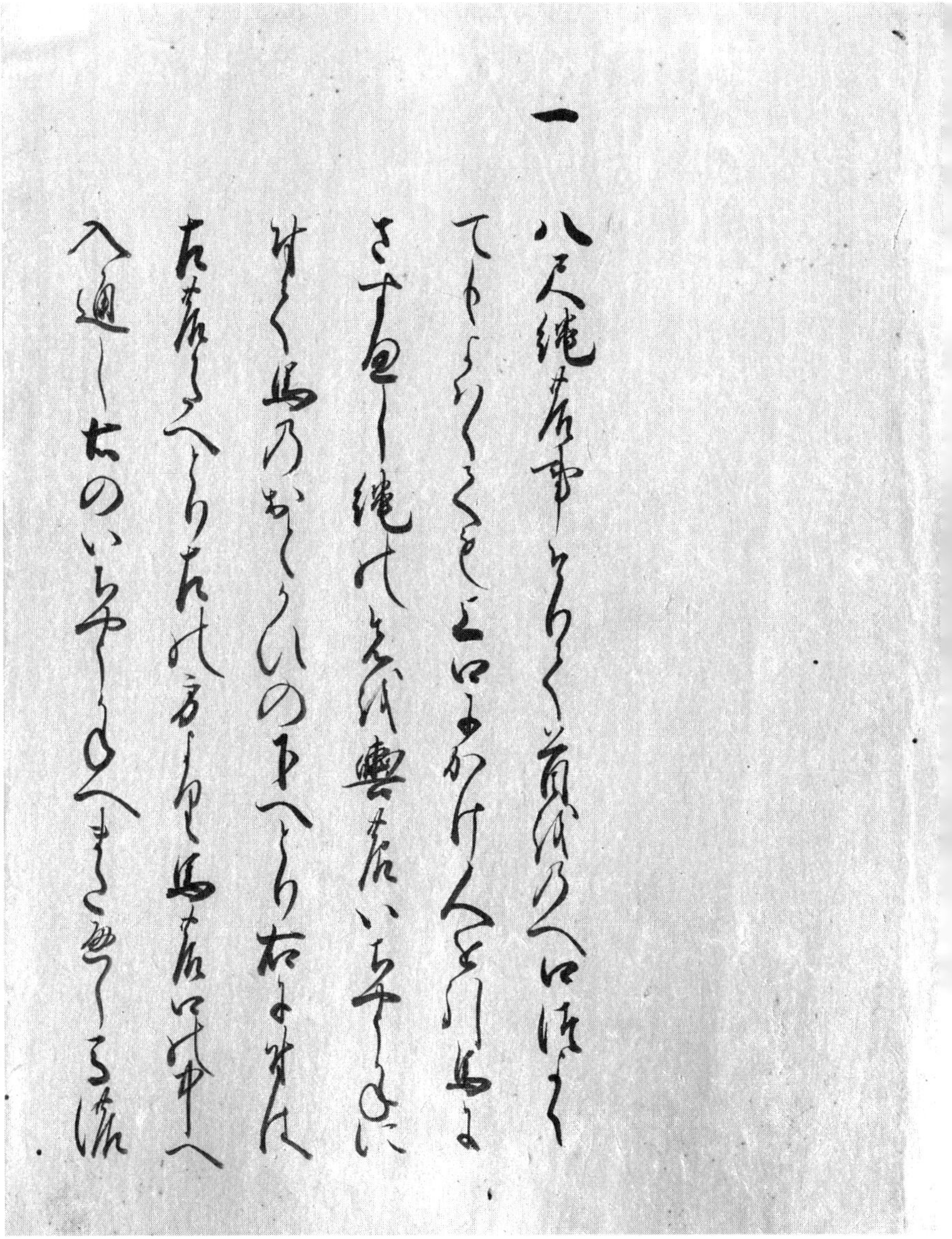

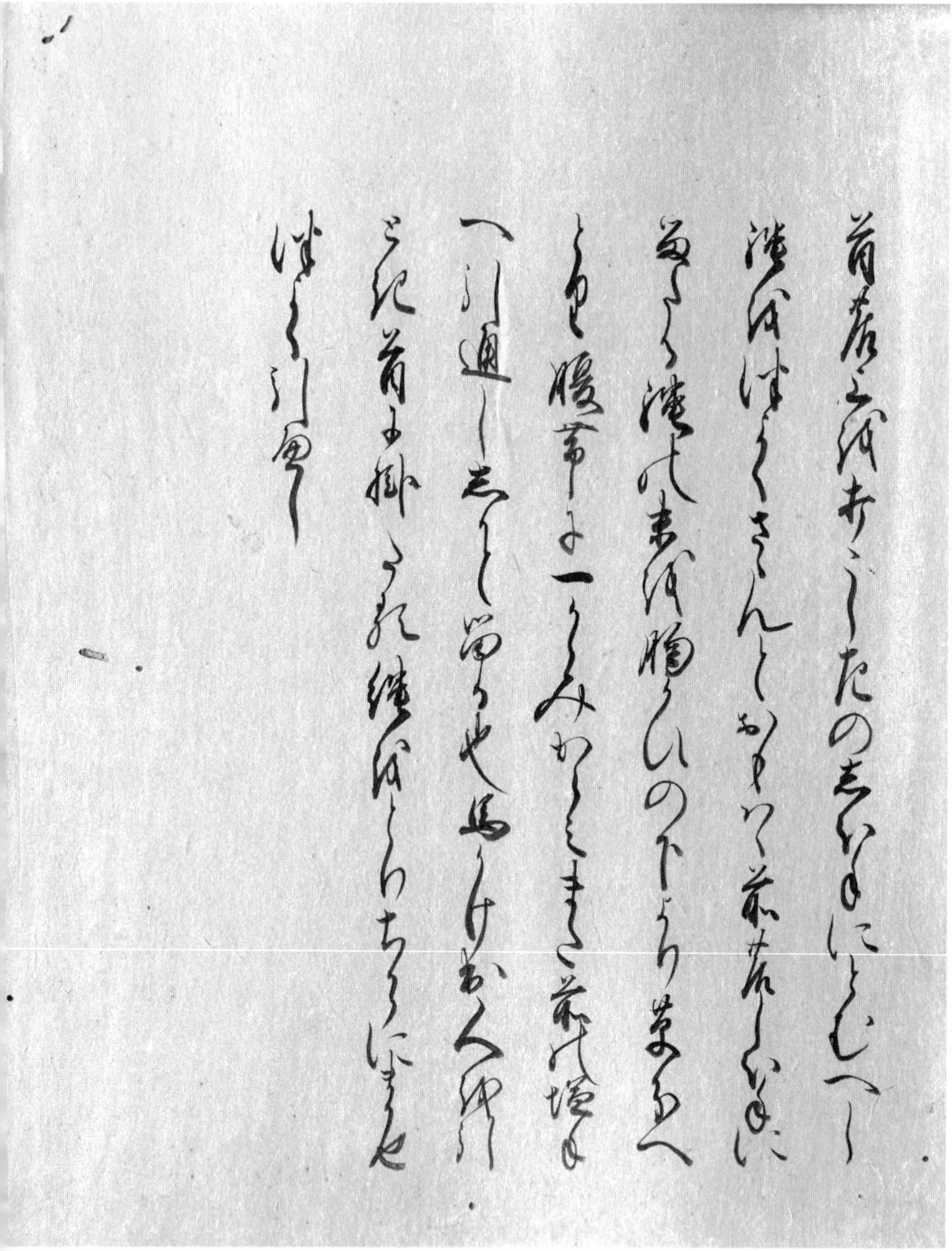

241　馬の書（表）

一
四ツ手綱懸之連紋かゝりくいれしく返へりけ
馬なれあきしおしらいの下にく左の連紋
左へとりたる懸連と右へとりち色悪の
いちしるし之へ通し左右の連紋綱らい懸
下おもて草するへとりてくるしは一すしかゝみ
連紋左右之へふ前れ左右のしわよにて
くゝみからしたき之へ懸りしのとゆく連紋取

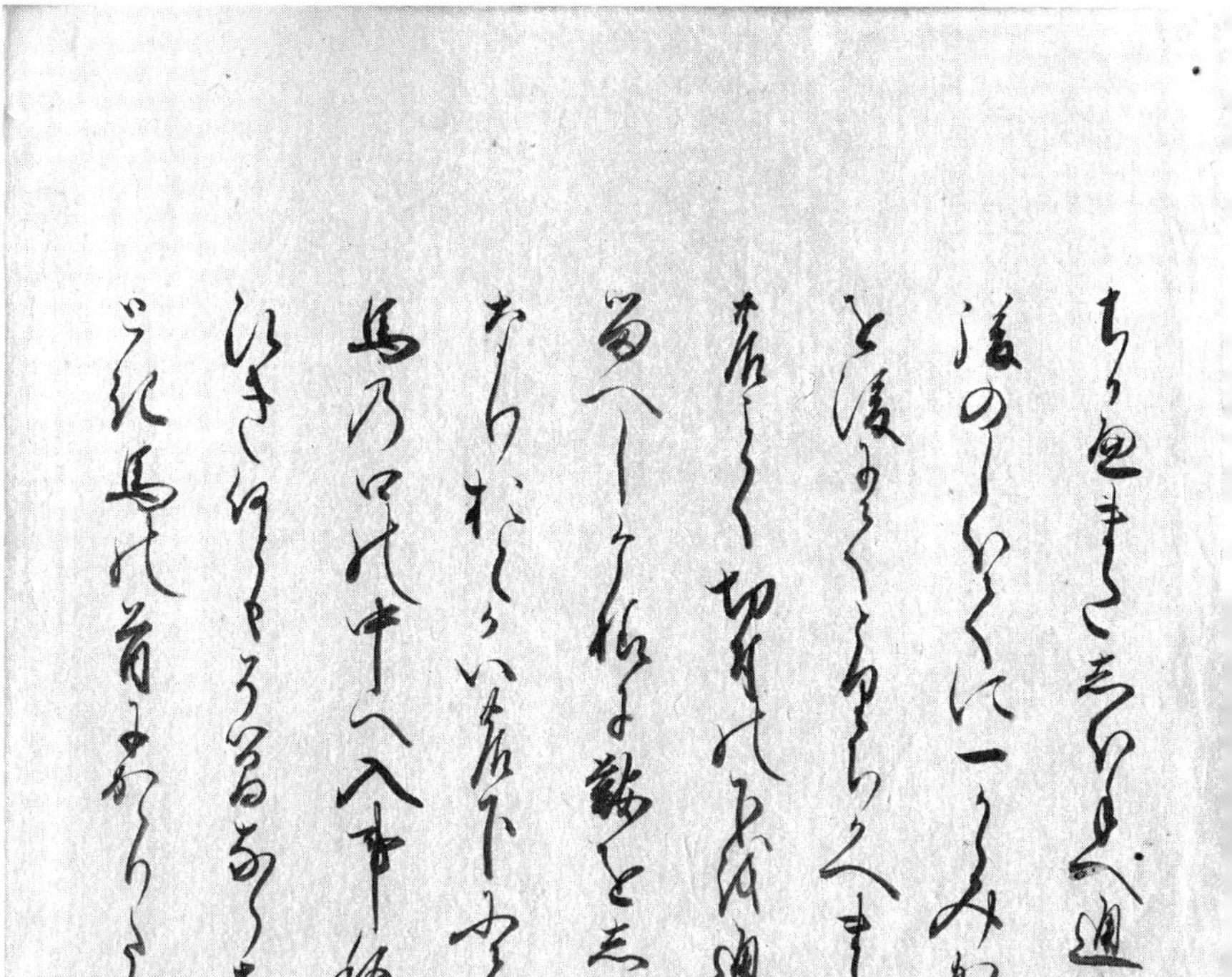

手前へ懸るへしつゐへし或いは口つきして
きしからは或いは何れも馬或いはたちならは口たれ
馬よりも何にても引悪し走らは何にても引けは
むまの上人に難とあるも馬あれすまし
ゆるく心をつけへし懸るへしへて見え
馬ありて能事さへしん得まし口伝
大概如此

245　馬の書（表）

226　（カラー口絵）

一
さくら酒乃事是ハ下口ニ而被頭候ヘ
きくにいりさけ壺をくいつるくらり
る様ハ成候し比月ハ度く閑候ヘ
さけ在来在ハ閑ニ而事へし候様ニとも
下へも車共まりあしくくらくこすれ
ものく後ろをへし前之候つりくけ候く
将へし

247　馬の書（表）

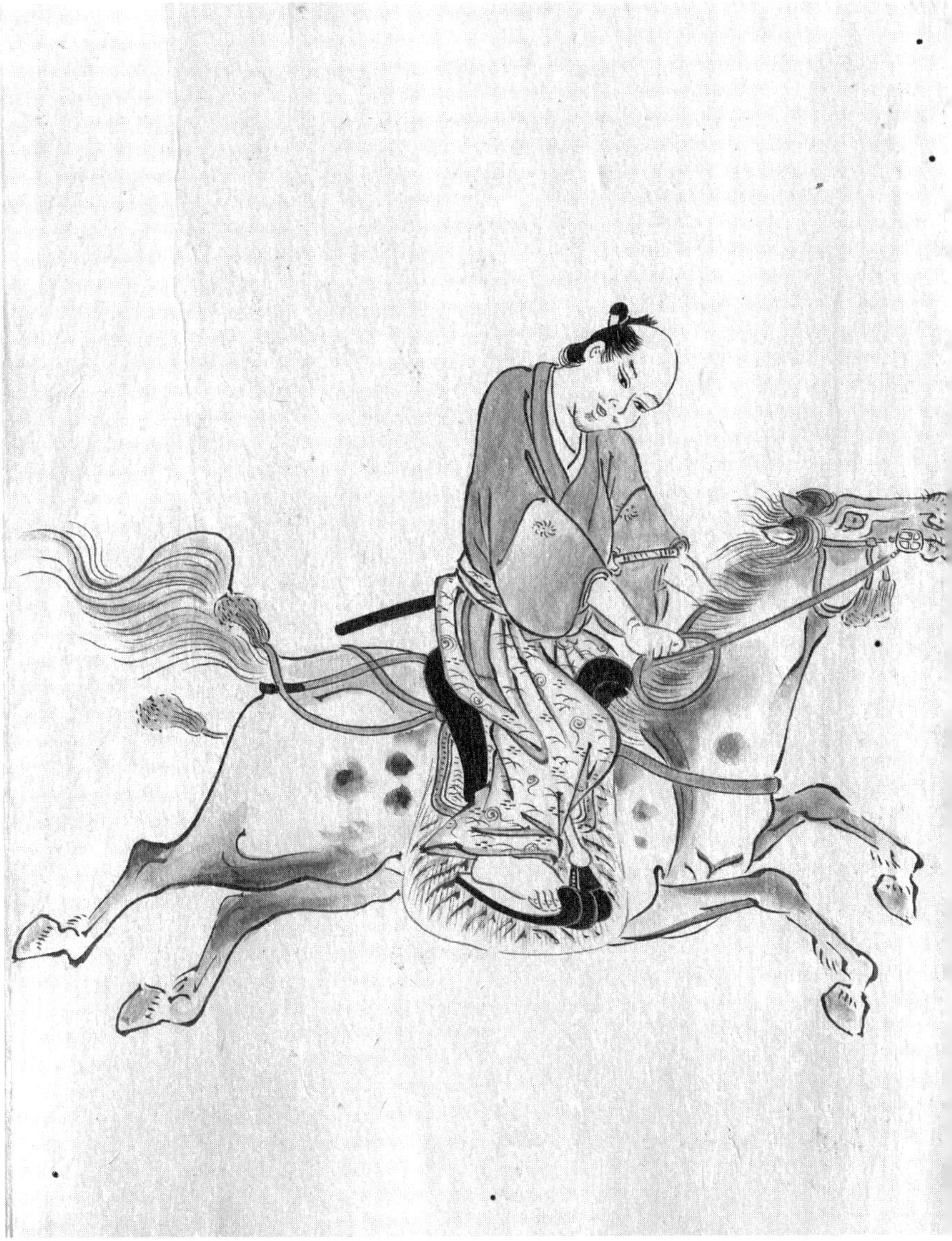

一　鞍下れ事　鞍よ緒家へ志て鞍よすり
付之と馬乃首おきへのかしれりへよこく
鞍居前橋の付之あくいかにも強よき皮を
あくかく色よ洗ひ大角よかく色ゝれ下
前のおして皮ゆくく後のすそ後居頭よ
くけよ洗しきし添馬の付まくすへし馬れ
てさかしき之皮つくりつゆのえへしかも前輪く
せいおきにとえすおくへしと鞍下つけて
さはうあしきところあしく御目へしなれ

249　馬の書（表）

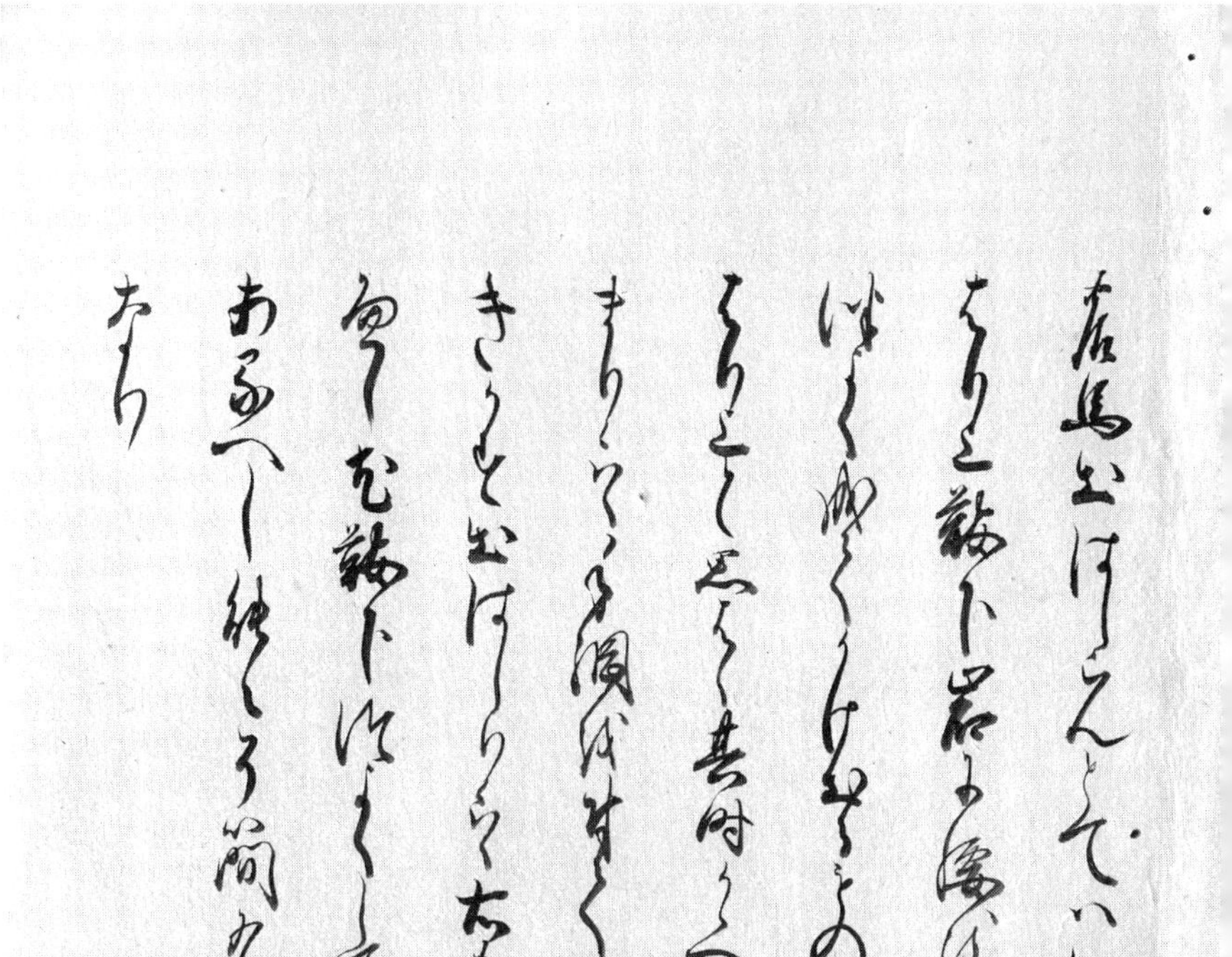

一角にあまりてぬ過去平首にくゝて
ぬくゝ年をゝぬくゝのつゝくまつゝぬ
もあり前つゝゝて内くゝ念あゝゝ
いつとめくゝ六道を居滝のまくゝめくゝ
細き芝庵まくゝ馬乃口あゝゝゝへゝ小
鳴けまゝゝく吉鳴しくゝゝ居丸ゆらゝ

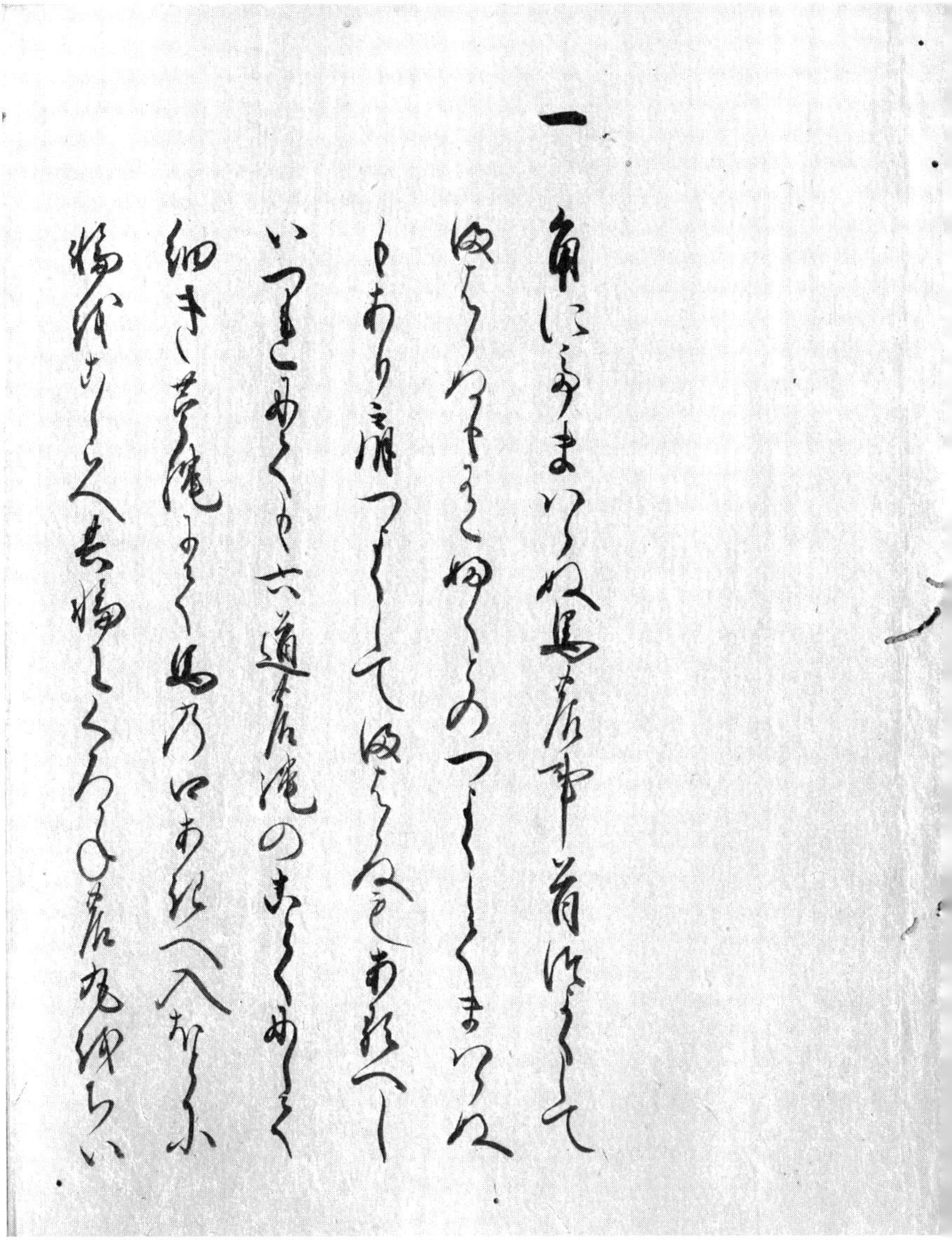

ゆるしらへ陽花左右にまく被なるの帯にく
教らへとも陽化馬乃足へ入おとろいたれこたへ
引けとも先道おもむき縫花葉の志いた
左右にまく其陀乃まとひとれ左右の丸へ
下ろよへ通し緒の末花を胴まとらに絶
分廻しまいりぬ方めを徑をゆくしる
縫花引つ紀かつを回し分花縫花ゆく
世とも分縫花ならりやいさるすまゆく内の
絶いらりゆく也まへしかも興を胴し

かくやふるまてしゆらへ

りへ臭て〳〵或ハ典月大川とらみぬを

或ひ〳〵みゝ或もとめつゝ或ひくら

〳〵とゆり口ほそくめと太居堆尺〳〵

丁ふきぬにほ馬尺ハ長さ澤とゝき

りふゝりあゆく長へ

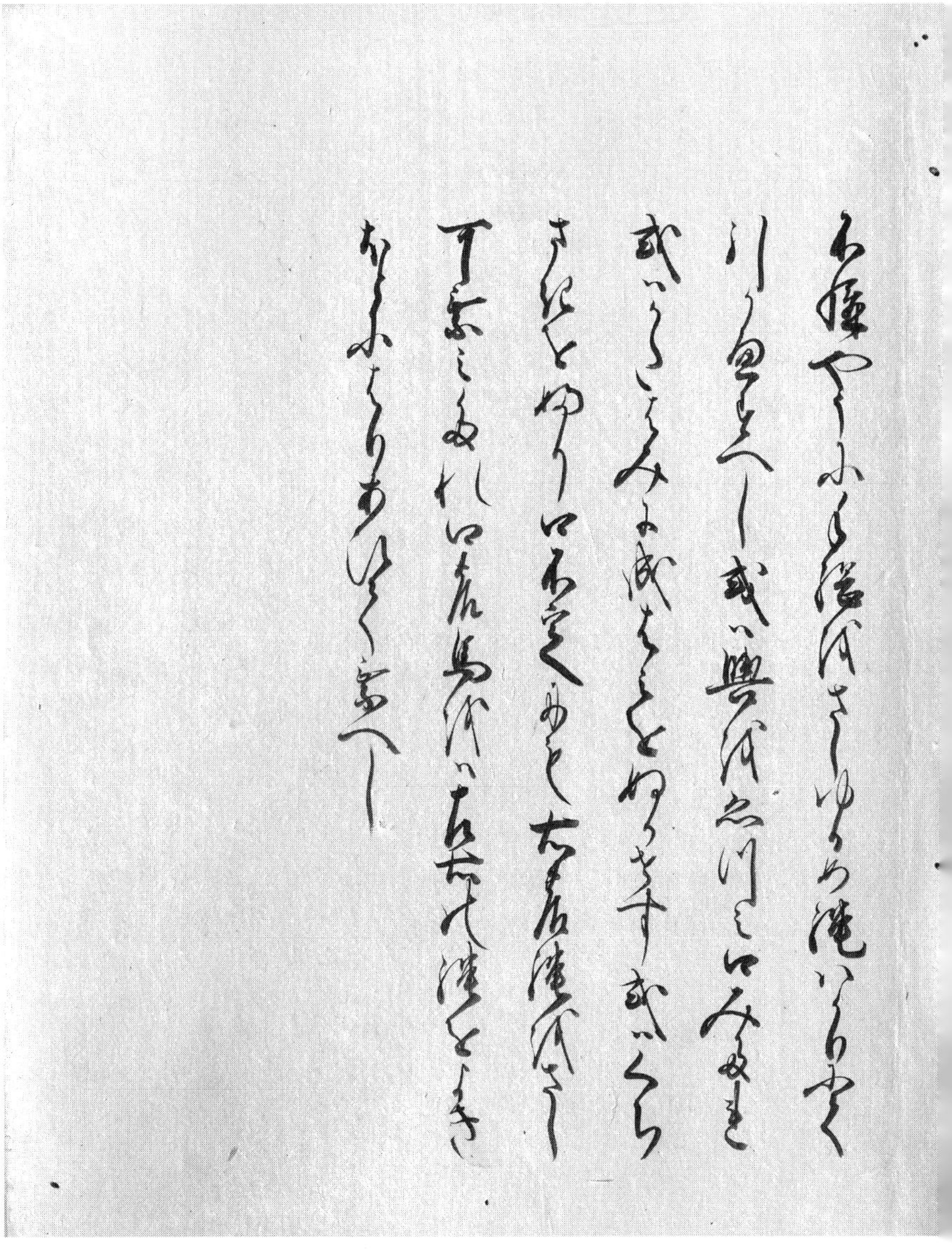

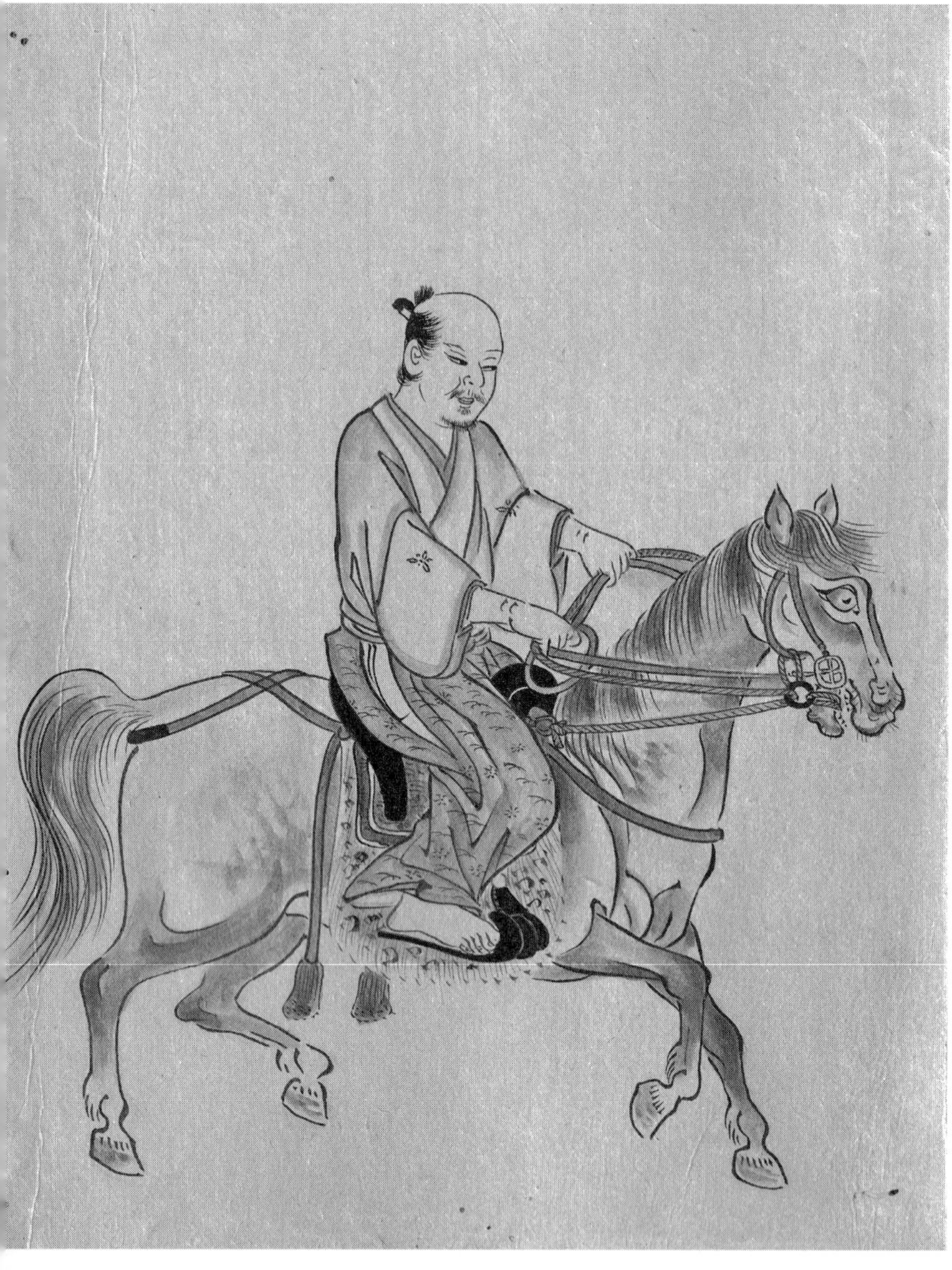

257　馬の書（裏）

一
鐙河瀧乃事昔此瀧ハ八幡太郎ふしきく其
瀧を御らん人あまり多けれ共不見人あまり多
一本にうちひ其末ハ二つ人にわかれ其末ハ三人の
所ニ有ハ能々見ゆる角にハくもり落ける山の二筋
有瀧とよふなりとは又とく二岐川の二つ人に結
あれ石と馬なれ前へつけ一人ハ岩の石ハ
轡にいの下なと車とかへりり馬のくちひとの一
うみかしく其末と云ハ有其乃瀧にそふ
との末ハ切て此事に流へ廻り流ハ有其乃

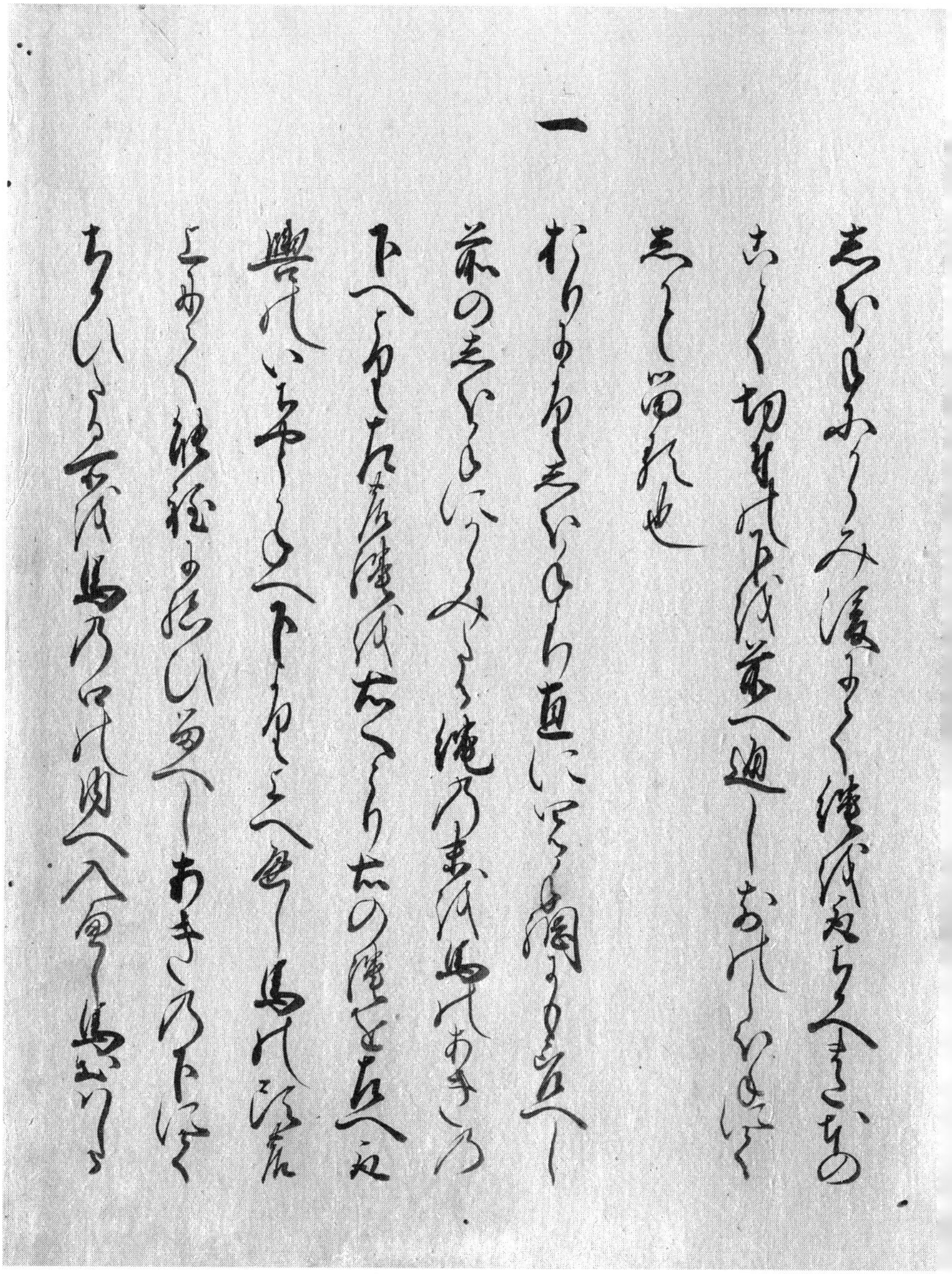

三尺頭よりかりの丸に緒をはりて合へ引候事
何れの所はしらぬ合せ下より九尺二寸通し
むすひ並へし其先を左手へ下る羽のむすひ
引出し其引かけしくる縄よ左手のもとより先にて
こくに並へしまる縄のあまりを切すて下を
緒へより結の縄へ引出し其出しくる縄よ
左手綱を先し左手のもとへ一しとい所に
其綱をくくる綱を羽縁乃左手の先へ通し
羽の左手の手もとての先へ出し引出しに留

一

一、毛綱とて滝とて大綱事也

一、左右の綱は祇腰帯の丸に通し引申に
　　結ひ申ふりあひ黄へ左れは綱は馬の鬐に

　　うつし申なり六七寸ときも綱とすひ

　　けしも手綱の表にじしはかけへく祇

　　大綱前へくけ申へ長らいつをみくひ

　　きけしといもありもく入れは長の綱や

　　けし申くみしく入れは長の綱とや事也

　　大綱文とて間丁録

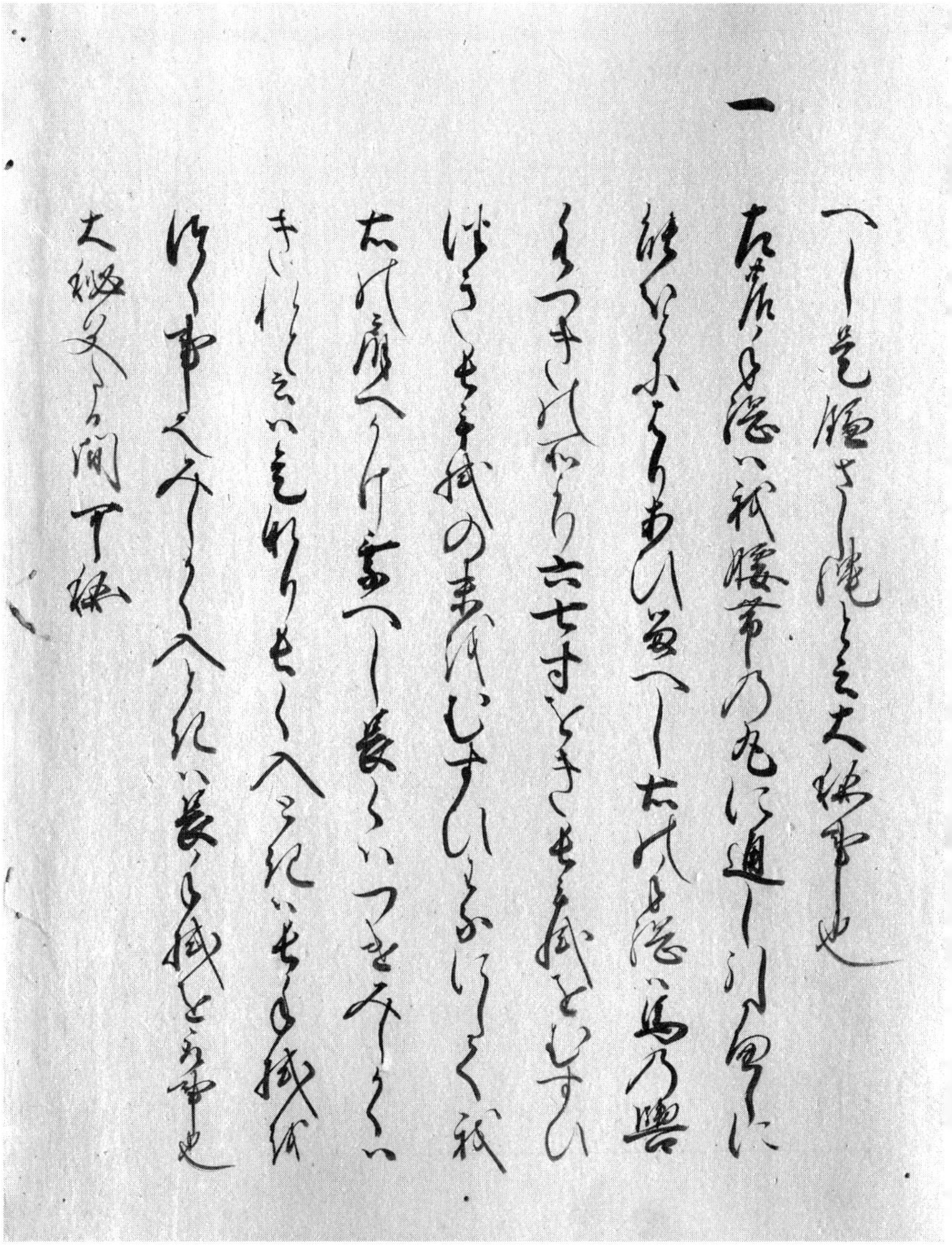

一里守る間の事に付て

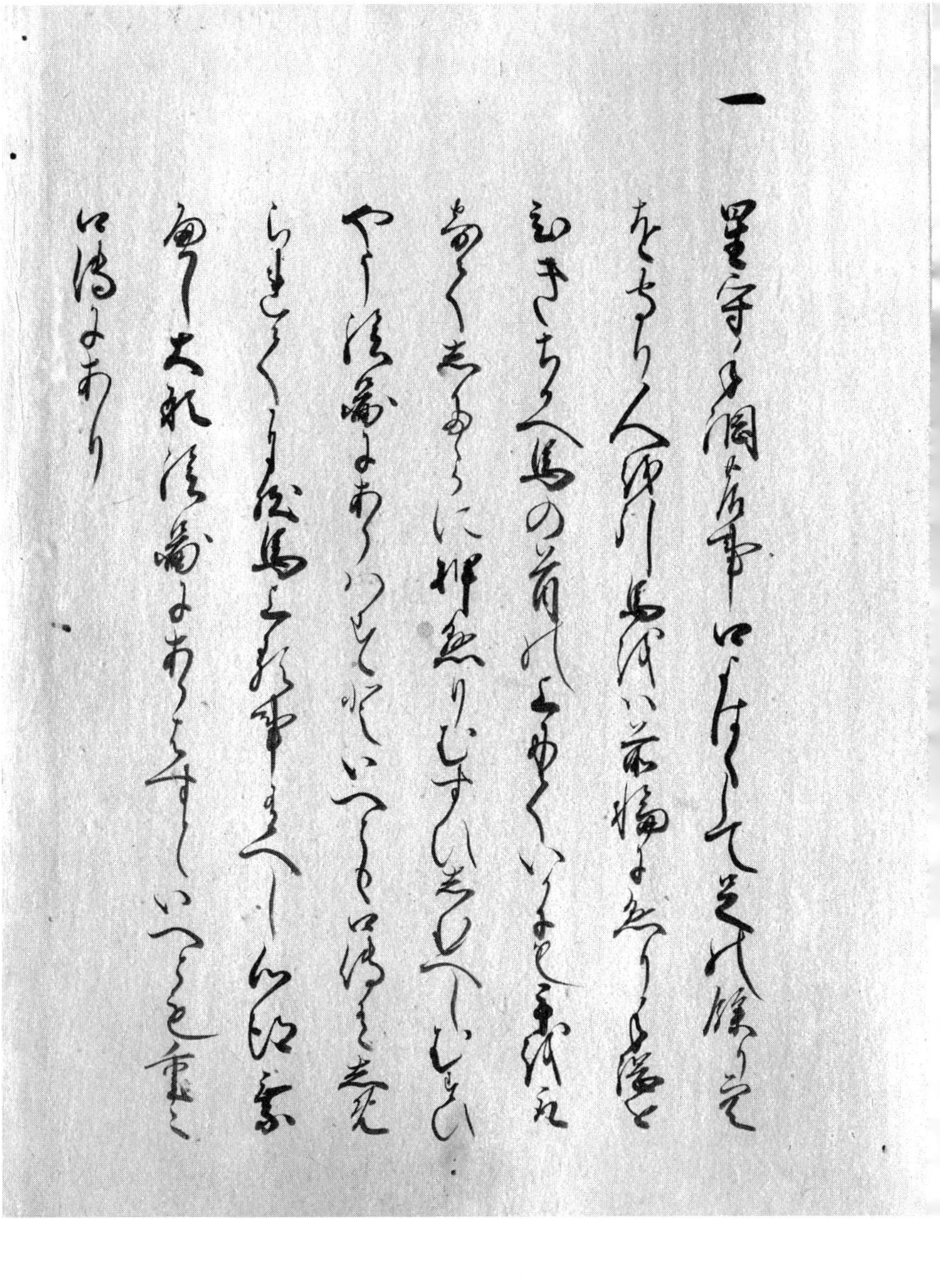

265　馬の書（裏）

一　庭之圖

大かた家作をせんとならは庭を定へし其はゝい
地形を能ならし小石をのけて芝草に植
させ鳥とまらぬ芝草に植置いはゝくに
置て大きに家をたてゝ後にいかにもせはい
所に家をたてゝかこいはたてゝ後は黒塀
のはた一円へ植まはし家のあと松にて打
を植籠にして角を立て角を取て幾ぼく小
あゝめの芝を結ひて之を植へし

出
出

一　はしられかく流て家かさし給ふれは

芝等ハくらゑもは馬よりく　車

結篇のく角にく誘ふいうゆかさは

そての形へ〳〵出稚ハくらありのふ

〳〵きしよう也

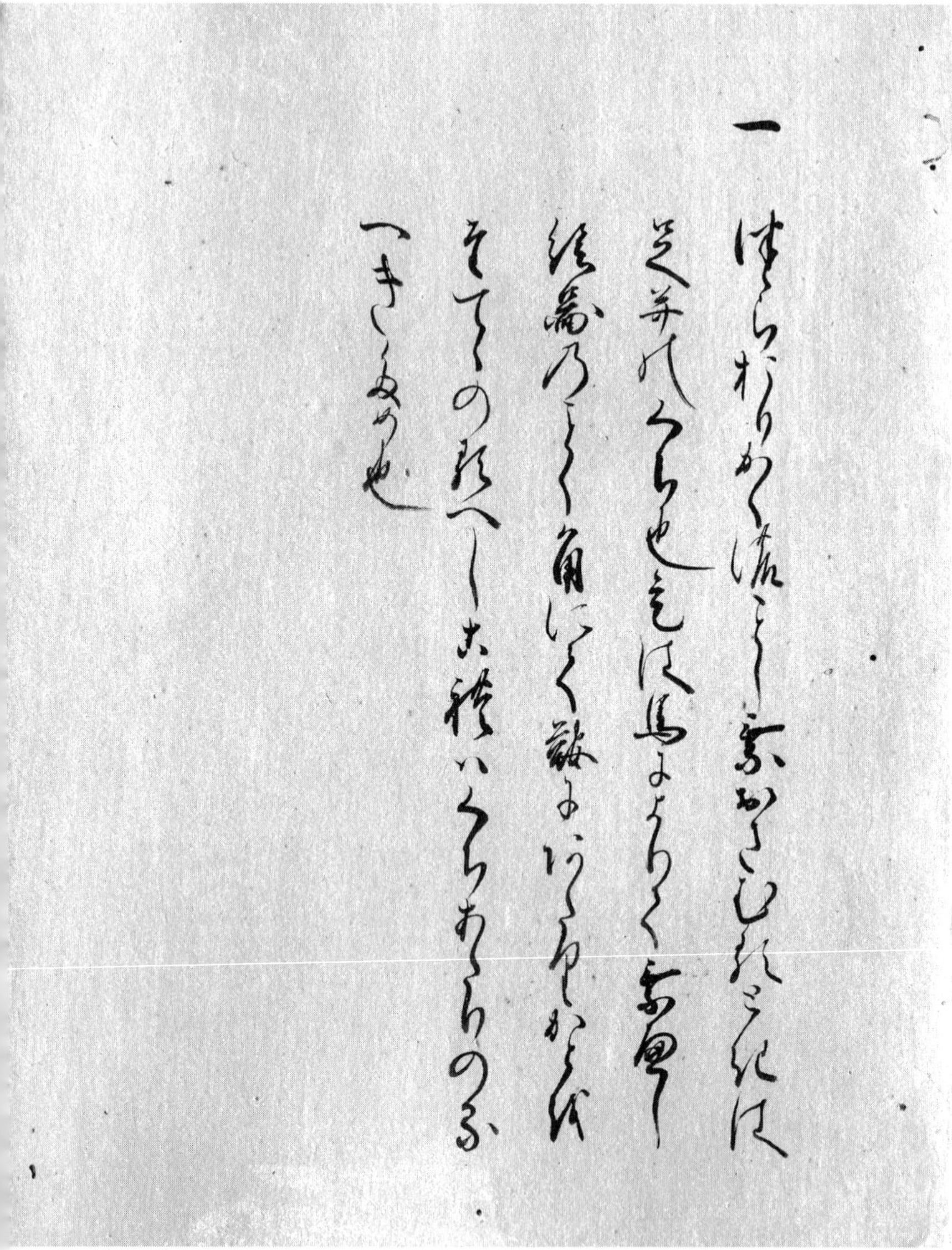

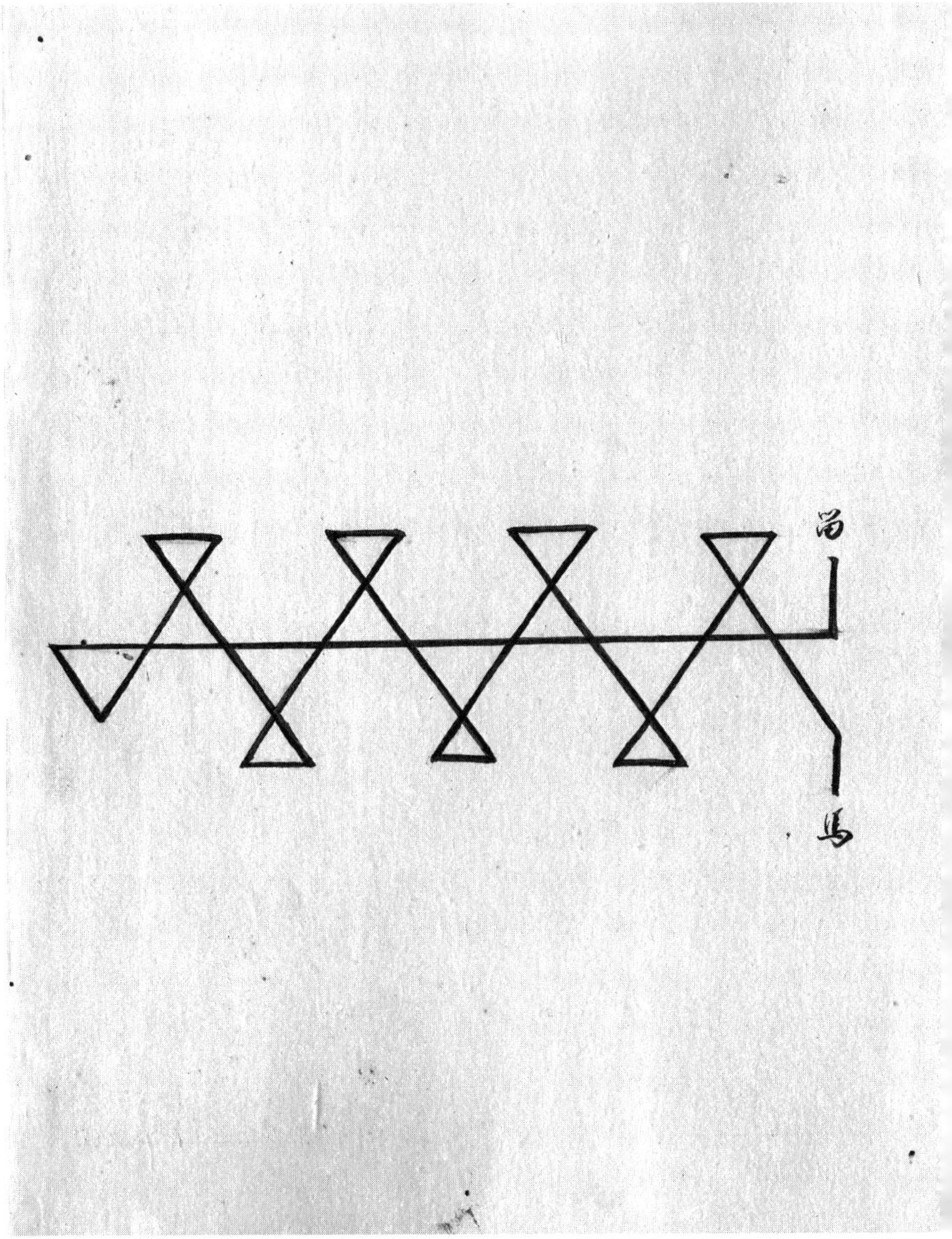
馬

一　是にかまへ候而左足を出し其後

是にて取を出し太刀を二方へ二度つゝ打之

うけあはゝ左足をふみ開而也さ候て

太刀を以て敵の左右ともに下打也是も

足拍子ふみ打かし候而之浅留乃ごとく

身体立てくの移へし

271　馬の書（裏）

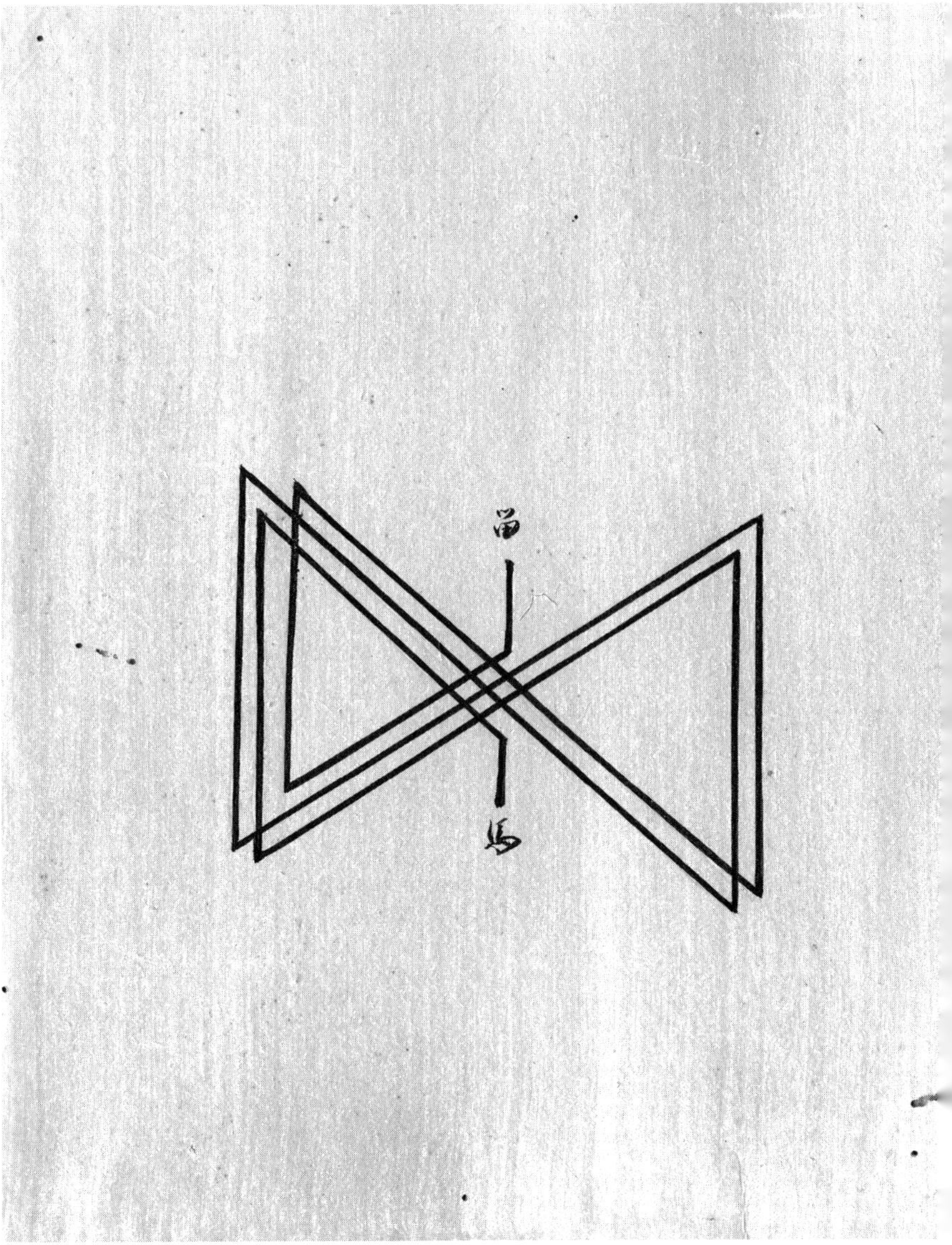

一

かつしきくりはこの條毛也　大すた紀馬綾

まきおつく後おけおりたる美那もに家　一

これおりかくめくかくのこく共ゑかく

すゑしても何色しりも紙共てとこる様ん

なしきじつきし也

馬

一

一あきされバひぐらしの月れくらら今日も
一ゑハ祝きのうれ家へまミ言やき
あ〴に家へ〳月一方れくら庭をんそゆ
たり顔れ中やよそ〳くと言くて折
れのをしにあ〳ハ雪れ〳をしいわそ友
左〳へあら〳〳く見まへ〳し

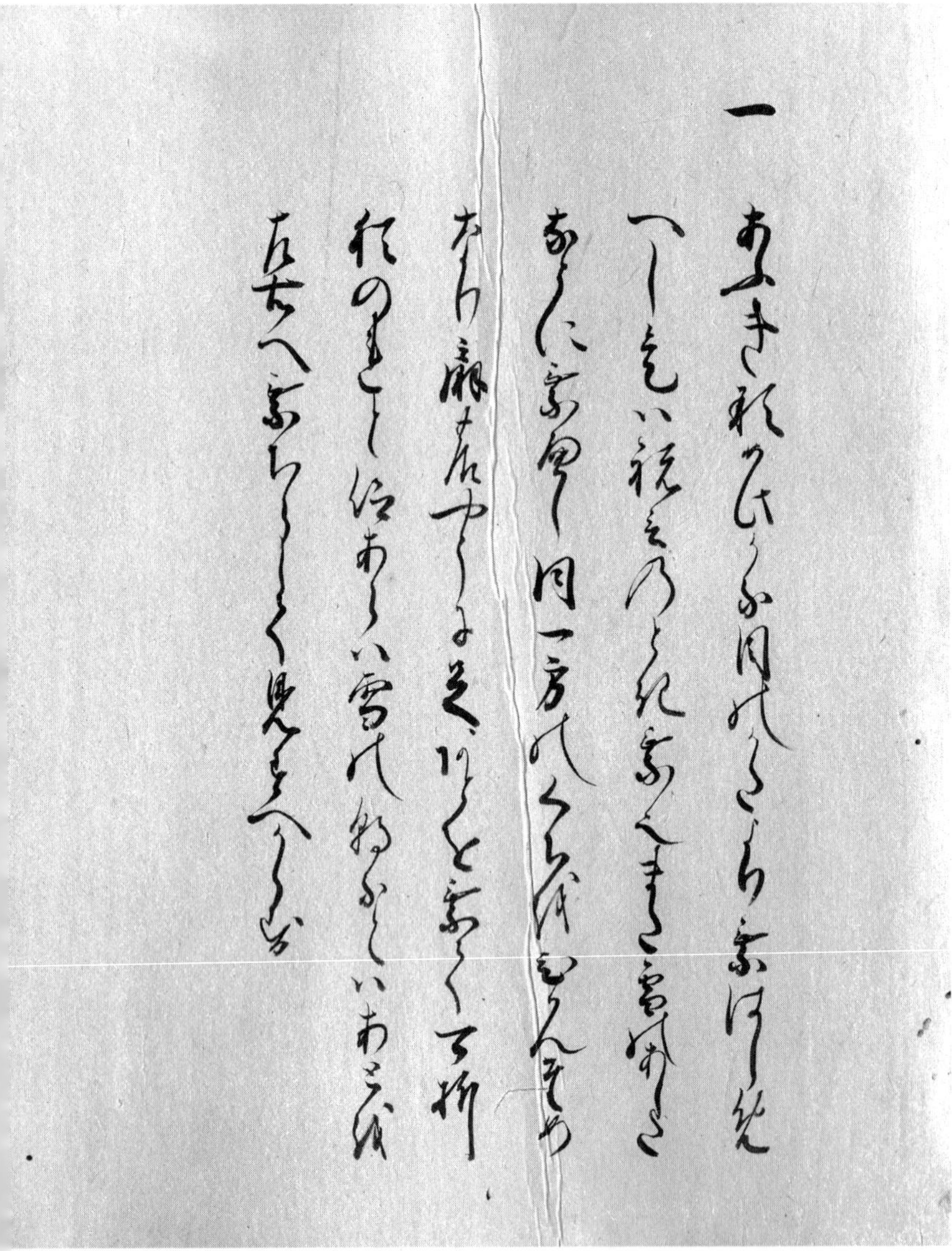

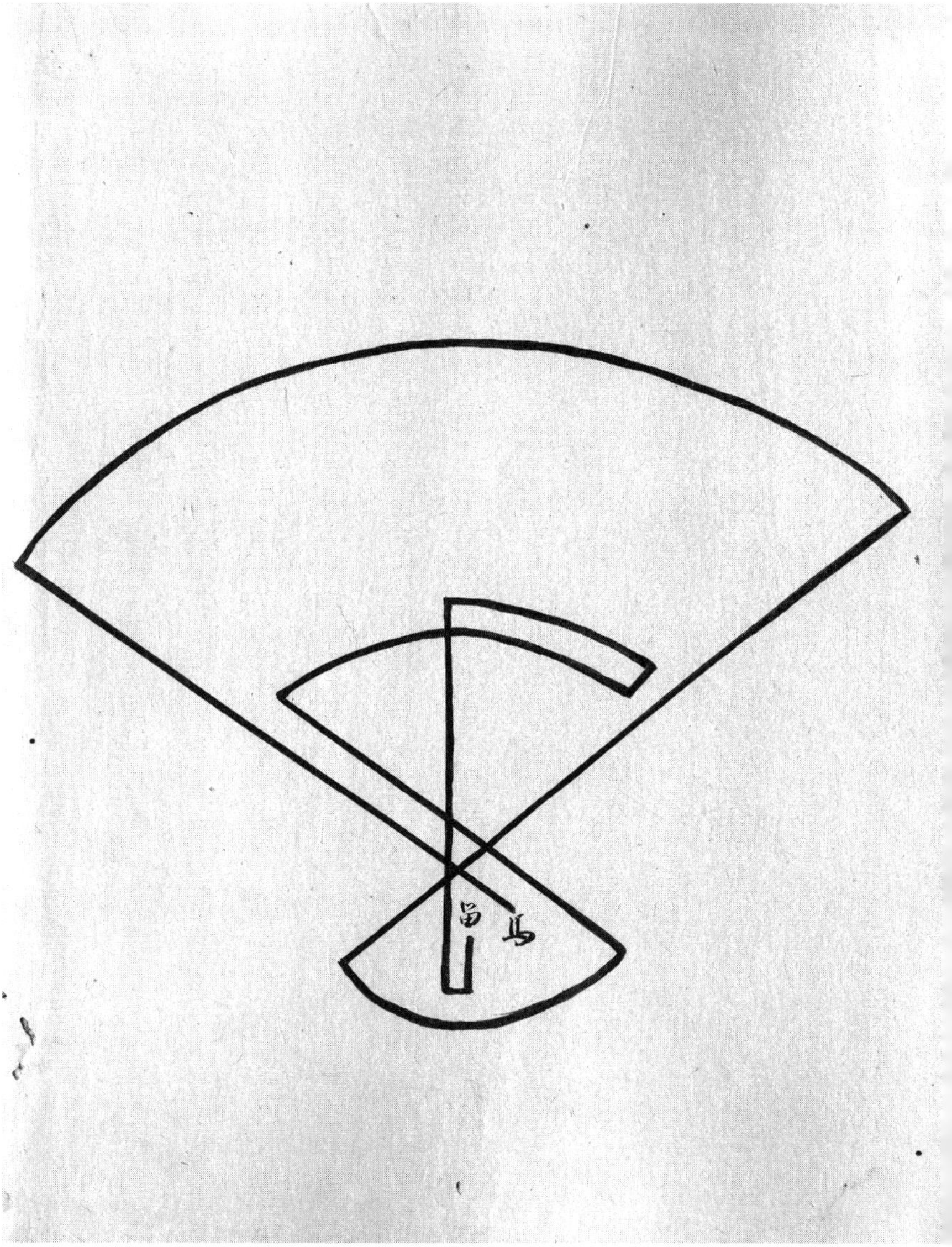

一

圍碁ハ近く盛しく家て稽古ゆくわ

此書ハ是を軍陣になそらへて盛之

左伐のましく作あらハ圍碁伐のちも

けしと見侍へりしと

277　馬の書（裏）

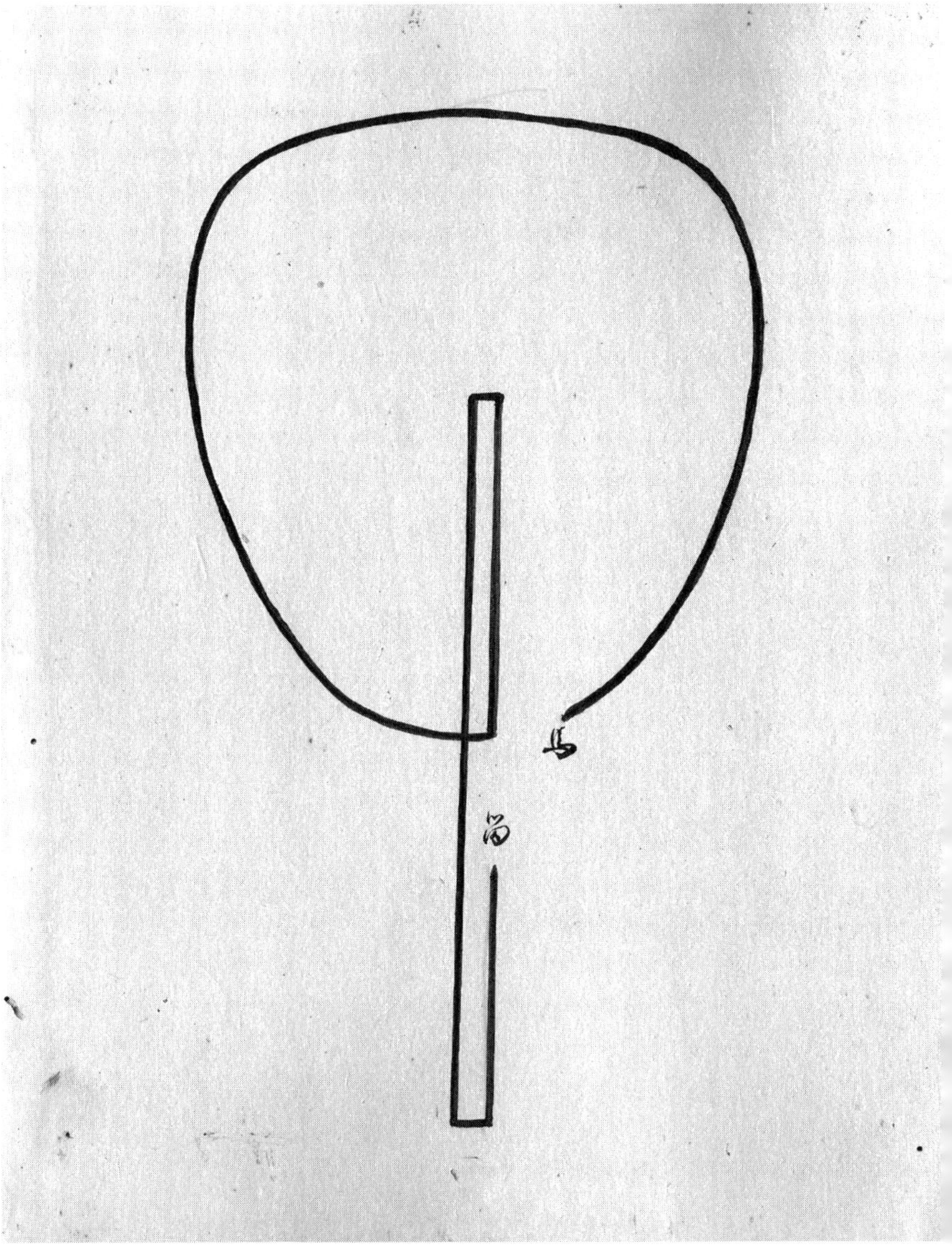

一

千鳥かけの次第あまた候へとも口伝し候
るはた様くきむしれハ鳥おちかく泥つると
川をみすハ鷺にいおとりく鷺のこゝろあまた候
そはつるひきえ足むく川かよひ候西御座
おもくすく川ハ岩のかくしてハおのれまに
よけく流ときし

留

279　馬の書（裏）

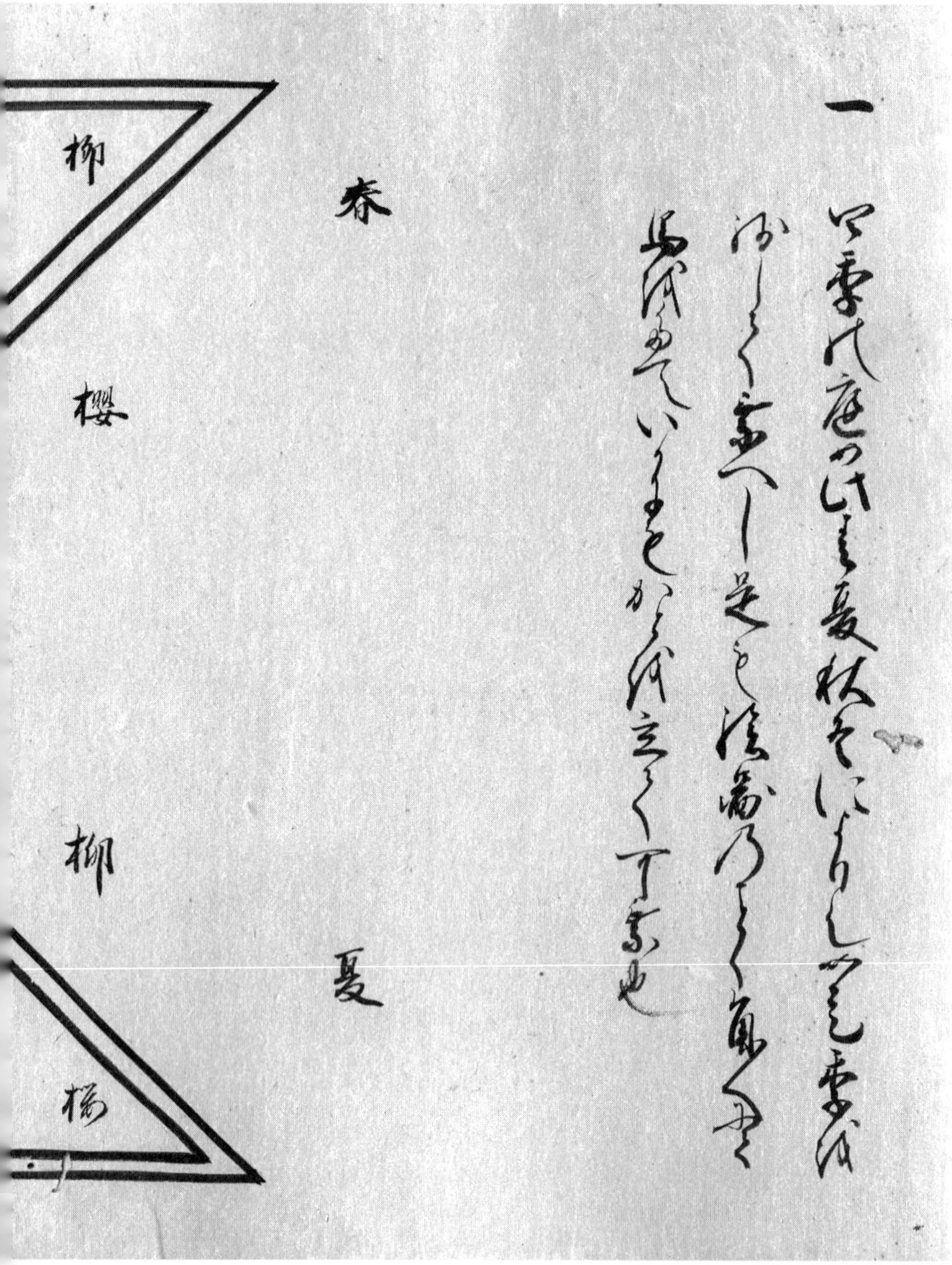
柳
春
櫻
柳
夏
桜

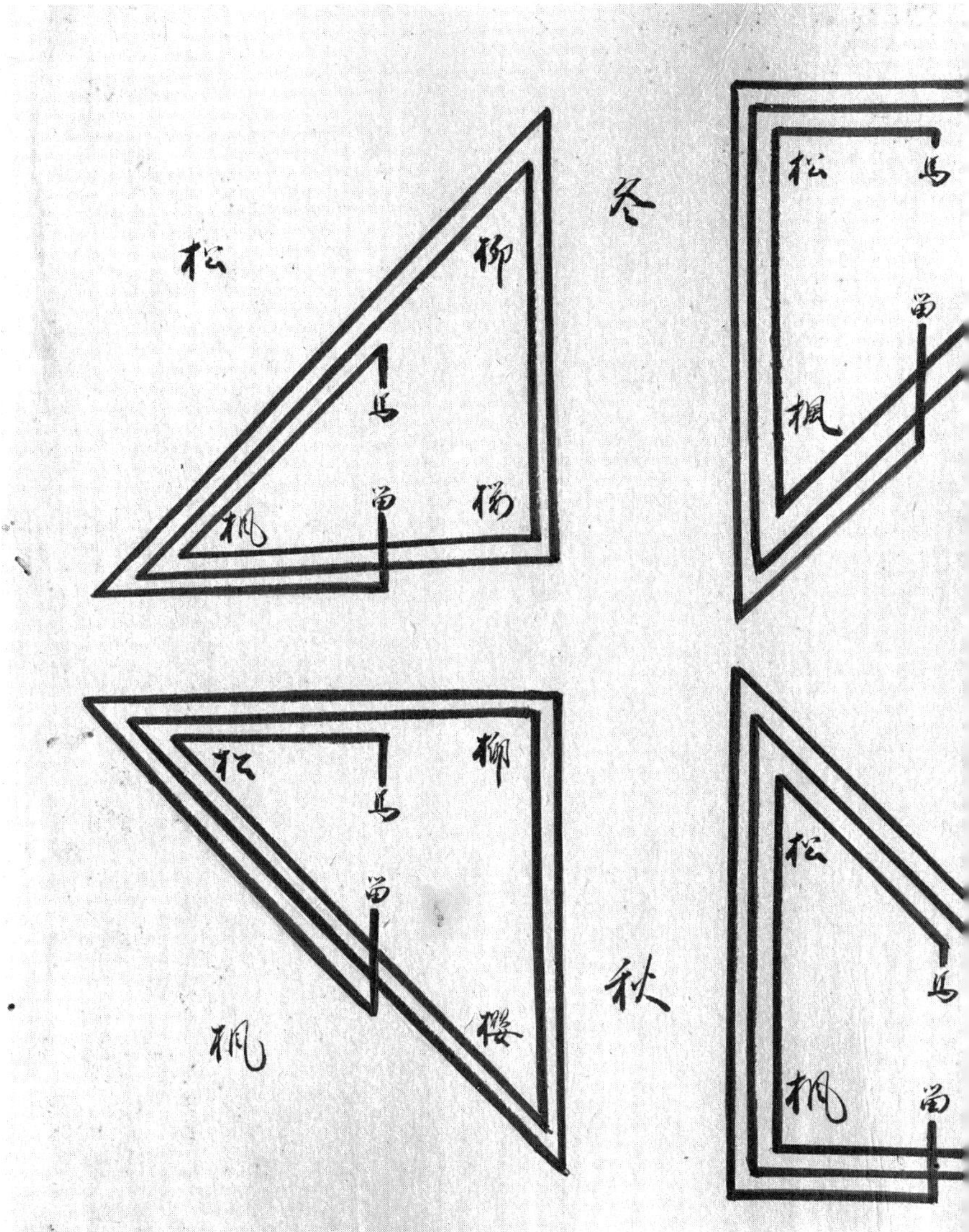
冬
秋
松
柳
馬
笛
楓
桜

一
はやの庭ハ時代きゝハ次第にのおへし
御茶室餝の庭也　同はしらめくり二本
柳しやくしんあり

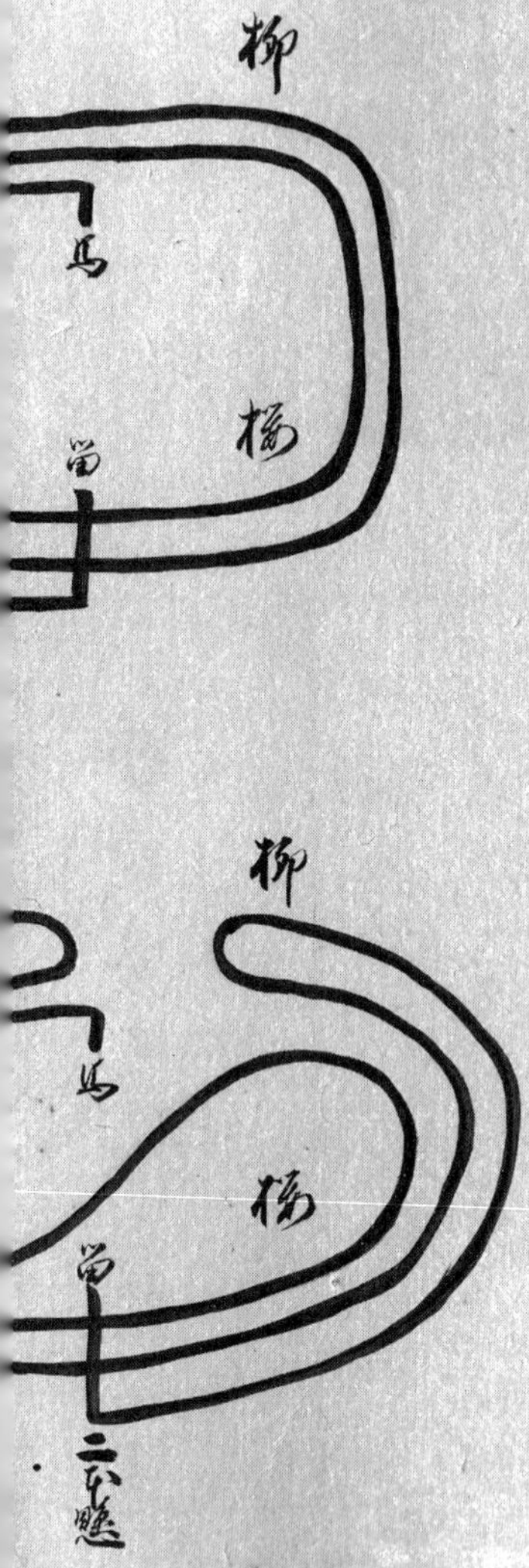

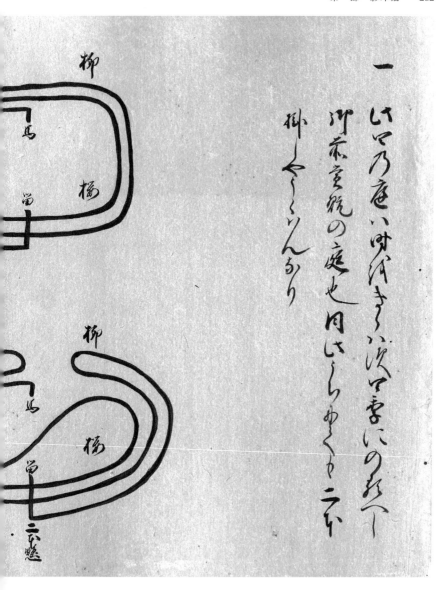

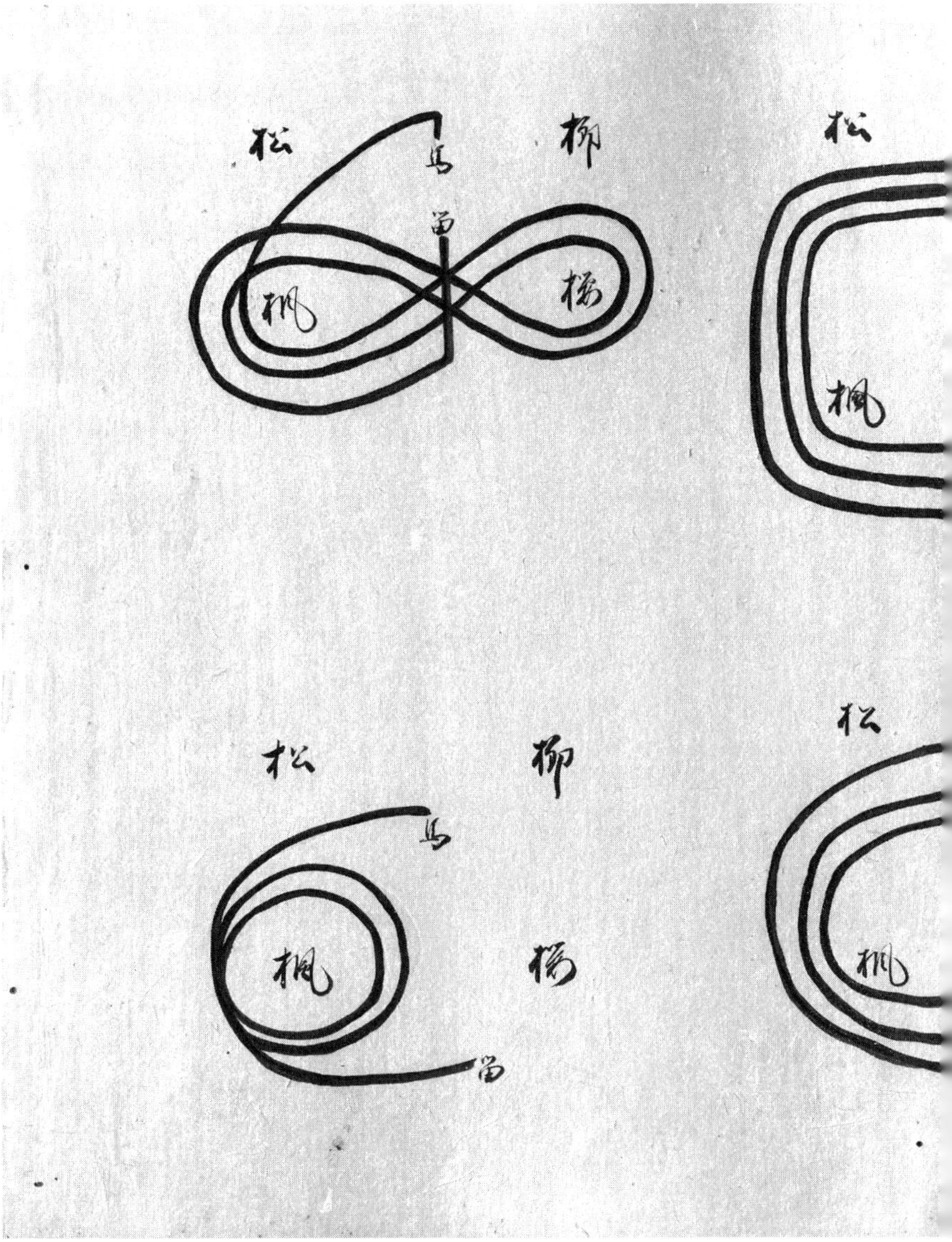
松
柳
松
馬
留
楓
桜
楓
松
柳
松
馬
楓
桜
楓
留

一　あるハ居所家包まし庭なり

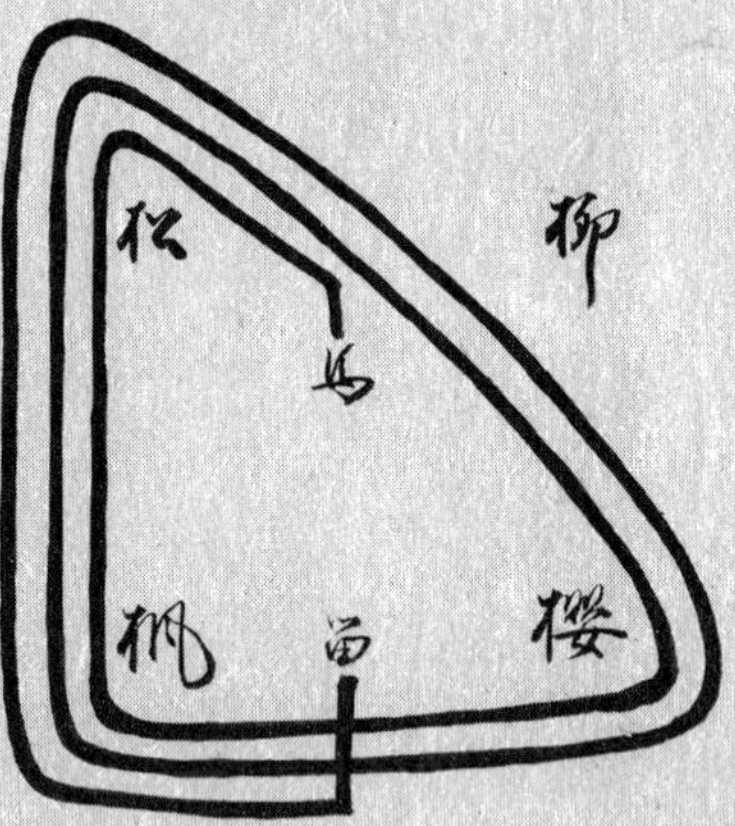

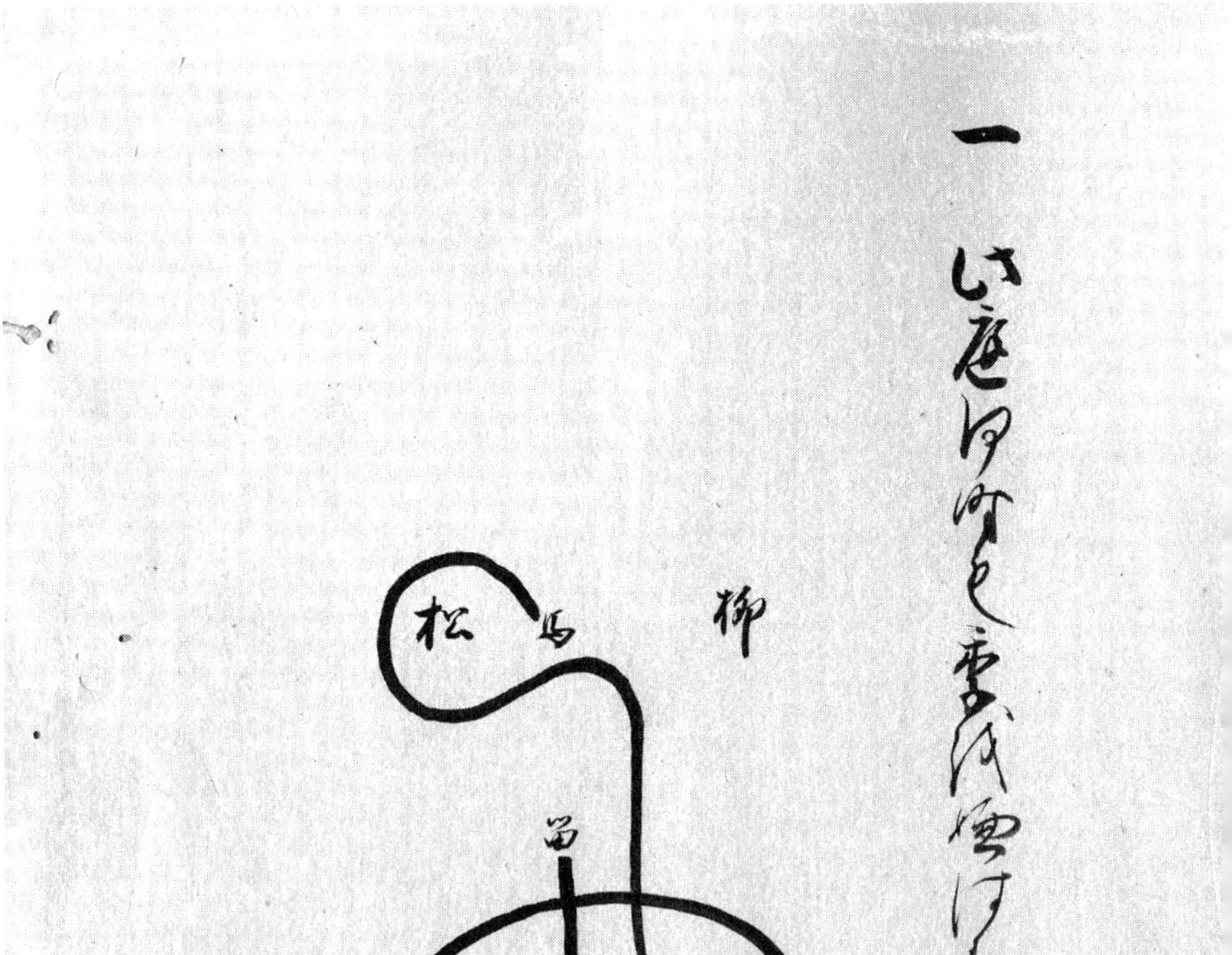
松
馬
柳

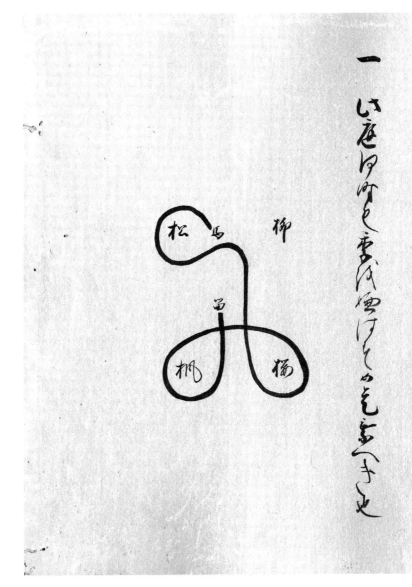

一　芝居両乃明家へきし庭也

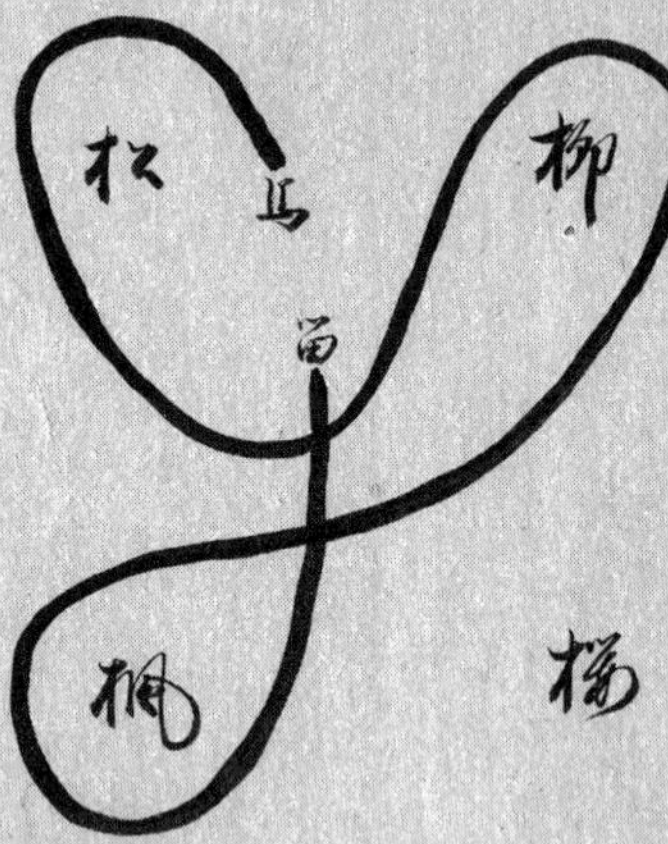

一 ゆきを居廷ゑへ口事にふくといゝ河と云

〈秀方庭也〉

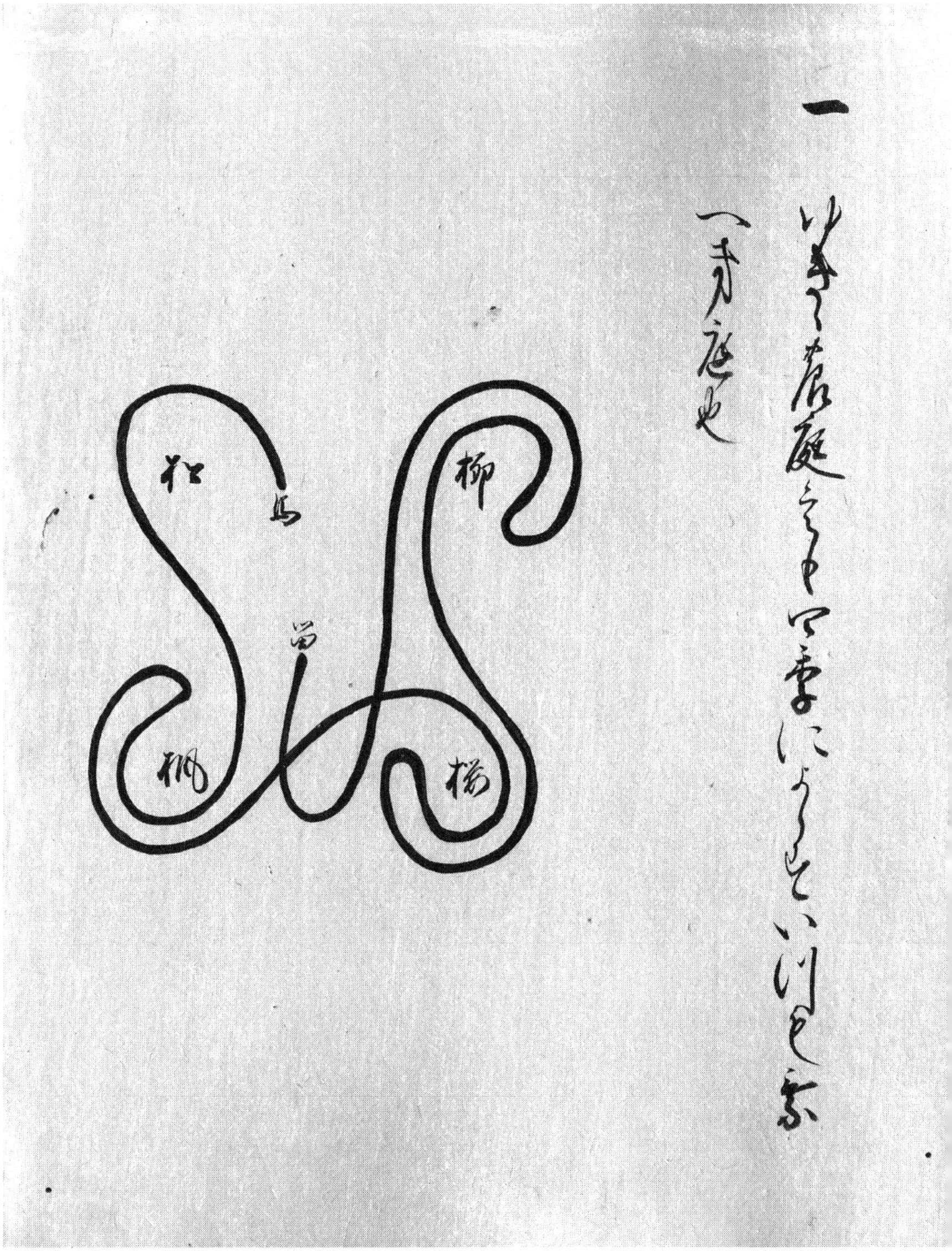

一　八本かゝりか様之庭之時も書へき也

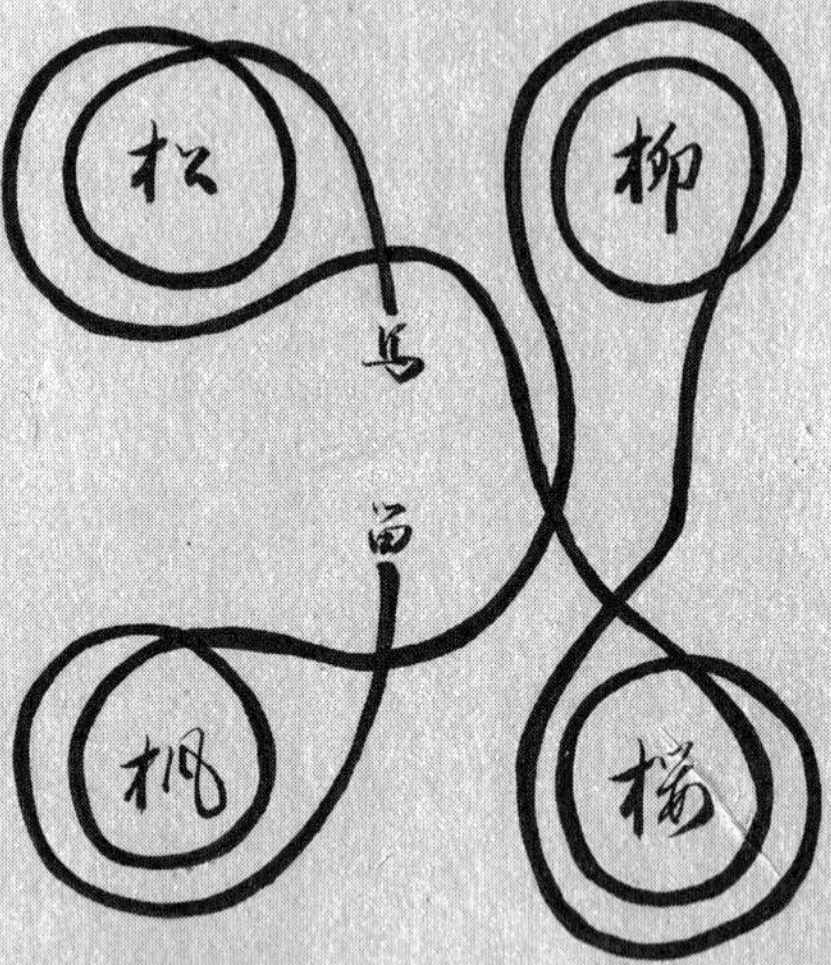

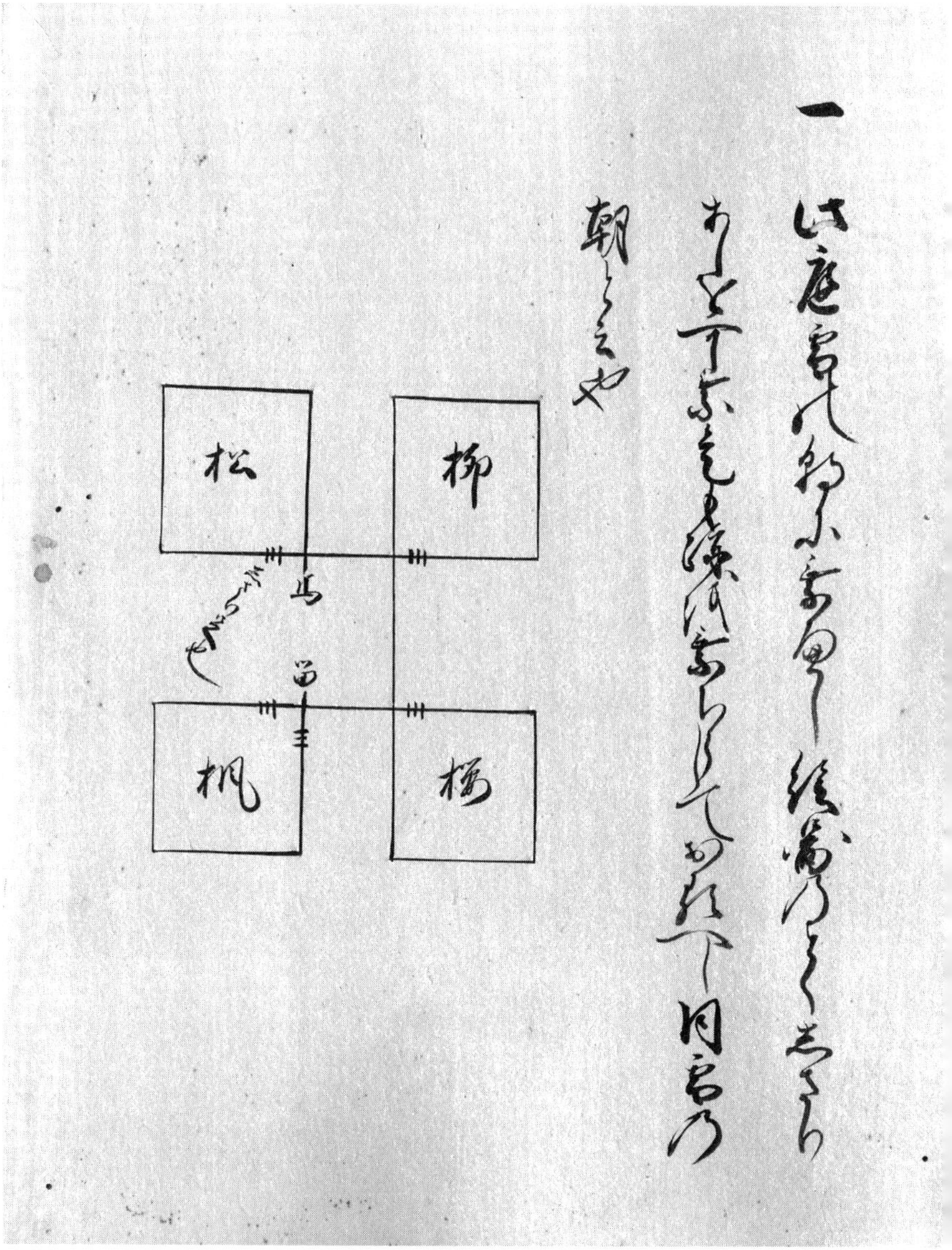
松
柳
楓
桜
馬

小庭之圖

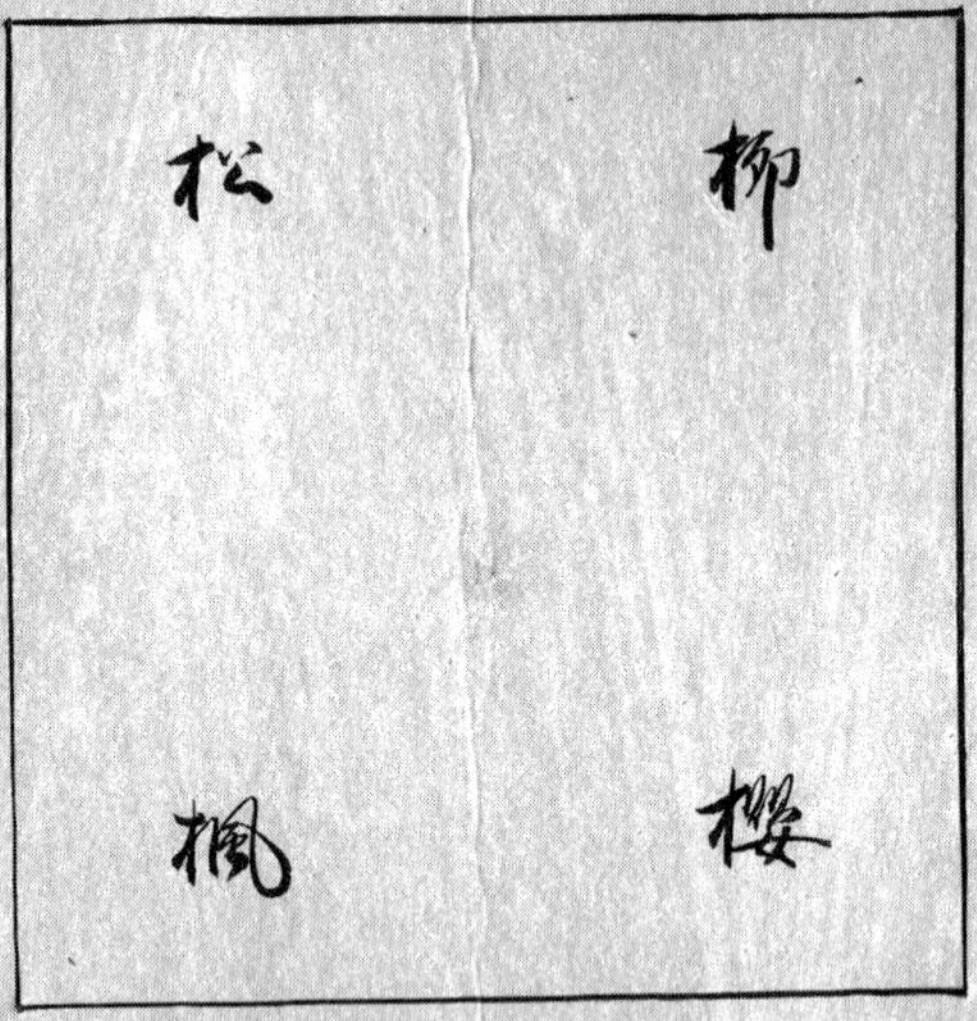

一　七寸ほ　　　　写歩也

一　野と本の間　二ッ歩也

一　末と本の間　二丈三尺八寸也

一　春ハ梅のゝ川とゝせ

一　夏ハ柳のゝ川とゝせ

一　秋ハ楓のゝ川とゝせ

一　冬ハ松のゝ川とゝせ

一　春過いろゝ淫と家しく七人中く小庭ハも候乃

　らいつく七寸半に立へせ

　本候との川す共菊雲行あり川とし心ふり

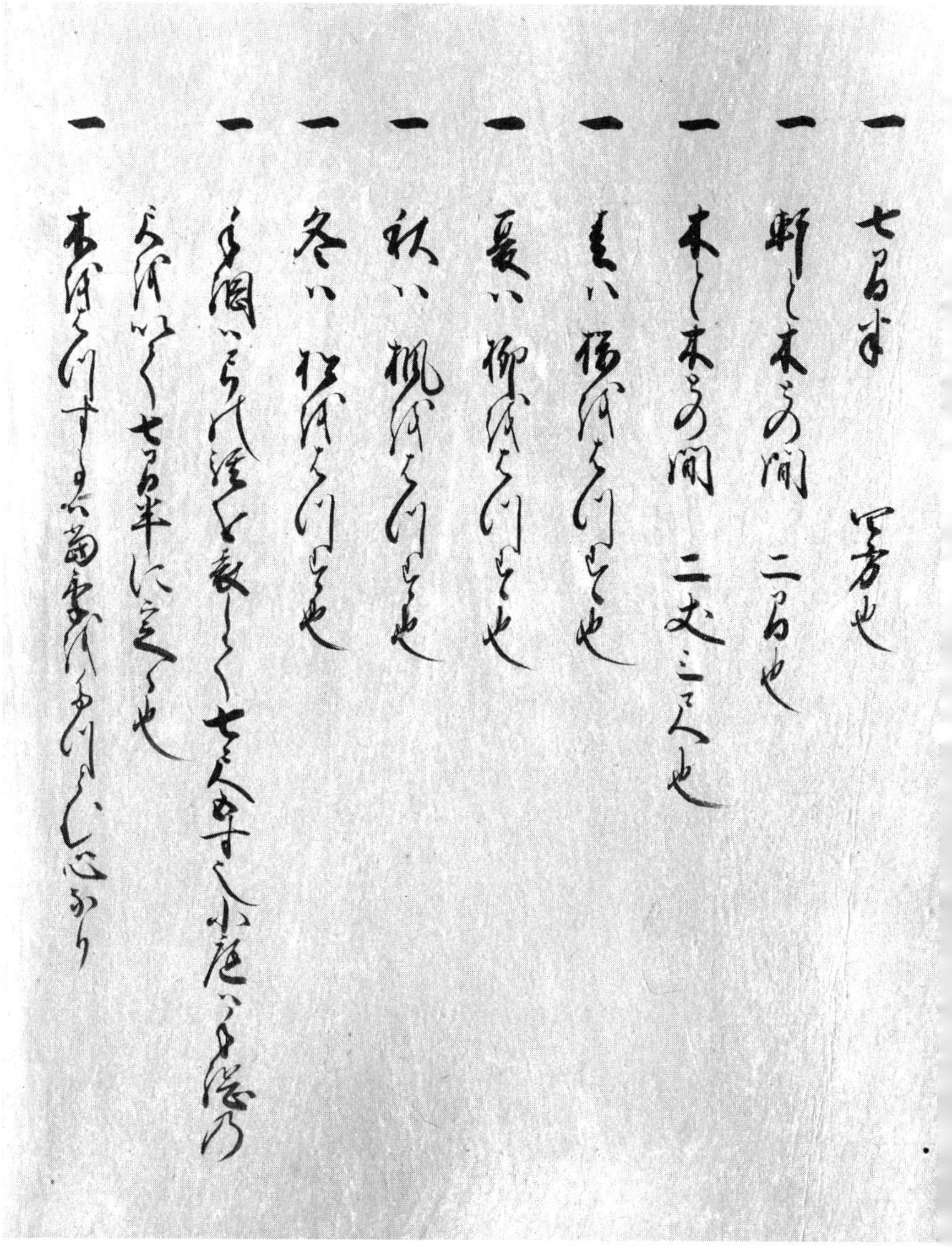

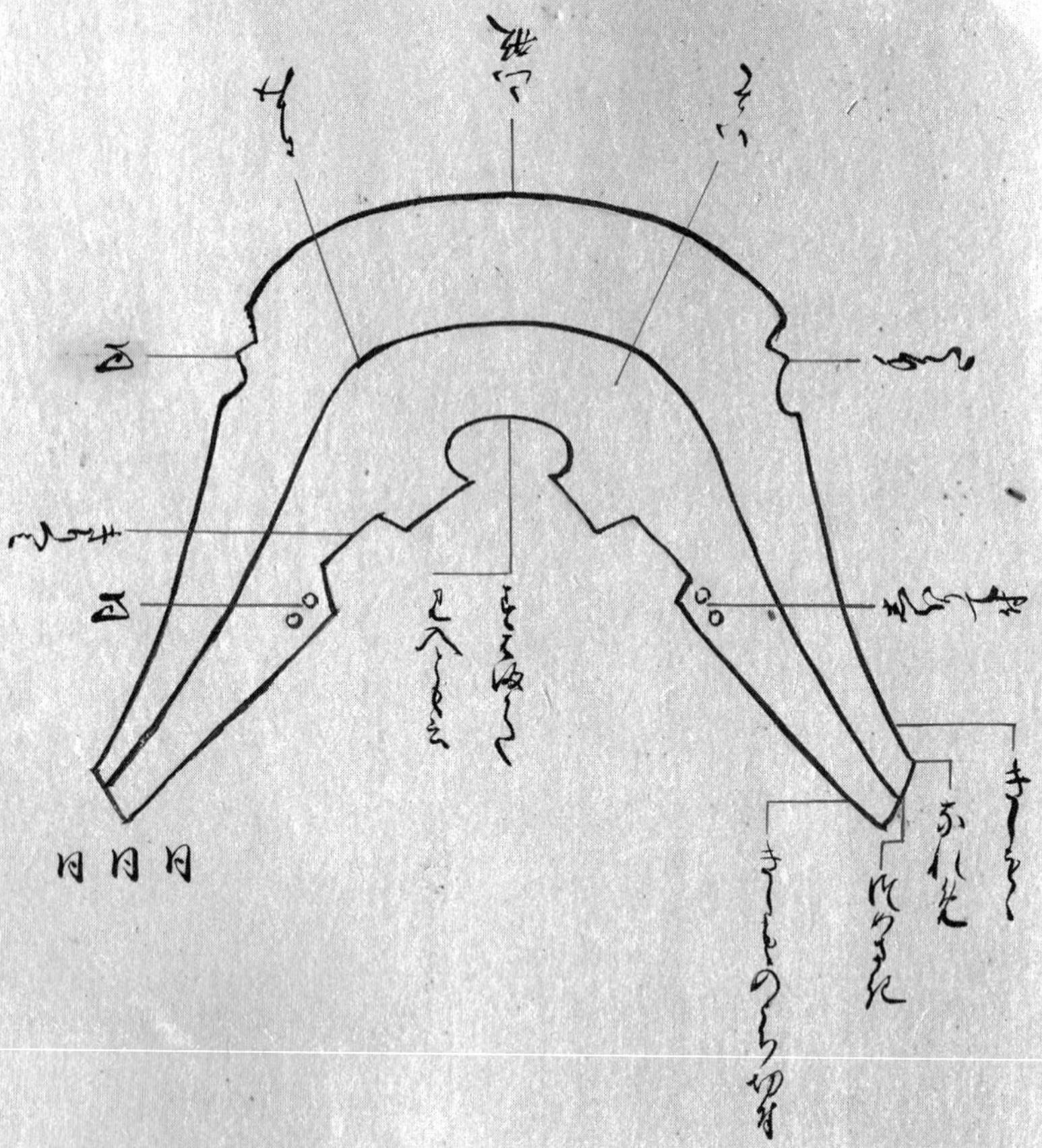

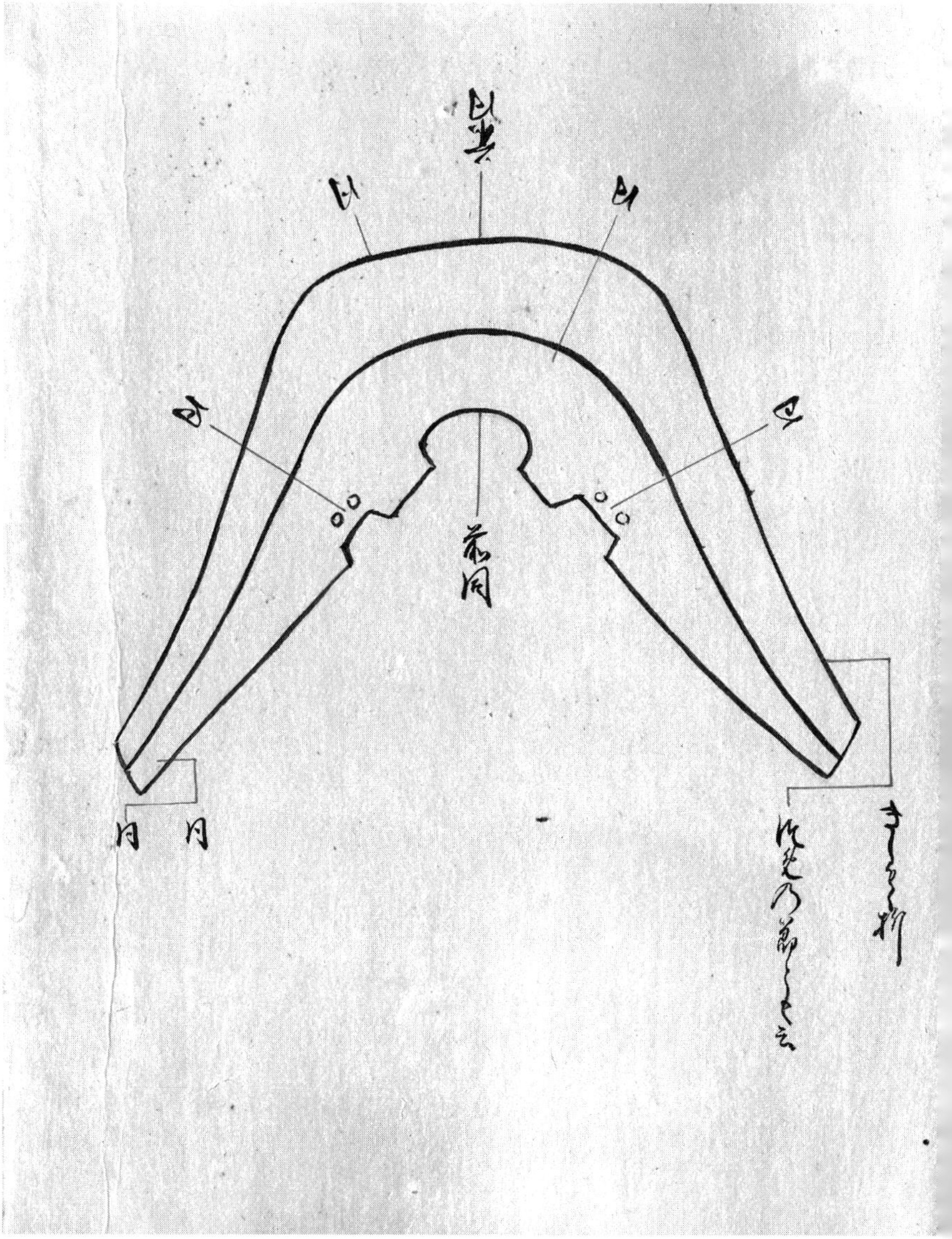

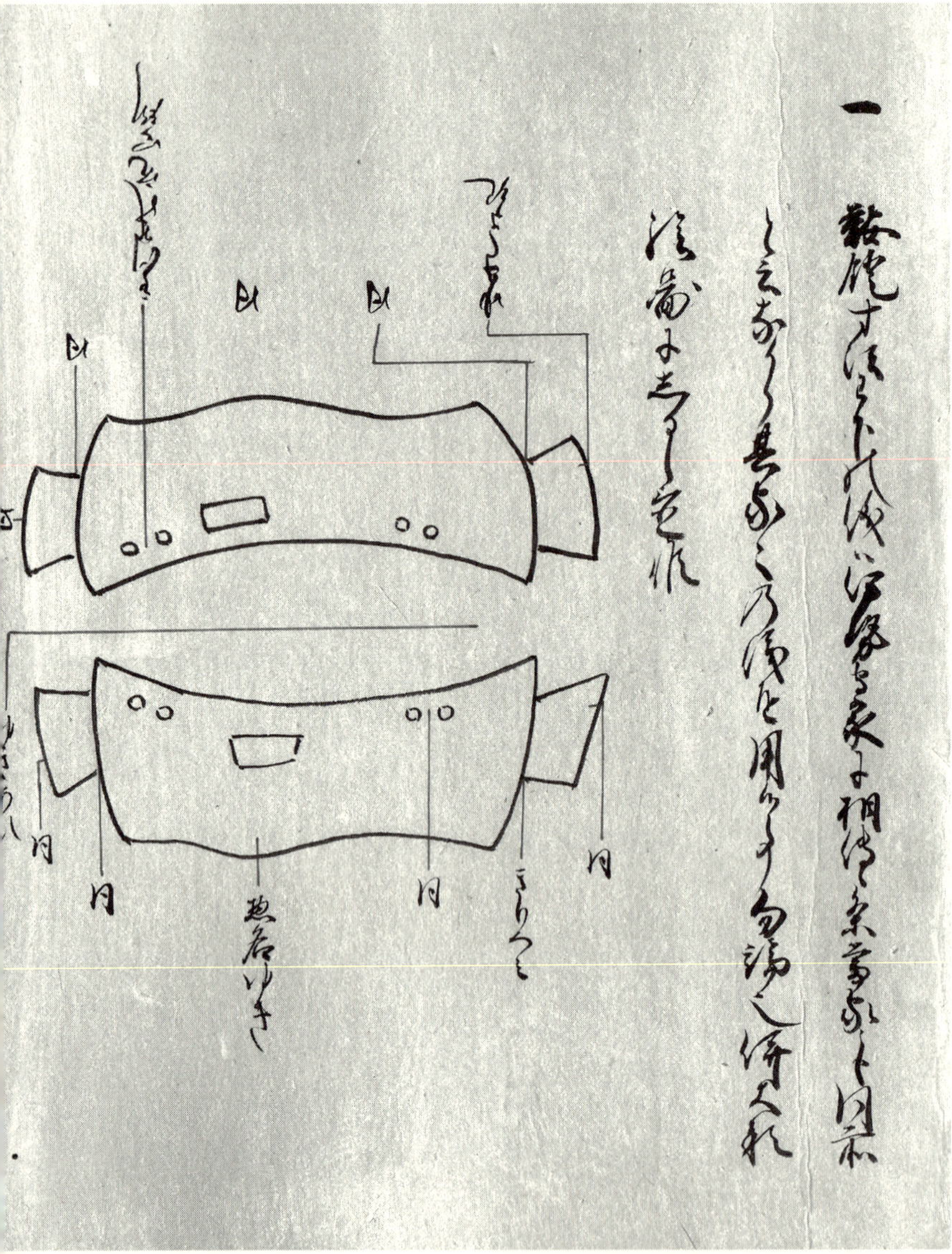

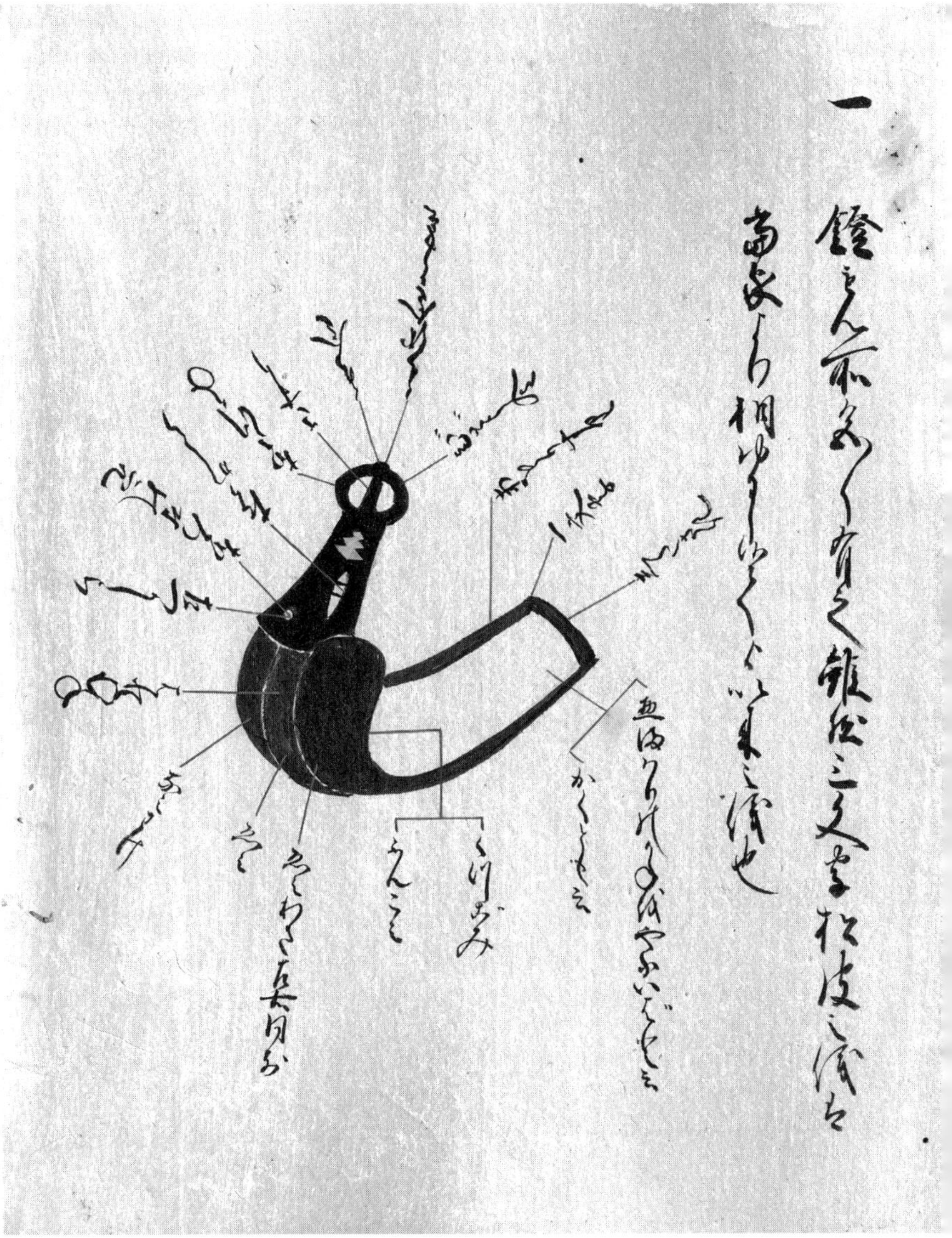

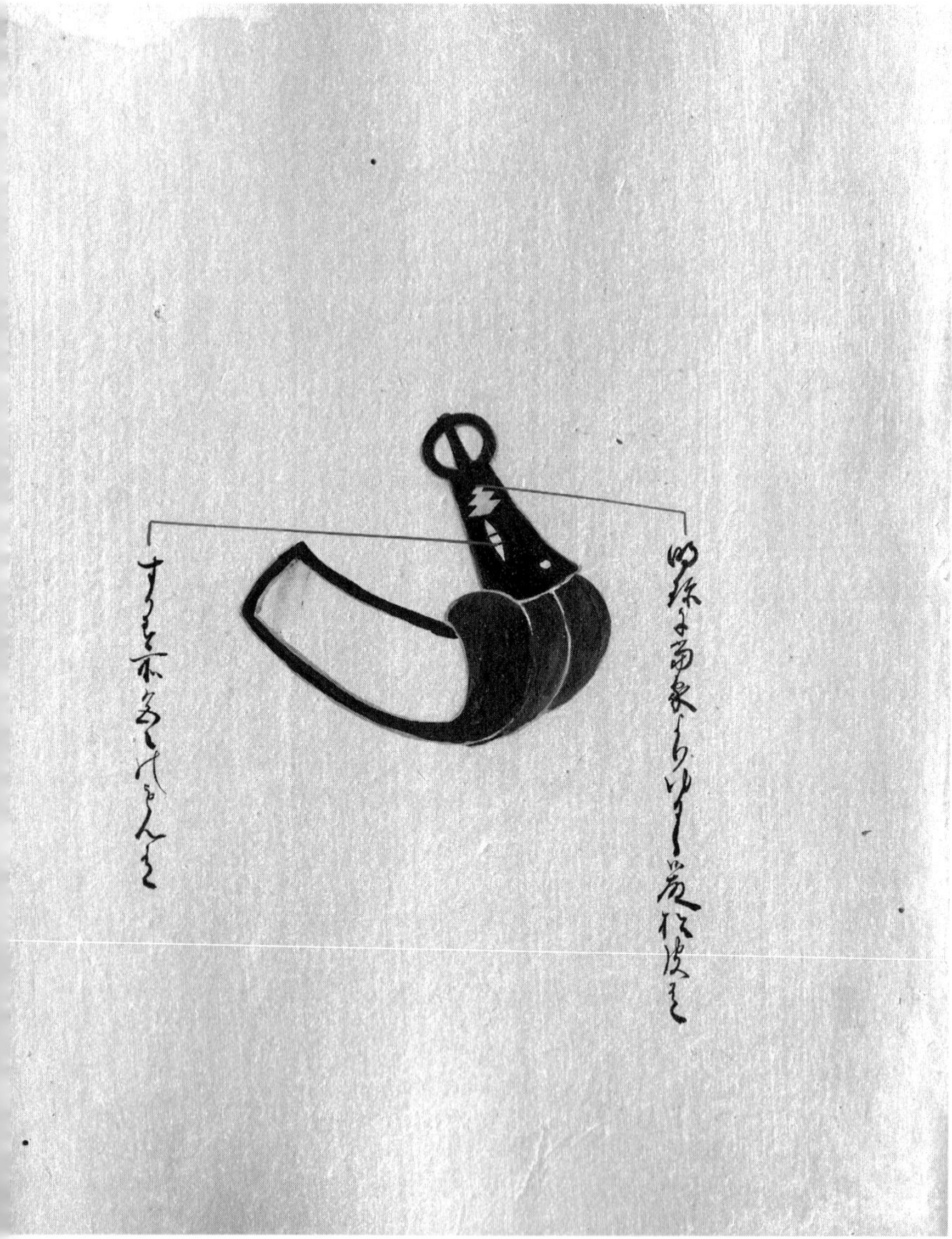

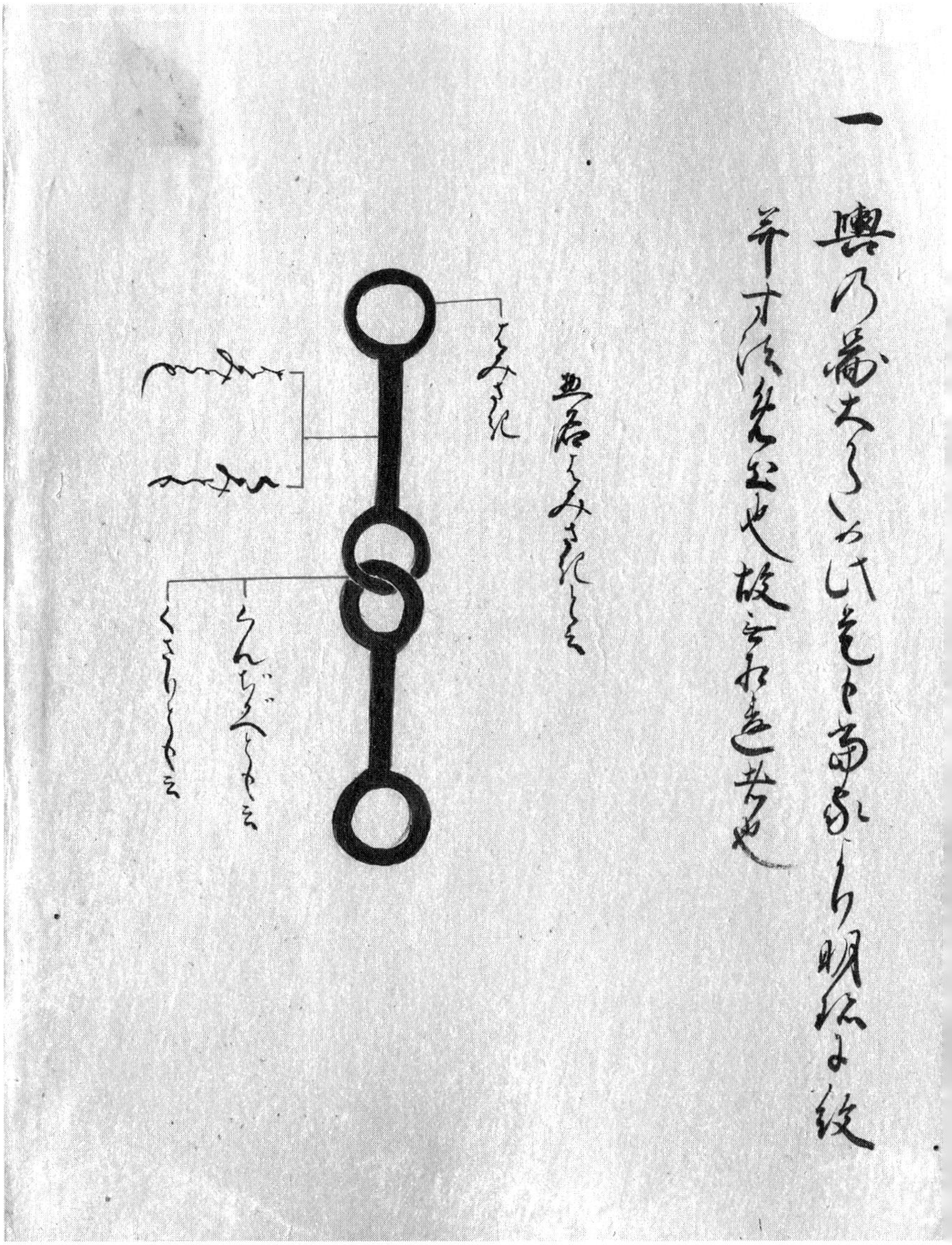

十文字

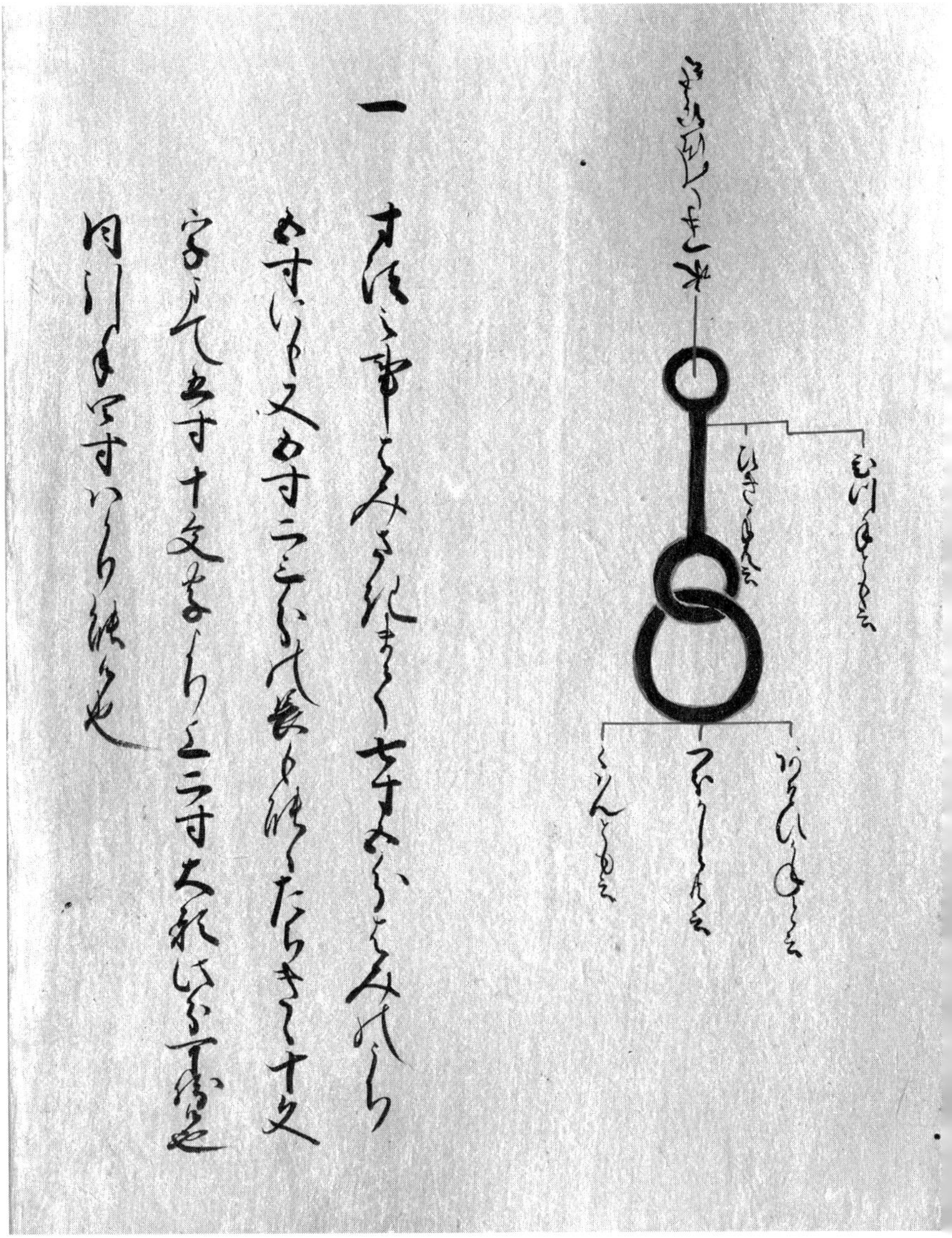

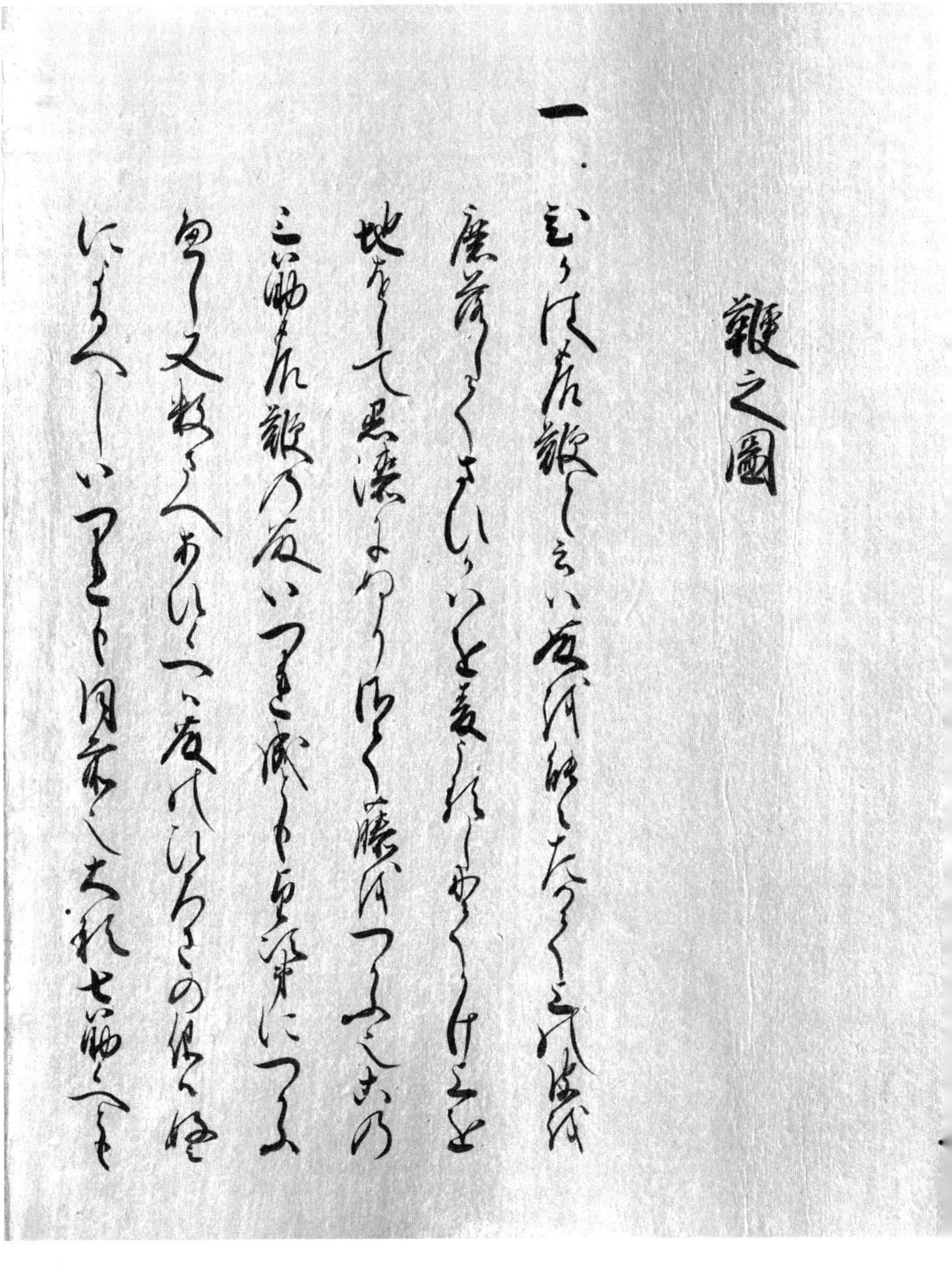

鞭之圖

横目ハ一天ノ難を用也　縁又ぶにハ三度紀
口伝在之
一 藤ハ引度度さハ難て遁く見徳相よ情よ
なるまつてひく頃ゆ九曜なと義也　難を何とも
思ふやうへし去申ちく仕候すは星も
同前之
一 簑衣ハ思草なと之文菖蒲皮も不苦中へ入
なと入へく経へくしゆへく流し指をけいくもすへく
先なまよし外中にもあちらゆも

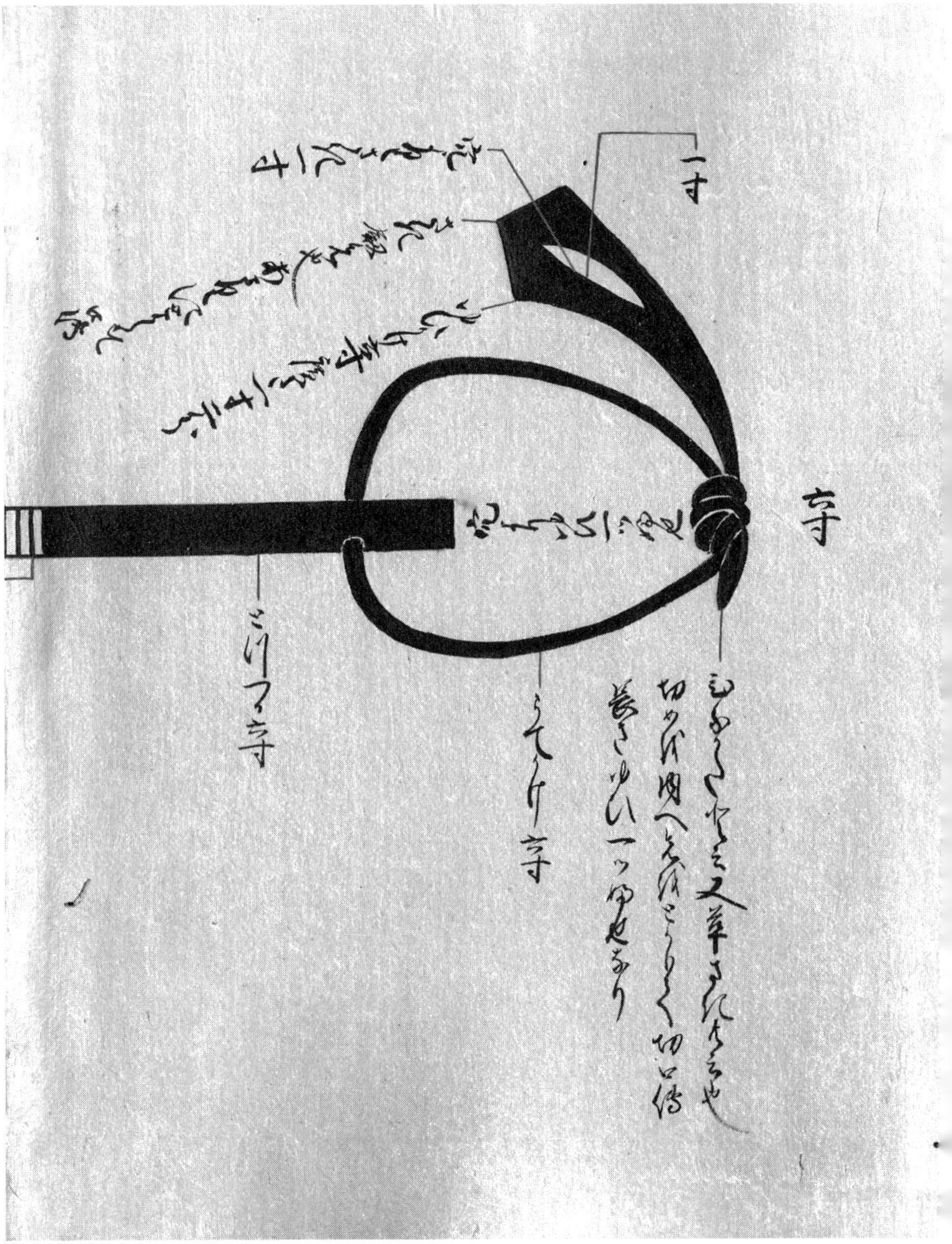

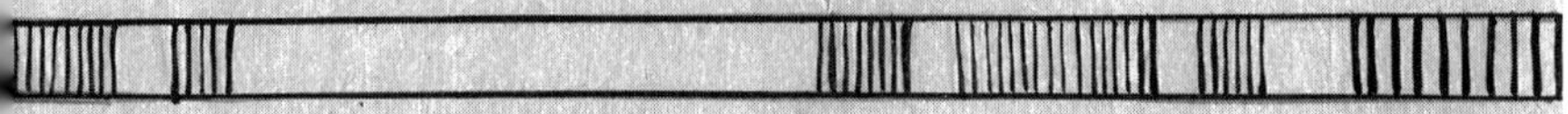

かしら皮二寸八分ほと皮よし
り皮ハらの皮子股すきく見
ゆくしもハ数の外也

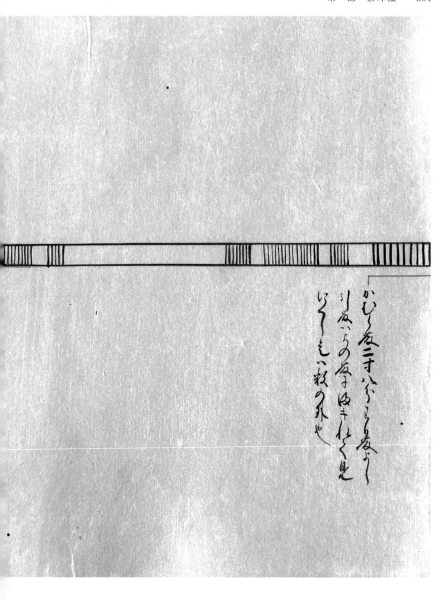

305　馬の書（裏）

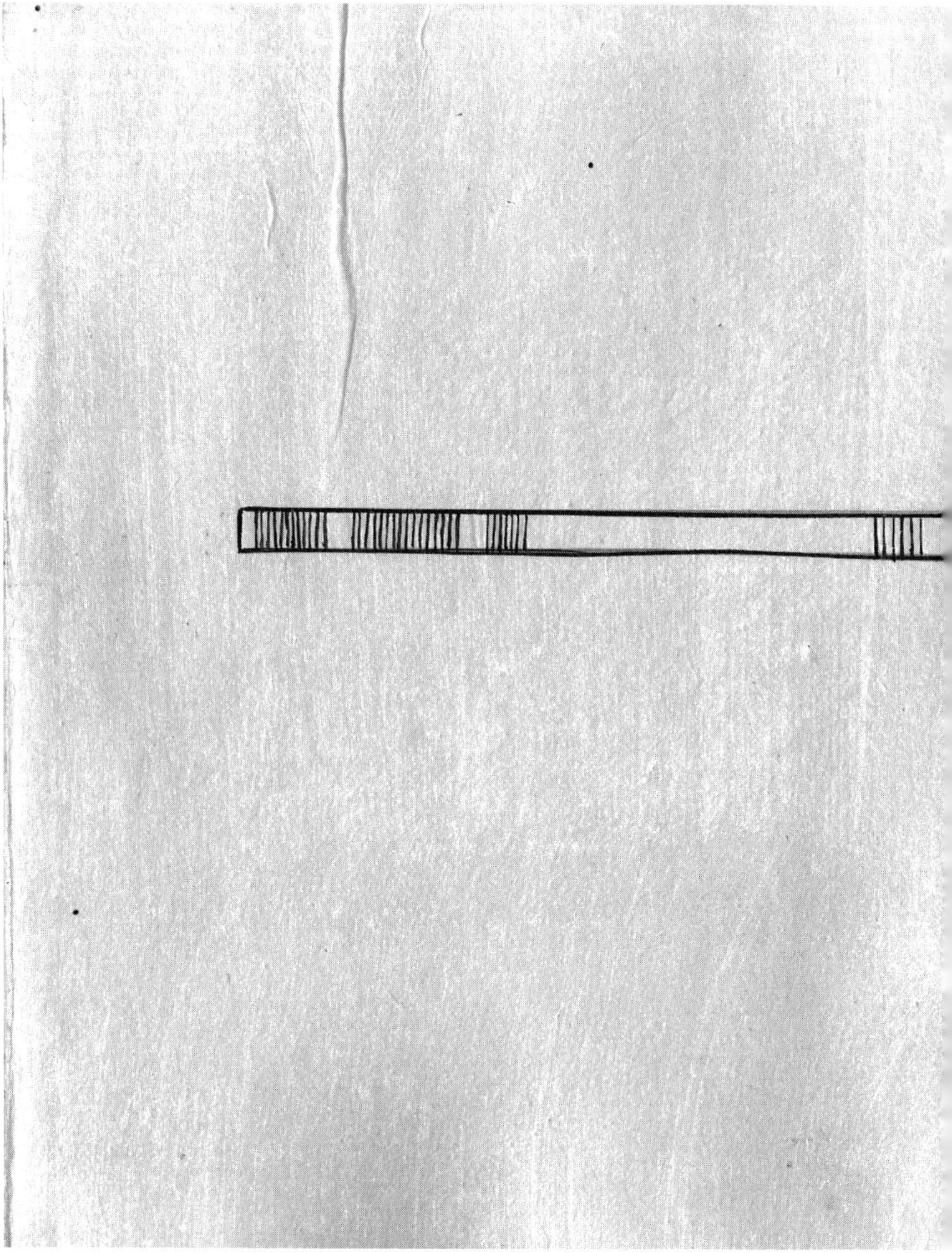

一 此鞁ハ平律へつ用也二条反の鞁をいふ平律
へも用也しまるハ折にふれ都返也小鞁馬
にも用也いつれも口伝也

一 十二調子に付ていくもいね様をしまるハ八部
等也付下用十二調之反十二律成就也

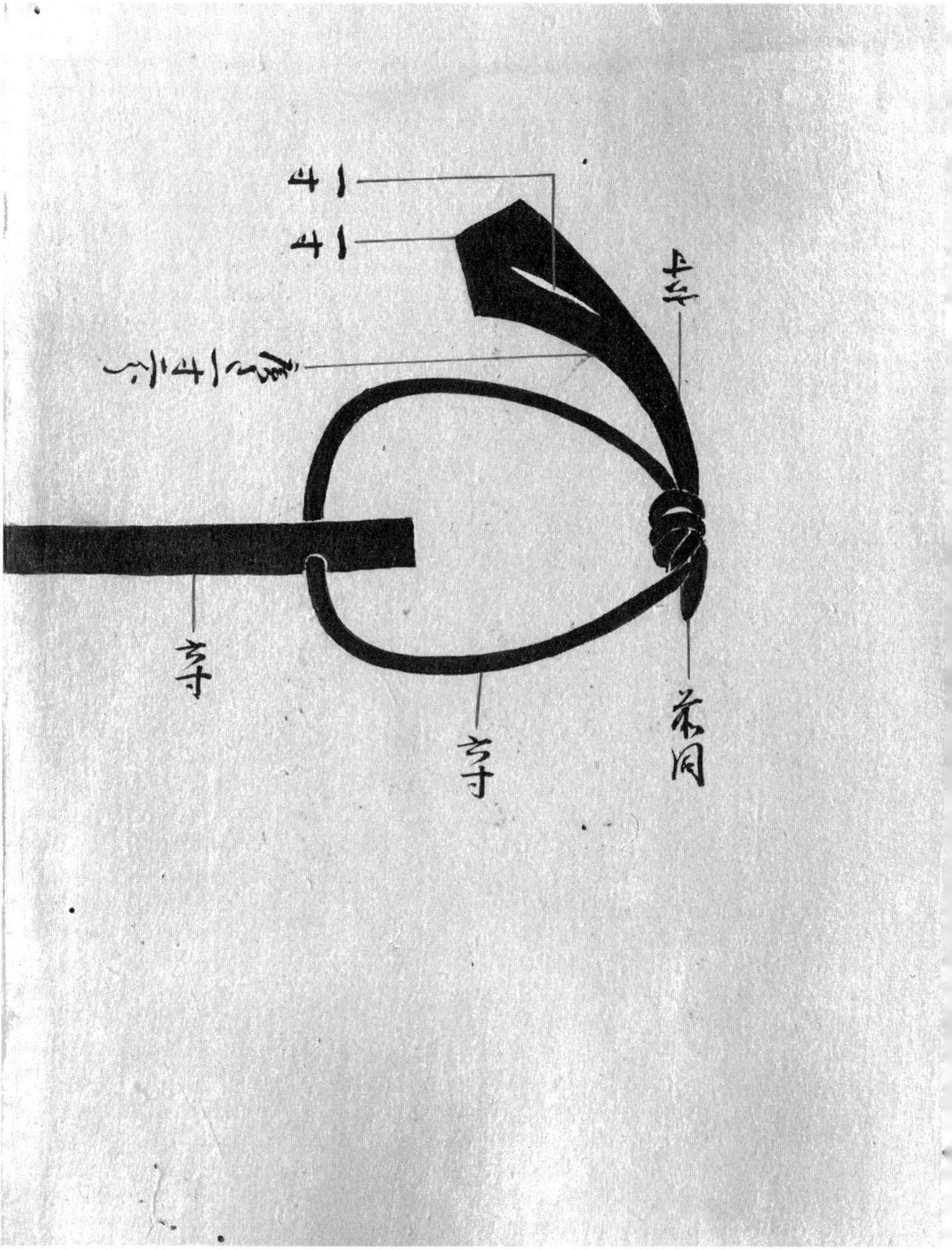

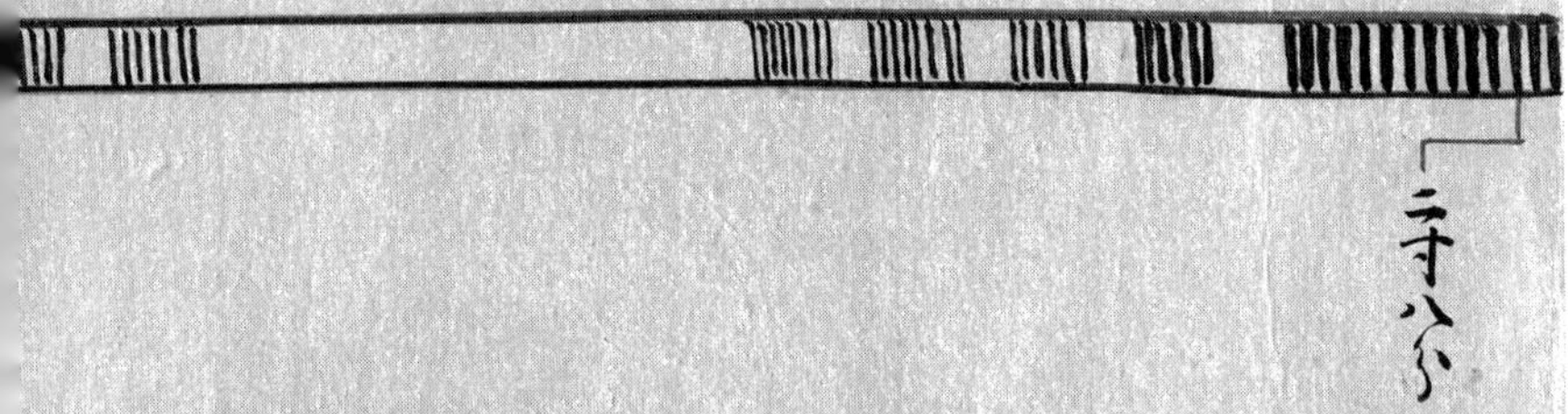
二寸八分

309　馬の書（裏）

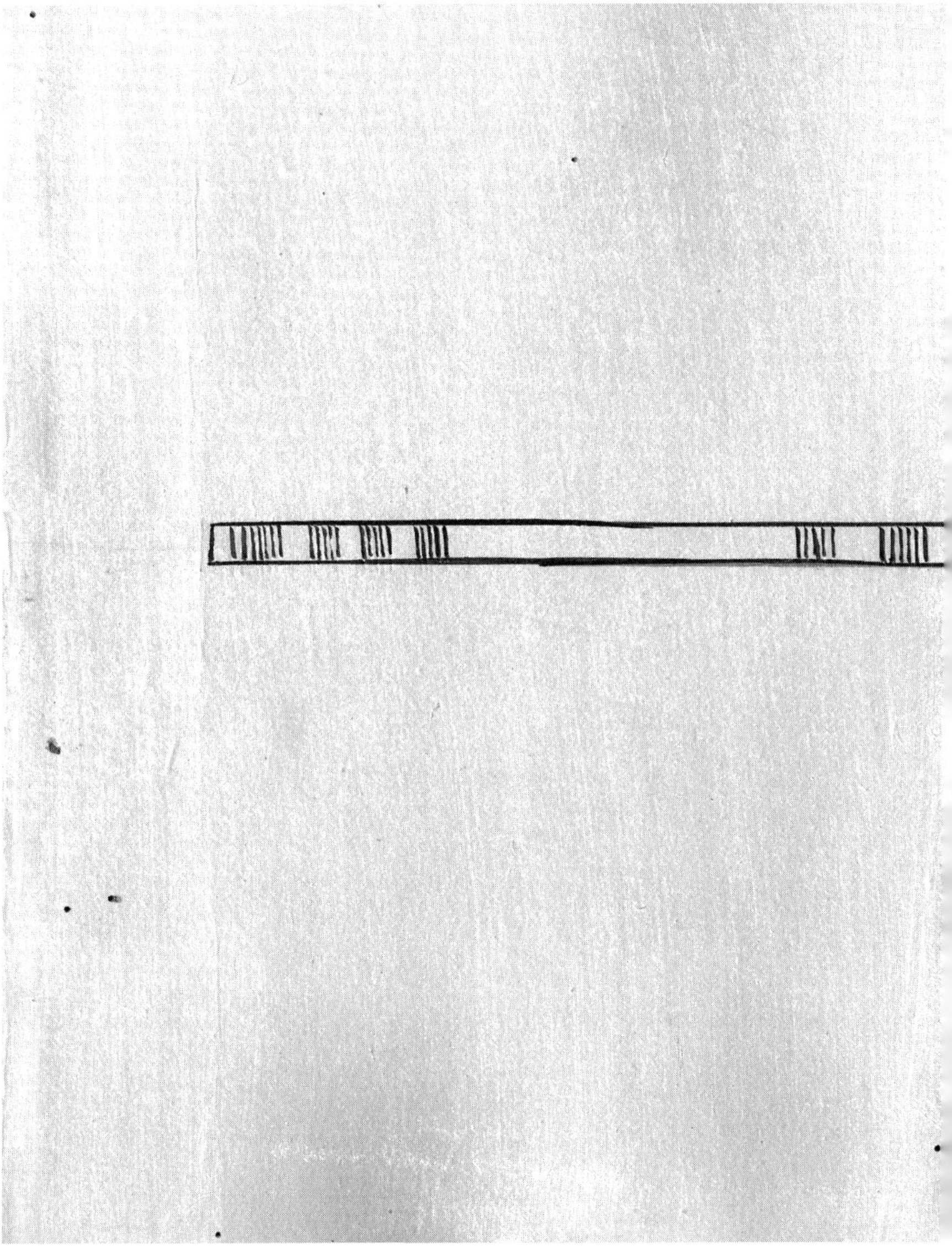

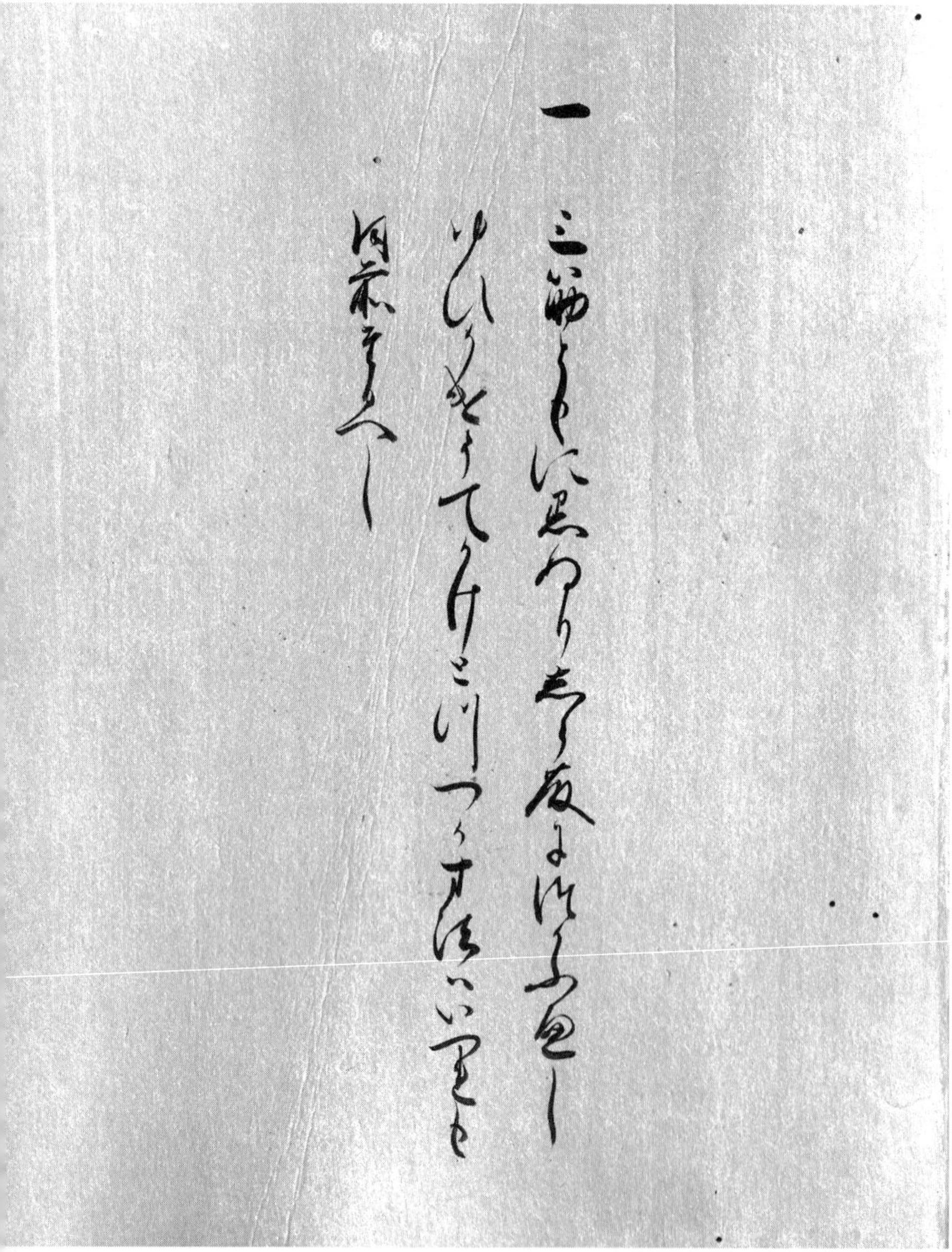

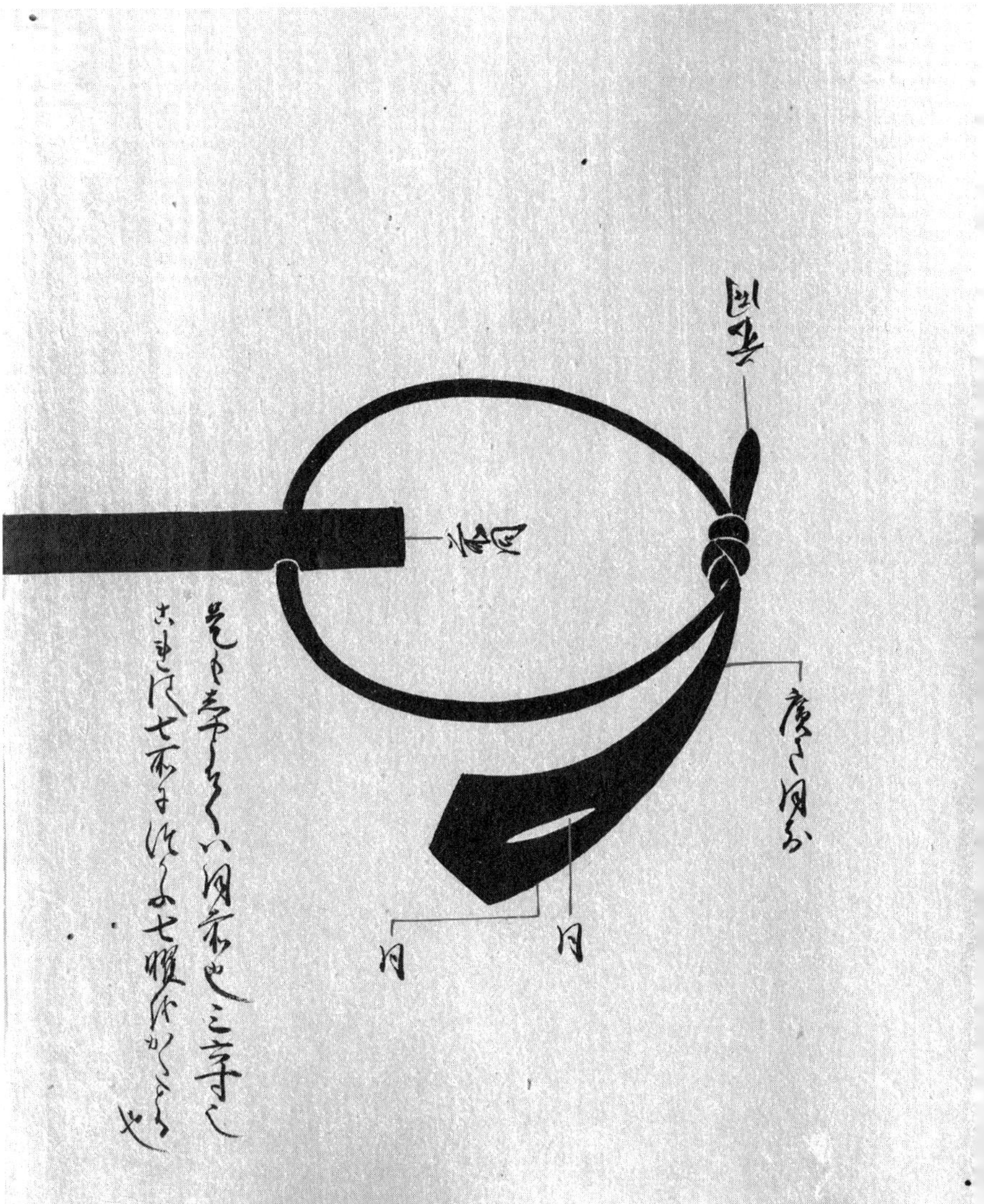

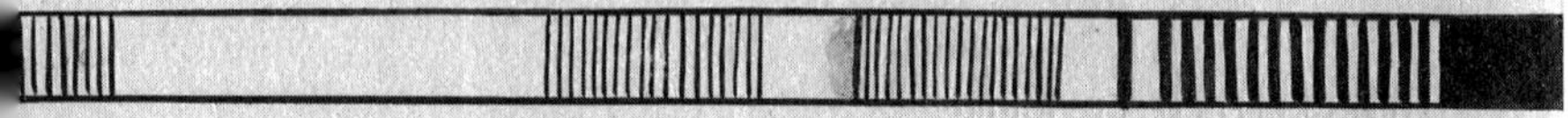

か様し度ハ右記たしく数の外也

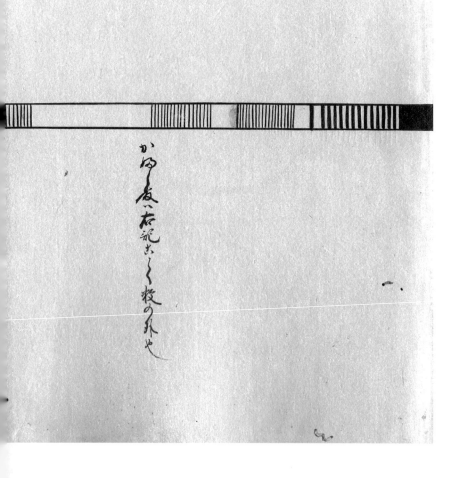

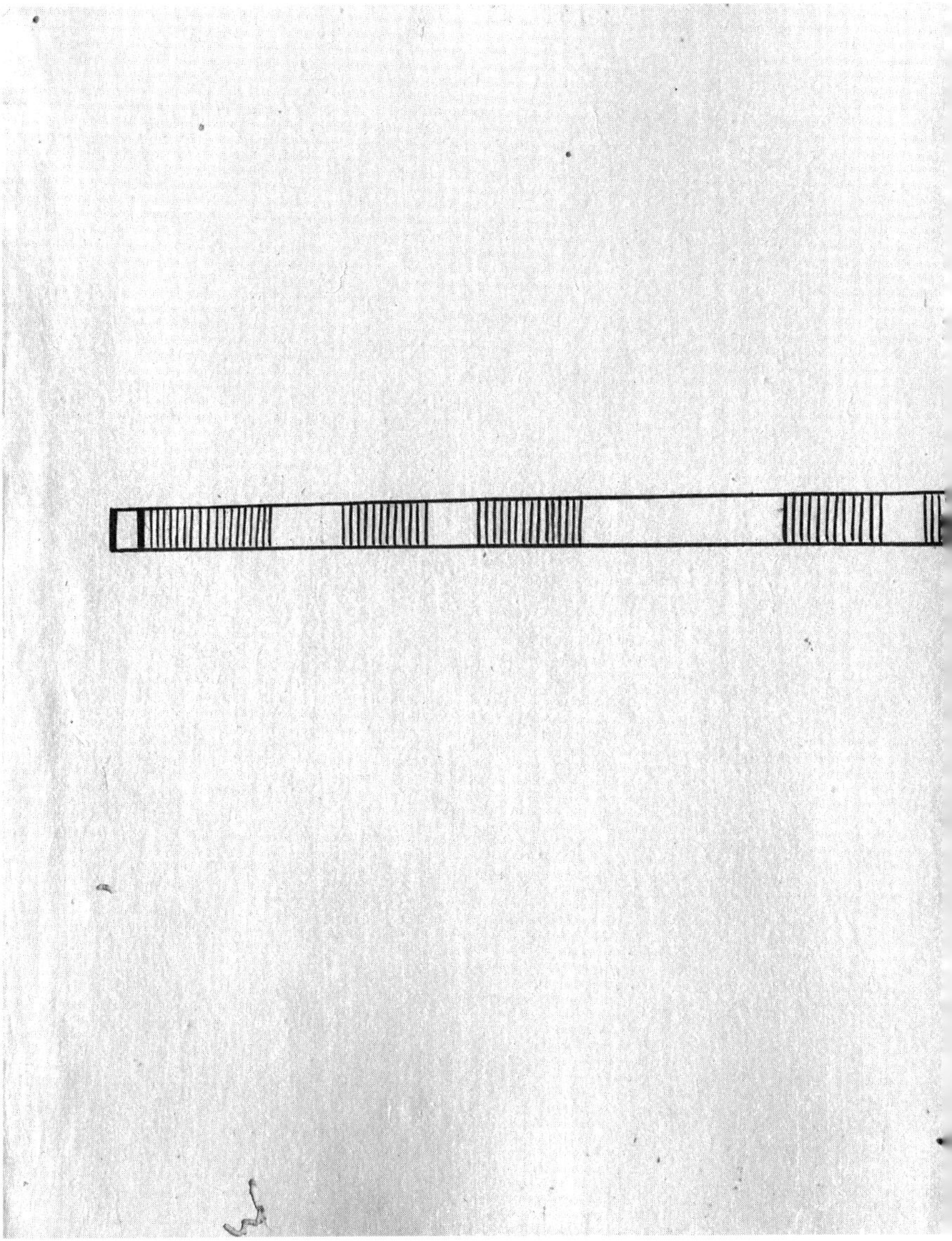

一　観修法之事ハ壇ゑとから修して持へし
むらさ紀ハ一字金輪の法まくかはす也
こ川つハ五だんの法也

一　八歳　二一歳　二五同　二七同　三一同　三三同　五一同

315　馬の書（裏）

鞍之表相之事

一　ふくりんハ阿弥陀如来也

一　切付ハ白龍王也

一　下鞍ハ四天王也

一　力革ハ無量力菩薩也

一　むなかいハ泰諸王也

一　しりかいハ无尽蔵菩薩也

一　上敷ハ八竜王也

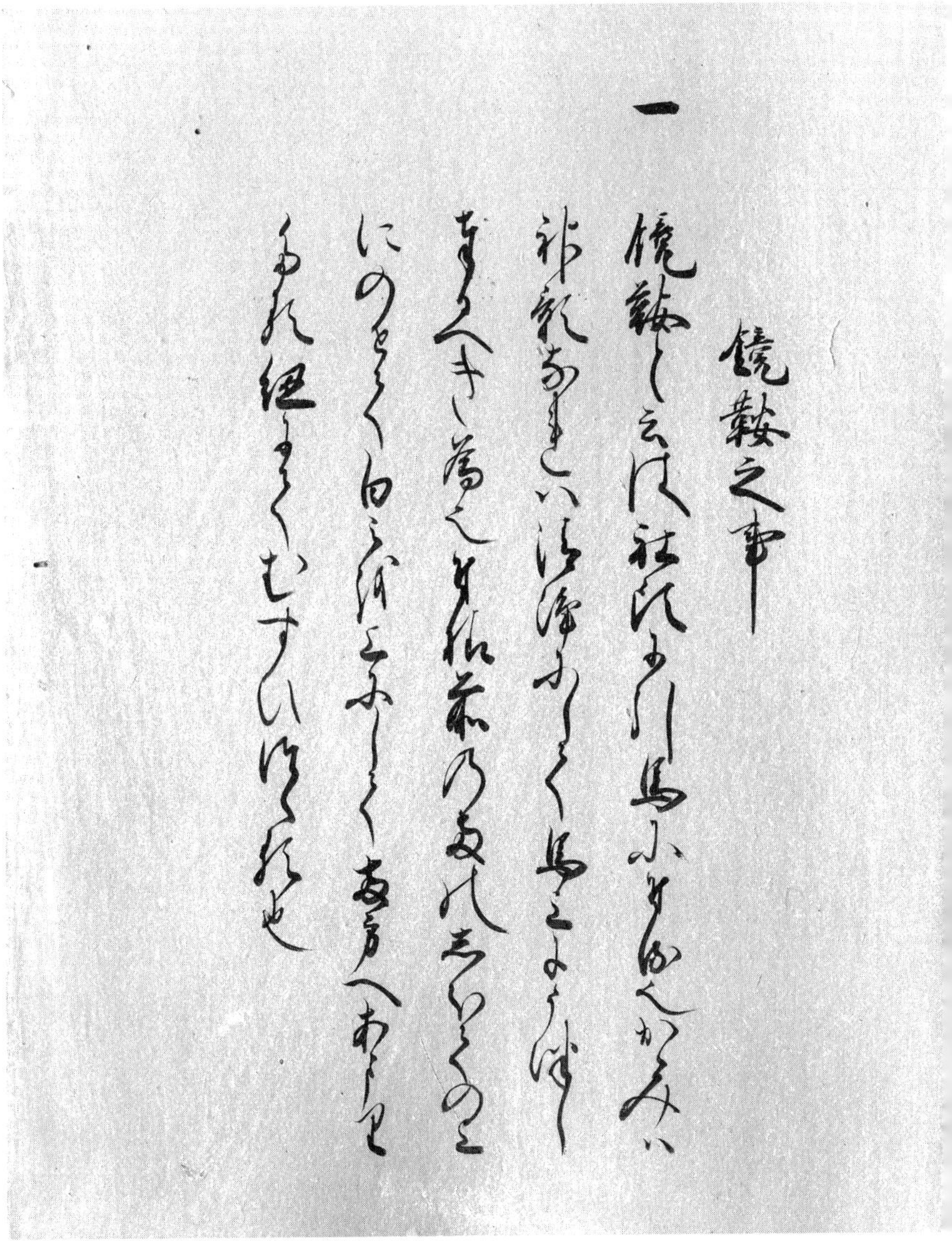

鏡鞍之事

八張ら

一番太平らに地河弥陀佛神八千力雄明決定安樂卷らにて世平らにもえ、誕生卷用も世平らゆく勤らせ

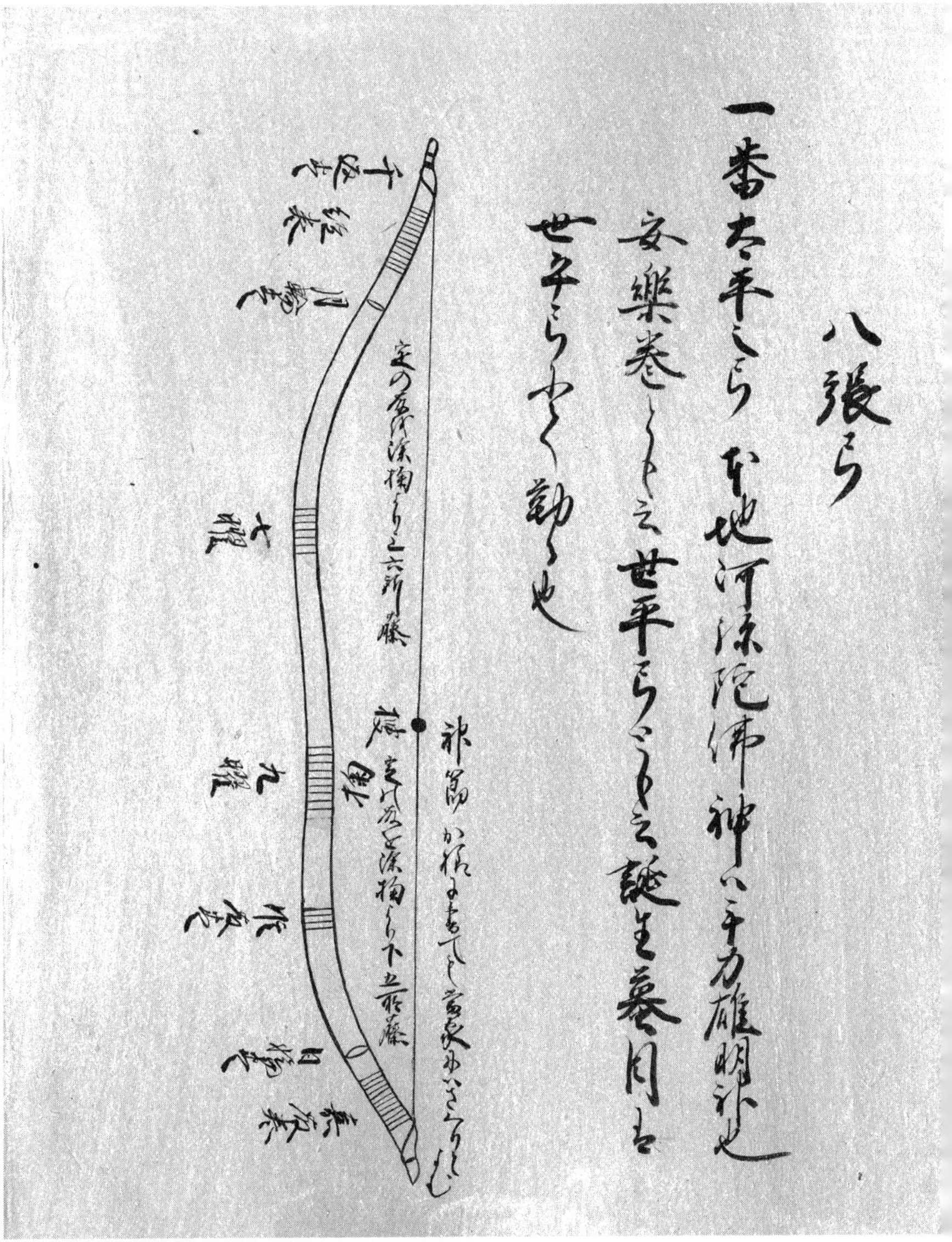

二番羅形弓　はらい化生乃物ヲ射弓也

一不断枕近く立置へきしらく三本夜ゝ立也

節ゝ弓ニ和思ひにて椛ゝ三ゝ所藤ともに

三宝ヲ表す三世ゆるし取也

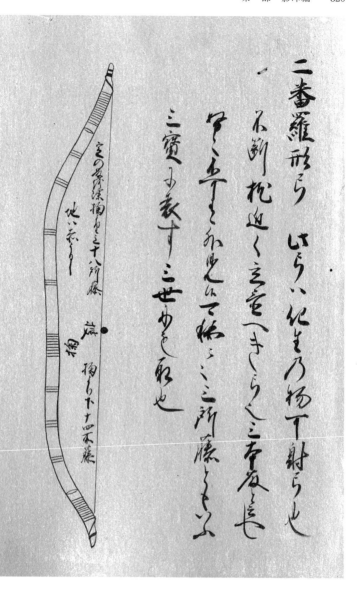

三番作羅之弓　はらい草鹿圓物其外作物

可射弓也[illegible]且反巻[illegible]七五[illegible]

[illegible]

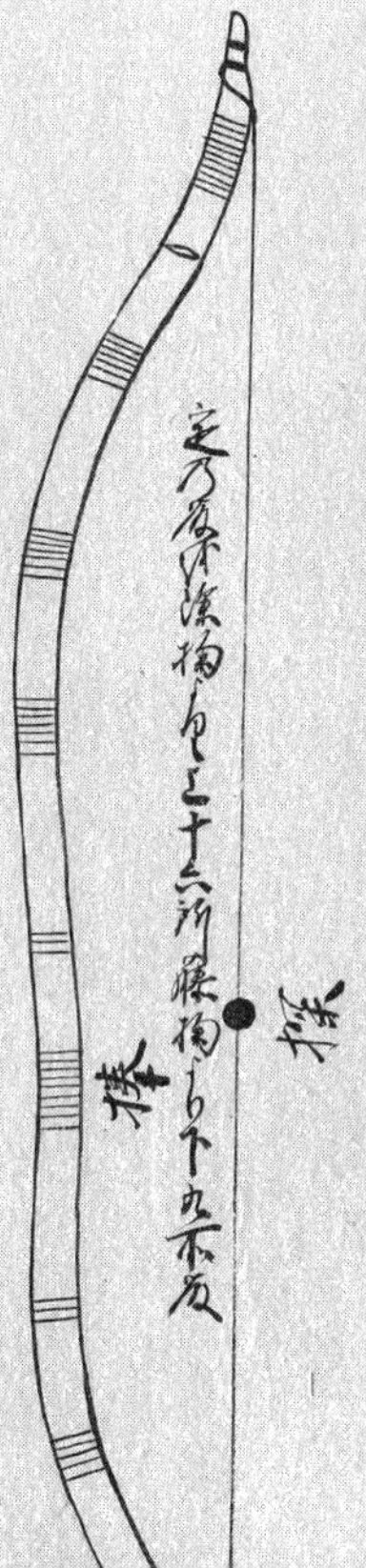

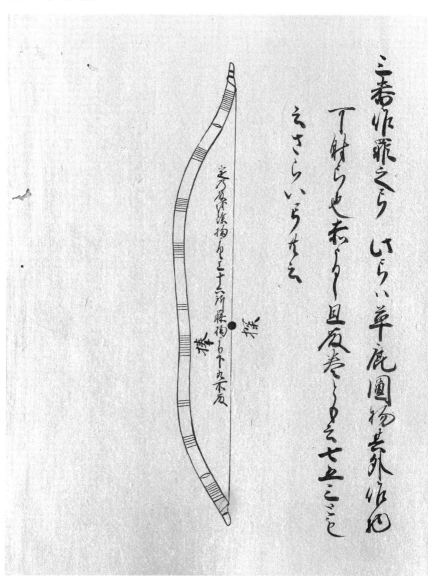

四番て芝くらにきりあ下に收經二十八巻
にまきいれてよ三十六禾下也天の廿八宿
地乃三十六祇をあらはし也其月毎に名を
蘓荒羅不可隣之他口傳を受陀羅
巻とくへきしる口傳別紙に記之其月に
天乃廿八宿地乃三十六祇の名をかり
このあくの重位なしとそ
はら朝敵を平け軍陣大儀を可持

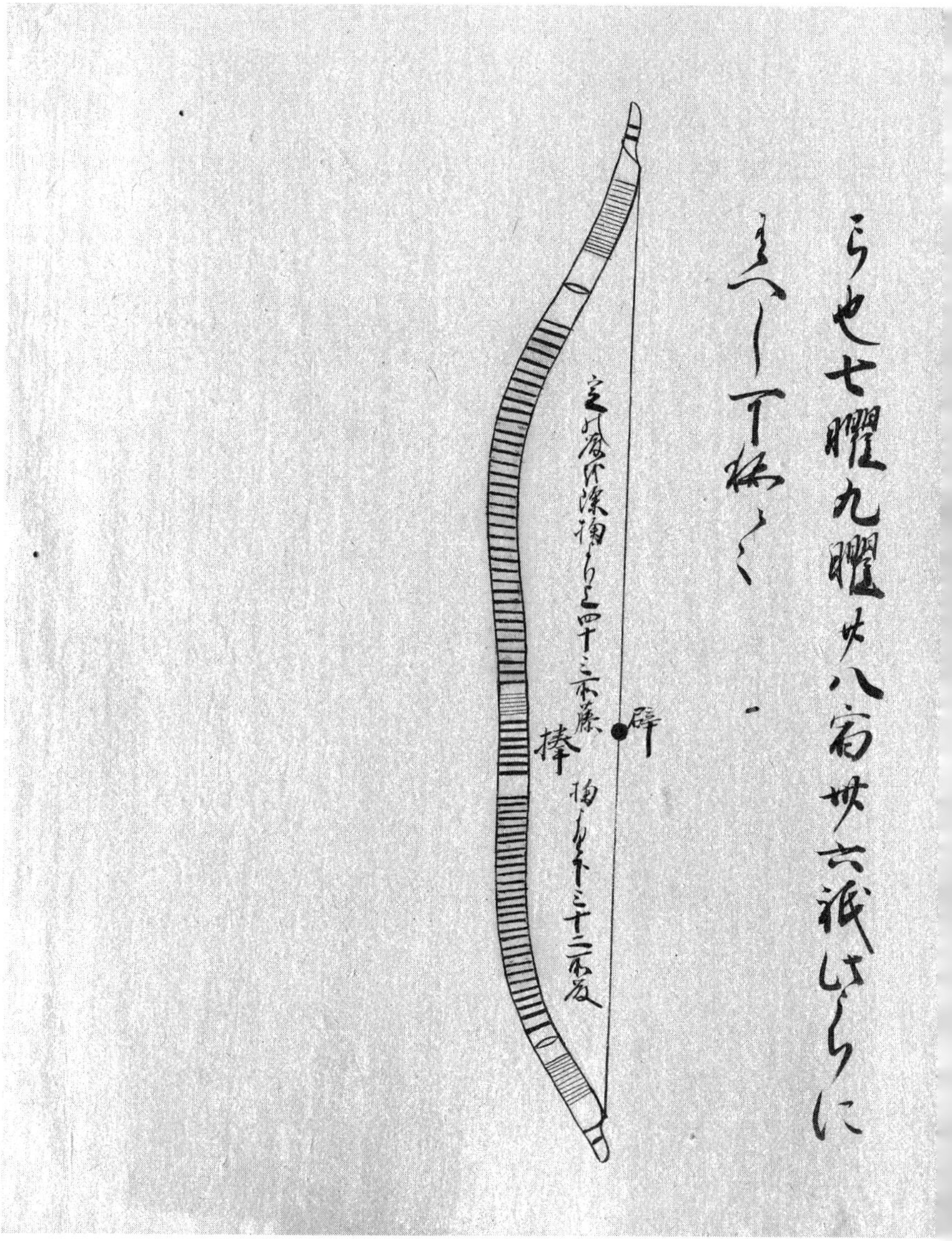

五番ら　猪湯ミら二所爲也女房むくい常入

乃三疋下抱らせ猩のらかり出く

他人より〳〵ん抱三ミ爰次地い若し

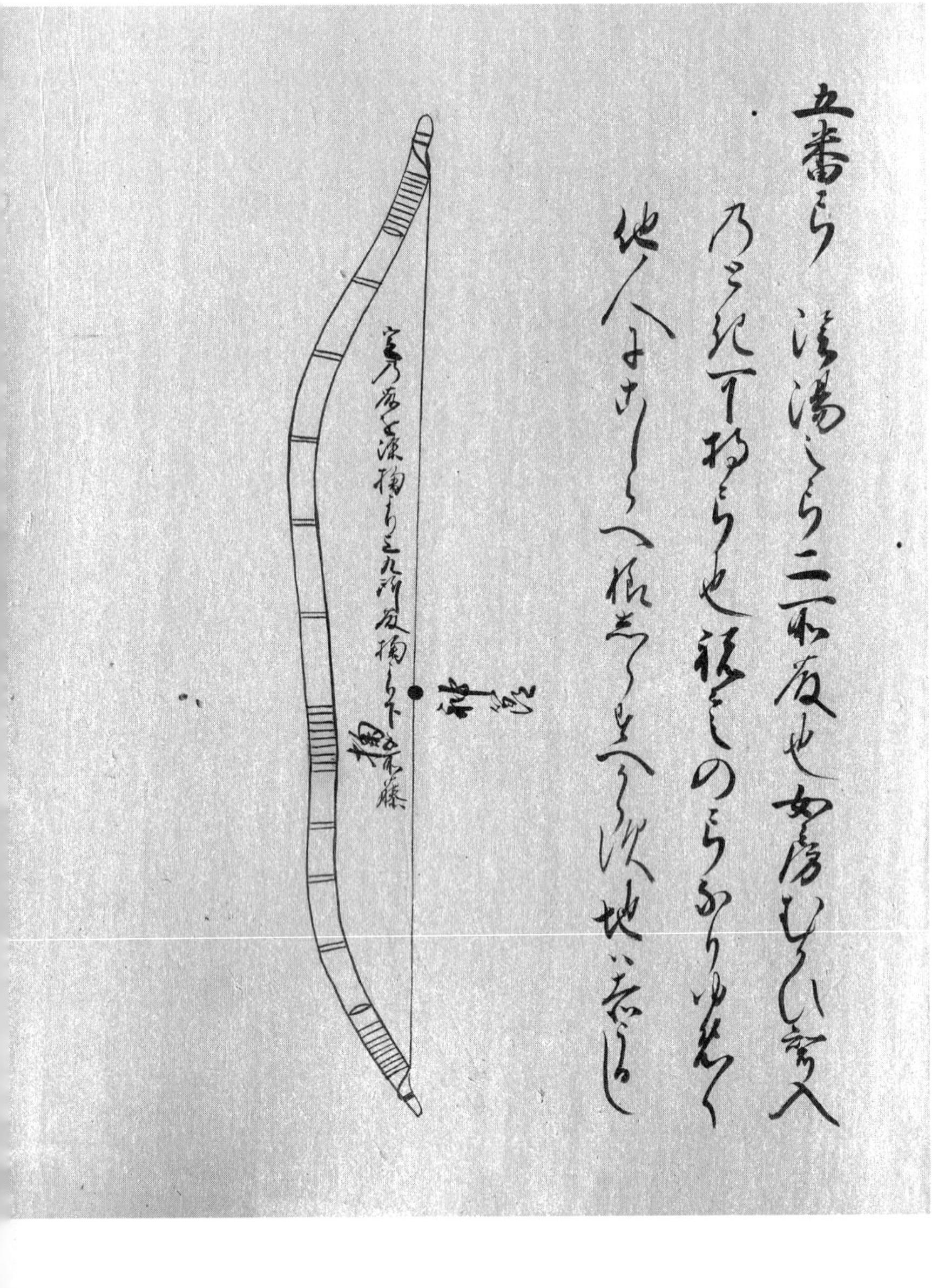

六番　福蔵之弓鏑《ツク》をは弓戦場へ可持弓也
是ハ為もしは弓籐たつれ時猿か刀
弓也七所皮とも云

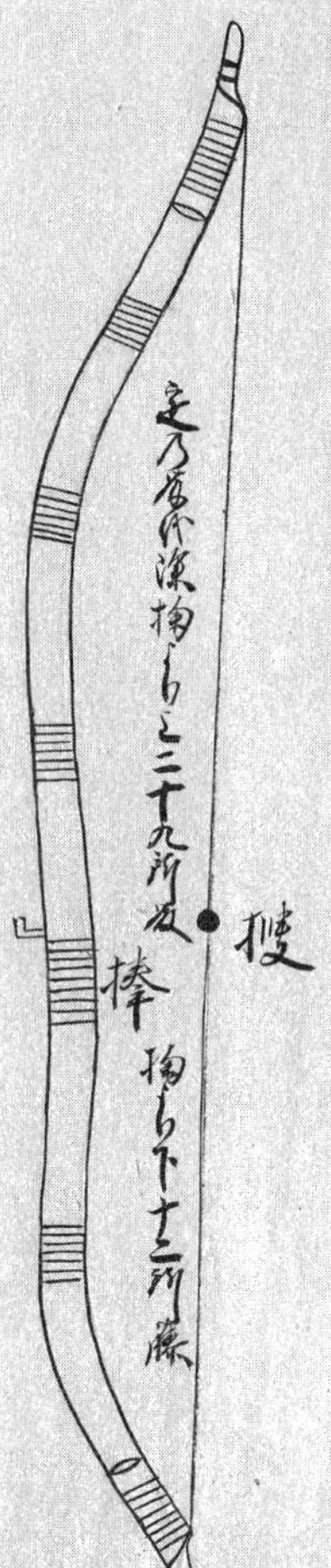

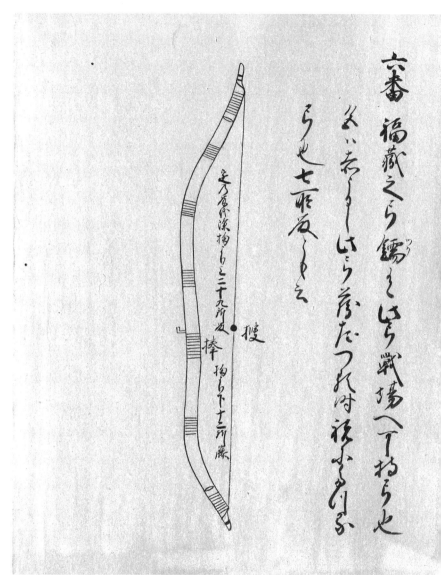

七番　勝

巻ニハ不断可持也何様ニも用ハ

花あり時ニ可口傳之地ハ赤ク可吹也

籐ともニ

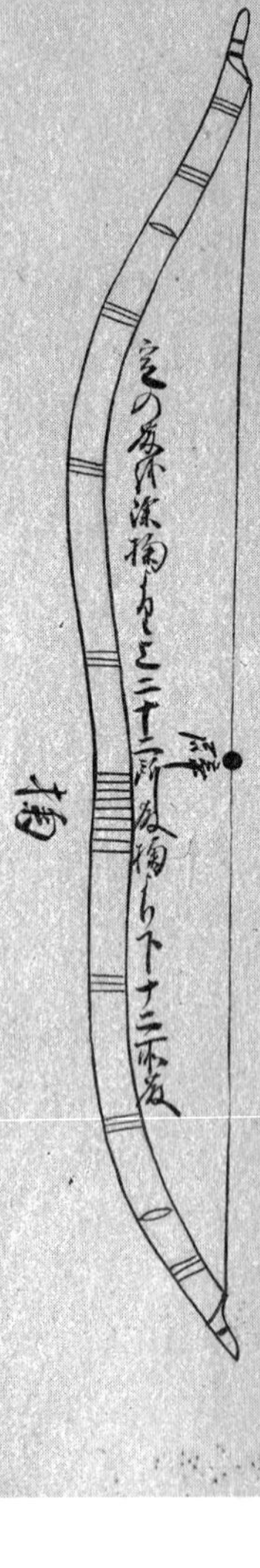

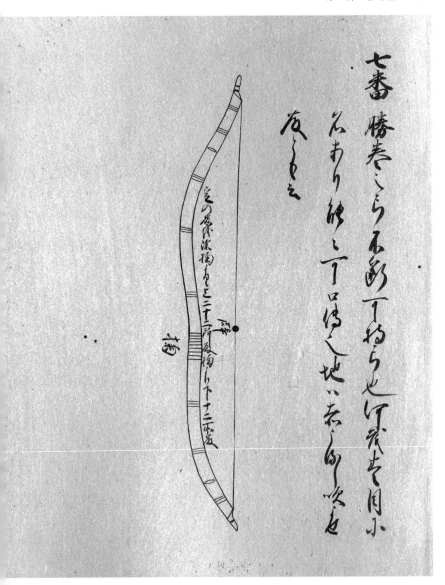

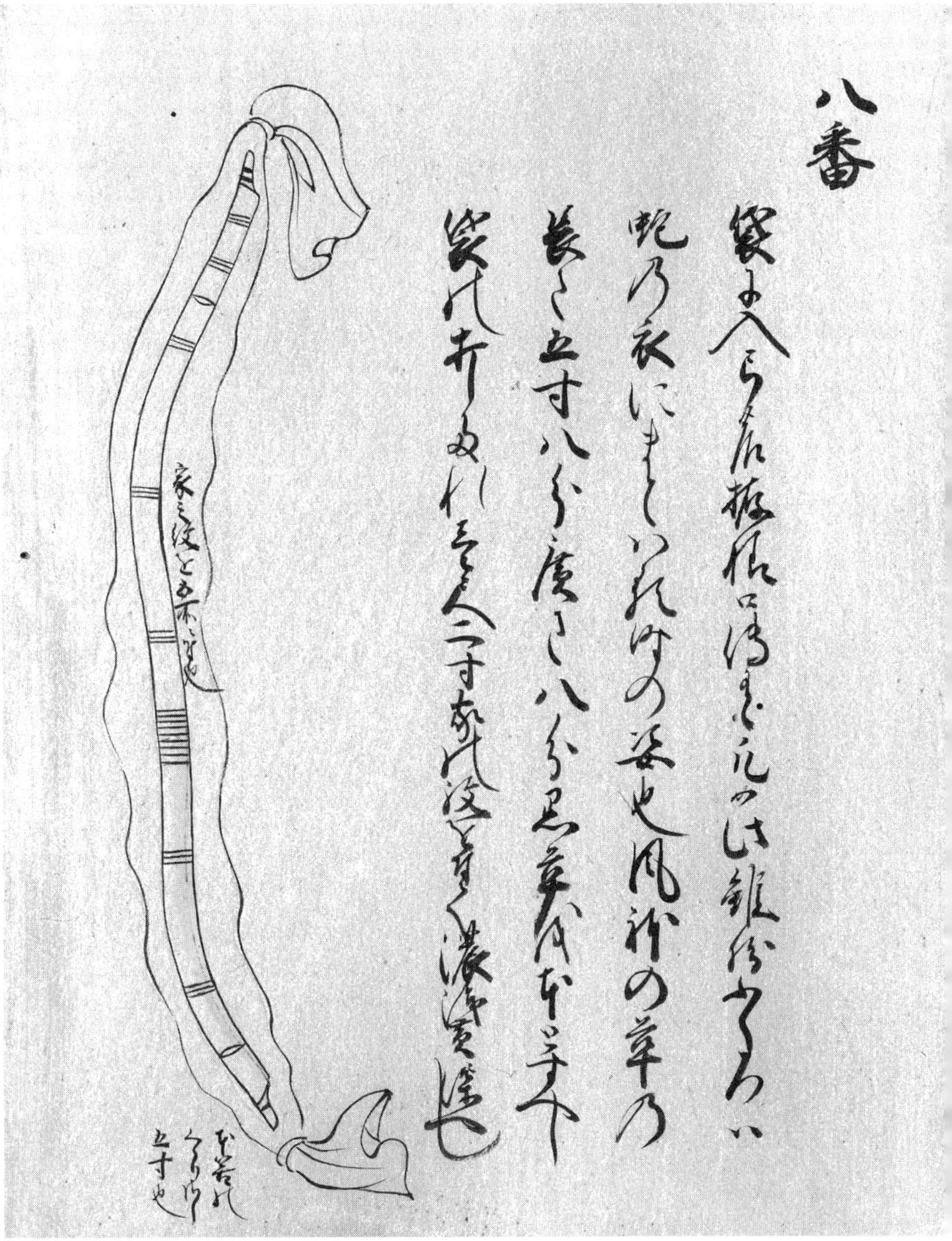
八番
蛇乃衣にましいれ候の姿也風折の革乃
長さ五寸八分広さ八分
五寸也

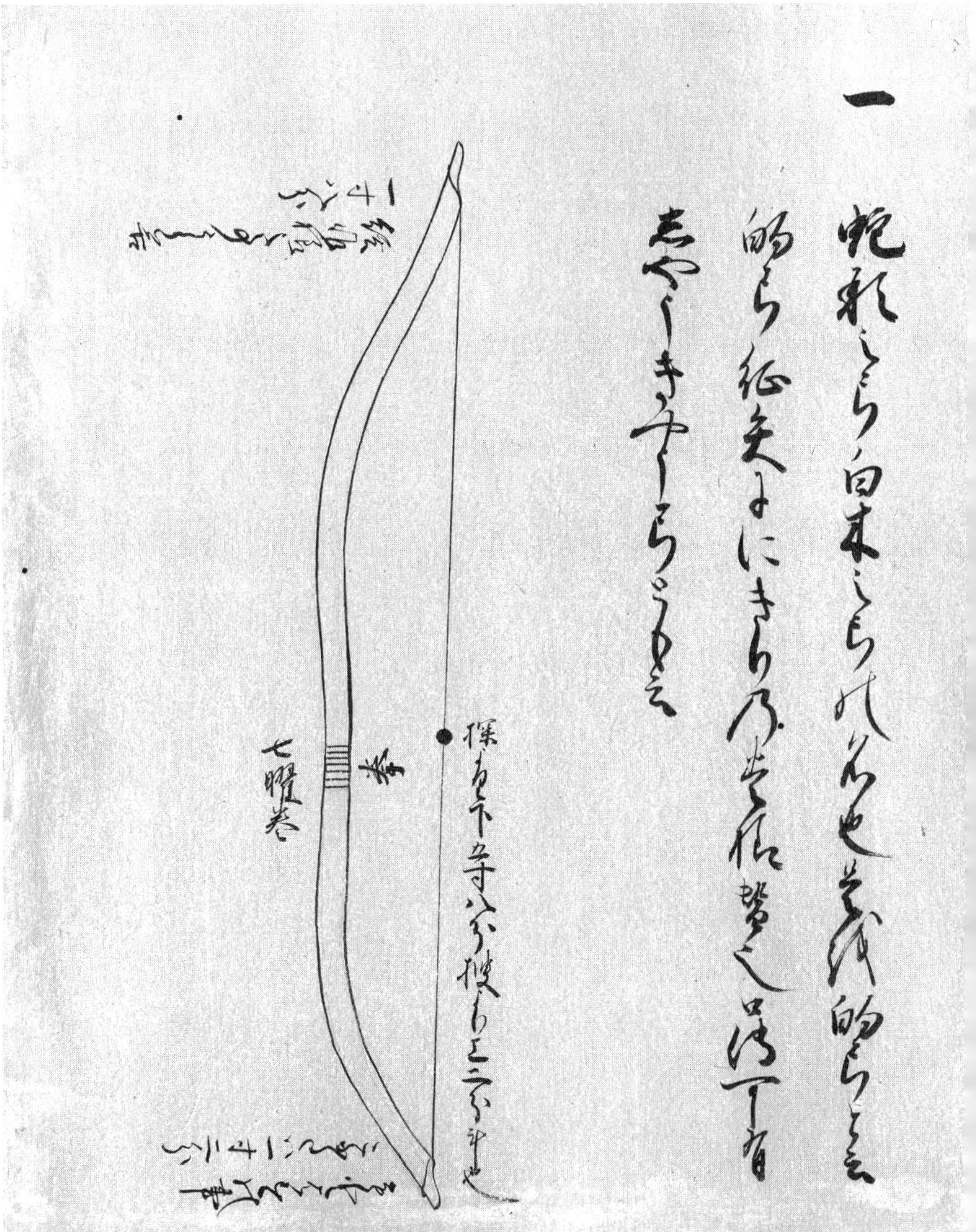
七曜巻

一
村削しら　かつたくすへ巻にも弦巻也
握りをは八寸にきりて其下に七寸とく
つし九寸せいはゝ卯をつまゝ弦まくとせんの下は
藤をゝ所々まきへく候

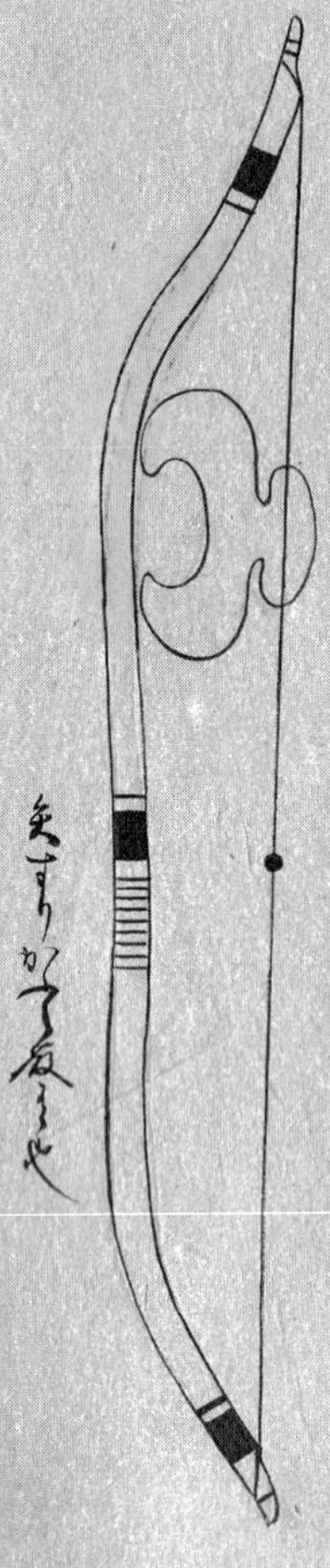

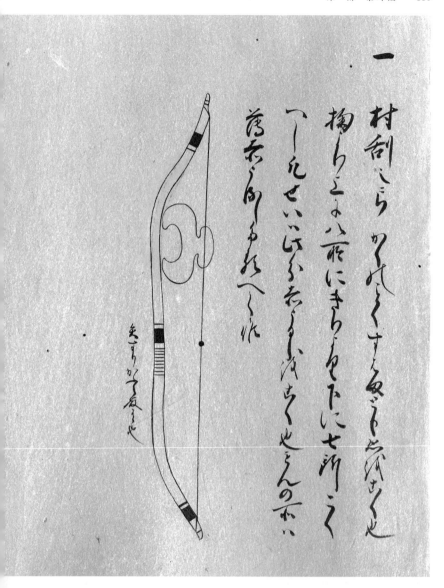

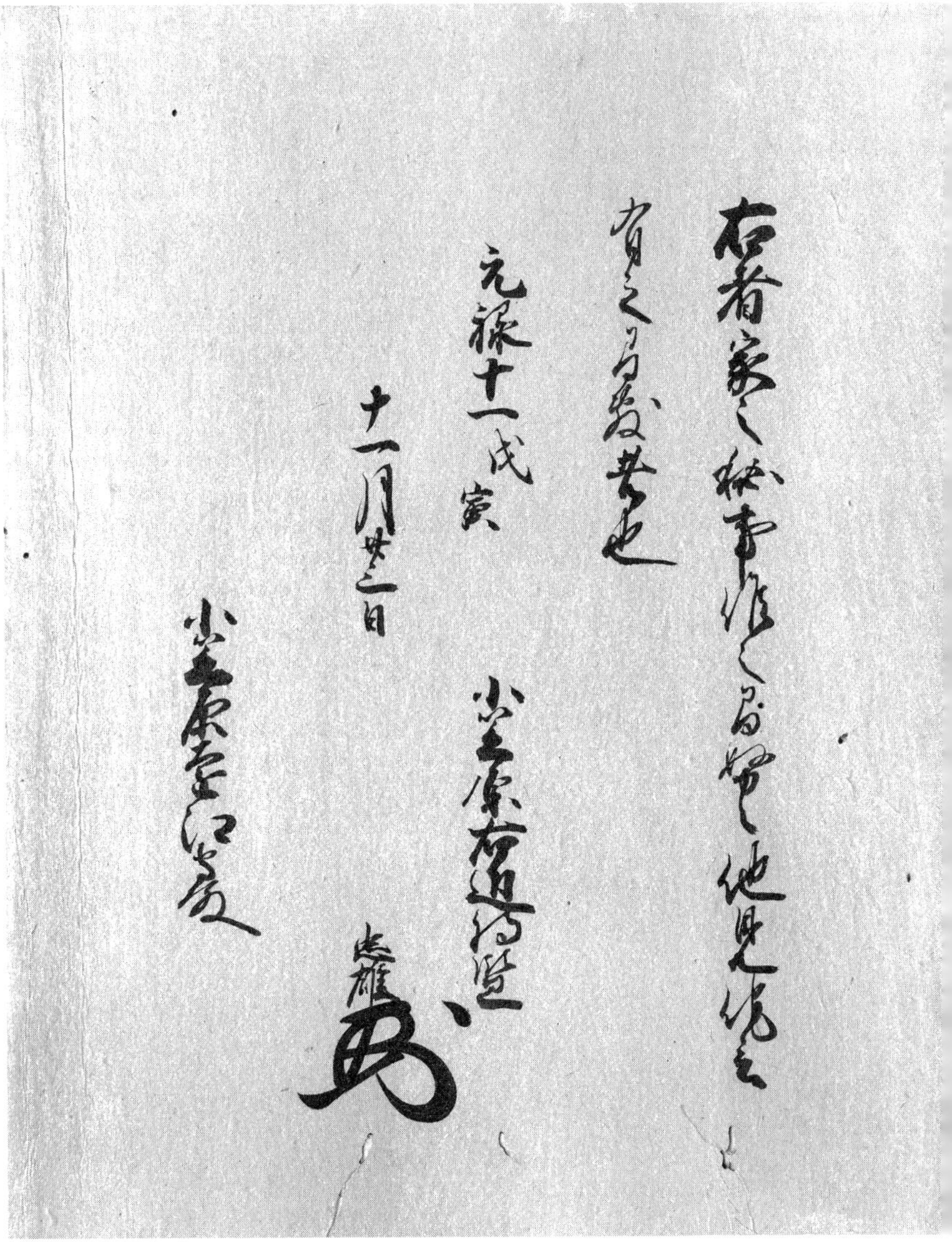

元禄十一戊寅

十一月廿二日

小笠原右近将監

忠雄

奉射之次才弓　的繪圖

一　射手六人一には〳〵ゆく三度完封也六人
　　矢数以之夾六也

一　出立の事上古い烏帽子上まをめて鼻る
　　と鏡也略低めハ烏帽子上下いく射也

一　補草の事毛のに〳〵〳〵せるゆりと望に

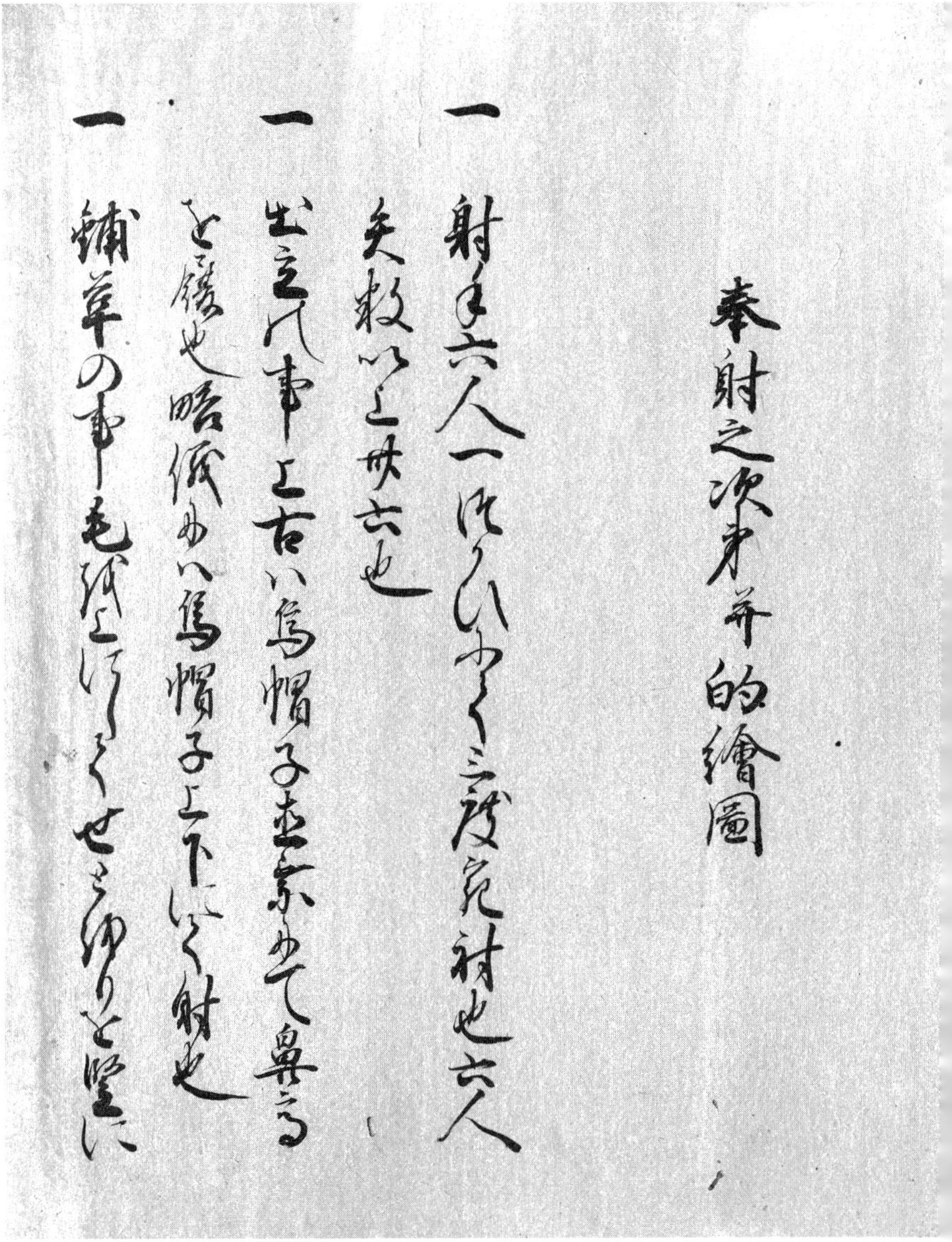

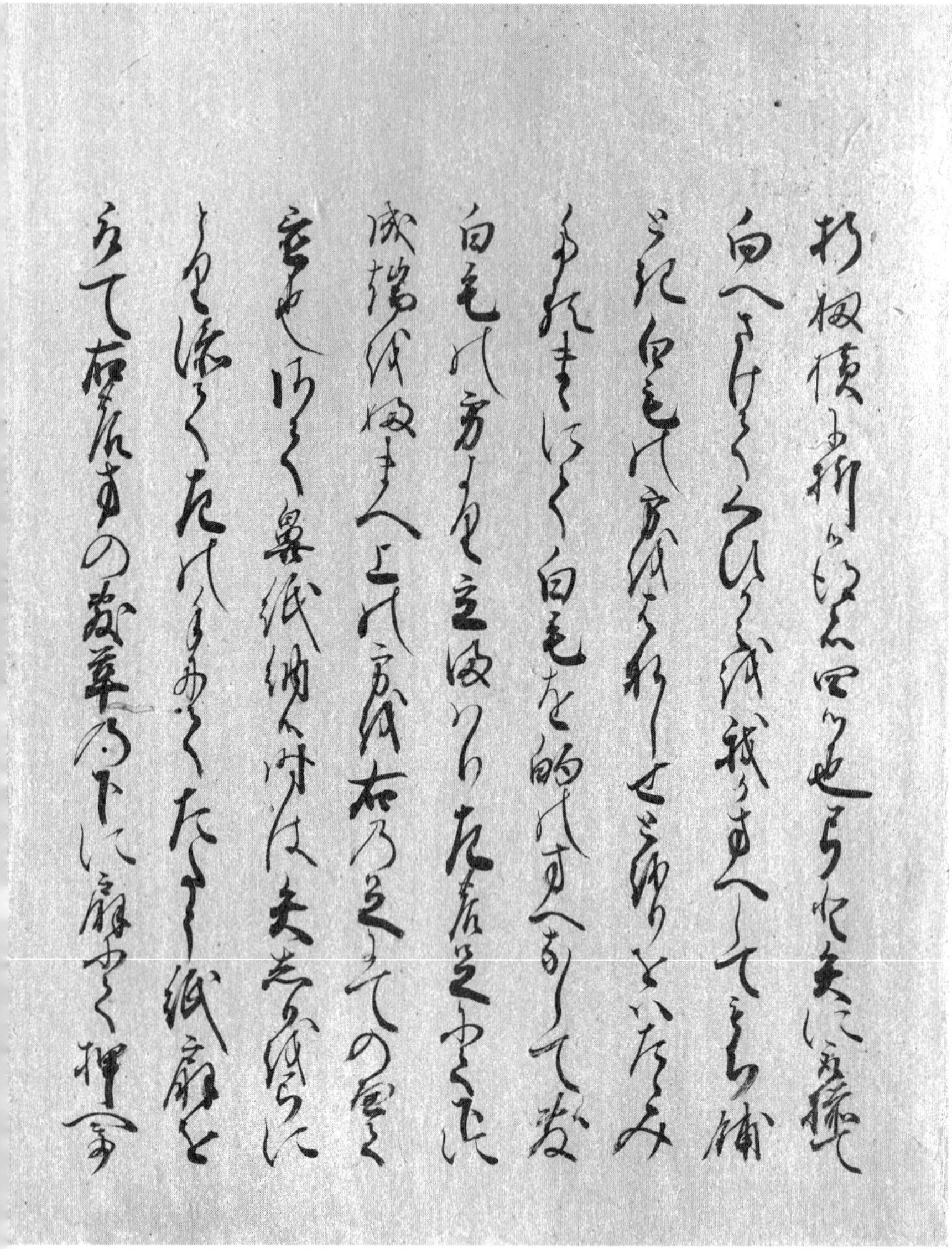

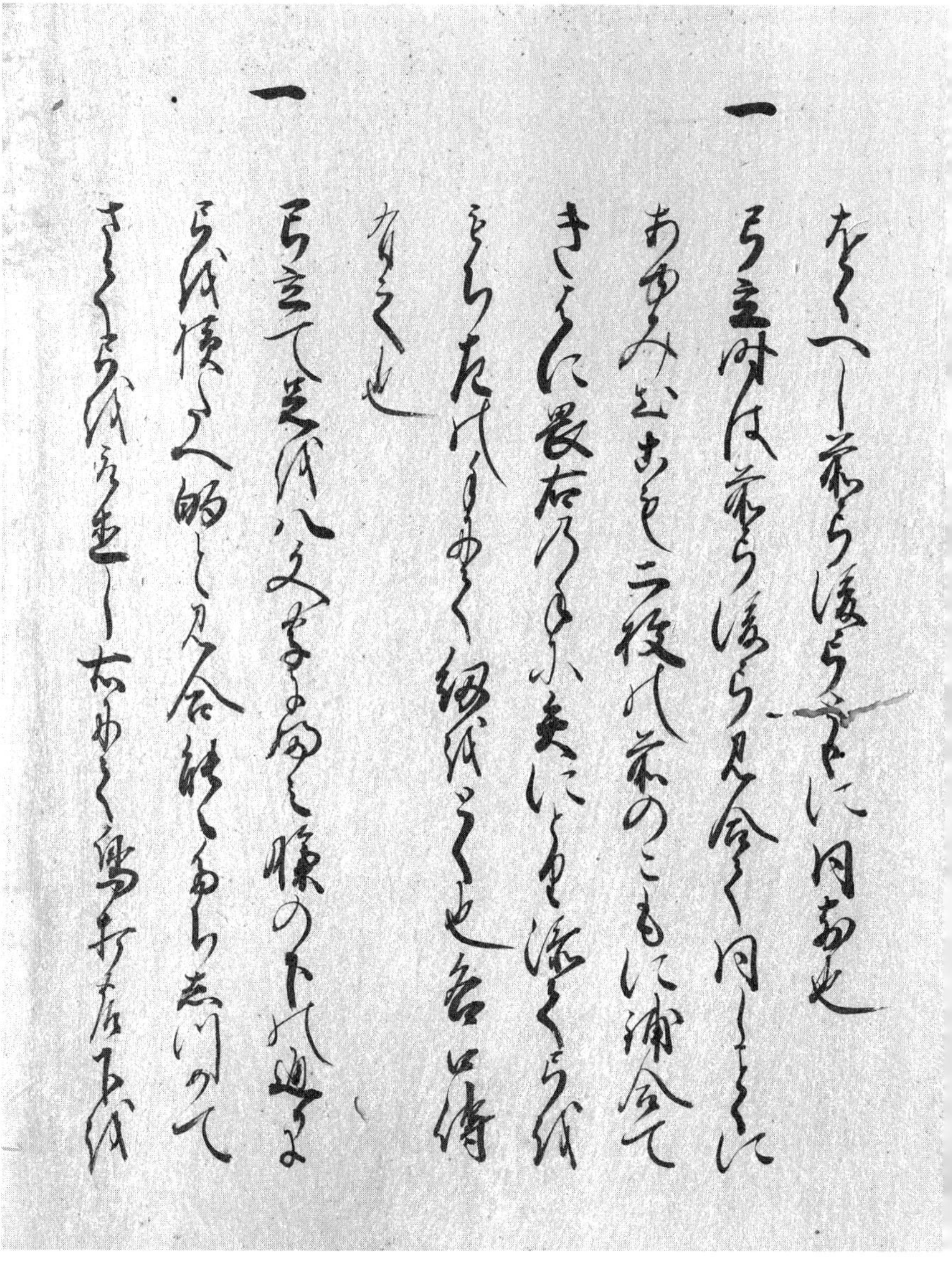

しもこれかふさにあてゝはりつきし素襖
袴紐ハたゆくかれさや下より引き
けりし事にさゝみ太刀居込の乳のこなれ
かしらのけさ桜をさる事と四寸下を
さり落ハ上へ取り右ゆくく横へくさら
そのう様ハ是くはりしかいこんくる減
能いハ下苦と勝ハ節小のへ寸毎と
ちけらる丸夫ハよく矢去の様差ハらう
五六寸丹ね右ゆくく又忍とんとかいけく

一

強弓之事

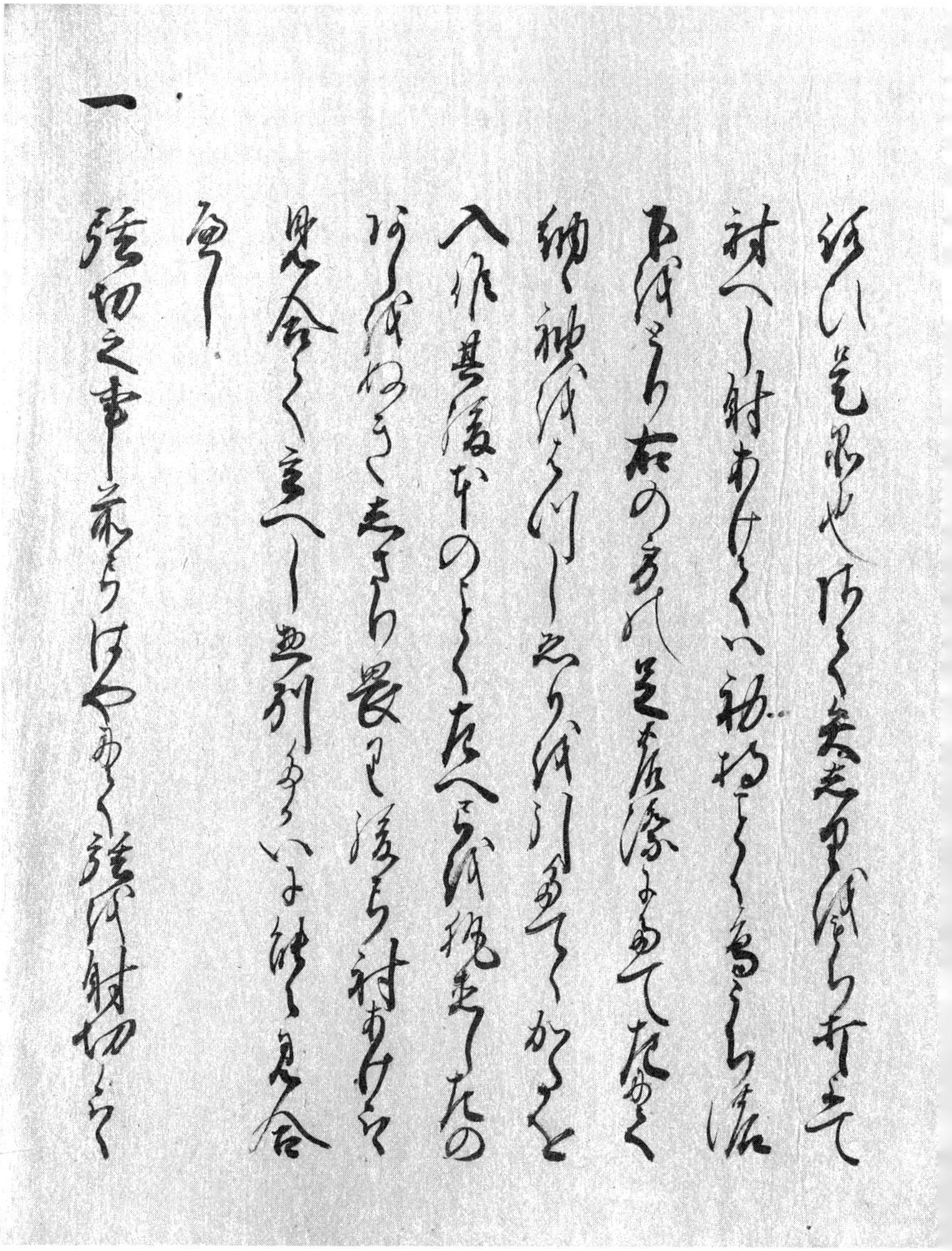

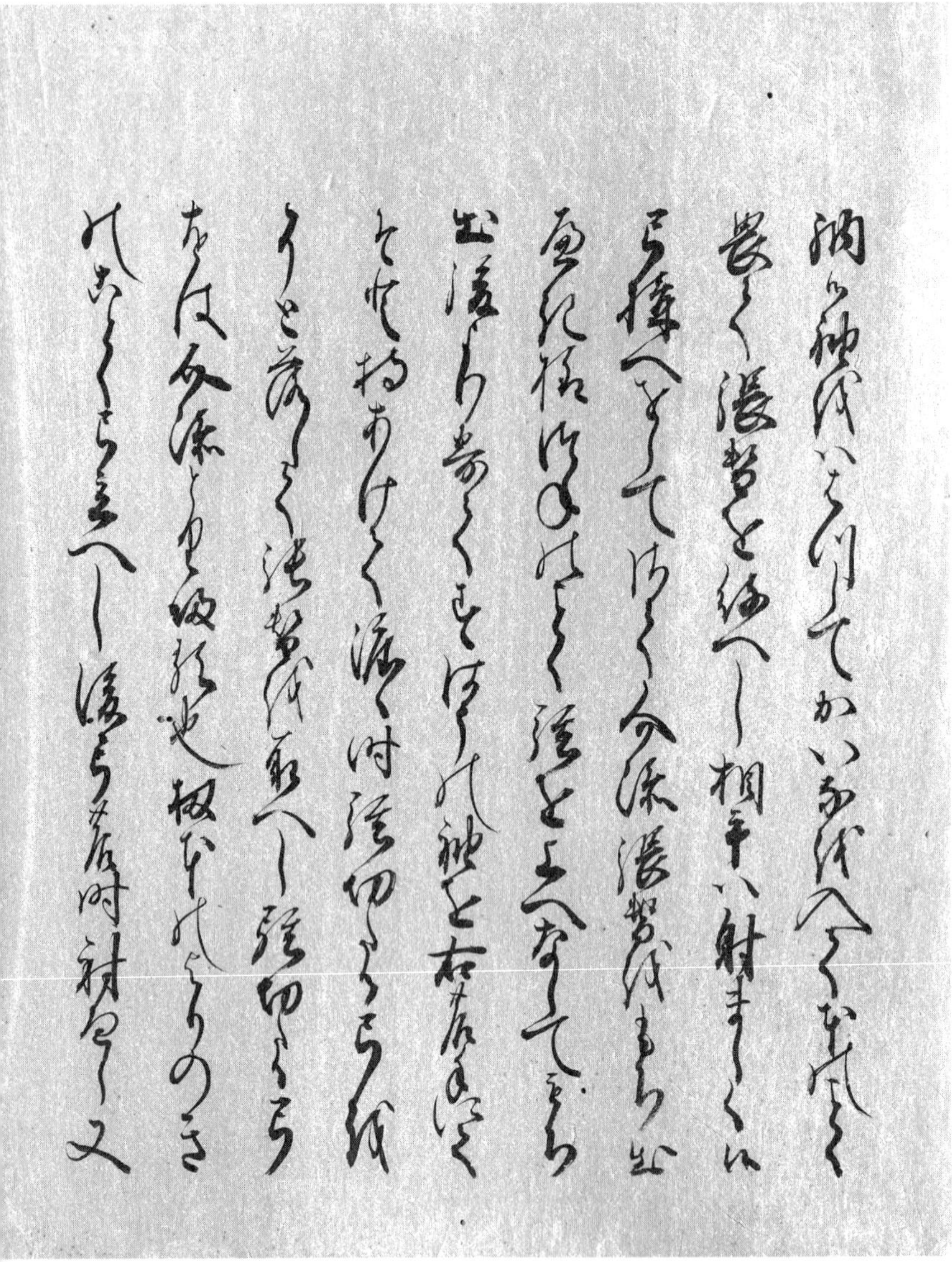

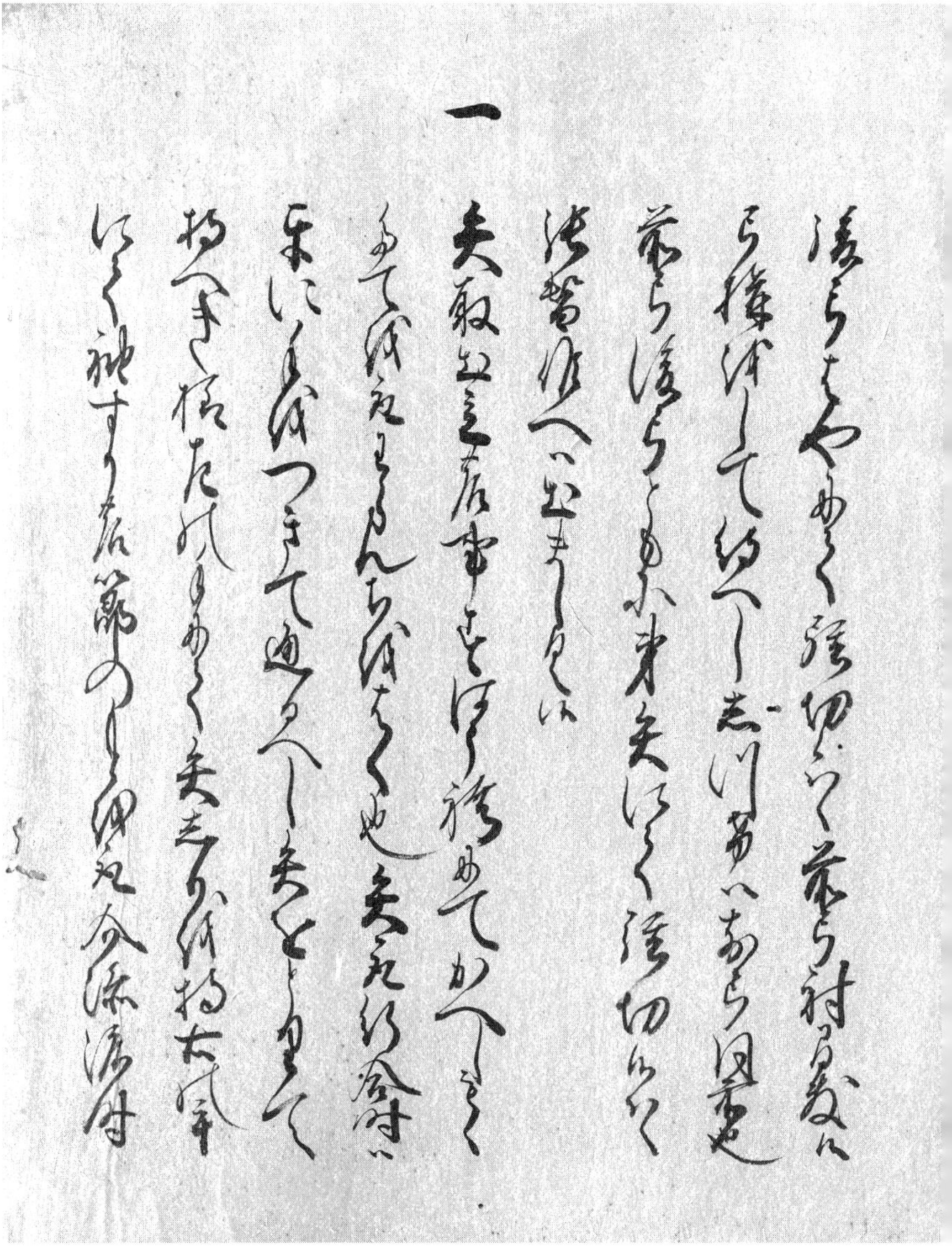

ことさら神しく右のことゆく神よりの節
落やかとれかいへ長流たゝもらくたりて神楢
の節ものあはれをもよふす候也
一 射場の広さ廿三杖より廿く廿一杖よ
ミ見し笠或は也ほかに不よりも
其うちをもくするかゝる作
一 敷塚の高さ一尺二寸上の広さ六寸也
物のくゆく見し後の敷塚はなし的の
方へよせする也

一 的乃縡め天二寸繪畫へ丨

一 串の寸法後串大八寸内丿丿云八寸
　左てう地りと云天三すも一尺半ヶ
　入くやさ切口二寸なり

一 的掛尾丨ハ三方八寸下三すよ掛へ丨木
　さ丨子計得丨丨

一 蟬の長さ二寸八分計江び見て見丨
　三つ連に切り長し白もの丶さくよ丨
　色丨

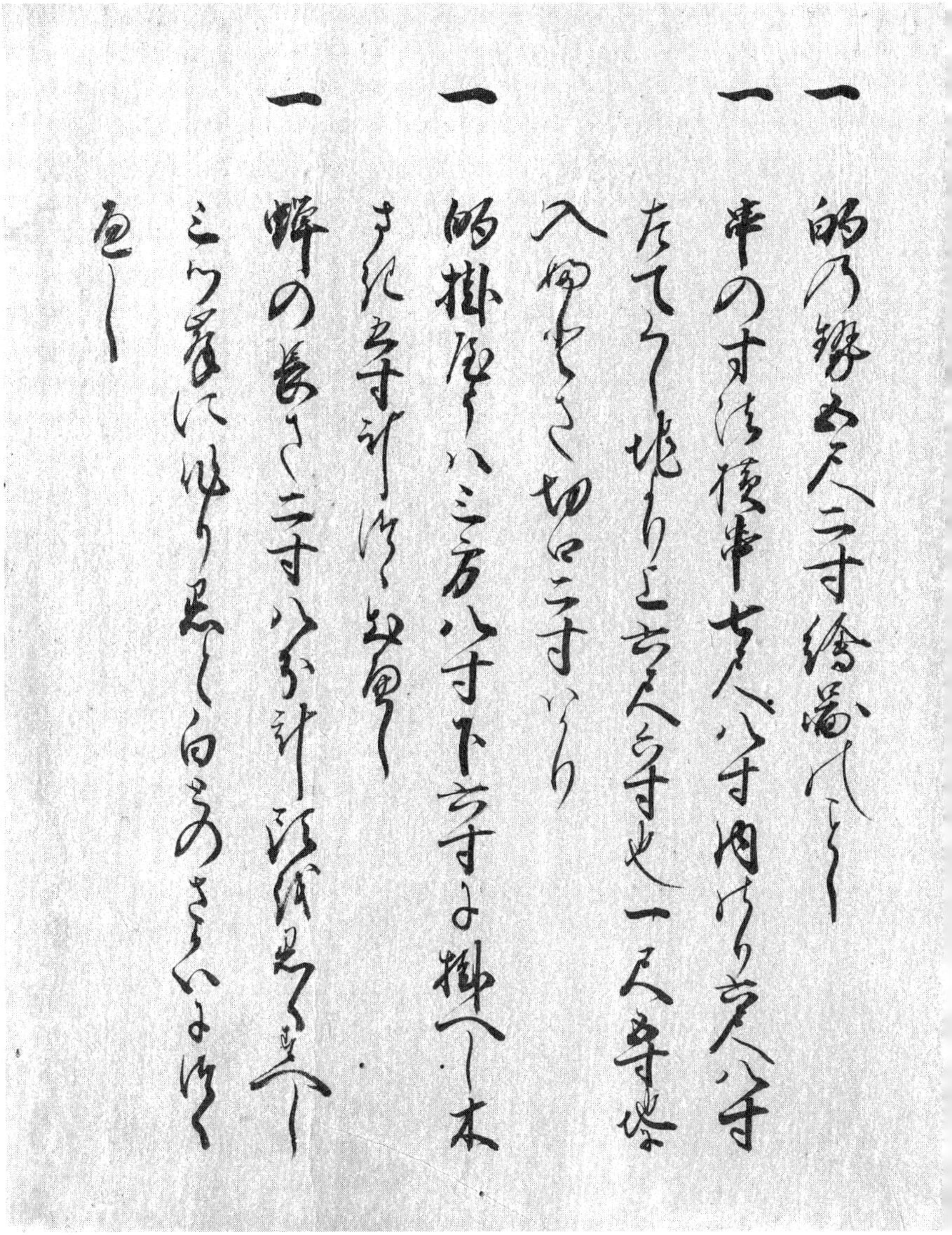

一
的かけ様事　布ハそら色ニ染てよし
まん中ハ六寸ニ付也　布ハ六の也なたへ
横串にて土際まてくぬ丈やすき縫の
くりぬきよく縫て二寸ハかりはなして
萬とちを付へし　横串ニ付しみて縫也
あらく削て縫目ハよくとちて留也

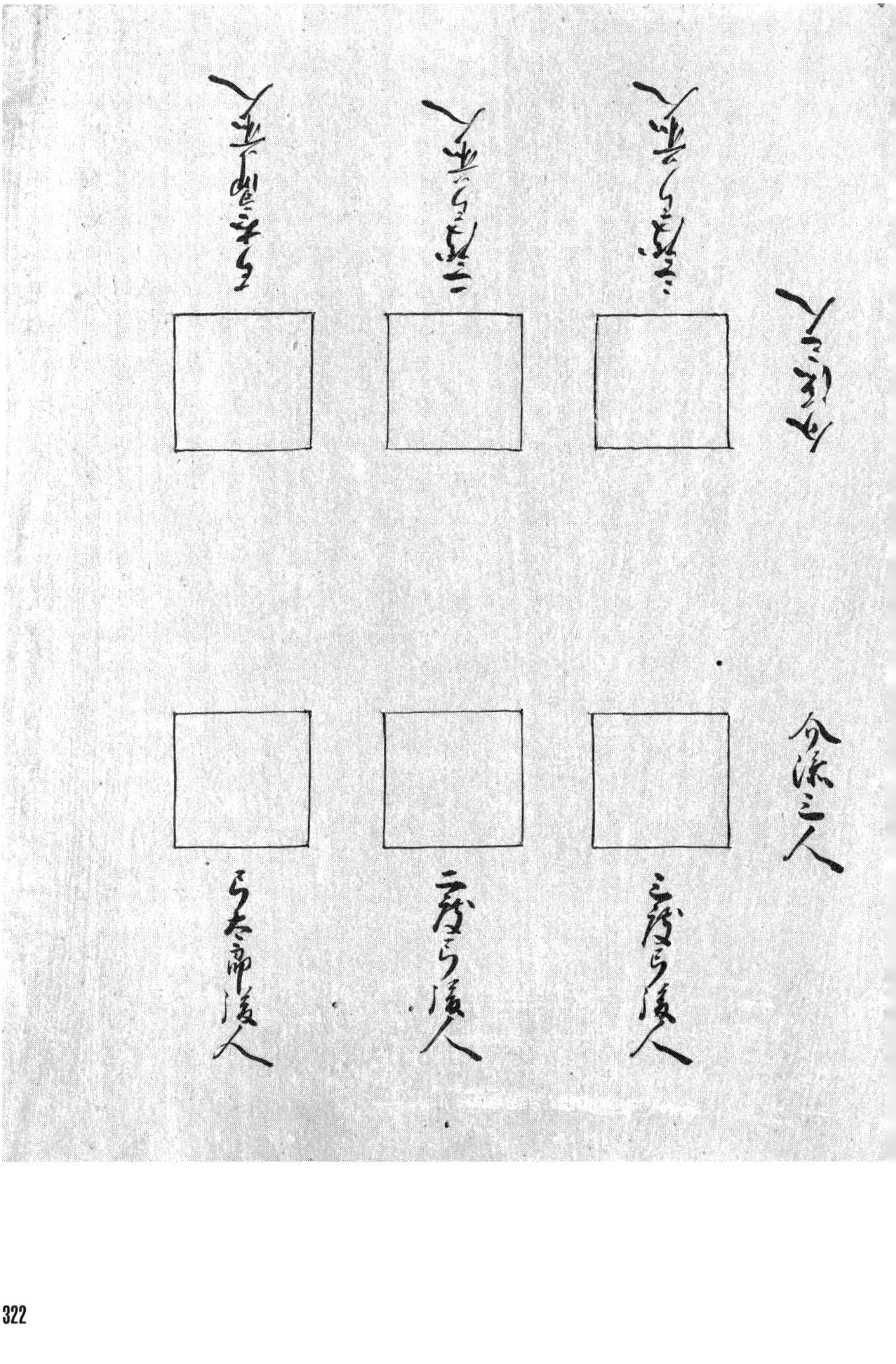

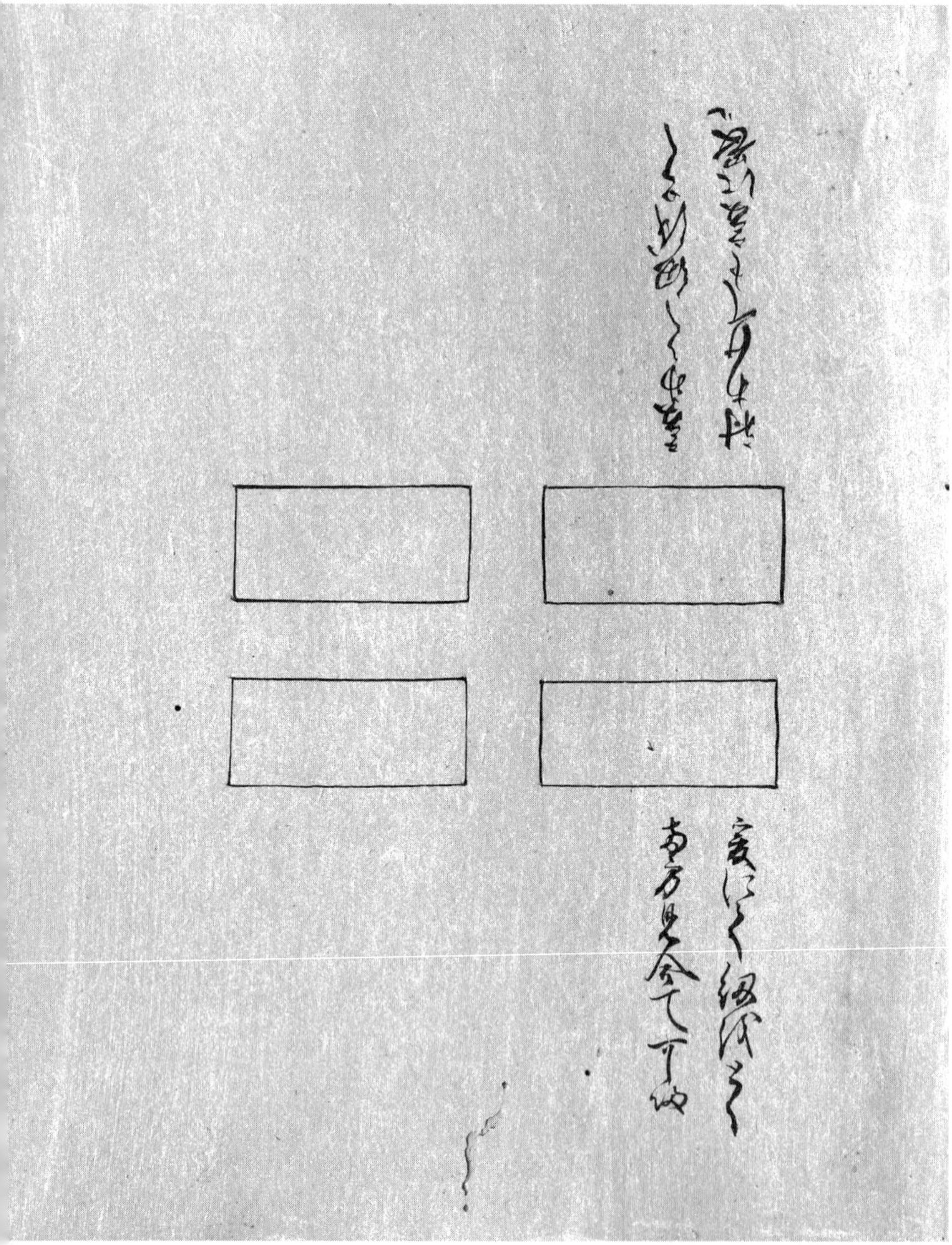

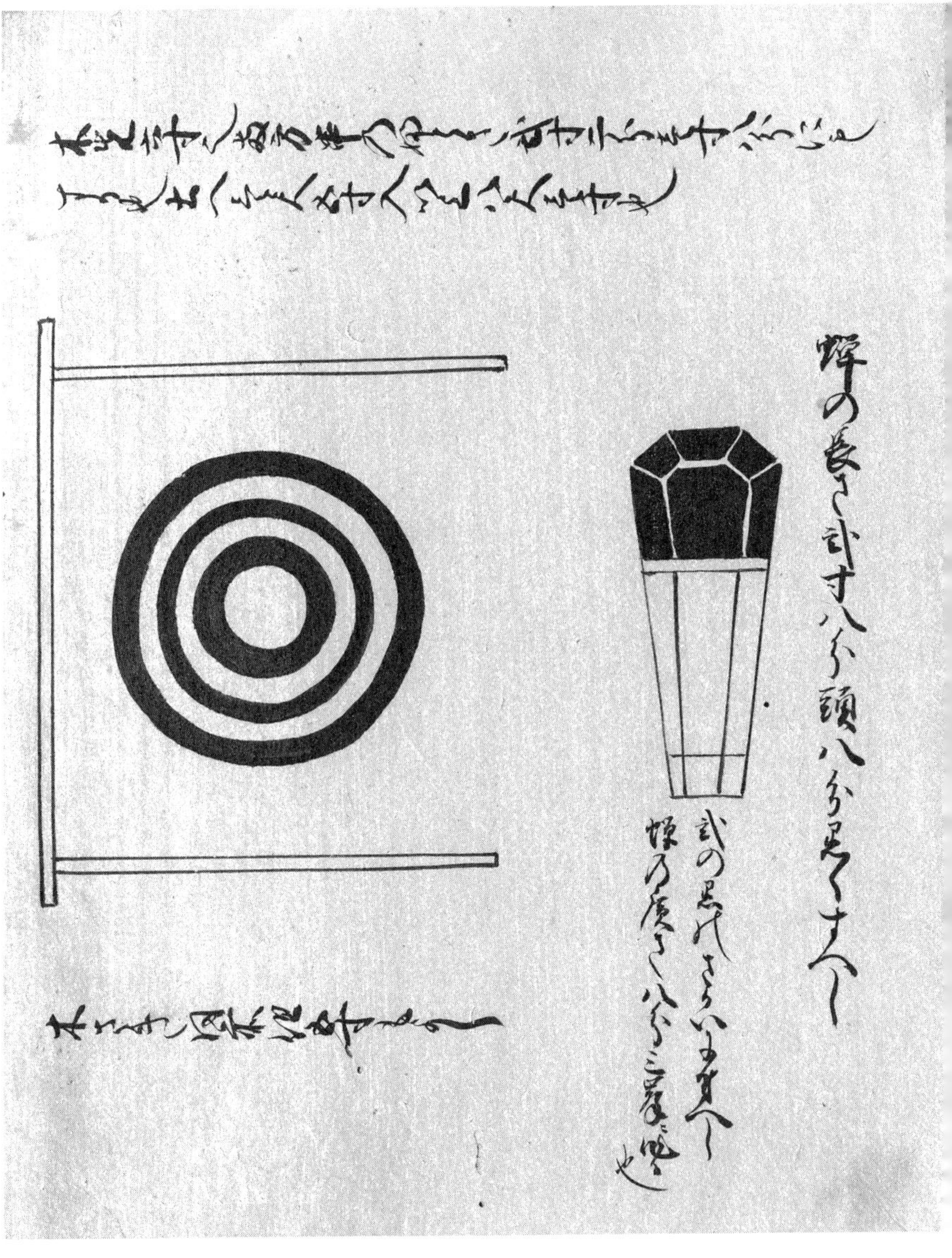

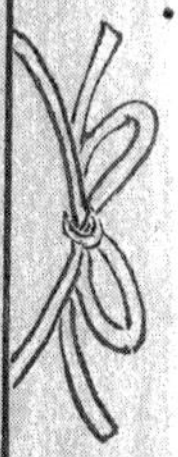

弓場始日記

一番　小笠原左衛門尉　○○○○○○
　　　山中右衛門尉　○○○○○○

二番　小笠原中務少輔　○○○○○○
　　　武田左馬允　○○○○○○

三番　大膳大夫　○○○○○○
　　　下枝源六　○○○○○○

年号月日

一　日記ハ紙一重紙
横ニ引て書様
如此候

一　歩射之日記者
矢ハ中りハ白外ハ
黒くする也弓始之
時ハ中りを黒く外ハ
白し

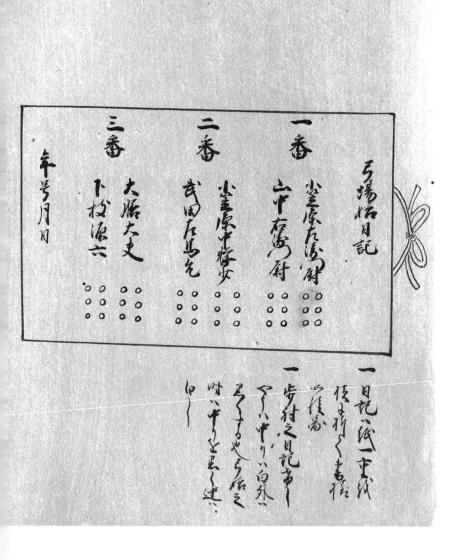

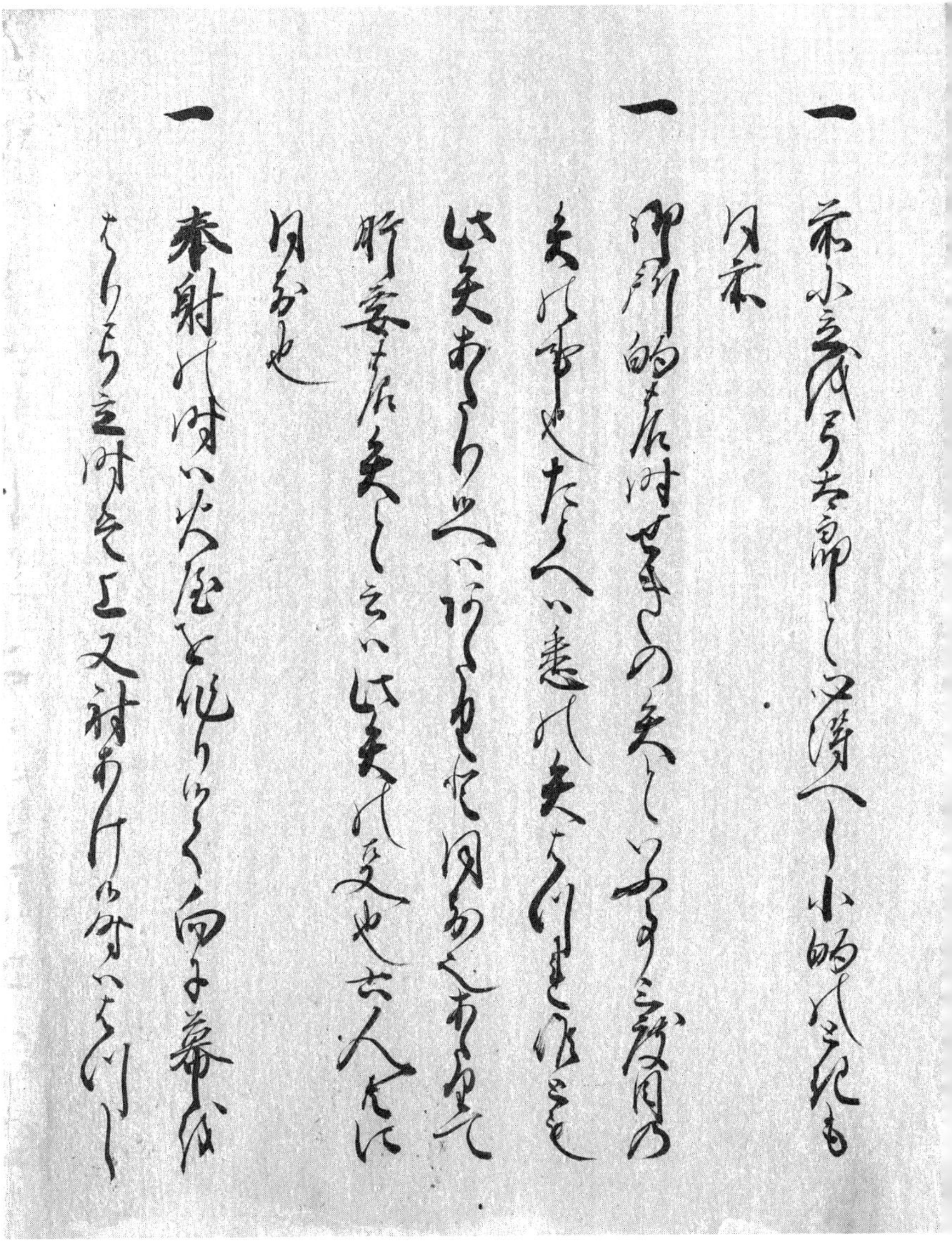

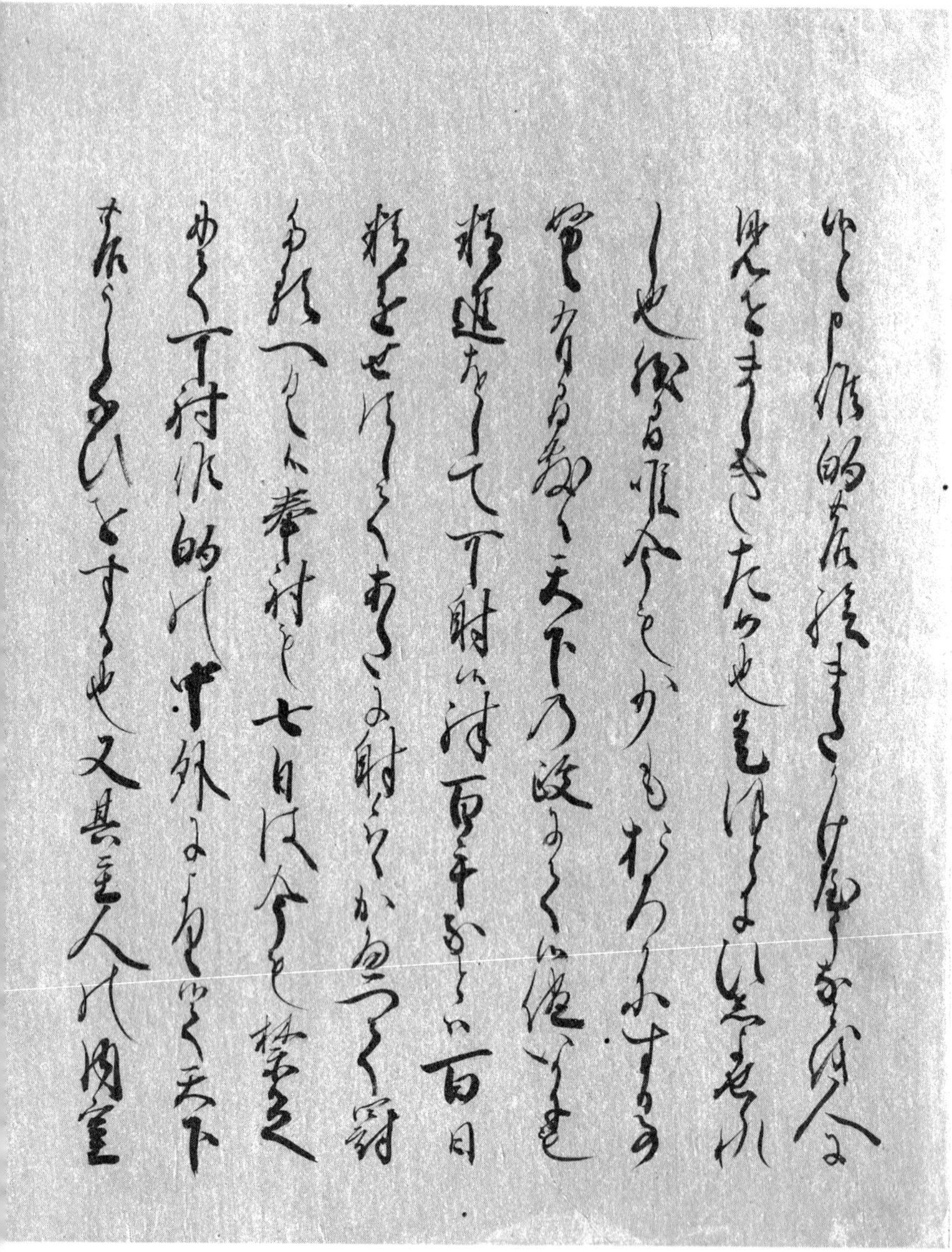

351　馬の書（裏）

懐胎なセ（ん）ばん男女ハ…ひ…がん
うゑひろく矢左ひゑ救ふと女の
辛まさ（ん）と流しさんまれあ（れ）よ
…ひ…く乃れ……ひ………
女也又はま…て男ゆ…れを…
粕をとりくわ…あし村…ち…
せれ

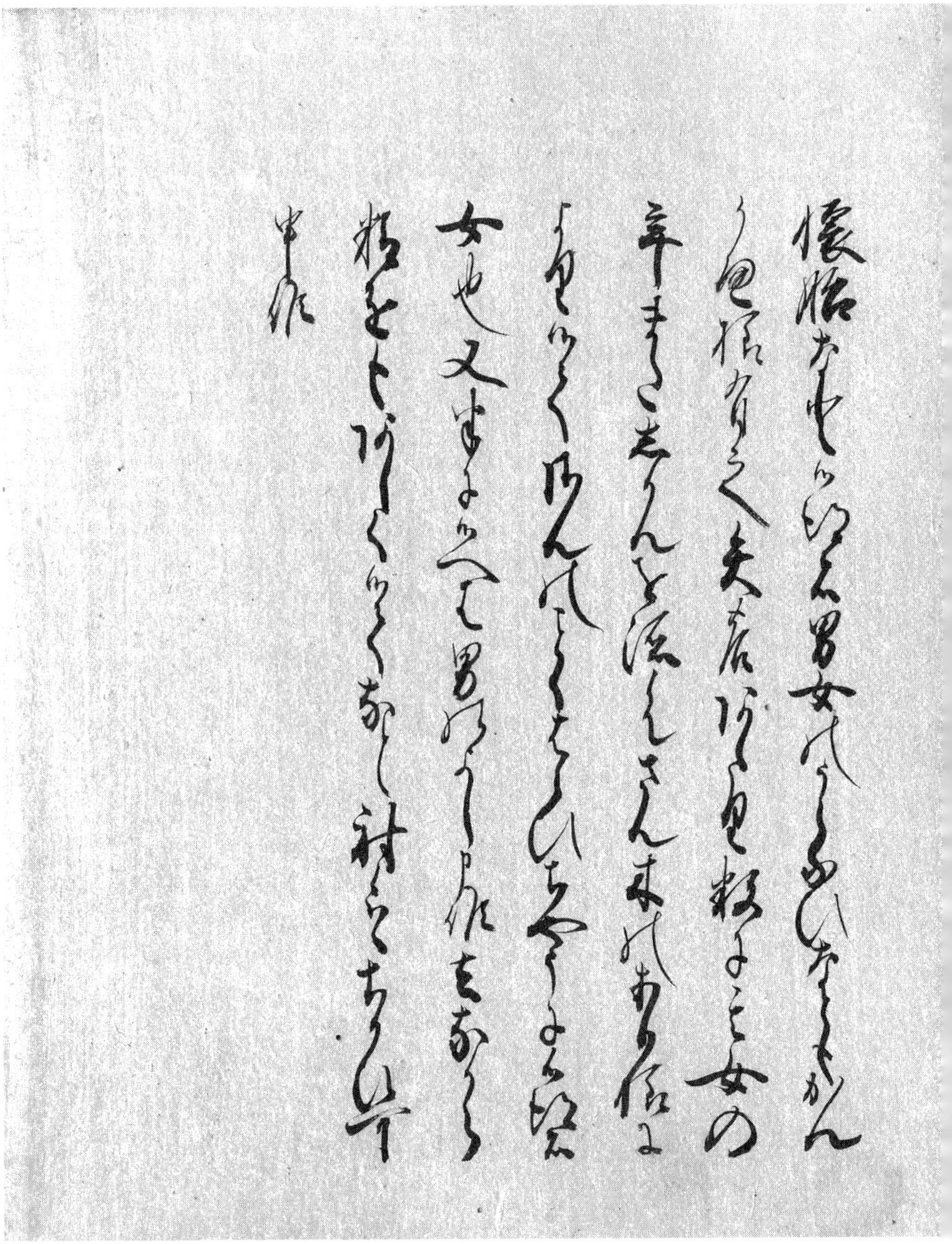

百手之事

一
百手の事ハ祈念のこゝろ小勤れ百以
めてし精進をして後すかんをこめて射也
百日乃斎をんし云伝へり的ハ五尺弐寸
装略也射手ハ組定以下射手ハ十
七日し同斎をもちゐの補を望に十一
まい為也一人前にも一枚宛之足
あまり花渇て為也　月輔草ゆかし

鋪一ハ円又ハ銭半也これ三面ともに定也
円たゝ木のにゆ也円ハ銭半より神半ゆへ
まる也重て半面銭とならのゝ二三円より
此算にてありあけく十二段まてくり此に積る
かゆる也大分ハ大後の成大後ハ大分の成に
ゆ也又村より人数ニ十一人ゆく十段
ある也夫数貳百四十かなへし円村に
半あけゆく村なる也十一人一段にある也
十一円のし夫をハ不付しくたるむとて

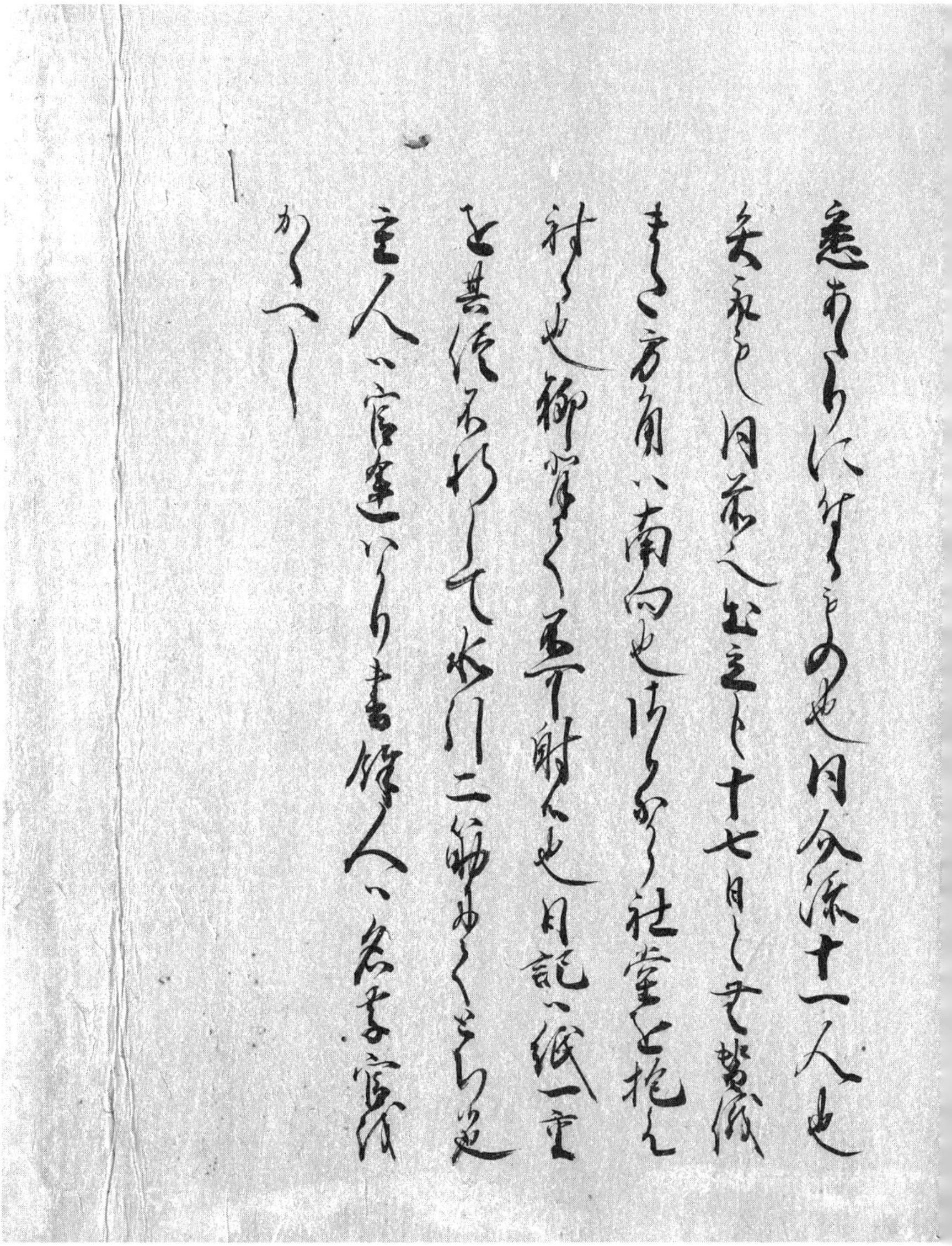
悉あたりにかゝるもの也日令数十一人也
矢数も日数之外立も十七日しも皆儀
まと方角ハ南向也けしかり社堂を抱ん
射る也御常をく五千射る也日記ハ紙一重
を甚深にわしてかけ二筋めくらし返
主人ハ官途いかり書修人ハ名字官位
かくへし

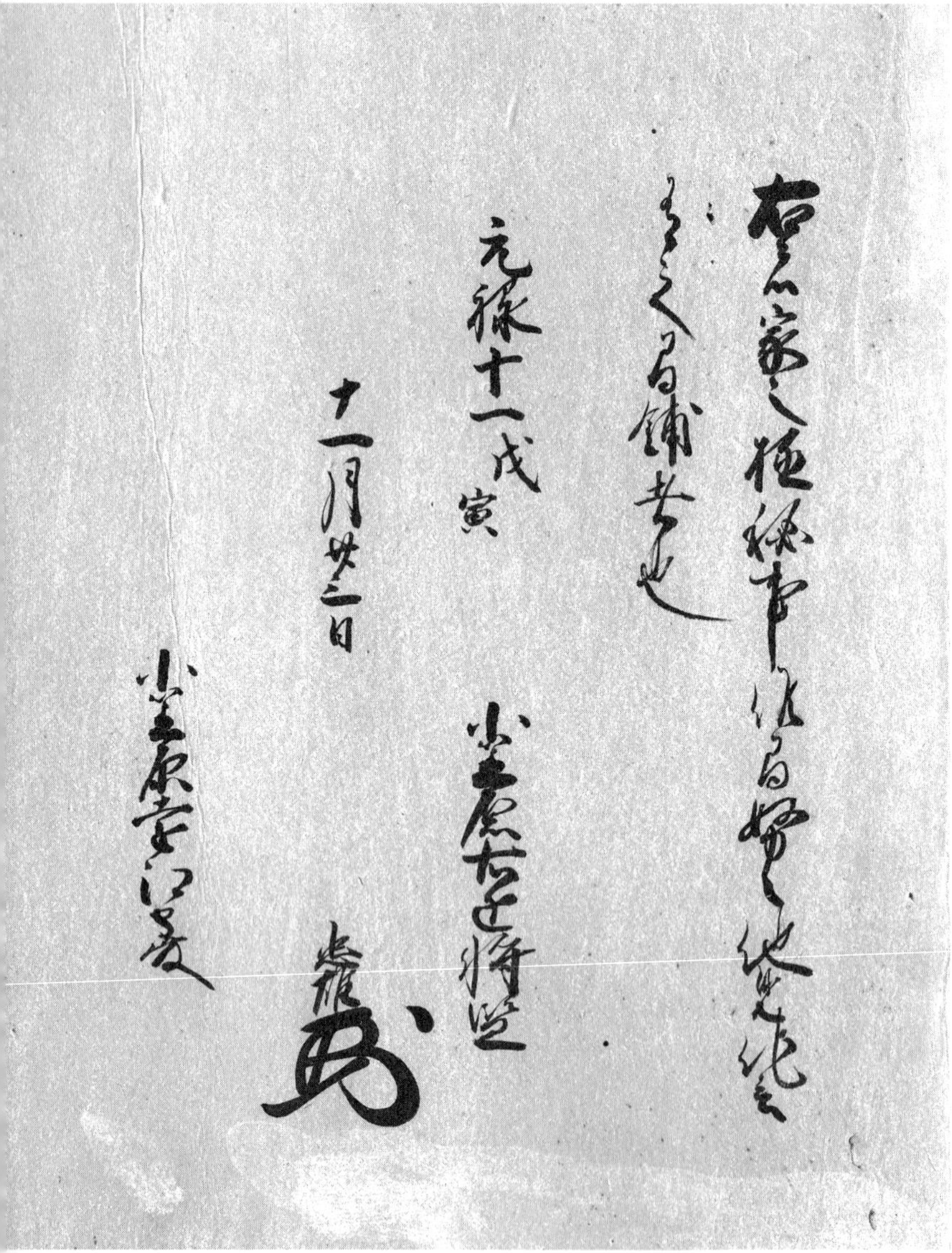

右ハ家之極秘書以自筆之伝授之
条々令相伝者也

元禄十一戊寅

十一月廿三日

小笠原右近将監

忠雄（花押）

小笠原豪江殿

第二部　翻刻編

1

（表紙）

七五三之書 矢払之事 産屋蟇目 誕生蟇目次第 奉射之次第 百手之事 三度弓之次第 半的 七所十所勝負

2

七五三

夫、弓法ハ武家の肝要也、怨敵をほろ

2 **怨敵**――おんてき。

ほし、国家を安する事、是、弓の功徳
尊に堪へなり
一一張の弓と云は、混沌未分の所也、払之放
と云は、無念無相の所也、口伝ニ有、是、本来
の面目也、不及言語也
3 一修行此法をおこなわは、ものいみする事
七日、新敷菰を敷、烏帽子、青襖袴を
着し、可勤也、其次第周行七歩
一的箭を一手右の腰に指て、蟇目を一つ
右に持、弓を左に持、扨、下に置時、弓竹を
内へ、弦を外へなして、引目を弓の上に入と
云字のことく置、其前に畏、九字護身法
を行、観念ニ云
南無八幡大菩薩　一返
4 南無摩利支尊天　同
南無愛染明王　同

払―祓い。はらい。罪、けがれをとりのぞく。

3 **青襖袴**―あおはかま。狩襖（かりあお）を着るときにはく括襖（くくりはかま）。

周行七歩　「周行七歩、忌み己に向かう、何処の者か焉」。

的箭―的矢。まとや、練習用の矢。

蟇目―引目。朴や桐で作った中空のやじり。射ると穴から風が入って音をたてる。

畏―かしこむ。蹲踞（そんきょ）すること。敬礼のひとつで膝と手を座につけて行う。

九字護身法　護身の秘呪とされるも

周行七歩　三返

以前のことく、弓と矢を持立て戴、両の脇乳の辺りに高く排籠、左右の足を踏汰て

扨、左の足より踏出し、三足先へ出踏汰て

左の脚にて数七つ踏、弦打三つ

摩利支天の呪七返

七遍

三足踏出し、踏汰て、左の足にて数三つ

右の足にて二つ踏、又、弦打[5]三度、魔利支天の呪五返唱て、又、以前のことく跡へ三足

（朱書注）よろい付三度アリ、左一度、右一度又左一度也、左ノ時ハ左ノ膝ヲツキ、右ノ膝ヲタツル、右ノ時ハ右ノヒサヲツキ、左ヲタツル

退て、よろい付有、謨羅俺と三返唱て、けんこんりていの呪有、又、以前のことく先へ出

左の足にて数二つ、右の足にて一つ、弦

ので「臨、兵、闘、者、皆、陳、列、在、前」の九つの文字を唱え、印を結んだり、刀印で横五本、縦四本を宙に切る

4 **汰て**—そろえて。

5 **弦打**　鳴弦のこと。矢をつがえず、弓の弦を手で引き、鳴動し、邪気を払う所作。

けんこんりてい—乾坤利貞。

本筈　弓の両端の弦をかける部分を筈といい、その下部の筈を本筈という。

打三度、同摩利支天の呪三返、以上呪も
　足踏も数七五三也

6
一七五三を踏納て、扨、弓を向へ横たへ、本筈の
方へ蟇目をなし、弓と矢をひとつに
合て、右の手に持、弓と矢を倒にたて、ヽ
膝をつかすして畏也
周行七歩　　　　　　三返
唱て右のことく、弓と矢を左右へ取分て
可戴、仍而如件
一変化の者を見出すに、鋒矢の伊の目を
左の目へ推当て、右の眼をふさき、変化
のものを見るに、其形顕然也、呪有

7
ねいたうそわか、此如、七返唱へし
一変化のものを射、惣而大事の物を射に、心持
弓箭の秘事也、能々可心得、くわんねん有
又哥も有

6変化の者―へんげのもの。化生のものなどのばけもの。

鋒矢―とがりや。先端が鋭くとがったやじりで、四立ての羽をつけた矢。えびらに差したときは中差という。

伊の目　形が猪の目に似ている、ハート形の刳り物。

7鹿嶋の神　茨城県にある鹿島神宮。古来軍神として武人の尊信が篤い。

張よりもはつれさりけり関東弓
　鹿嶋の神のそのちかひにて

加様に唱て、八幡を観念して射也、八幡と
弓と我と一体に観る也、無念無相端的也
此心持肝要也、弓を打上る所半月引分る
8
時日也、是又一円相也、此時の心持、払の放同
前也、然故に、生死共に弓矢をもつて納
る事、此故也、然則、弓矢に極る義也、たとへ
弓を不射と云共、武士たらん者、少も不可
容易に、殊更当家に生れたらん者は
平生此道にたつさハる、いさゝか油断を
いたす間鋪也、当家の儀ハ、貴僧高僧と
同前也、たとひ引導なしと云共、仏道に
いたらん事、うたかひなき儀眼前也

8 **一円相**―いちえんそう。欠陥のない円満な相、悟りを現す円。
眼前也　「眼前に明らかなり」の略。

9

一其後不動の呪

曩《ナウ》莫《マク》三《サ》曼《マン》多《ダ》縛《バ》日《ザ》羅《ラ》赦《ダ》戦《セン》拏《ダ》摩《マ》訶《カ》盧《ロ》灑《シヤ》
娑《ソ》沙《ワ》畝吒《タ》耶《ヤ》吽《ウン》怛《タ》羅《ラ》吒《タ》唅《カン》鉿《マン》

右の呪七返唱て、扨、矢筈を弦より放て少引出し、弦と矢を右の手に持添て、弓をたゝみにたて、引分て弦と弓の内より面を出して

一王為射得、三返唱へし（朱書き割注）ゑたりやおふいゑたりやおふおふいゑたりと唱る也

10

矢払之次第

一本尊に摩利支天を掛へし、但二親なきものは、二親のかいめうを書て掛へし片親持たらは、摩利支天を懸るなり

（朱書き割注）二親なき者ハ二親の改名を掛へしといへとも、主人之祈祷に執行するに親の改名ハ

9 **ゑたりやおふ**　心得てうまく受け止める。またはうまくし遂げた時などに発する叫び声。

10 **かいめう**―戒名。法名。

からひつ―唐櫃。脚が左右に二本、前後に四本あって、蓋のある入れ物。

穢布其上恐なれハ、いつとても摩利支天を掛たるかよし

一矢ハ鏑矢壱つ也、但かふら矢なき時ハ、的矢一手持也、右本尊の前にて、からひつ

（朱書き注）
但、矢をのせ置之様、式物又ハこもなと無之ハ、矢を下に不可置、其時ハ、腰にさす也

に腰をかけ、矢を下に置て、九字護身法をなして、扨、矢の羽かたを上へして、左に持、左右の足をふみそろへて、七五三をなすへし、初の七の時

11

一貪巨禄文廉武破　　七返

是をとなへて、左のかたより後へ一つ払又右を一つ左にてはらひ納る、又五の時唱五つ払は三つ、扨又、三の時、唱三返払三つ以上はらい、三々九度也、何も払度にほろをんをとなへへし

（朱書き割注七行）
貪巨禄文廉武破　一返ニ、へんはい一度宛　七返
是を唱なからへんはいを踏、左の足にて四ツ、右の足にて
三つ、扨、左の方ゟ後へ一つ払、又右を一つ左にて

---

11 貪巨禄文廉武破　陰陽道による北斗七星の各星の名称。貪狼星（子）、巨門星（丑・亥）、禄存星（寅・戌）、文曲星（卯・酉）、廉貞星（辰・申）、武曲星（巳・未）、破軍星（午）。人の生まれの干支は北斗七星のいずれかの星に属しているという考え。

ほろをん　一字金輪の呪。ノウマクサマンダボタナンボロン。

へんはい―反閇。陰陽道で行った呪法のひとつ。特殊な足踏みを行い、邪気を払い、正気を迎えるためのもの。禹歩ともいう。

払納ル、又唱」るうち、左の足にてへんはい三ツ、右の足にて二ツ、扨、右」より払、左一ツ、右にて払納、又唱ながら左にてへんはい二ツ」右にて一ツ、扨左ゟ払右一ツ、左にて払納ル」何も七五三ノ数也

12

南無諸行菩薩　　三返
唱て、鏑矢のいの目より、いきを吹出す也
的矢ならは十文字にして、其内より
吹いたすなり
摩利支天の呪七返、足踏七つ
一諸余怨敵皆悉摧滅、此唱をとなへ
一悪鬼尚不能以悪眼視之呪（ママ）、復加害
扨、弓の弦にて、しよゝおんてきと二度唱
其後弦音三度する也

13

産屋蟇目之大事

一射手、こもの上にて九字護身法をして

12 **諸余怨敵、皆悉摧滅**　「法華経薬王品」の一文。
悪鬼尚不能、以悪眼視之呪、復加害　「観音経」の一文。

13 **産屋**　出産のために使う部屋。

弓と蟇目を取、八幡摩利支天を念し
摩利支天の文を唱へ、足踏三つ、弓を引込
矢をはなつ時の歌
蟇目射るうふやの前の古たゝみ
君か心をとるにこそあれ

14

此歌を詠し可射、弦とまらぬ様に弓の
筈を可打、其時の文
一七難即滅、七福即生、繁昌博楽、帝王歓喜
右の唱一返
其後、左の足を右の足の方へ引つけ、つく
はい、弦あいを引、其弓と弦のあひより
的のあたりをにらんて、我か舌をいたし、なん
ほういた共観念すへし、弓をおさめ、うふ
神に酒をすゝめ、射手も呑へし、其時独
しきたいをすへきもの也

15

一的にたとう紙を置事、書字たとう紙

---

14 **七難即滅、七福即生、繁昌博楽、帝王歓喜**　「仁王経」の一文には、「繁昌博楽」を「万姓安楽」とある。
つくはい　うずくまる。
うふ神―産神。出産を司り、産児・産婦を保護する神。血の汚れをこの神だけはいとわないという。

15 **しきたい**　深く頭を下げて挨拶すること。会釈すること。礼を尽くすこと。

にあり、大事の秘事也、字ハ其子の名と
年を書也、たとう紙に向て、礼は是に
よつてなり、的へあたらんやうに、わきを
射る者也、悪魔を四方へよせぬ心もち也
筈を打事は、的をはつしたるといふ
はつを打、是によつて、筈のあふたと云也
聞神玉女のあひ、産所をいたき、射へし
条々仕形は口伝多、蟇目の音とまる事
有、去事あらは、射おさめに神頭にて可
射ものなり

16

一産所家こしの蟇目の事、是は生れ子
そたゝさる時、後懐人あらは、誕生の時に
至て家こしの蟇目をすへし、神通の
鏑矢にて、方ハ玉女を前に当て射へきなり
諸余怨敵皆悉摧滅、此唱をとなへ
悪鬼尚不能以悪眼視之況復加害

と。

たとう紙　檀紙や鳥の子などを畳んで何枚も重ねたもの。詩歌の草稿を記したり鼻紙にも使った。

聞神—ききがみ。陰陽道が、玉女神とともに祀る諸神のひとつ。その年によって祀る方角が異なる。その日の干支から三つ目に当たる干支の方角のこと。

玉女—ぎょくじょ。道教で祭る神の名。

16 **神頭**　神頭矢、的矢の一種。多くは木製で、鏑矢に似、先を平に切ったもの。

家こしの蟇目　誕生蟇目、祓いの蟇目とともに蟇目の法のひとつ。

神通の鏑矢　自在の霊力をもつ鏑矢のこと。鏑矢を賛美して言う。上差の矢。

17
一周行七歩、此唱をとなへ
心一筋に他念なくほつのはなしこれ
大一の秘事也、
一其時矢こたへすへし、口伝有
一若子誕生とあらは、其時至てましなひ
の弓、若子誕生と云時、蓬の矢壱尺弐寸
桑の木の弓、弦はすいかつらの弦、大床に
立、我か家の名を名乗り、東西南北、天
地と射るなり

18
一焼香七歩、諸余怨敵の唱をとなへ
一八幡摩利支天愛染を念して射へし、其
後、扨、ゑなを納へき事、土用ならはゑなを
桶に入、酒にひたして、大文字の代三百六十
四文添へて、吉方に三尺三寸土を堀て納へし
的見の方、其子生れたる、ふさかりの方を射へし
一産所の蟇目、一七日可射、仕形ハ口伝有、誕生の

17 **ほつ**―発。矢や弾を放つこと。初めて開く。現れる、明るみに出る。
矢こたえ　矢を当てたときの矢叫びに同じ。

18 **焼香**　周行か。
ゑなを納へき事　産後五日または七日に、胞衣を桶または壺に納めて吉方の土中に埋める儀式。
大文字　精霊送りにたく火。送り火。
吉方　その年の歳特神のいる方角。あきのかた。
ふさかりの方―塞がりの方。陰陽道

蟇目、又ハ、外の射蟇目、弓は二所藤也、又ハ三本藤にても射る、此一巻当家の秘事也

19
初に矢払すへし、観念心持有、努々疎早、他見有間鋪者也、我子一人より外に不可教、仍如件

20
誕生蟇目之次第

一ひとりしきたひと云事、是也、蟇目片手にて男子に三かひな、女子に二かひな射る也、打上をし、弓たおしをして射へし、引目かたてにて一かいない候て酒一こんつゝ、射る度に酒有、此時ハ肩を入、畏て弓のうらはすを堋の方へなして弦

21
を先へして、席の上に置、碟のたおひ返して酒を呑也、祝言至極の儀也

でこの方角に向かってことをすれば禍があるとして忌む方角。

20 **かひな**―かいな、腕。弓を射る回数。
堋―あづち。弓を射るとき、的の背後に土を山形に築いた所。

21 **たおひ**―たおい。ゆがけの手の甲を覆う部分。

22

一射手出立の事、上古にハ烏帽子直垂を着しひかうをはきて勤る也、当世はゑほしすわう袴にてひかうをはきて射へし
一堋の事、俵を三つ立て後に十二子の橋を横に置て、両の端にくいを打て、俵の中程に成るやうにして同俵を橋へゆい付る也、前にたゝみを横にうらを射方へなして立、是にすへひろかりの扇を三間開て串にして、たたう紙を立也たゝみやう串のたてやう口伝、扇ハ面をたてへし
一たゝみは白へりたるへし、一方のはしを上下ともに壱尺五寸さしのこし一むすひ結候也、むすひたる方を後へして立る也、むすひやう口伝

ひかう―鼻高。前端を高く持ち上げた形に作った革靴。
すわう袴―素襖袴。直垂の一種。室町時代に始まり、もと庶民の常服であったが、陪臣の礼服となる。

23
一たたう紙ハ切目を前の下へなして地より
　上六寸置て立る也、口伝
一方角の事、産屋を抱て射る也
　玉女の方へ向て誕生を奉告事、願念に有
一誕生候得は、則、勤の間日ハ不撰者也
一弓場の次第、席三枚を中を竪に前後
　を横に鋪へし、絵図のことし
一後の席に銚子、提瓶子一具蝶形に包て
　置、三盃くみ付たるへし、同俵二つ目絵
　図のことく置へし、扨、一かいな射てむかふの
　席へ盃を出し、それにて拘をすへし

24
一肴ハ長鮑、栗、昆布也、是ハ絵図に記之
一射手拘取二親持たる者の役也
一射手ハ家の子等の役、介添ハ射手と同し
　かくたいのもの酌取ハ平侍の内、然共射手
　介添共に主人心持次第也、五つ月の帯

23
席―むしろ。
銚子　柄を長くした、酒を盃に注ぎ移すのに用いる道具。
提―ひさげ。弦のある小鍋型の酒を注ぐ器。
瓶子―へいし。とっくり型の酒の容器。

24
同しかくたい　同格の者。
平侍　官位の低い侍。
五つ月の帯　妊娠五ヶ月目に安産を祈ってつける祝い帯。
式三献　三つの杯で一杯ずつ飲む一献を三回繰り返す、正式な饗応の膳。

の刻、右の役儀申付る也

25

一内にて祝言の酒有時ハ式三献たるへし
但、略儀には常のことく三献の酒も不
苦候

一射あけ候ても、弓と矢を座中迄持て
行、上座に立て置へし、惣別家の子つ
とむへき事本也

26

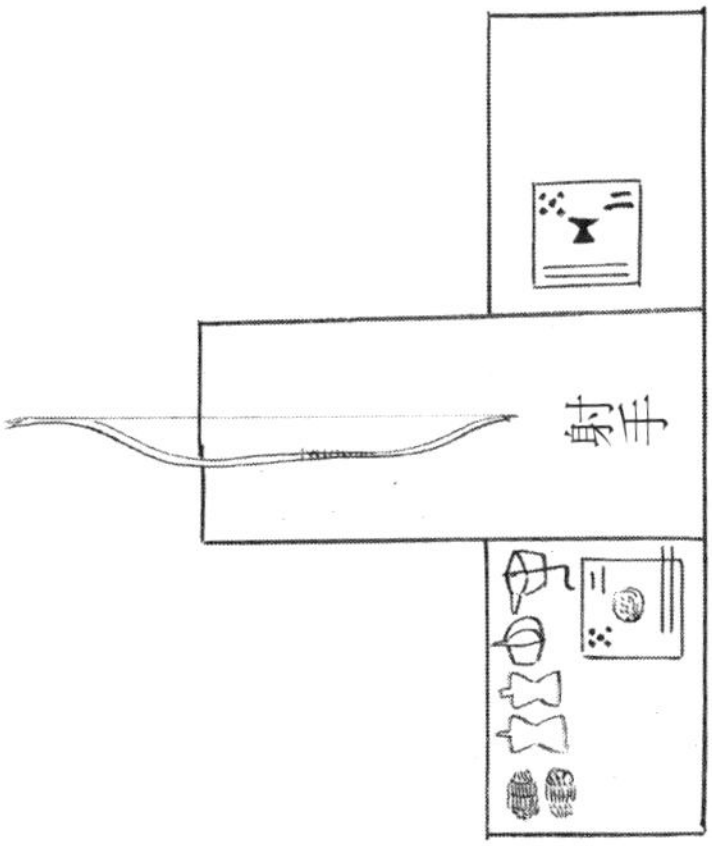

是ハ俵也

27

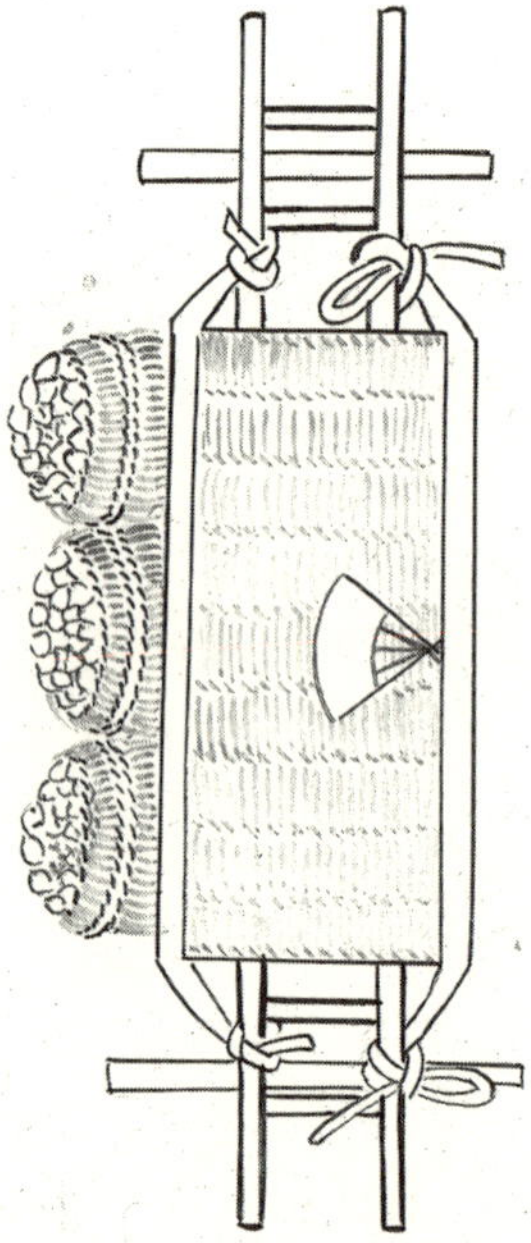

28

奉射之次第并的絵図

一射手六人一つかひにて、三度宛射る也、六人
矢数以上　卅六也
一出立の事、上古ハ烏帽子直垂にて鼻高
を履也、略儀には衣帽子上下にて射る也
一鋪革の事、毛を上にしてせとをりを
たつに折、扨、横に折候得は、四つ也、弓と矢に

29

取揃て向へさけて、くひかみを我か方へして

29向へさけて　向こうへ向けて。

持敷時、白毛の方をはなし、せとほりをハた丶みたるま丶にて、白毛を的のかたへなして鋪、白毛の方より立まハり、左の足にて、下に成端をふまへ、上の方を右の足にてのへて置く也、扨、鼻紙納候時は、矢しりを弓に取添て、左の手にてたたう紙扇を取て、右の方の鋪皮の下に扇にておさへておくへし、前弓後弓共に同前也

30

一弓立時ハ、前弓後弓見合て、同ことくに歩出、こも二枚の、前のこもに鋪合てきわに畏、右の手に矢に取添て弓を持、左の手にて紐をとく也、各口伝有之なり

一弓立て足を八文字にふみ、臍の下の通りに弓を横たへ、的と見合能々たち

くひかみ―くびかみ。鹿革の敷物の首の部分。
白毛―しらげ。鹿皮で作った敷き革の尻の白い毛の部分。
前弓　先に射る者。

30後弓　後から射る者。
弓立―ゆだち。ゆんだち。射手が身構えして立つこと。
鳥打　末弭（うらはず）の近くの反りのついた部分。

31

しつめて、扨、弓を取直し、右にて鳥打の下を取、三つかなわにたてゝ、はたぬきすわうの袖を左にて刀のさやの下より引まわし帯にはさみ、右のゑりをちのみゆる程おしのけて、扨、持たる所を四五寸下てとり、弦を上へなし右にて横たへてもち、其後搊をとり、くるりとかいこんて矢をつかひ、本筈を膝の節にかまへ、弟矢をはけたる矢のことく、矢しりを筈の方へ五六寸出し持

32

右にて又ゑもんをかひつくろゐ、是品也扨、矢しりをもち打上て可射、いあけてハ初持ことく鳥うちの下を取、右の方の足のきわにたて、左にて納候袖をはつしえりを引きたてゝ肩を入候、其後本のことく左へ弓を執直し、左の足をぬきしさり

31 **三つかなわ**—三つ金輪。右足、左足、本弭を三角形になるように突く。**弟矢**—おとや。はや（兄矢）おとや（弟矢）二本射ることを一手といい、後から射る矢のこと。**はけたる矢**　見えなくなった状態にした矢。

32 **品**　形。態度。**はや**—兄矢。一手のうち先に射る矢。

畏り、後弓射あけ候ハヽ見合て立へし

惣別、たかひに能々見合へし、

33

一弦切之事、前弓、はやにて弦を射切候ハヽ、

納候袖をハはつして、かいなを入て、もとの

ことく畏て張替へを待へし、相手ハ

射ましく候、弓構へをして、扨、かいそへ

張かへを持出へき様、常のことく弦を上へ

なしてもち出、後ゟよりて、すわうの

袖を右の手にてそともちあけて

渡候時、弦切たる弓をそと落して張替を

取へし、弦切れたる弓をハ介添取帰る也、

扨、本のよりのきのことく弓立へし、後弓

34

乃時射へし、又、後弓はやにて弦切候ハヽ、

前弓射間敷候、弓構をして俟へし、し

つけハ前弓同前なり、前弓後弓共に

弟矢にて弦切候ハヽ張替候へハ出間敷候

33 **かいそへ**――介添。

34 **矢取**　矢場で矢を拾い取る役目の人。多くの場合射手一人に矢取り一人付く。

もゝたて――股立ち。

一矢取出立の事、すわう袴にて返し
も丶たてを取、わらんしをはく也、矢取行
合時ハ互に手をつきて通るへし、矢を
取て持へきやう、左の手にて矢しりを持
右の手にて袖すりの節のもとをとり

35
介添渡時取なをして、右の方にて袖すり
の節の本を取かい、矢尻を持て左にて
袖すりの節のもとを取て渡也
一的場の遠さ、卅三杖に打て卅一杖に
立へし、是式法也、乍去所により候て其
うちもくるしからす候
一数塚の高さ一尺二寸、上の広さ六寸也
すなにてつくへし、後の数塚を些
的の方へよする也

36
一的の勢五尺二寸、絵図のことし
一串の寸法、横串七尺八寸、内のり六尺八寸

わらんし―草鞋。わらじ。
袖すり―袖摺り。矢羽根に近い節の部分。

35
的場　的を掛ける場所。
一杖―ひとつえ。並寸の張り弓の長さ。二・二一m。
式法　正式な方法。
数塚―かずつか。的場の弓立の辺りに砂を盛って築いた塚。当り矢の数を数えるため、矢を刺す所。
一尺二寸　一尺は約三〇・三cm。一寸は約三・三cm。

36
的　大的は五尺二寸が標準。中心から、小眼、一の黒、一の白、中黒、

たてくし地より上六尺六寸也、一尺五寸
地に入、ふとさ切口二寸計
一的掛やうハ、三方八寸下六寸に懸へし
木さき五寸斗宛出へし
一蝉の長さ二寸八分計、頭を黒くす
へし、三つ峯に作り黒と白との
さかいに付へし

37
一的かわの事、布を水色に染て、上にれん
せんを六所に付也、布ハ六の也、たけハ横
串より土きわ迄の尺也、すそを袴
のくゝりのことく縫て、六寸計縫さ
して菊とちを付へし、横串に引
からみて、竹を細く削て縫目の
ことくとちて置也

二の白、山形の黒（外黒）と称する。
勢　有様。
串　的を掛け、または、挟むのに用いる柱。
蝉　勝軍木（ぬるで）で作る。麻のより糸で作った緒を二か所に取り付け的に吊る。蝉の首を小眼に向け四方に付ける。
37 **的かわ**―的皮。矢の飛散を防ぐため的の後ろに張った布、又は皮。的串より二丈後ろへ張る。
れんせん―連銭。銭を並べた形の模様。
六の―六幅（むの）。布の幅を数える語。一幅は鯨尺で八寸から一尺。
菊とち―菊綴。水干・鎧直垂等の縫い合わせ目に綴じつけた補強を兼ねた飾り。

38　**39**

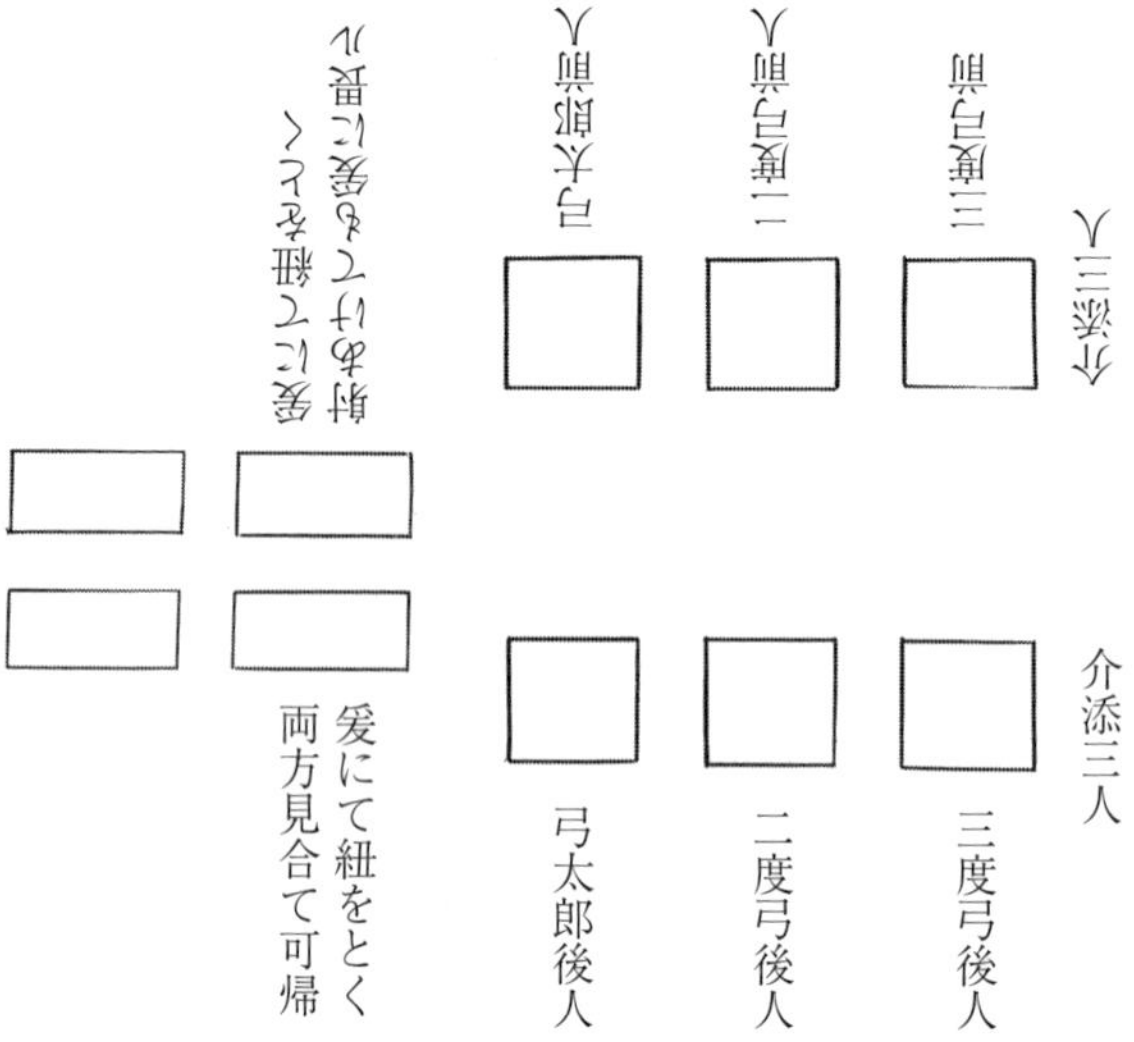

38弓太郎　室町時代以来、射場始め等の時首席をつとめる最も熟練した射手の称。正月一七日の弓場始めの大的式の時、一番前の射手で、射手の首席となる人物。

40

蟬の長さ弐寸八分、頭八分黒くすへし

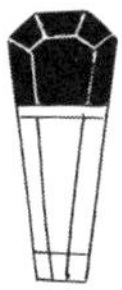

弐の黒のさかいに付へし、

蟬の広さ八分、三峯に作る也

木先六寸也、両方串のふとさ弐寸二分、壱寸八分にもする也

土へ壱尺五寸入以上、八尺壱寸也

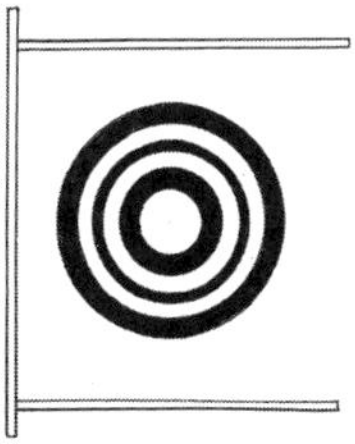

木さき同前、但五寸もよし

41

弓場始日記		
一番	小笠原左衛門尉	○○○○○○
	山中右衛門尉	○○○○○○
二番	小笠原中務少	○○○○○○
	武田左馬允	○○○○○○
三番	大膳大夫	○○○○○○
	下枝源六	○○○○○○
年号月日		

一日記ハ紙一重を横ニ折て書様如絵図

一歩射之日記、けしやうハ、中りハ白、外ハ黒くする也、弓始之時ハ、中りを黒く迯ハ白し

42

一前に立を弓太郎と可心得、小的之時も同前

一御所的の時、せきの矢といふ事、三度目の矢の事也、たとへハ悉の矢はつれ候共、此矢あたり候へハあたりと同前也、あたりて肝要の矢と云ハ此矢の事也、六人共に同前也

41 **中り**―あたり。**外**―はずれ。**迯**―はずれ。

42 **小的**　的の直径一尺二寸以下の的をいう。**御所的**　室町時代、新年に将軍家の弓場で行われた弓技。**せきの矢**―関の矢。**火屋**　簡単な覆い屋。

43

一奉射の時は火屋を作り候て、向に幕を張、弓立時ハ上、又、射あけ候時ハはつし候と申候、的の絵、又、かけやうなとを人に見せましきため也、これ程にひしにせられし也、然間唯今も少もおろかにする事努々有間鋪候、天下の政にて候まゝ、いかにも精進をして可射候殊、百手なとは百日精進せすしてあたに射候ハゝかへつて罰たるへし、奉射も七日ハともきんそくにて可射候的の中外により候て天下のうらなひをする也、又、其主人の内室くわい胎なと候へハ、男女のうらなひなともかんかへやうこれ有、矢のあたり数に其女の年

44

又、しかんを添候て、さん木のありやうにより候て、さんのことくはらひ、ちやう

43 **ひし**　秘事。
おろかに―疎早に。おろそかに。
百手―ももて。祈願立願の旨ある時、或いは、その家に怪異不審の事ある時執り行う。
きんそく―禁足。

44 **しかん**―支干。干支（かんし）。えと。
さん木―算木。易で交を組合わせて卦の形を表す道具。

に候へハ女也、又、半に候へハ男のよし申候、
乍去、精進も悪鋪候てなと射候ハヽ、違
可申候
45 （白）

46 百手之事

一百手の事、是ハ祈念の為に勤る間、い
かにも精進を可致事肝要也、昔ゟ
百日のしやうしんと云伝へり、的ハ五尺
弐寸の的也、射手の出立以下射るやうも
十七日と同前、乍去、こもの鋪様竪に十
一枚敷也、一人の前にこも一枚宛也、三尺
47 余り宛隔てヽ鋪也、同敷皮も如此鋪へ
し、同又くしを打也、弓立所を可定故也
同たう木の心得也、同くしを打事、初打

ちやう—ちょう。占いにおける丁・半の丁。
半—はん。丁・半の半。

47 **敷皮**—しきかわ。毛革でつくった敷物。
大前—おおまえ。射手の列から最初

たるまゝ也、重て打なをさぬ物也、二立目より次第にくりあけ〳〵、十度迄如斯弓場をかゆる也、大前か大後になり、大後か大前に成候心也、又射手人数之事十一人にて、十度弓立也、矢数弐百四十たるへし、同射様ハ打あけにて射る也

48

十一人一度に弓立也、十度目の乙矢をは不射してはさむとて、悉あたりに付る物也、同介添十一人也、矢取も同前也、出立も十七日と無替、俄又、方かくハ南向也乍去、社堂をいたき候て射る也、聊背て不可射候也、日記ハ紙一重を其侭不折して、水引二筋にてとち候也、主人は官途計書、余人ハ名字官を書へし

49

（白）

に出て弓を射る者。

大後―おおあと。最後に射る者。

48 **いたき**―いだきて。対面して。

官途―かんと。官職。

50

三度弓之次第

一弓始の事、正月四日当家の政、又ハ十七日の稽古のために是を行、射手の出立矢取以下装束迄も、十七日と同前也、同十七日と云は歩射の事也、是ハ天下の祭たり、然間、上古にハ百日の精進にて勤る也、到に今大方可為其趣

51
一的の事四半也、かんなかけを四つに切て立也同切的ともいふなり
一的数の事、三十六用意すへし、縦あたらす共、木声出候ハ、懸替へし
一串の長さの事、地の上六寸に立へし壱寸地に入へし、五分はさむ所也、切目を前の下へなして立へし

51かんなかけ　薄くそいだ木に鉋をかけて美しく削った板。
木声―もくせい。木を撃つ音。

一堋の事、畳をたつる也、うらを定むへし
何も口伝有

52
一弓場の遠さの事、七杖半にて射る也
一方角の事、へうひをふみて年徳を
いたき、わうはんを射へし、雖然、家を背
て射事有間鋪也
一あつちを定る事、先其家をいたきて
背候ハぬやうにする也
一射手人数の事六人也、一番つゝ弓立
て三度宛射る也
一出立の事、上古には烏帽子直垂にて
ひかうをはく也、当世直垂を略するとも
烏帽子すわうにてひかうをはくへし

53
一弓ハ白木の弓也、矢は神頭也、奏射の
時も神頭なり
一弓場へ出る時ハ、弓をかひこみ、矢をは

52 **へうひ**―豹尾。陰陽道の八将神のひとつ。豹より激しく猛悪の神とされる。その方位を汚すと祟るという。**年徳**―としとく。陰陽道の歳徳神。一年中の福徳を司る神。この神の方向に向かって事をなせばすべて大吉であるという。**わうはん**―黄幡。おうばん。陰陽道の八将神のひとつ。軍陣の守護神。その年のこの神の方角に向けて弓始めの弓を射れば吉。

神頭たけ出して持也、同敷皮を取添
持て出也、敷皮の敷様なをり様条々口伝有
一介添六人也、一人に独宛也、出立ハゑほしす
わう袴にて、返しもゝ立を取也
54一矢取の事、とれも六人也、出立ハすわう
袴にて、わらむちをはくへし、袴に
くゝりをとるなり
一矢取返り行逢時ハ、互に手をつき礼を
するなり
一矢取介添の方へ矢を可渡事、筈の方を左へ
なし、すわうの袖にて取くるみ候心にて
矢尻をかゝへ候て渡へし、同介添主人へ渡様如常
一扇たたう紙納所、口伝有
55一日記ハ紙一重横に折て、懐紙のことく
水引にてとつる也
一射手こも鋪様の事、先、たつにこも

54 **くゝり**　狩衣や指貫などの裾や袖につけて口をすぼめるためにある紐。

お敷、扱、横に又二枚敷也、鋪やう条々
口伝有之
一射手一つかひいてこもへ移る時、弓は
矢摺藤の少上をもつ也、互に見合歩み
よりて、先、横に敷たるこもに畏へし
さてこゝにて紐をとく也
56
一紐納様、口伝に有之
一弓立時、互に見合弓かまへすへし
一弓をつかふ事、弟矢を袴の前腰に
笘をもたせて立る也、何も品多、口伝在之
一射手ハ何れも同名家子の役也、同弓太郎
ハ親類の役なり
一弓太郎といふハ一番に弓立前弓の事也
其後を二度弓の前弓後弓、三度目の
前弓後弓と云也、次第ハ日記にしるすことし
57
一三番目の前弓ハ主人射也、後弓ハ射る者

57 **文台**—ぶんだい。ふだい。書籍・硯

定りたり、口伝有、年男の役也
一射手の前に畳を敷候て、筆は文台ニ
向ているなり
一日記の付様ハ、次第を先内に書候て、扨
絵図のことく星を付候て、あたり外
によつてけす也
一星のけしやう、昔ははつれをけす、今
ハあたりをけす也、其子細ハむかしハ外る丶
事すくなく、当代人不嗜にしてあたり
すくなし、それよりあたりをけす也
58
一射時ハたかひに見合打あけ、弓倒しにて
射るなり
一射あけてハ、弓を馬手へ、足のきわに立
て、はたぬきを入、足を引さまに弓を
取なをし畏、互に見合候て、本座へ
かへる也

箱などを載せる台。

58不嗜―ふし。たしなまず。
馬手―めて。右手。

59

敷皮こもの鋪様、如此

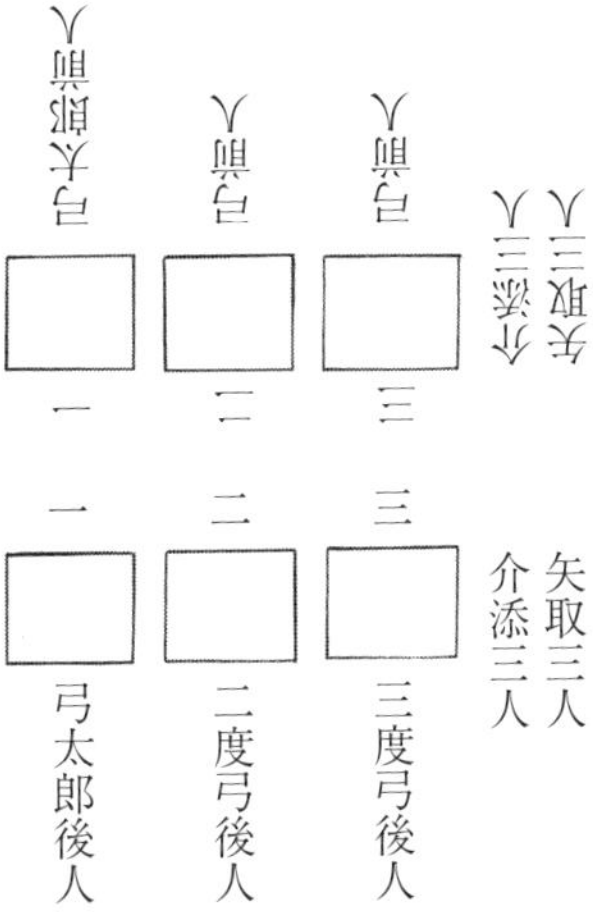

60

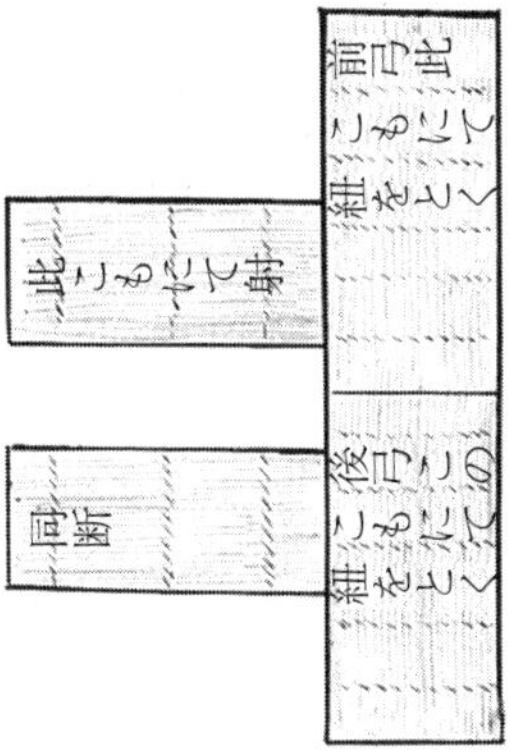

61

弓初之日記

名字官
弓太郎　○○○○○○

一番

名字官
後弓　○○○○○○

名字官
前弓　○○○○○○

二番

名字官
後弓　○○○○○○

官斗　○○○

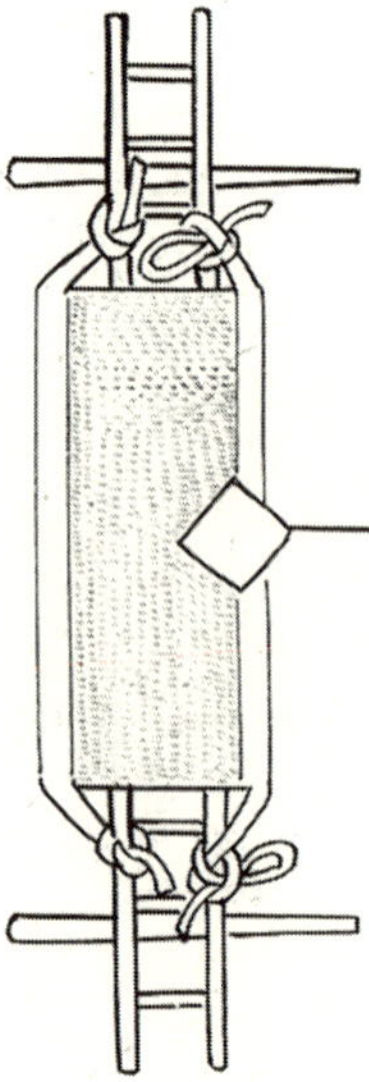

三番
主人　〇〇〇
後弓　〇〇〇
名字官　〇〇〇
年号月日

62 一四日十七日百手なとの時、弓をおつとり向時の心持
一胎蔵界の手に、法華十四品と指を開て矢を取也
一金剛界の手に、是も法花十四品と指をひらきて弓を取、左右を合て廿八品也
一三よ神影向と弓を構へ
一和光同塵は結縁を始と、足をひろう
一無量寿仏の定印を結んて、法報応ニ畏り
63 一やうらくをおさむると紐をとく也
一よりぬきハあはうんのへんはい也
一あひらうんけんとはたをぬく

62 **胎蔵界**―たいぞうかい。密教で大日如来の理の方面を代表する。
金剛界―こんごうかい。密教で大日如来の智の方面を代表する。
和光同塵―わこうどうじん。仏が日本の神として現れること。
無量寿仏―むりょうじゅぶつ。阿弥陀如来。
法報応　大乗仏教で説かれる法身・報身・応身のこと。
63 **あひらうんけん**　胎蔵界大日如来の真言。地水火風空の五大を象徴する。この真言を唱えると、一切のこ

一ひかへたるハ今生、放ハ後生と観念する
一兄矢ハ現世安穏、乙矢ハ後生善所
一なおる足は、うん〳〵ほろんの三足也
一阿弥陀の定印を残して、諸願成就
　とかしこまる
64 一天長地久と弓を取て、八相成道は
　りもつと足を拾て、本座に帰る也
65 （白）

66 半的七所十所勝負之事

一七所勝負ハ、十四張にて七間立也、十所勝
　負ハ、二十張にて十間立也
一的ハ半的也、串も同前也、半的とハ五尺二寸
　の半分也
一的掛様、蝉以下絵の書様、何も大的の

とが成就するという。
現世安穏　後生善所　「法華経二」による。
八相成道―はっそうじょうどう。釈迦が衆生に示した八種の相。

64 **りもつ**―利物。仏の冥加。利生。
拾て―ひろいて。徒歩で歩む。

66 **半的**―はんまと。大的の半分、直径二尺六寸。
大的―おおまと。直径五尺二寸。

ことし、但大的に相替躰ハ万勿論也

67
一的串ハ小垜の内に串を立候て、的を懸へし
少前へ出し候てくしを立候て能也、何も口伝
一的串ハ黒く塗へし
一的掛やうハ、串にちいさくくわんを三つ
打候て、それへ蝉縄を引返候て、引
返しに留る也、何も口伝在之
一的絵の寸法の事、外のくろ一寸五分
次の白壱寸、中の黒一寸、次の白一寸
内の黒弐寸五分、中の白一尺九寸、凡如此也

68
一的つりやうも三方四寸宛、下三寸に
さたむへし
一蝉の長さ壱寸五分斗可然候、頭五分尾
一寸合一寸五分のはんにすへし、大的
のせみのことく作候て、頭を是も黒く
すへし、同広さハ四分斗に能也、頭の

67 **蝉縄**—せみなわ。蝉に通して的串に掛けるための縄。

広さの寸也、尾ハ細く見てよきやうに
作候もの也、何も的に恰好候て能やうに
する事肝要也、能々可心得

69
一串の寸法三尺九寸程も能候、内のり三
尺四寸、立串地〻上三尺三寸、七寸五分地に
入也、ふとさ切口一寸余可然候、何も条々
口伝有之
一矢代打様の次第、小的と同前也、乍去、貴人
の御くし斗取分て、腰に指候て何方
に御くし打可申と披露して、主人
次第に余人の矢代に取替候て、大前成
とも大後なり共、主人の心に任すへし

70
一同如此披露に不及、打へき前に伺候て、打ても
能候、其段ハ時宜により、又ハ時にしたかふ
ことも候あいた、一へんにハ不可定候也
一小的のことく各矢代を持候て出、とう木を

69 **矢代**―やだい。射手を二組に分けるため、射手から矢を一本ずつ出させ、二本ずつ手に取って交叉するようにふり落として、上矢と下矢を決め、上矢の組と下矢の組を編成すること。

はつし候て一つつ、置候也、大後よりまハり候て矢を揃、大前にて些立しさり矢代を三度合候て、扨、一つ宛打也、小的とハ相替候也、少間遠く打へし、何も口伝在之也

71
一矢代を組候事ハ、小的の儀也、半的おき的の時ハ矢代を組さる也、一つ置にて候
一かけの事、本式はくわの物也、乍去、当世代物にて候、以上を十疋五十銭、又其以下いか程も又ハ過分にも、主人の心にまかすへし何れも時宜に寄、事に随ひ候間、一へんにはさたまるへからす候也
一代物取さたの事、うまり矢なく候へはあたり次第に勝負可有之事候へ共、くし次第に勝負有之事候間、不及是非候

72
一一立射候てハくしを取、其次第に勝負在之なり、七所にてのくしにて候間、七所勝負

72 **筆台**——ひつだい。筆をのせておく台。

73

といふ也、同十所勝負も十所にて鬮を
取候間、十所勝負とハ云也、但、其段も鬮
を筆台に入候て持てまハりとらせ候へとも
人により罷出候て、取事ハ勿論也、乍去、七所
勝負十所勝負と云心得、此趣をもつて也
能々可相心得
一鬮の事、木にても竹にても仕候へとも、本式ニハ
紙にて書候て、筆台に入候て、まハし候か能也
たとへハ一ふたつ、二ふたつ、三ふたつ、四ふた
つ、五ふたつ、六ふたつ、七ふたつ、如此有へし
一同十所勝負ハ、一ふたつより十ふたつまて
書候てとらせ候也、七所勝負ハ七度取也、十所
勝負ハ十度取也、何も口伝有之也
一七所勝負十所勝負ハ、上矢下矢のさ
たもなく候、相手きみの意得也、鬮次第に
勝負在之事に候間、誠よく仕候と存候共

74

無矢に成儀、くしを以定められ候ゆへ、ほひなき処存たるへし、雖然、古へより如此用来候間、不及是非云々
一七所勝負十所勝負ハ、惣別一手矢片手矢の沙汰も、小的のやうにハなく候、鬮次第の事候間、右にしるし候ことく也
一但、悉なかれ候て勝負なき時ハ、鬮ハ取間鋪也是は自然の儀也、半的になかれ矢はある間敷候へとも、鬮次第の勝負の間、ケ様にハ記置物也、何も能々分別有へきもの也

75

一同如此の時くしを取時、其内にしや有へしたとへハ鬮を取時、くしあひて同くしなれハ、勝負ハ無之もの也、是は矢数同し矢数の時の事也、可心得也
一日記大前にて付る也、先、かり日記に付て後清書する物也、仮日記の時も、七所勝負ハ

74 **一手矢**—いってや。甲（兄）矢と乙矢をおのおの一本を組み合わせたもの。**片手矢**—かたてや。片矢。一節の矢。**なかれ矢**　的をはずれた矢。

75 **杉原**　杉原紙。

76

紙七数とち候て、たて紙に付る也、惣別、本
式にも杉原七枚竪紙に懐紙なとと
ち候やうに、水引にてとつる物也、可心得、同十所
勝負も仮日記の時も、十数に付たるか能候
ケ様に候へハ清書に手間入ぬもの也、能々可
意得、主人貴人ハ官斗書也、各ハ名字官
勿論也、貴人をハ余人ゟ少上て書、是故実也、可心得
一矢数付様の事、一文字を付る時は、一人の
前に七つ宛也、同又星の時ハ十四也、同十所勝負
ハ、一文字一人の前十也、星ハ廾也、能々可心得
一矢数けしやうの事、一文字の時ハ兄矢
乙矢に点を懸る也、兄矢ハ右、乙矢ハ左也
星の時はけす也、能々可心得、何も条々口伝

77

一拾を仕人有時ハ、鬮次第にても拾のきほ
無之候あいた、ケ様の時ハ勝負の取ハくし
次第にも候て、主人より褒美有之物にて

76一文字　92丁以下の図を参照。
星　87丁以下の図を参照。

候、よく〳〵こころへ有へし

一同日記付様、拾の時ハ矢数の下に拾と付る也

一文字の時も同前にて候、何も仮に付候、清書の時心得にて右のことく付へし

78
一矢取両人宛替り〳〵に取へし、小的も同前に候へとも、取分半的の時ハ射あけ候て各出し合候て、矢取に代物を遣す物也、是ハ十日程も射候時は、三度程必出し候て能候、上古ハ毎日出るよし、日記には見えたり

一日のうちに二三度射候共、七間立十間立たるへし、其内を射て置事ハ無之事也

能々意得へし

一物別勝負の的ハ同前といひなから、取分半的ハ弓稽古のためとハ申なから、一段と古ハ取行ひたる趣なり

79
一七夕に七種の遊にも、犬追物過候て的の時ハ

78 **矢取**―やとり。矢を拾いとる役。

79 **七種の遊**―しちしゅのあそび。七夕祭に牽牛・織女の二星に七種の品を手向けるため遊びをすること。

半的を用たりし由候、小的も勿論也、此時ハ
くわの物にて候、代物のかけハ無之也
一くわの物の時ハ、一人の前に七種宛持てより
候也、代物の時は、十疋かけなれハ、一人の前一
貫四百文也、五十銭なれハ七十疋宛成へし
大方此趣をもつて其下も分別有へし

80
一くわの物は、弓太刀韘矢同、矢の根弦靭鞍
かひくの類等也、同一束一本巻物或ハ馬ひ
さくなとも出し候也、其外色々品々数
あるへし
一御的の時、ろくを給候時も、御太刀弓征矢等
なり、能々意得へし、同くわの物に弦袋なと
も出し候てくるしからさるよし有之也
何も一へんにハさたまるへからす候、条々口伝

81
一弓場へ出る次第、是も小的と同前也、弓をは
左にさけて持、矢筒と鋪皮を右に取

80 **かひく**―かいぐ。皆具。馬具一式。
馬ひさく―まびしゃく。馬に水を与える時などにつかう柄杓。
ろく―禄。かずけもの。当座の賞与。

添て持て出る也、扨、弓たての所へ行、弓を立かけて置、矢筒を釘に懸ておき敷皮をのへ候てなをるへし

一弓をたてかけ候て置く事、弓立のかう木ニ釘を打て、夫にうら筈をもたせ候て置もの也、右の方に三尺余に釘を打也、矢筒をかけて置也、弓場の躰小的のことし能々相心得へし

82
一可然仁は介添持て出、敷皮をしき矢筒をも懸て置也、但此段ハ貴人の事也大方の人ハ、縦賞翫の人なり共、我と持て弓場へなをり候て能候也、人により介添一色もちて出る事も勿論也、何も弓と矢ハ、主と持候事能候也

一此段ハ平人の少の高下の時、如此たるへし主人なと遊し候時ハ、介添の沙汰努々有

82 **賞玩**―しょうがん。身分などが高いこと。

少―しょう。わかいこと。

間敷候也、心得へし

83
一鋪皮も貴人の御前にてハ折かけて、いかに
もそと腰斗かけてなをるへし、のへ
候事ハ無之候也、能々可心得
一惣別、射くみの人数ハ、何も敷皮をハ敷へし
常の礼儀にハ相替事候間、能々可有分別
一敷皮鋪様の事、常のことし、毛の方を
地へ付へし、緒の付たる方を後へする也、可心得
一敷皮の事、これも鹿の皮本也、うらを布
をかきかあさきに染候て付る事、本にて候
虎の皮なといかにも能候共、不用也、能々可心得

84
一一段の貴人又主人なとあそハし候時は
毛氈をしき、其上に御敷皮をのへて敷候て
能候也、是第一故実也、各敷皮をしき候間
如此故実也、分別有へし
一日記付候人ハ大前に居へし、畳を敷候て

84 **虎の皮**―とらのかわ。敷物として珍重された。

85

文台に向ひ候てなをる也、筆者ハ膝を立すしてしかとなをる也、いか様の貴人の御前なりとも、膝を立候事ハなく候、よく〳〵可心得、日記付る人ハ、矢数に精を入て、少も油断なき事第一也、此趣分別すへき事肝要也

86

一的掛やう凡如此也、くわんへ通し候て扠、かくのことく、引返しに留る也、何も右にしるし候ことく也、能々相心得へし

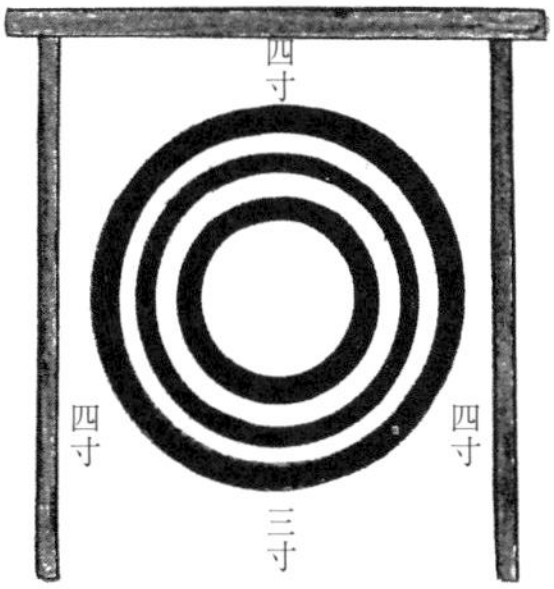

85 **くわん**――管。

86 **まくくし**――幕串。まくぐし、幕を張るためにたてる細い柱。
かなつき――金突。銛の類。

一串ハ地へ立候所をハ、まくくしのことくかくに
先を細く削候て能候也、かねをのませ候てかなつ
きなとのことくに候てもよく候也

87

一星の時、一人前十四宛也、矢数ハ消也、拾の時ハ如此

七所勝負之日記

大膳大夫	○○	○○	○○	○○	○○	○○	○○
小笠原左衛門尉	○○	○○	○○	○○	○○	○○	○○
赤沢伊豆守	○○	○○	○○	○○	○○	○○	○○
西原市介	○○	○○	○○	○○	○○	○○	○○
小笠原伊太	○○	○○	○○	○○	○○	○○	○○
小笠原清六	○○	○○	○○	○○	○○	○○	○○
赤沢左衛門大夫	○○	○○	○○	○○	○○	○○	○○

88

松尾又助	○○	○○	○○	○○	○○	○○	○○
三好源右衛門尉	○○	○○	○○	○○	○○	○○	○○
山村弥兵衛尉	○○	○○	○○	○○	○○	○○	○○

小原喜介　○○○○○○○○○○○○○○
下枝甚助　○○○○○○○○○○○○○○
小田切平八郎　○○○○○○○○○○○○○○
山本惣介　○○○○○○○○○○○○○○
天正十年〻〻三月十一日

89

一十所勝負星之時は、如此一人前廿宛可有、矢数は消也、つ、の時は是も下に拾と可付

十所勝負之日記
大膳大夫　○○○○○○○○○○○○○○○○○○○○
松尾右衛門尉　○○○○○○○○○○○○○○○○○○○○
山本民部丞　○○○○○○○○○○○○○○○○○○○○
小笠原宮内少輔　○○○○○○○○○○○○○○○○○○○○
赤沢出羽守　○○○○○○○○○○○○○○○○○○○○

90

山中右近丞　○○○○○○○○○○○○○○○○○○○○
原甚介　○○○○○○○○○○○○○○○○○○○○
大田勘介　○○○○○○○○○○○○○○○○○○○○
森市助　○○○○○○○○○○○○○○○○○○
柳本新右衛門尉　○○○○○○○○○○○○○○○○○○○○
小笠原又八郎　○○○○○○○○○○○○○○○○○○○○
冨田惣九郎　○○○○○○○○○○○○○○○○○○○○
小笠原源右衛門尉　○○○○○○○○○○○○○○○○○○○○
本間民部大輔　○○○○○○○○○○○○○○○○○○○○
中沢甚四郎　○○○○○○○○○○○○○○○○○○○○

91

松本又右衛門尉　○○○○○○○○○○○○○○○○○○○○
秋山久右衛門尉　○○○○○○○○○○○○○○○○○○○○
山田清五郎　○○○○○○○○○○○○○○○○○○○○
田中半右衛門尉　○○○○○○○○○○○○○○○○○○○○
宮本源十郎　○○○○○○○○○○○○○○○○○○○○

天正十年〻〻三月十一日

92

一七所勝負一文字の時ハ、ケ様にはや乙矢点をかけ候也、拾の時ハ是も下に如日記宛と可付

十所勝負も同前

七所勝負之日記

大膳大夫	一（はや／乙矢）	一	一	一	一	一	一
小笠原左衛門尉	一	一	一	一	一	一	一
赤沢伊豆守	一	一	一	一	一	一	一
西原市介	一	一	一	一	一	一	一
小笠原源太	一	一	一	一	一	一	一
小笠原清六	一	一	一	一	一	一	一
赤沢左衛門大夫	一	一	一	一	一	一	一

93

松尾又助	一	一	一	一	一	一	一
三好源右衛門尉	一	一	一	一	一	一	一

山村弥兵衛尉　━━━━━━━
小原喜介　━━━━━━━
下枝甚助　━━━━━━━
小田切平六　━━━━━━━
山本惣介　━━━━━━━
天正廿年壬辰　九月十一日

94

一十所勝負、一文字を付る時、如此はや乙矢の点を懸へし、以日記可有分別候也

十所勝負之日記
大膳大夫　＼兄矢　━━━━━━━━━━　／乙矢
松尾右衛門尉　━━━━━━━━━━
山本民部大輔　━━━━━━━━━━
小笠原宮内少輔　＼━━━━━━━━━━

95

赤沢出羽守	一一一一一一一一一一
山中右近丞	一一一＼一一一一一一一
原甚介	／一一一一一一一一一一

大田勘介	一一一一一一一一一一
森市助	一一一一一一一一一一
山田新右衛門尉	一一一一一一一一一一
柳本惣介	一一一一一一一一一一
小笠原又八郎	一一一一一一一一一一
冨田惣九郎	一一一一一一一一一一
小笠原源右衛門尉	一一一一一一一一一一
本間兵部大輔	一一一一一一一一一一
中沢甚四郎	一一一一一一一一一一
松本又右衛門尉	一一一一一一一一一一
秋山久右衛門尉	一一一一一一一一一一
山田清五郎	一一一一一一一一一一

96

田中半右衛門尉　━━━━━━━━━━

天正廿年壬辰　九月十一日

97

（表紙）

曼陀羅弓
八張弓

98

曼陀羅弓　雷上動《ムラシケトウ》　一張弓とも云

一弓、軍之巻者、弓曼陀羅、何ッ三流之御沙汰、通ス二法報応ノ三身ニ一公空仮《ゲ》ノ中ル二三諦《タイ》《マコト》ニ一時者、四半九半者真草行三標《ヒヨウ》也、夫、草鹿、円物者、何ッ畢

98
雷上動—村重藤（むらしげどう）。重藤弓とは下地を黒塗して、その上に点々と白や赤漆塗の藤で繁く巻いた弓。一方正式な重藤の巻きに順応しない巻き方をしたものを区別して滋藤という。
一張弓—いっちょうきゅう。天下に一張りの意味を持つ重藤の弓の一種。握り上三六、握り下二八の藤を巻く（握り下二七との説もあり）。
軍之巻　戦陣で用いる塗り弓の拵え。
三身—さんじん。三種の仏身。法身・報身・応身。
三諦—さんたい。三種の真理。天台宗では空（くう）、仮（け）、中（ちゅう）を諸法実相の真理を明らかにするものと説く。
四半九半　四半的、九半的。手挟式等に用いる四寸、九寸の、それぞれ

竟皆空納ルレ之ニ、但五仏時者、陰与陽トノ形ハ何ナレハ従二ヨリ地水火風空一見《アラハル》一三代沙汰之事、木与竹合事、天地和合之沙汰也、但、百皇ノ百代時ハ楊二テ

99

拄杖一ヲ射《イ》二悪魔一ヲ、掃払子ヲ持《モッテ》秦皇去テ倶《トモニ》二ヲ、漢ノ高祖一ト、而射二悪魔悪神一ヲ也、時、払子ハ鏑也、千金莫伝一於于亀茲《キジ》国推《ヲシ》敵ヲ王時、此ノ弓箭初テ出来ル也、何ッ有ルレ生者悉云、毒蛇在二テ国中一ニ亡二ス人-馬一ヲ時、天地ニ祈ハレ之ヲ、其時此弓矢出来リ、毒蛇ヲ打随シメ、而切拄ト云、悉是名二柱杖一ト、去神通ノ鏑也、扇ヲ名二払子一ト、為仏法之云々、後、都ニ留《トヽムト》拾《ヒロイ》云、木

100

西指枝多羅葉云、其木ヲ切テ以テ得二タリ五形ノ弓一ヲ、長七尺五寸也、日月星宿納ルレ此ノ中ニ、弣ハ九曜、矢摺七星、下廾八

裏に切れ目を入れた板的。

三標―さんひょう。真・草・行を表したもの。

草鹿―くさじし。射術練習用に、鹿が草の中に伏した形に似せて作った的。

円物―まるもの。方形の板的に対して円形をした革的をいう。また、それを射ること。

99 **払子**―ほっす。煩悩、障碍を払う法具。

亀茲国―きじこく。中国の史書に見える西域諸国の一つ。現新疆ウイグル自治区にあった国。

100 **多羅葉**―たらよう。もちの木の常緑高木。

弣―ゆずか。握または取り柄ともい

宿廾八部衆、巻鏑藤日輪、弝上千旦巻、月輪三十六禽、不動三十六童子也
一弓者半月満一空ノ円、形上分下分蛇形也、羅刹経ノ注、可尋密宗深秘、委巨可伝授

101
一三輪二儀之事、一勘《父大慈也》、二恵《母大悲也》、三命《四海》
注ニ有之、可尋文王ノ記、兵法ニ引レ之ヲ

う。弓の中央よりやや本弭よりの所。
九曜　もと仏教から出て、陰陽道では、これを生年に配当して運命、吉凶を判断する。
矢摺　弓の握りの部分の、矢の摺りあたる所。
廾八宿　黄道に沿って天球を二八に区分し、星宿（星座）の所在を明瞭にしたもの。中国では、青龍（東）、玄武（北）、白虎（西）、朱雀（南）の四宮に分け、更に各宮を七分した。
廾八部衆　千手観音の眷属。観音を念じ、陀羅尼を誦す者を守護する善神。

101
三輪—さんりん。仏教の優れた教化の働きを身口意の三つに分け、転輪聖王の輪宝に喩えていう。
二儀　天と地。陰と陽。両義。
文王　周王朝の基礎を作った王。彼の政治は儒教の範とされる。

101〜104

梅檀巻之事、上四寸五分、下〻四寸也

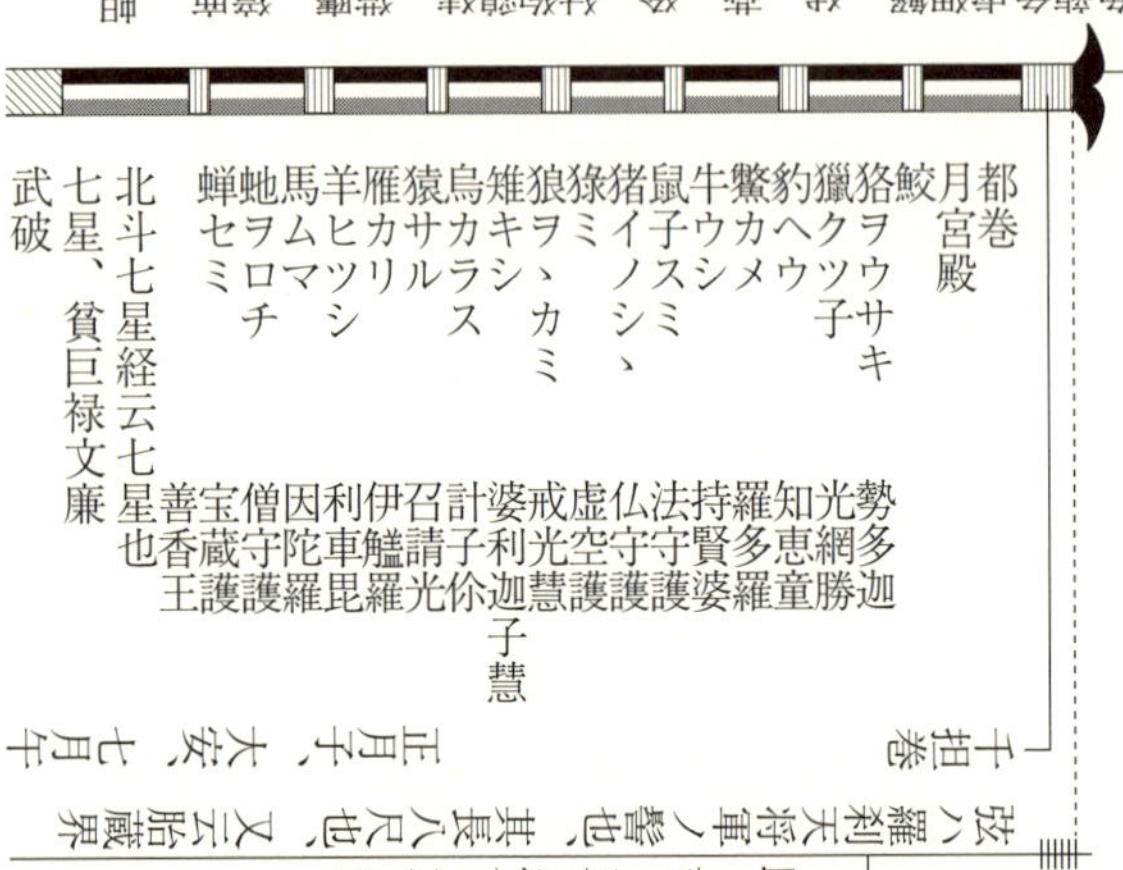

梅檀巻―せんだんまき。千段巻・千旦巻とも。本弭・末弭に近い部分に巻いてある藤。

103 **化生ス**　変化する。

104 **羅睺星**―らごせい。インドの天文学で、白道と黄道の降交点に当る架空の星。日・月に出会って食（しょく）を起こすという。

計都星―けいとせい。白道と黄道の昇交点に当たる架空の星。日・月に出会って食を起すという。

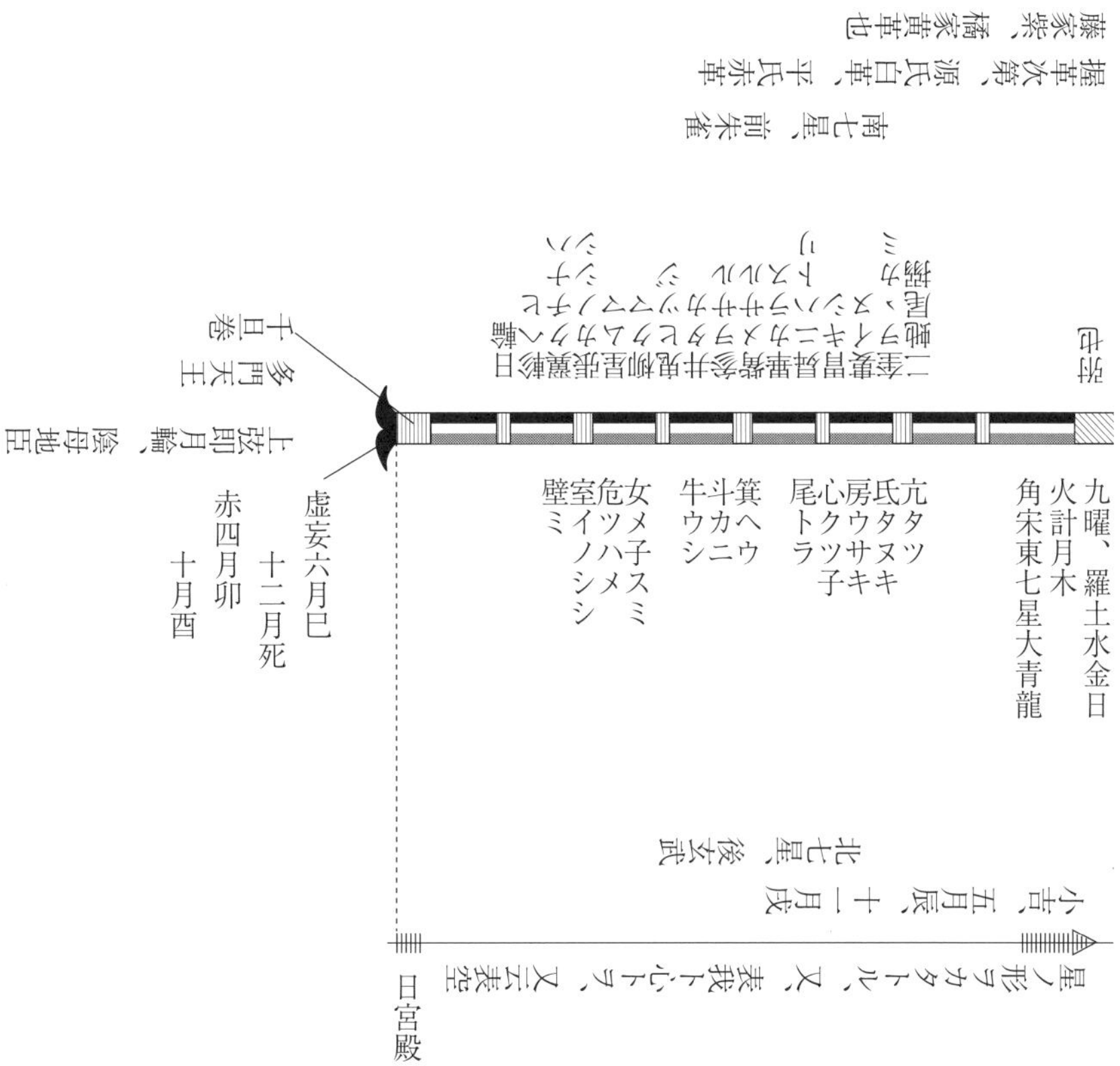

経ニ云、弓者清月精ヲ孕化生ス、故三日月也、曲ルハ月ヲ形トル、弓張月ト云
ハ地ナリ、矢ハ人倫也

七曜
貧狼星《トンロウジヤウ》　巨門星《コ》　禄存星《ロクゾン》　文曲星《モンゴク》
廉貞星　武曲星《フギョク》　破軍星
九曜
羅睺星《ゴ》　土曜星　水曜星　金曜星
日曜星　火曜星　計都星　月曜星
木曜星

105
一曼荼羅ノ蓦目ニハ、週行七歩、不動ノ
呪、ノウマクサバンダバサラダセンダマカロ
シヤダソワカウンタラタカンマン
此文ヲケンインヲ以テ、可書之
一宿直蓦目之観念、周行七歩
一誕生蓦目之観念、周行七歩、七難即滅
一神通鏑観念、摩利支尊天、八幡大菩
薩、錦革ノ下ニ竹ノウスヤウニ書入ル、愛染
明王頭ニ可書、但、何も梵字

105ケンイン―剣印。不動明王の印。
錦革　そめ革の一種。揉み革に文様の型を置いて二種類以上の色で捺染したもの。
竹ノウスヤウ　竹葉紙。薄く漉いた鴈皮紙。

106
一上箭ノ鏑ニハ、片手ニ八幡大菩薩頭ニ可
書、片手ニハ摩利支尊天ヲ可書
一ヌタメノ鏑ニハ、錦角ノ下ニ八幡大菩薩
摩利支尊天ノ梵字ヲ書也、頭ニ、カン
マンノ梵字ヲ可書

107
玉女聞神ノクリヤウ
玉女ハ九ツ目、聞神三ツ目、玉女ハ縦ハ其時
子時ナラハ子丑寅卯辰巳午未申トクリ
則申、玉女ノ方ヨリ聞ハ、其時子ノ時ナラハ
子丑寅三ツ目、寅ノ方也

108
一太平之弓、本地阿弥陀仏、神ハ手力雄明神也
安楽巻とも云、世平弓とも云、誕生蟇目ハ世平弓ニテ
ツトムル

106
上箭ノ鏑—うわやのかぶら。上差。箙の征矢に差し添える狩り矢。
ヌタメ—鈔目。鹿の角の表面にある波紋状の模様を残したもの。
カンマン　不動明王の梵字。
クリヤウ—繰りよう。数え方。

108
捜—さぐり。定露・中関とも。弓弦の矢筈を掛ける部分を麻で巻き少し太くした所。
掬—にぎり。
定ノ藤—さだめのとう。末弭に二箇所の弭巻き、その下に鏑藤と日輪巻き、本弭に一箇所の弭巻きと鏑藤、

神節、加様に書ても当家にハさくりとよむ

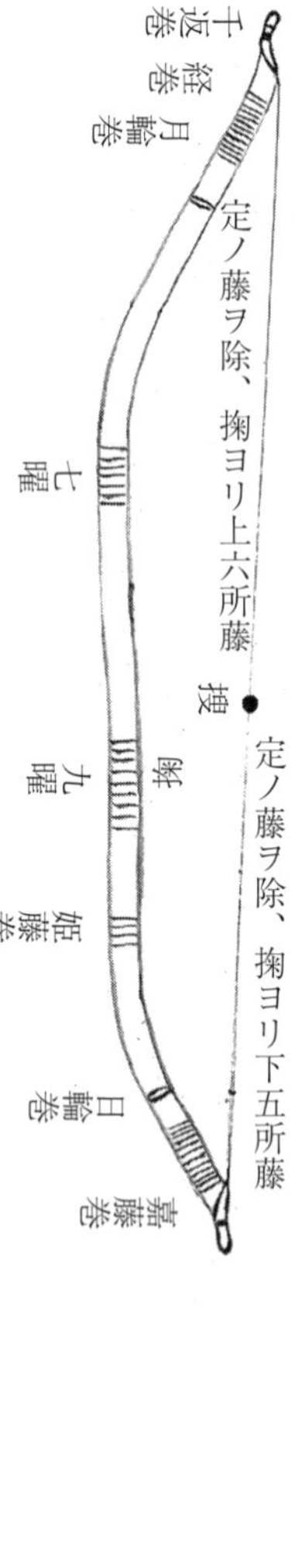

109

二番、羅形弓

此弓ハ化生の物可射弓也、不断枕近く立置へき弓也、三本藤と云へし、努々不可有外見候、可秘、々々、三所藤とも云、三宝ニ表ス三世ニモ取也、

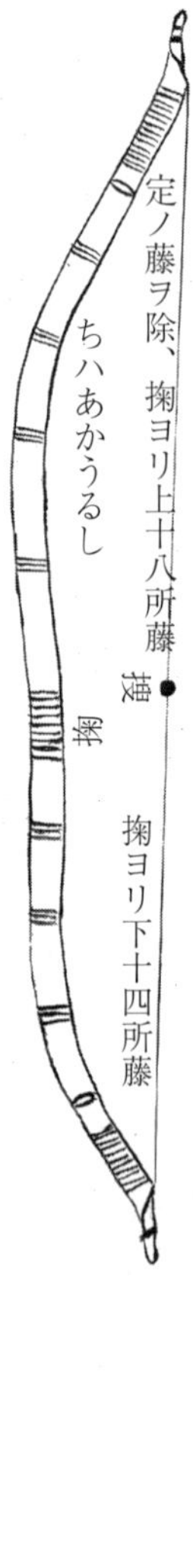

月輪巻き　握りの上に矢摺り藤、下に引き目叩きを巻く事。

110

三番、作罪之弓、草鹿、円物、其外作物可射弓也
赤漆日藤巻とも云、七五三とも云、サライ弓とも云

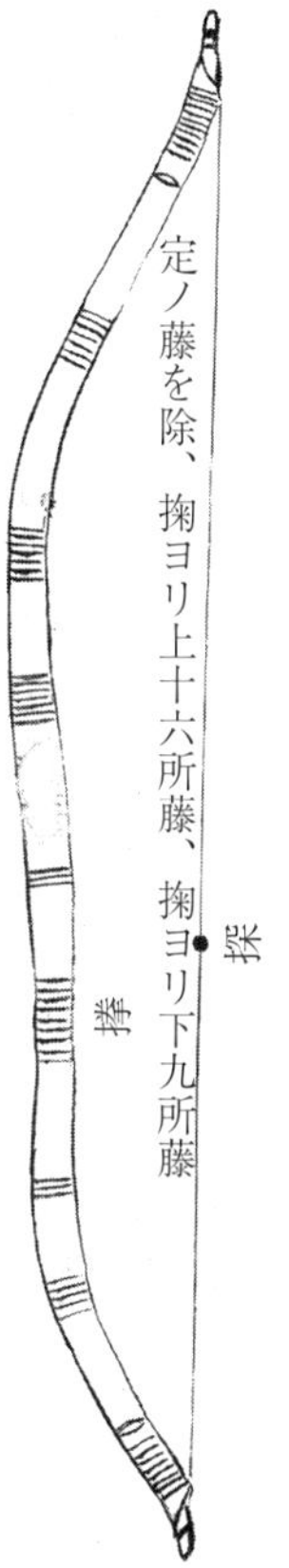

111

四番、四足の弓、にきりより下に巻様二十八巻
にきりの上に三十六所可巻也、天の廾八宿、
地の三十六祇を表也、巻目ことに名有、箙
尻籠に可添弓也、但、口伝有、曼陀羅巻と
云へきか、口伝別紙ニ有之、巻目ことに天の
廾八宿、地の三十六祇の名有、ぬりこめとう也
重藤とも云

110 **箙**—えびら。矢を入れて腰に付けて携帯する道具。
探—さぐり。
捧—にぎり。

111 **尻籠**—しこ。矢籠。矢を差し込んで携帯する容器。
辟—さぐり。

112

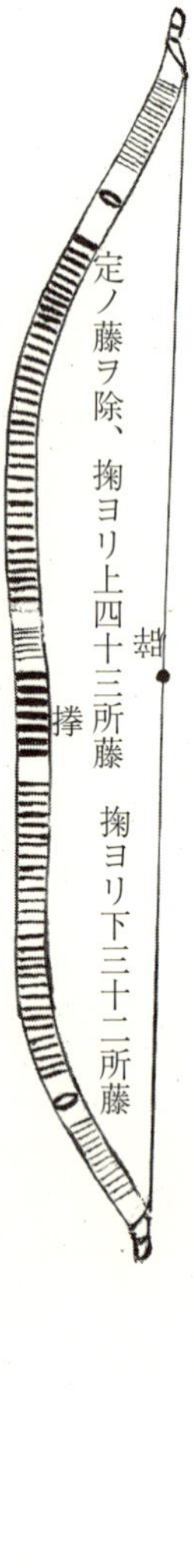

此弓、朝敵を平ケ、軍陣大儀之時可持弓也
七曜九曜廾八宿卅六祇此内ニ可有、可秘々々
五番弓
陰陽之弓、二所藤也、女房むかひ、むこいりの時
可持弓也、祝言之弓也、努々他人に拵様しらす
へからす、ちハ赤うるし

113

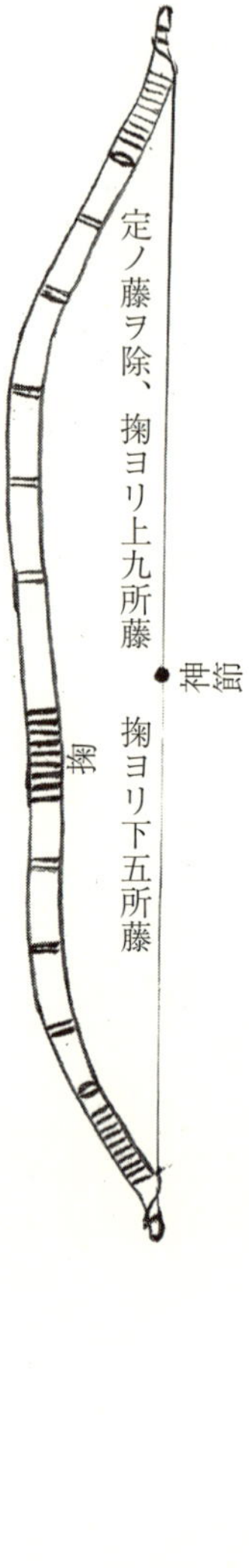

六番、福蔵之弓、鐍《ツク》有、此弓戦場え可持弓也、色ハ
赤うるし、此弓、蔵たつる時祝にたつる弓也

113

鐍―つく。握りの上に打つ折れ釘。

七所藤とも云

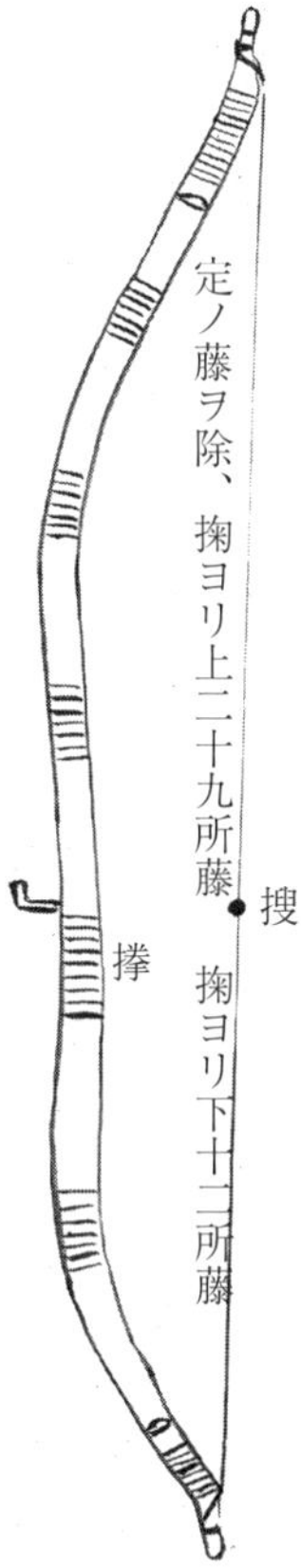

114

七番、勝巻之弓、不断可持弓也、何も巻目ニ名有能々可口伝也、赤うるし、吹ヨセ藤とも云

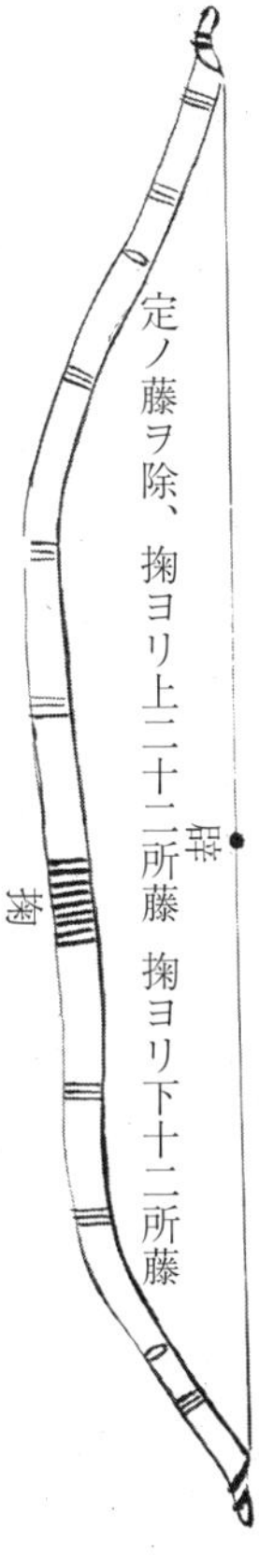

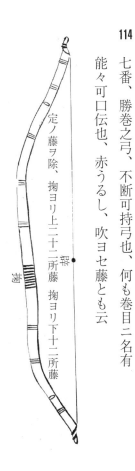

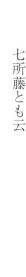

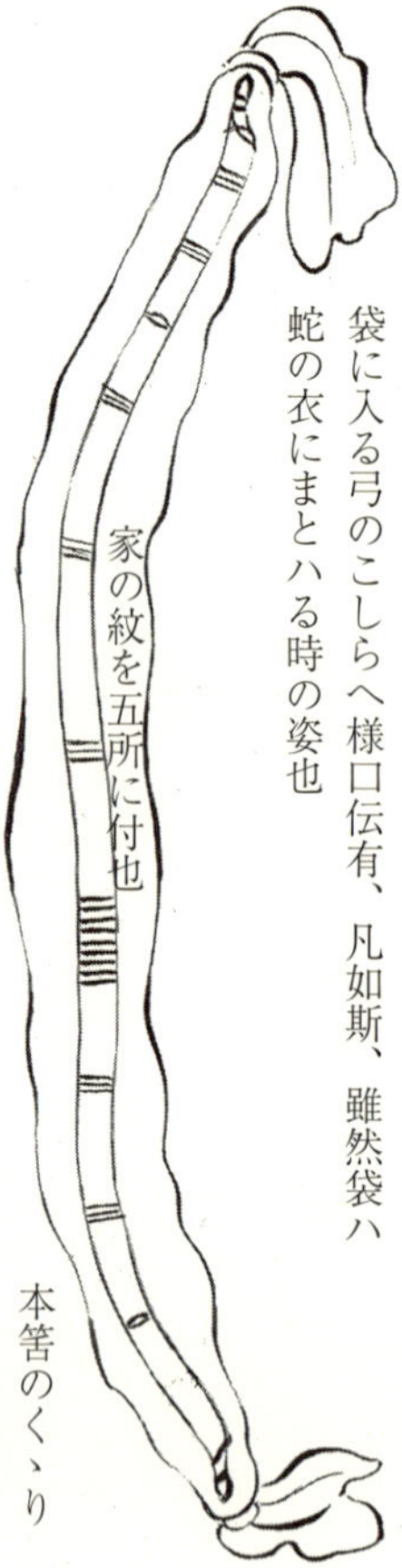

袋に入る弓のこしらへ様口伝有、凡如斯、雖然袋ハ
蛇の衣にまとハる時の姿也

115 風躰の革の長サ五寸八歩、広サ八歩、黒革を本とすへし、袋の打たれ壱尺弐寸、家の紋を付て、こき浅黄に染へし

116 一番、蛇形之弓、白木之弓之名也、是を的弓と云
的弓、征矢に、にきりの巻様替也、口伝有へし
しやうきやう弓とも云

115 黒革　鹿の揉み革を染め汁に漬けたり、刷毛で引き染めにして黒く染めた革。赤革と共に、武具に多く用いられた。

116 拳—にぎり。

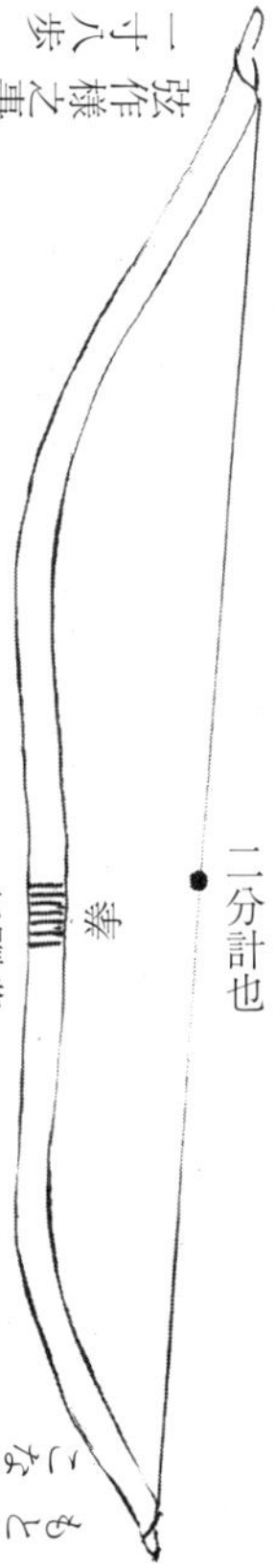

117

かくのごとく、すはまとも赤をこく也、掬よりうへに八所にきり下に七所こくへし、凡せいハ此分あかうるしをこくなり、もんの所ハうすあかうるしたるへし

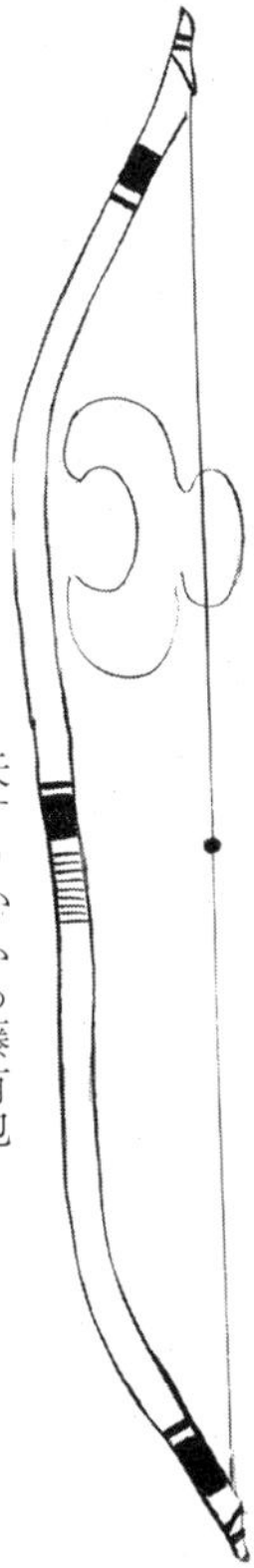

118

（白）

117 **すはま**—洲浜。
こく—削く。漆を塗ってそれを斑に拭き取る。
矢すり　握り革の上に巻いた籐。
かぶら藤—鏑藤。弭より一〇cmの所に巻く藤。

119

（表紙）

馬乗方口伝書
秘伝十六匹
八張弓

120

馬之手綱口伝書

政長へ長基より御尋之御返事

一庭へ馬を引立るに、先、むかふを見せ申て、其のち左へおしまハし、右をみせ申て、その後ひきかけて後を見せ、其後以前のことくむかふ様に引立て、御意を待へし、また四方みせ申時ハ

左をも見せ申へき也、先、左をみせ申事、努々
不可有之

121
一出陣のときハ、後をみせ申へからす、おもてを見
せて、その侭引かけて、向を見せ申て引へし
一庭に馬をたて、乗れと仰あらハ、先、斟酌いたし
候て、我に手ましのかたあらハ、其方へしきたい
すへし、乗の過たる馬をは、いかにも口にやハら
かにあたり、馬をしつめて、あしもなく乗へし
何と仰ありともそ忽にあしなみをのるへからす
あまられてはちをかゝんより、乗たらてひはんを
得よと申事まことの金言也、また乗のなき

122
馬をハくつはにあたり、鞍にあたりていかにも
はやめて乗へし、のりのなき馬をしつむる
と、すきたる馬をはやむるとハ、おなし心のへた
なるへし、是ハまさしく昔の乗手弟子こ
に申ふくめられたる言葉、まことに金言也

121 **斟酌**　周囲に気を配って、気を遣う。
手まし　技術の優れていること。

122 **のり**—馳。

123

一人引馬をせむるに、先、いかにも輪をちいさくのるへし、足なみに成ほと輪に乗入て、其後てをうつし、みつつきのところまて手綱にそへて、手をのへて鞍にあたりて引おり〳〵さん〳〵に引やハらけて、左右の口そろは、こすみを引て、其後十日も十五日も百日も退屈せす、日々夜々に馬をせむへし、おれぬと云事あるへからす、大概初心のために馬形ニ是をしるすなり

一馬を庭へ引出人、かへしもゝ立をとる事も有とらぬ事本也、さりなから庭もわろく、また引掛りする馬なとにハ、かへしもゝ立をとらてハかなはす

124

一人に馬をみする事、はたか馬にて見せ申すなりくらハ客人所望によりてをくへし、ゆめ〳〵鞍置馬にて引出事有へからす

123 **こすみを引て**　馬の首を手綱で小さく引きつめて。

引掛かり　動きが円滑でない。

かへしもゝ立　下着の小袖の裾ぐるみ袴の裾を膝の上高くたくして、腰の紐に挟む。

124 **四面五方**　四面とは前後左右。五方は馬の口の五部位（上口・中口・下口・上角・下角）。

一馬を習とハ馬形に有、馬形に手綱有、たつなに形なし、心にかたちを出すと云事、人にかたるへからす、能存かたれハ、をしへに有、をしへぬるを世上にひろむへきや其身のはちにも成へし

一其後四面五方をあたふ、是より初るものか

一その後腰鐙また引請、是ハうこく、はたらく道なり、りちの二つ爰に有

125

一馬を引立て客人に出すにハ家主の方より引て出て庭にて馬を引まハし、客人に見せ申て渡なり、上手下手、絵図のことし、先渡方にハ上手を渡さんとす、受取かたにハ下手より寄て受取也、うけ取人手を突て礼をする、渡人わたして後また礼をしてしさるなり向を通事あるへからす、後より立まハり、ひかへ手の右の脇より寄てうけとるへし

125りち―理知。理性と知性。

126（絵）

127一馬を請取御目にかくる次第、かくのことし、委くは前に記すかことし

128（絵）

129一四面五方のかまへ如斯
一五方の口、上中下左右強弱の二ッ有
一四面のくら前後左右也、前おし前掛りのくらゐ有、前おしと云は、かゝへのくらゐ、まへかゝりと云はあかり馬のくらゐ也、後おしこみ馬のくらゐ也、後掛り、はね馬のくらゐ也

130（絵）

129 **くらゐ**―鞍居。
あかり馬―揚り馬。跳ね上がって駆け出そうとする馬。
おしこみ馬　むりやり、力ずくで動こうとする馬。
はね馬　跳ね癖のある馬。

131
一あかり馬のかまへ如此の縄なり、あかる馬ハ後つよくしてあかる也、如斯かまへて、鞍あたりをうしろにあたり、むちをあて、後を乗やハらけて、おりめ〳〵にて鞍にあたり、鞭をあて丶足なみを乗へし、あかる馬ハかならす手綱にちからもなく、口よはくしてあかる也

132
（絵）しきの鞭
是ハ折まはす所にて
いかにもした丶かに打へし

133
一はね馬、肩つよくしてはぬる也、然間はねくせの馬ハかならす口つよく、にしりさくるものなり、是もかくのことく縄をかまへて角の口を引おり、折めにて鞭をあつへしいつれも折目の鞍当かんよう也、鞭かく

131 鞍あたり　鞍の上での重心の取り方。

のことし

134
（絵）みけんの鞭（右下）
けんていの鞭（左上）

135
一手うつし如此のかまへ也、人引馬をせむるにまついかにも輪をちいさく乗へし、足なみに成ほとに乗入て、その後手をうつし、水つきの所まて手綱に添て手をのへ、折めにて鞍にあたりさん〳〵に引折り〳〵、乗やハらけ候て左右の口そろひたらハ、小角を引て其後大角を引、馬をしさらかし候てしさりあしをつかハすハ、前のことく十日も廿日も又ハ五十日も退屈なく、日々夜々にせむる也、をれぬと云事、あるへからすいつれも鞍あたりかんよう也、大かた

135 **水つき**―承鞚。手綱を結びつけるくつわの引き手。

136 **大角**　馬の首を手綱で大きく引きつめる。
しさりあし　後ずさり。

初心のために、馬形をしるすなり、馬心をるれは、しさりあしをつかふもの也、あしなきうちハ、をれたるに似たりといふともをれさる也

137（絵）

138一こすみの事、以前のことく輪を乗、折めにて引をつて、その丶ち如是前にか丶り、こすみをひくへし、外の手綱をいかにもこしてつよくおしてかまふへし、内のたつなハつるにかまふへし

139（絵）

140一大角のかまへ如此、小すみを折、しさりあしを

140うほこ　生まれたばかりの子。あかご。

つかハヽ此ことく乗へし、大角こすみ、のりおれハいかにしさらぬ馬も、うほこをのせてもしさる也、何も折様かんよう也

141

（絵）

142

一手綱折と云構是也、かた口いかにも強き馬をさん〳〵にせめて、其後たつなをこしはるひにからみ、如是つめて、鞭をあて、おひまはし〳〵すへし、つかれて後かならすふす其とき強きかたへ折つめて、ふくとを手内の鞭にていかにもしたゝかにおすへし

143

（絵）

142 **こしはるひ**―腰腹帯。鞍を固定するため、馬の腹を括る帯。
ふす―伏す。服従する。
ふくと―伏兎。馬の頭と頸の中間。

144

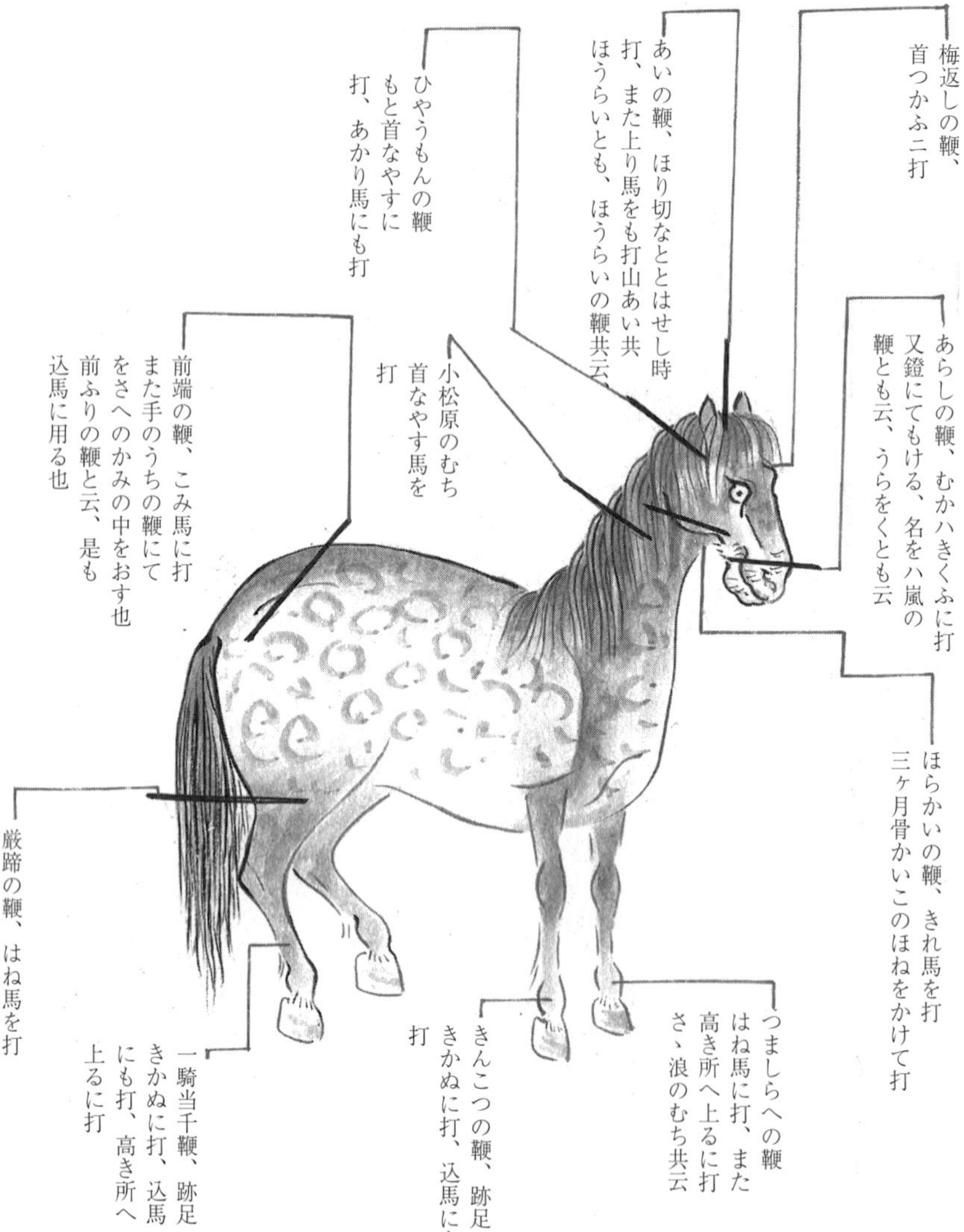
梅返しの鞭、
首つかふニ打
あいの鞭、ほり切なととはせし時
打、また上り馬をも打山あい共
ほうらいとも、ほうらいの鞭共云
ひやうもんの鞭
もと首なやすに
打、あかり馬にも打
あらしの鞭、むかハきくふに打
又鐙にてもける、名を八嵐の
鞭とも云、うらをくとも云
小松原のむち
首なやす馬を
打
前端の鞭、こみ馬に打
また手のうちの鞭にて
をさへのかみの中をおす也
前ふりの鞭と云、是も
込馬に用る也
ほらかいの鞭、きれ馬を打
三ヶ月骨かいこのほねをかけて打
厳蹄の鞭、はね馬を打
つましらへの鞭
はね馬に打、また
高き所へ上るに打
さ、浪のむち共云
きんこつの鞭、跡足
きかぬに打、込馬にも
打
一騎当千鞭、跡足
きかぬに打、込馬
にも打、高き所へ
上るに打

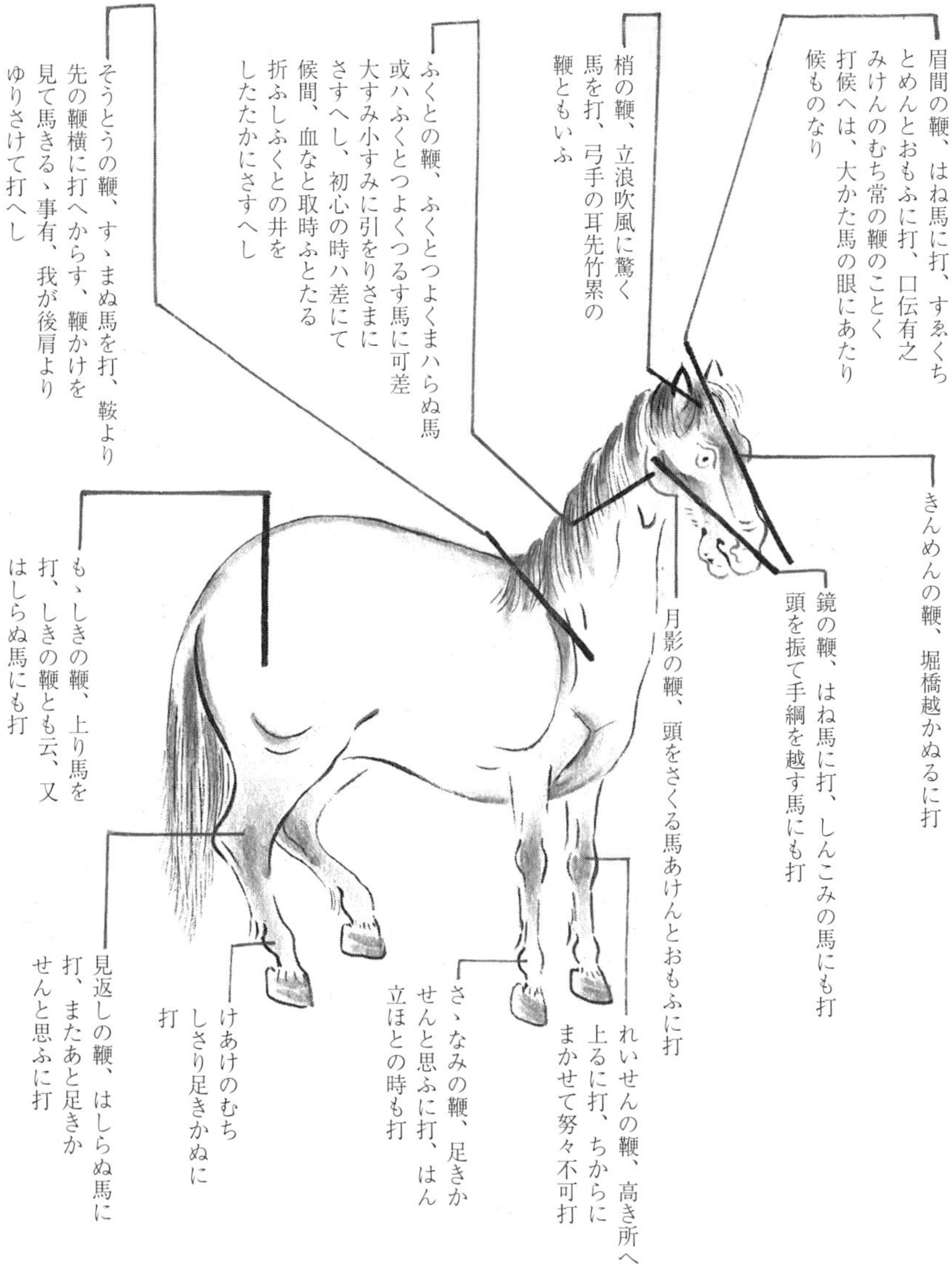
眉間の鞭、はね馬に打、すゑくちとめんとおもふに打、口伝有之みけんのむち常の鞭のことく打候へは、大かた馬の眼にあたり候ものなり
梢の鞭、立浪吹風に驚く馬を打、弓手の耳先竹累の鞭ともいふ
ふくとの鞭、ふくとつよくまハらぬ馬或ハふくとつよくつるす馬に可差大すみ小すみに引をりさまにさすへし、初心の時ハ差にて候間、血なと取時ふとたる折ふしふくとの井をしたたかにさすへし
そうとうの鞭、すゝまぬ馬を打、鞍より先の鞭横に打へからす、鞭かけを見て馬きるゝ事有、我が後肩よりゆりさけて打へし
きんめんの鞭、堀橋越かぬるに打
鏡の鞭、はね馬に打、しんこみの馬にも打頭を振て手綱を越す馬にも打
月影の鞭、頭をさくる馬あけんとおもふに打
もゝしきの鞭、上り馬を打、しきの鞭とも云、又はしらぬ馬にも打
れいせんの鞭、高き所へ上るに打、ちからにまかせて努々不可打
さゝなみの鞭、足きかせんと思ふに打、はん立ほとの時も打
けあけのむちしさり足きかぬに打
見返しの鞭、はしらぬ馬に打、またあと足きかせんと思ふに打

146
一是もかた口つよき馬、如此縄をさし、後に人にひかへさせ候て力を出し、引かへす也、是も五日も十日も夜昼のわけもなくせむれハ、つよき方の口そろふなり、足なみのやうに乗候て引かへすへし、鞍ハ中にのるへし、かたのことく口そろひたらハ、其後手うつしにて、引やハらくへし

147
一手綱に七五三と云事有、是ハつよきかたへ七度をらハ、よはき方へ二度三度折へし、強かたへ折ときの構同、弱き方への構心もちあり、強き方へ折ときは、いかにも鞍のうちを強をして、腰をそらし、鞍にあたり手をきつく打へし、また弱き方へ折ときハ、心もなく常のことく引あひて、力もなく鞍にもあたらす、引まはし折へし、是心持口伝也、いかに口伝と云共乗候ハすハ不可叶、不習と云とも馬にすき、鞍の上にて月日を送らん人ハ、師に不逢とも

147 **馬にすき**―馬に数寄。馬に心を寄せる。
しあつる―しあてる。物事をして好結果を得る。
難をきする　責任を転嫁する。

本手にしあつるもの也、不数寄にして師に
難をきする事、当世はやりたる事也、いかにも動を可嗜也

148（絵）

149（絵）

150一ふくとのつよき馬、かくのことくの鞭を以てふく
とをさすへし、強き方へ何遍も折返し〳〵
のらハ、必やハらくもの也、さし様ハ木にて鞭を拵へ
その鞭をふくとつよき方の手綱にもち添
鞭のさきをふくとの井におしあて、扨、折也、ふく
との井、三ヶ月ほねとくひとの間に有、乗候て
さゝれさる時は、馬をふせ、さしたるもよし、鞭
の寸尺別書に有、乗候てさしにくき物也
能々たんれん尤ニ候

150 井―せい。急所。痛むところ。

151
（絵）

152
一広き溝たかきものを越さするにハ、馬をよく
ひさにてはさみ、立すかし鞍をつよく乗、左の
手にてハ手綱をかみ中に引立てとり、右の手
にてはしりかひに手をかけて馬を引立て
あふみなと踏はつさゝるやうに心得て乗へし
一高き所へ上ときハ、馬を能々はさみ、扱、鐙は
ふみ候てふまぬほとに心得候て向へかかり、手綱
をかみ中にをすへし、たつなをつめ候ても悪敷候
また、たつなに一円心なく候へは、上るへき
ところへ自由になく候て、馬わきへまハり
あしきもの也、何も心持かんよう

153
一かんさきを落し候ときも、馬を能はさみ
しり輪に居しき手綱を引あけて、よき
かたへ引むけ、すくに落すへし、おちつかハ

152 **すかし鞍**　鞍から腰を浮かして乗る。
しりかひ—鞦。特に馬の尻の下から後輪の四方手につなげる緒。

はやくしりかひをひき上へし、つよく引てハあしく候、かくのことく縄をかまへて乗事、秘事也

154
（絵）

155
一つけすまひの構如是也、縄を左のいちやうかねに付て馬の口の内をとをし、右のいちやうかねへとをし、縄の末を馬の頭へかけ、左のいちやうかねへとをし、縄のすえをひたりのはら帯へ通し候て、向に人にひかへさせ、首を折つめてのるへし、乗ときは外の手綱をつめて乗へし、かたくち強き馬をも、人をのせ候て左右ともにつよきかたへ如此引折〳〵すれはかならす口そろふもの也、絵図のことし

155
つけすまい―つけずまい。馬が人や荷物を乗るのを嫌ってはねること。
いちやうかね―杏葉轡。
かたくち　馬が一方に顔を傾ける癖。

156 （絵）

157 （絵）

158 一是もつけすまひの秘事也、如此舌を取出し手綱の引手にとり添、馬をひき廻す様にほかの手綱をつめて、はやく乗へし、又あけ足をしても乗也、いつれも此構にまされるはなし、中間口をとり候時、ひきまはす様にして、卒度舌を人の見ぬやうにぬき出すへき事、肝要也

159 （絵）

160 一いかにも人を引馬の、大もちなとに綱を付たることくにひき立てゆくにハ、庭にはしらを二本立、如此構候て、足并のとき二人して引留へし、是も四面

158 **あけ足**―あげあし。揚足。両足をあげること。
卒度―そつど。わずかに。そっと。

160 **人を引馬**　人引き馬とも、人の制御に従わない馬。
一作―いっさく。一趣向。

五方の口乗やハらけても、一作なき馬を、如此
心得たらん人と談合してせむるに、おれぬと云事
有へからす、是は広き庭にてのる也、いつれも
ひかゆるもの絵図のことく腰を居候て可引、此時轡
二口はむへし、一口ハ縄を通すへし、縄ハ二筋用也
二つ轡三人のりとハ此かまへなり

161（絵）

162（絵）

163 一此馬の形ハ、轡すまひに一つとち金を以て頸を括り
厩の向のかまちにとち金打、それへ縄の端を
引通し、向に人にひかへさせ候て引結て、轡をはむへし
ケ様にすれハ不働してはめさする也、乍去、馬息なと
つまり候ハヽ、卒度ゆるむへし、ケ様の時の用意ニ一つ
とち金を用也、馬けか有ましきため也、自然かけ踏ん

163 **とち金**――椽金。厩で馬の手綱をつなぐ金属製の輪。

馬ならハ、此縄を絵図のことく、わく縄の様に後へ廻し候て、前足の中へ引通し、右の方を左へ取、左を右へ取、縄の両の端を取違へ候て、二人して可引、鞍置すまひ轡すまひニ用也

164（絵）

165一しさり足なき馬、如此の構也、かみ中を手綱にてした〻かに結ひ候て、馬しさりあしをつかハ〻、はやくゆるすへし、結所三所有、いつかた成とも、いたみ候ハん所をゆふへし、若、まはり候てもしさらぬ馬あり、其時ハ前足のふしのもとを、卒度うつへし、また、人をのせて手綱をそとあほり候事も有、乍去、しさらすハかくのことく人の見ぬ所にてすへし、をれぬと云事有へからすいつれも大事也

166
（絵）

167
一此縄、上り馬にもかへる馬にも能構也、とうはるひに一つとち金をからみ候て、縄をいつものことく首よりかけ、はみさきへ通し、ゐりあひよりとりて腹帯のとち金へ通し、尻えたにて留へし絵図のことく、何方にても痛候所をいかにもしめて、首に三所むすひ所有之、何れともいたむ所を一所むすふへし、同轡の丸へ縄を付、むかふにて引へし、厩にてもする也

168
（絵）

169
一是は人引馬の第一の秘事也、縄を二筋用意すへし、胴はるひをし、腹帯にくハんを

167 **とうはるひ**―胴腹帯。**尻えた**―尻枝。しりえだ。馬の後ろ足。

169 **尻足**―しりあし。後ろ足。

170

付へし、左右の尻足に縄を付、轡の丸へ通し、縄の末をはしらにしかと留へし、惣別、此縄は厩にてする也、むかふへ追出し候てすへし、後より寄候て、後足前の爪を打へし、打事ハ馬しさらすして、足をそろへ立とゝまるとき、そと打へし、うたれて出る時すめる也、すめられてしさり足をしらすへきゆへなり、此ときは馬のくひを手綱にていたみ候所を、絵図のことくむすひ詰へし、手をかくる事ハすめるによりしさらすへきため也、しさり候時ハ、手綱をときてハゆるし〳〵すへし、日に二度三度つゝ、常〳〵ケ様にする也、是ハすへくちなき馬に、すへ口しらすへきため也秘事也

171
（絵）

172
一車おとろき大驚物具から笠おとろき、万に渡りてよし、とちかねをあまた用意すへし秘事也、庭に柱を四本立へし、何も絵図のことし馬の左右のはらにとち金を二つ付て、柱のとちかねに縄を付て、夫より轡の丸へ通して扨、はるひのとちかねへ通し、向の柱に留へし縄も二筋用意する也、足も頭の手綱をつめて留へし、如是構て万のものにて馬を様々おとすへし、轡二口はむへし

173
（絵）

174
一せいかいはと云手綱なり、物おとろきかけ踏よろつに渡りてよし、つねにケ様につむへし

174 せいかいは――青海波。波形の模様。

やかておる〻也、是も腹にとち金二つつく
へし、縄は一筋也、常のことくくひにかけ、はみ
さきへ通し、如此留へし、是も手綱ハしめて
むすふ也、かやうにさい〳〵おるへし

175
（絵）

176
一はやり馬、かくのことくむかふにて、人に耳を
しかととらせ、ひきつめさせ候て乗へし、鞍
なほり手綱をとり定めてはなさすへし、
はやり馬と云ハ、乗はしりする事也、又
ほそき道にて脇よりのられす候とき
かくのことく耳をとり候ても乗也、のり
はしりといふハ、馬に乗、鞍なをり候とかけ
出、人を引馬を云、右のことく耳をとりきかさる

177
馬には、四つ手綱をさし、引つめ乗へし、きかす

176 **はやり馬**——逸馬。勇み立つ馬。

と云事なし

178 （絵）

179 一是は上り馬かへる馬に、庭にはしらをたてかやうにすれハなをるへし、はしらのあハひへ追出しくすへし、是も腹にとち金二つつくる也、縄二すちにてするなり、二人してむかうにひかふへし、いつれも絵図のことし

180 （絵）

181 （絵）

182 一もろくのくせの中にも、きつはなちつよくて、もとくひふつたるかわろき也、是を

179 **あハひ**―あわい。間、物と物とのあいだ。

182 **もとくひ**―元首。首の根元。**おとかい**　あご。

つむへきやう也、両方をつむへし、耳をとりてより候て、足をとりて手綱と首の間へおし入なり、此ときハ轡を二くち用るなり、一口はむかふにてひかふへし、若まろひなとするときハ、引立へきためなり、きつはなちと云は、口わき下おとかいをいふ也

183（絵）

184（絵）

185 一此かまへ、しり足おるゝ手綱也、もろ〳〵の手綱によし、きつはなち、口こはき馬、又ははやり馬にも能なり、責て後するなり、惣別、何くせの馬をおるにも、せめてするなり、但シ馬によるへし、口伝、是ハつなき

185 **こはき**—強き。こわい、かたい。
さしなは—さしなわ。馬の口につけて引く縄。
あきと—あぎと。上あごと下あごの間、また顎。顎門。

はつなをとりのけ、轡をはめ、さしなはを一筋長〳〵と、馬左右へ自由に両方によるやうに、轡の左右の丸へ、下あきとのしたより差縄をひき通しつなく也

186
是は手綱にてくひをつめられて、さて両方へよるもの也、いつれも絵図のことし細々かやうにせハなをるへし、同そりて行にも如此つむへし

187
（絵）

188
一まハらぬ馬を折事、手綱を腹帯へ通し後のしほてに留へし、いかにも引つめてまハらぬかたへ、如是むすふ也、やかておるへし扨、馬をれハ手綱をゆるす也、是しはらくおりつめて置、ケ様に細々折へし、手綱

188 **しほて**―四方手、四緒手。塩手鞍の前輪と後輪との左右につけて胸懸と鞦をとめる紐。

を引詰追まハすへし

189（絵）

190一たけくしと云手綱也、首こはき馬によし、是も手綱をいかにもつめて結ふへし、前足の一足取を縄をつけて引事も有、おなしく五寸に木をきり候て、縄をからみ候て持て引へし、是は手のうちのくたひれましきためなり

191此かまへをするときハ、一足とりの所を、広さ二三寸ハかり、布にて巻候て、其上を縄を付へし、是ハすりハヽましき為也、手綱を以てくひの痛所をつよくしむれは、馬はたらかさるもの也、ケ様につめておきなハを付引へし

191はたらかさる　動かない。

192 （絵）

193 （絵）

194 （白）

195 秘伝十六疋

一柴つなきの事、馬よりをり候時、手綱を鞍の右の方、手かけに引かけ、鞍の内より右の方手掛へ引かけ、一まき鞍をまきて左のしほて根へ馬のかしらを引付置へし
一鞍に手綱巻様、はしめ一巻まきたる手綱の右の手掛けの所、鞍の内の方にてはしめまハしたる手綱を上に、後にまハしたる

196 手綱を下にしかせ置へし、心なく鞍に巻

195 **柴つなき**　馬をつなぐ柱などの無い所に馬を留める方法。
手かけ　鞍の前輪にきざみを入れた所。

たるハかりにてハ、馬はたらき候得ハほくる丶もの也、た丶し馬を久しくをかんと思は丶、手綱を一むすひしかとしほ手に結付たるよし

197
（絵）

198
一同柴つなきの事、馬よりをり候とき馬のおもかひ頭かけを、馬の首中へ一束に引かけ、馬のふくとをひきつめ置へし、一たんと能手綱なり、絵図のことし

199
（絵）

200
一鎧付の事、ひき丶門をく丶り、或ハ、森林

198 **おもかい**―面繋。銜（くつわ）をつなぐために馬の頭から両耳を出して掛ける組み紐、又は革の装具。

200 **ひき丶**―ひくき。

左右つかへたる所を通候時ハ、鎗のけら首を馬の頭より少差出し、左の手にて鎗と手綱を一つに持添、右の手にて鎗としりかひのくみちかいをひとつに取添、鞍の前輪山かたに我胸をひしとつけ、馬のひらくひへ我頭のあたるほと前へ臥通るへし、之をしけ身とも云也、両の鐙を後へ踏なかし乗へし

201
（絵）

202
一馬にて川渡すへき事、ふかき堀、増川馬にて渡し、馬をよく程にあらハ、泥障ををり返し、しりかひのさかりたる房を、左右ともに鞍のすはまかたより鞍の内へ引出し、我左右の腰にしかとはさみ、後鞍に

けら首―螻首。槍の穂の刃と中茎（なかご）との間の部分。
山かた―山形。前輪の高い所。
ひらくひ―ひら首。馬の首の横側。

202
泥障―あおり。毛皮や皺革（もみかわ）等で作り、下鞍の間に差し込んで馬の両腹を覆う馬具。
後鞍にのり　鞍の後部に重心を置いて乗る。

203
のり、折々木末の鞭をうち、声をかけ、馬
のかしらさからさる様に川下へ馬を引向
浪に馬向さる様に可乗、馬のかしらさかり
口鼻へ水入候得は、馬つかれ越かぬるもの也
惣別、軍陣あるひは常に旅道行にハ
細き苧縄をくらにうち懸け、その末を左右の
あふみの高かしらへ通し、また鞍の上へとり
くらの上にてしかと結ひをくへし、水中
にては鐙うき、大かたはつるゝものなり
絵図のことし

204
（絵）

205
一みけんの鞭の打様口伝有、常のことく心
なくうち候へハ、鞭先みたれ、馬の眼に当る
へし、みけんをうたんとおもはゝ、馬頭を

203 **高かしら**　鐙を吊るす穴。

205 **ろく**—陸。ゆがみ無く真っ直ぐなこと。水平。
くふし—こぶし、拳。

ろくに引そろへ、鞭をもちたるくふしを
さし延、馬の耳の間へくふしを打あつる
ほと手をのへ、さて、もちたる鞭に人指
ゆひを延てのせ、ゆひをかねにして可打、ゆひ
をのへ鞭に載る事秘事也、絵図のことし

206　（絵）

207　一眼無と云手綱、人を引とまらす、あいしらひも
きかさる時ハ、持たる手綱のまかりを馬の
頭を打こし、つらへうち懸引詰候へは、馬の眼へ
手綱かかりとまるへし、或ハ轡をはみはつし
あるひはつるし行とまらさる馬にもよし、轡
はみはつしたる馬もはたらかすして轡
はめよきもの也、或ハ人を引とまらさるニハ、手綱
を下首へうちかけ、つよくふえをしむへし

かね　直線。まっすぐ。

207 **あいしらひ**　あしらう。
まかり—まがり。手綱の握った手と手の間の輪になった部分。
ふえ—吭。のどぶえ。

208
（絵）

209
一岩のそきの事、人ひきて馬かけ出とまらす
あるひは、かけ岸、巌石へ乗かゝり、無了簡は
もちたる手綱をはやく捨、鞍の前輪に
両手をかけ後輪を越、馬を先へ突やる
へし、馬は先へ行、我は跡に残るへし
残様口伝有

210
（絵）

211
一馬上にて弓の弦切たる時、弓張様の事
馬上に弓をもたんと思はゝ、かねてほそき
縄を弓のほとの長さにして、跡のしほて
に付置、縄のさきを弦輪のことく輪にして

211 **跡**―後。

212
縄のもとをくらの跡輪、右のしほてにしかと結付置て、弦きれたる時弦を掛替其上へ縄の輪をかけ、左の膝におしあてはるへし、弓つよくおされさる時は、弓をさか様に、本筈を先にし、本筈に縄のわをかけ、弓の大とりを膝におし懸はるへし夫にてもつよくはられさるときハ、弓をふまへはるへし

213
（絵）

214
一前掛の事、鞍の前おさへのかみの上むなかいに、ほそき縄を長さ三尺五寸ほとにして、夫をふたへにとり、むなかいへ引懸鞍のすはまかたより内へとり、我前帯へ引かへしに通し留る也、ひきかへしに縄の

212 **大とり**―大鳥。弓の大きく曲がった部分。大鳥打ち。

214 **前掛**―前がかり。鞍の前部に重心を置く。**むなかい**―むながい。胸懸。馬の胸から鞍橋（くらぼね）に懸け渡す組み紐。

215
末をひけハ、ほくる〻ことくにして縄の末を
手綱にしかとむすひとめ置へし、手綱は
我腰左右に丸を付、その丸へひきかへし
にとめ置、おる〻とき手綱に手をかけ候と
前留も一度にとくるやうに留へし、大形
絵図にあらハし候へとも、筆頭にをよひ
かたし

216
（絵）

217
一胸かひ留、馬上にて太刀抜へき事、ほそき
苧縄をふたへにとり、胸かひへ引かけ、其末を
二筋ともに草分へとり、腹帯へ引かけ、ひき
しめしかとむすひとめ、その末を左右へとり
前の左右のしほ手にしかと留、そのすえを
左右ともに鞍のすハまかたより内へとり

217
草分—草わき。馬の胸先。草を押し分けていくところ。

218

我前帯に引かへしに留る也、太刀抜ときにハ手綱を左の手にもち、おしさけ右の手を越手綱の上にて抜へし、心なく手綱の下より抜候得は、自然手綱をきりはなす事あるへし、心得へし、また胸かひと腹帯へ縄引かけひきしめ、草分の所にてしかと結留たるもよし、鞍不廻ものなり、また前のすはまかたより取たる縄を我左右の腰にくハんを付、その丸へとをし縄の末を前へとり、前にて引かへしにとむる也、重々口伝おほし

219

（絵）

220

一八尺縄の事、そりて首をのへ、口つよくてもよハくても、上口にかけ人を引馬に

さすへし、縄の先を轡のいちやうかねに付て、馬のおとかひの下へとり、右に付は左のかたへとり、左の方より馬の口の中へ入通し、右のいちようかねへまた通し、馬の首の上を打こし、左のしほてにとむへし

221

縄をつよくさゝんとおもハヽ、前のしほてに留たる縄の末を、胸かひの下より草分へとり、腹帯に一からみからみ、また前の塩手へ引通し、しかと留る也、馬かけ出、人を引とき、首に掛たる縄をとり、ちからにまかせつよく引へし

222

（絵）

223

一四つ手綱の事、縄をおもかいのことく、頭へかけ馬のあきおとかいの下にて右の縄を

224
左へとり、左の縄を右へとりちかへ、轡のいちやうかねへ通し、左右の縄を胸かいの下より草分へとり、はるひに一からみからみ縄を左右へ分、前の左右のしほてにひとからみからみ、おさへのかみの上にて縄を取ちかへ、またしほてへ通し、切付の下を通し後のしほてに一からみからみ、また左右の縄を後にてとりちかへ、またしほてへ通し、本のことく切付の下を通し、前の塩手にて留へし、ケ様に鞍をしはり候へハ、鞍つよきなり、おとかいの下にてちかへたる所を馬の口の中へ入事秘事也、右の縄ハ人を

225
ひき、何とも了簡ならさる馬にさし、引出とき、馬の首にかゝりたる縄を、あちもなく手前へつよく引つむへし、或ハ口つよくしてきれかゝり、或ハつるし馬、或はしさり口なき

224
切付―きっつけ。下鞍の一種。二枚重ねの下鞍の下を肌付け、上を切付という。
あら　欠点、落ち度。

225
つるし馬　頭を高くつりあげて、乗る人を吊すようにする馬。

馬にもさし、口を引へし、しさり口を引時ハむかふより人に鞭をもたせ、馬のすねをそろ〳〵とはらハすへし、つよく引候へは、自然馬あかる事有へし、心得乗へし、此縄大秘事也

226
（絵）

227
一さく手綱の事、是は下口に掛り頭をひきくにちりさけ轡をくひつめ、人を引馬をハ成ほと、手の間を広く手綱ををしさけ、左右の手綱ひやうしを揃へ、上より下へ水車のまハることく、くるり〳〵とすきもなくまはすへし、留足をつかハヽ、はやく折へし

しさり口　あとじさりの癖がある馬。

227 **にちりさけ**―にじりさげ。手綱をじりじりと絞って下げること。
ひやうし―拍子。調子。
留足　その場に留まって動かない。

228　（絵）

229　一鞍下折事、鞍に能乗入、しかと鞍にすハり、我足を馬の首おさへのかみのもとへ上て鞍の前輪を我足にていたく様に、きひすにてかゝへ、手綱を大角にかゝへ、引折へし前のおしてをつよく、後の手を後の塩手にかけ、手綱ともち添、馬をまはすへし、馬折てしさり足をつかハゝゆるすへし、如是節々せハ、おれすと云事あるへからす、鞍下つよきと云は、かならす上かんにて人を引へし、ケ様の馬出はしらんとてハ、出る前に鞍下を

230　はり上、鞍下岩に腰をかけたることくにつよく成て、かけ出るもの也、鞍下つよくなりはり上と思はゝ、其時かゝへ候て、足なみしつまり候ハゝ、手綱を付てやるへし、夫にても

229 **きひす**——きびす。踵。

230 **馬場きれする馬**　馬場で制御が利かなくなる馬。

きかす出はしり候ハヽ、右のことく手綱をつくへし、尤、鞍下つよくして馬場きれする馬もあるへし、能々了簡有へきもの也、秘事なり

231
（絵）

232
一角にてまハらぬ馬の事、首つよくしてまはらぬも有、ふくとのつよくしてまハらぬもあり、肩つよくしてまはらぬもあるへしいつれにても六道の縄のことくにして細き苧縄にて馬の口あきへ入ほとに輪をこしらへ、其輪にくろかねの丸をちいさくこしらへ、輪の左右に付て、扨、その苧にて

233
拵らへたる輪を馬の口へ入、おとかいのこひほへ引かけとめ置、ほそき縄を前のしほ手

233 **こひほ**―こひぼ。こひも。馬具の一つ。面懸の上の羅（わな）の辻につけた紐。顎の下のところで馬の轡を

234
左右に付て、其縄の末を口わき左右の丸へ下より上へ通し、縄の末を手綱にもちそへ乗へし、まハらぬ方の手綱をゆるくして縄を引つめ、かへすへし、外の縄をゆるく少も外縄をはりやハさるやうにゆるく、内の縄ハかりにて返すへし、少も轡手綱に不構やうに、手綱をさしゆるめ、縄ハかりにて引かへすへし、或ハ轡をゑつみ、口みたれ或ハかたはみに成、はみをぬかせす、或ハくちさきをふり、口不定にも右の縄をさし可乗、みたれ口の馬をハ、左右の縄をよきほとにはりあひて乗へし

235
（絵）

結びつけて落ちないようにする小さな紐。

234 **えつみ**　轡を嫌い、はむことが出来ない。

236
（表紙）

奉射之次第
百手之事

237
一鎌さし縄の事、苧縄を八尋ほとにして其
縄をふたへに取、折返したる所を五尺にして
一束にとりゆひ、其末を二尺に結、其末壱尺の
所にハ竹にても角にても管をこしらへ、二筋
の縄ともにくたに入て、二番目の二尺に結
たる所を馬の首へかけ、一尺の管の所を
胸かいの下より草分へとり、馬のはるひに一
からみからみ、其末を前の左右の塩手にからみ

237 鎌さし縄―鎌差縄。馬を引く白い手綱。

238

その末を切付の下を後へ通し、後の左右のしほ手にからみ後にて縄を取ちかへ、また本のことく切付の下を前へ通し、前のしほ手にてしかと留る也

239

一おりによりしほ手より直に四つ手綱にも差へし前のしほ手にからみたる綱の末を、馬のあきの下へとり、左の縄を右へとり右の縄を左へ取轡のいちやうかねへ下より上へ通し、馬の頭の上にて能程に結ひ留へし、あきの下にてちかひたる所を馬の口の内へ入へし、馬出ハしるとき頭にかかりたる縄を取、手前へ引詰へしはしめに結ひたる五尺の所に、丸を二つ通しむすひ置へし、其丸を左右へ分、前のしほ手へ引出し、其引出したる縄に左右ともに丸いつることくにすへし、また縄のあまりを切付の下より後へとり、後の塩手へ引出し、其の出したる縄に

239 **長手拭**　普通の手拭より長いもの。六尺の手拭があった。

長手拭を通し、左右ともに一むすひ結ひ留
その余りたる手拭を、我腰の左右の丸へ通し
前の左右のしほての丸へとほし、引返しに留
へし、是鎌さし縄と云、大秘事也

240
一左の手綱ハ我腰帯の丸に通し、引かへしに
能ほとにはりあひ留へし、右の手綱ハ馬の轡
水つきの所より六七寸をき、長手拭をむすひ
つき、長手拭の末をむすひ、わなにして我
右の肩へかけ乗へし、長くハつけ、みしかくハ
きれと云ハ是なり、長く入ときハ長手拭を
さく事也、みしかく入ときハ、長手拭を取事也
大秘事たる間、可秘

241
（絵）

242
一星守手綱の事、口よはくして足の余り空

を守り人を引馬をハ、前輪に懸り手綱を
ひきちかへ、馬の首の上にていかにも手を取
寄てしたゝかに押懸り、むすひしむへし、むすひ
やう絵図にあらハすといへとも、口伝有、しめ
られて、自然馬上る事有へし、心得乗
へし、大形絵図にあらはすといへとも、重々
口伝にあり

243（絵）

244（白）

245　庭之図

一こはき馬をせむるに、此庭を乗へし、先、はしめハ
如此のわをちいさくおりこめて、足并に成程
せむへし、馬をれて足并にならハ、次第〳〵に

245 **足并**—あしなみ。足のそろい具合。
つゝらおり—九十九折。坂道などで
馬をジグザグに歩かせること。

246

わを大きに乗也、をれぬほとハいかにもちいさく折こめて乗へし、かたのことくをれハ其後如此左右へ折まハし〳〵乗候て、扨、つゝらおりを絵図のことく、角をたて角々にて鞍にあたり足をほとかすへし、

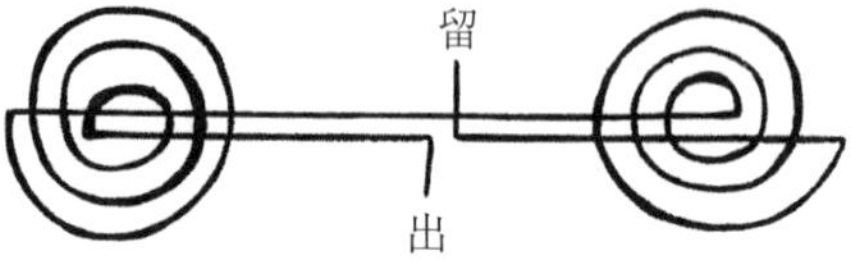

247
一つゝらおりかくのことし、乗おさむるときは足并のくら也、是は馬によりて乗へし絵図のことく角にて鞍にあたり、かとをたてゝのるへし、これハくらあたりのるへきため也

248
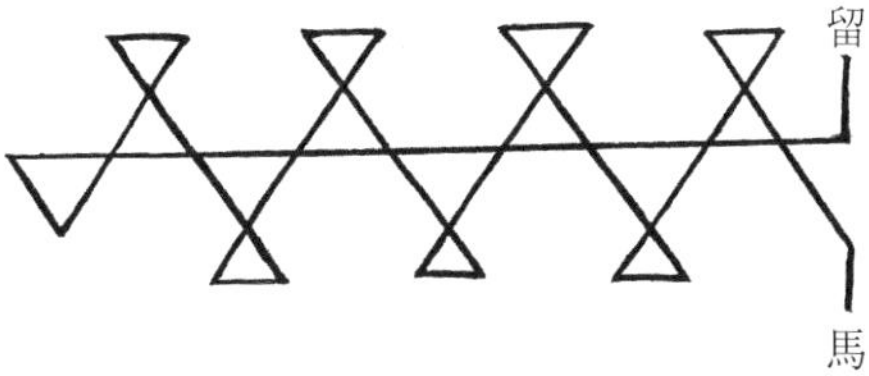

249
一りうこかた如是、つゝらおりをせめて、其後りうこ形を乗、これは一方へ二度つゝ折也くらあたりハ左右ともに同前也、此庭はこはき馬を左右ともに可折ため也、是も足なみになるほとせむる也、絵図のことく角を立てのるへし

250

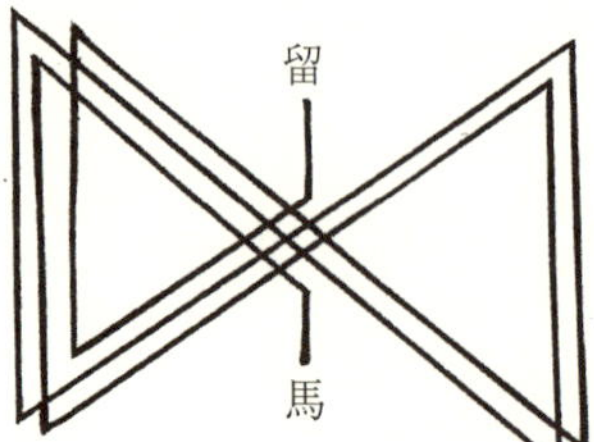

251
一かへしをくりと云手綱是也、こはき馬を

249 **りうこかた**―輪鼓形、輪子形。鼓の形のように馬を乗り回す。

せめおつて後、なけおりを足なみに乗
とき、おりめ〳〵にてかくのことくしさらかし〳〵
すへし、是も何返もかすをしらす馬折ん
ほとせむへき也

252

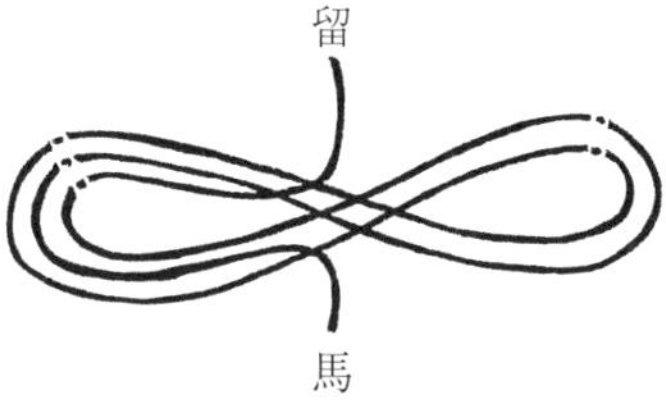

253

一あふき形如此、かな目のかたより乗はしめ
へし、是ハ祝言のとき乗也、また雪のあした
なとに乗へし、同一方のくちをひかんため

254

なり、扇のやうに足あとを乗て可折
猶、のれと仰あらハ、雪の朝なとハあとを
左右へ乗ちらして見すへからす

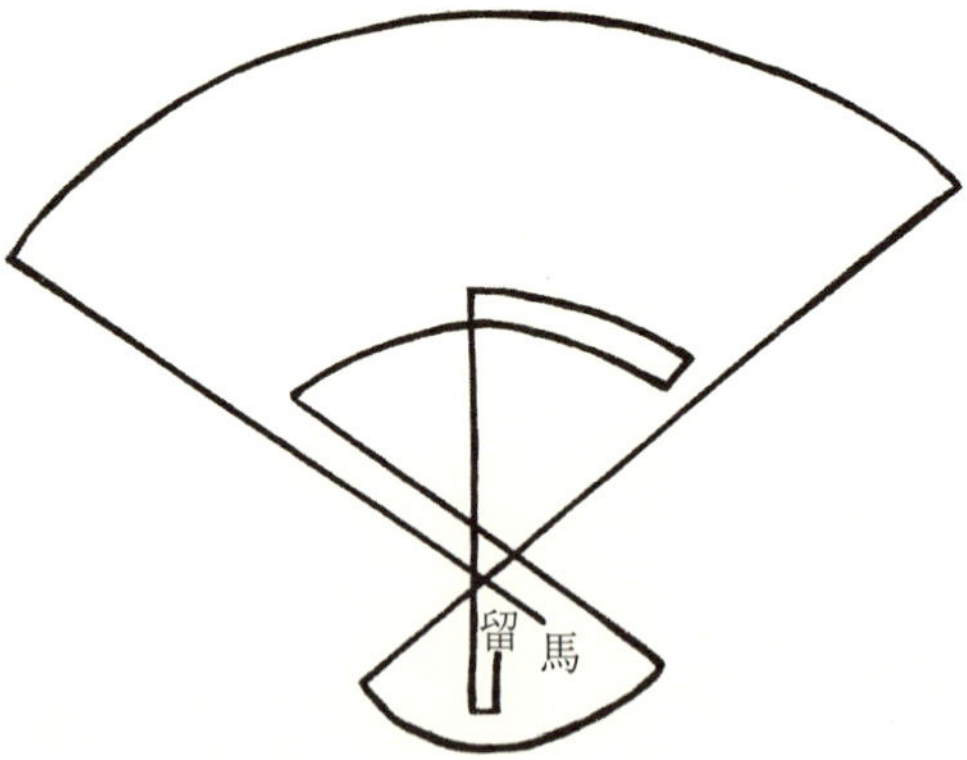

255
一団かた、かくのことく乗て、柄のかたにて折候へし、是は軍陣なとにて乗へき庭也なをのれと仰あらハ、団かたをのりちらしてあとを見すへからす

256
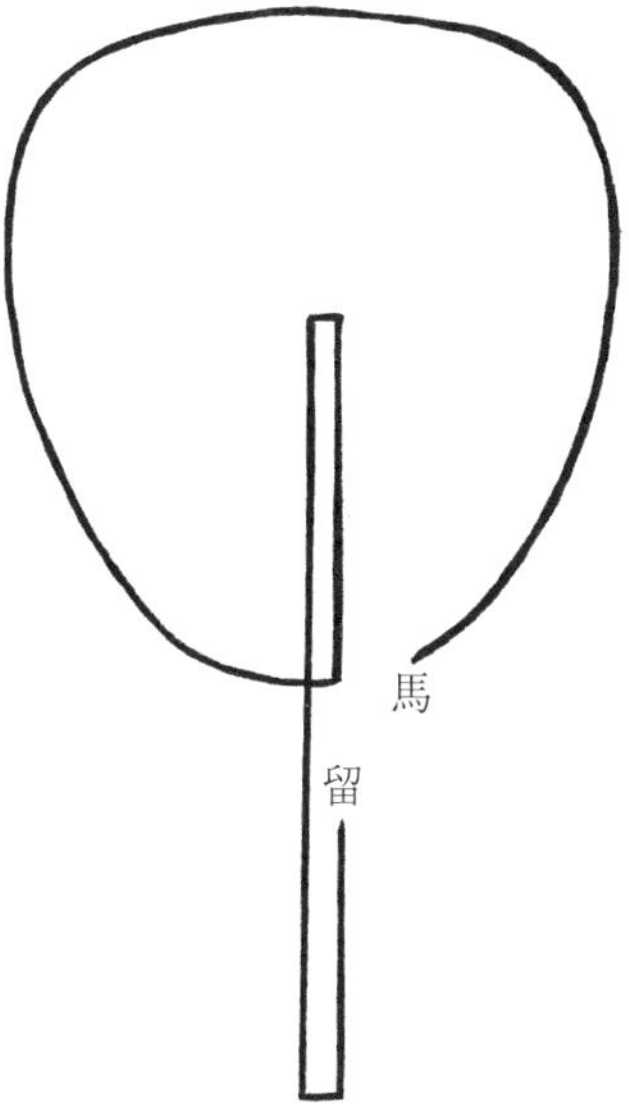

257
一千鳥かけ如此、これはくらした口をれぬ馬をケ様にせむれハ、馬おれて岨つたひ川わたすに、鞍にあたり手綱に心あれは

257 **岨つたひ**――そわづたい。険しい山道に沿って行くこと。

258

そはつたひは、足ひとつかよはぬ所をもふみおとさす、川ハ岩にかゝらす、おもふまゝによけて渡す也

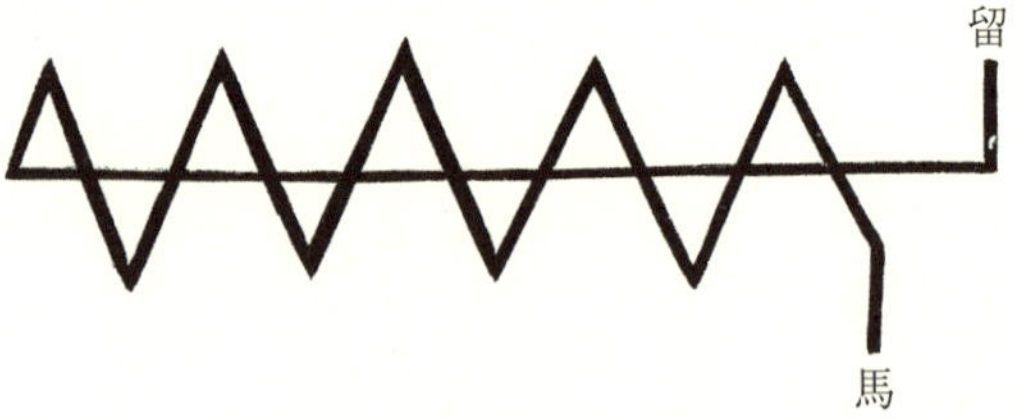

259
一四季の庭如此、春夏秋冬により候て如是季を残して乗へし、是も絵図のことく角〳〵にて馬をたて、いかにもかとを立て可乗也

260

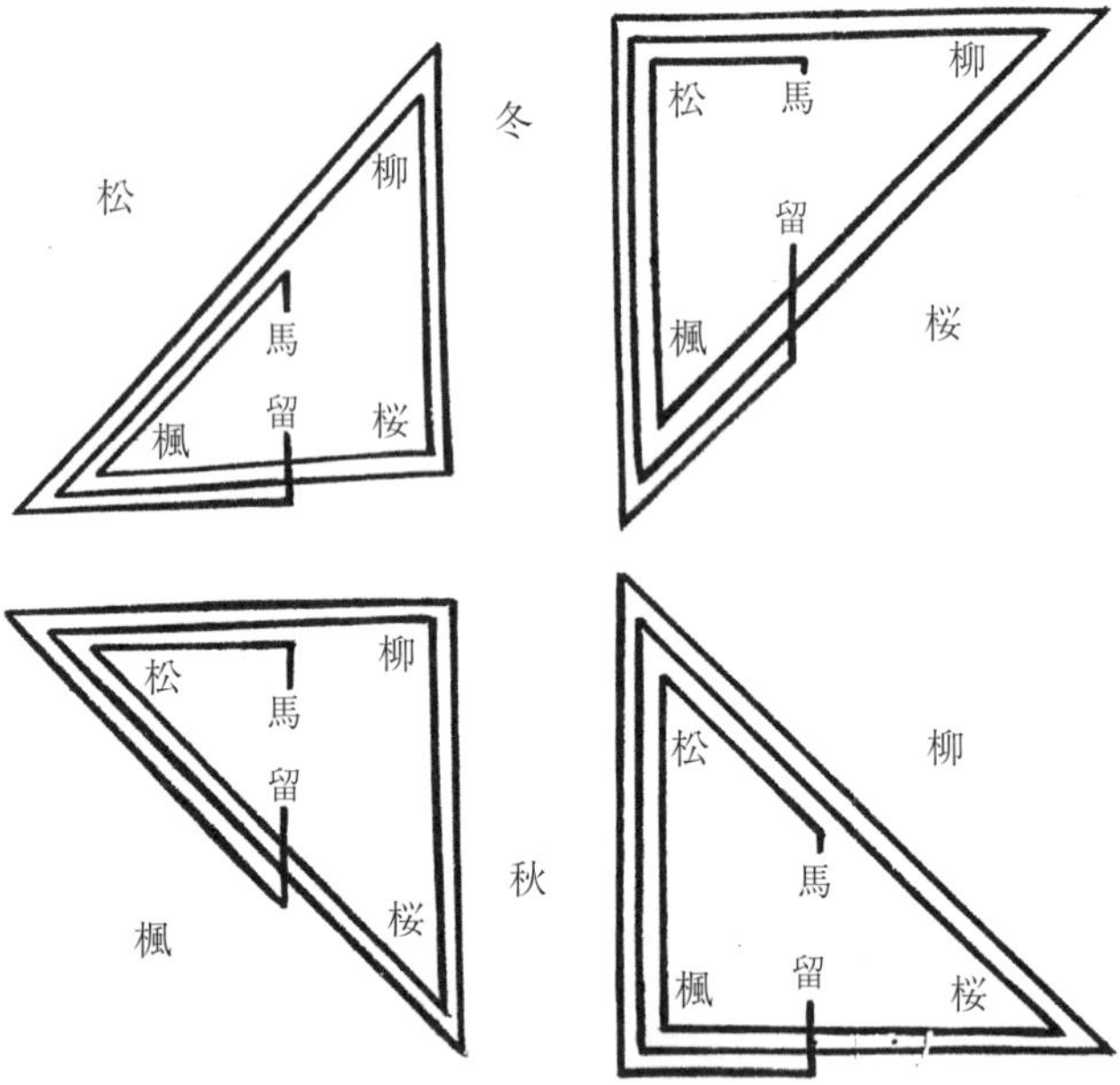

261 一此四の庭ハ、時をきらハす四季にのるへし
御前賞玩の庭也、同此うちにても二本
掛しやうくハんなり

262

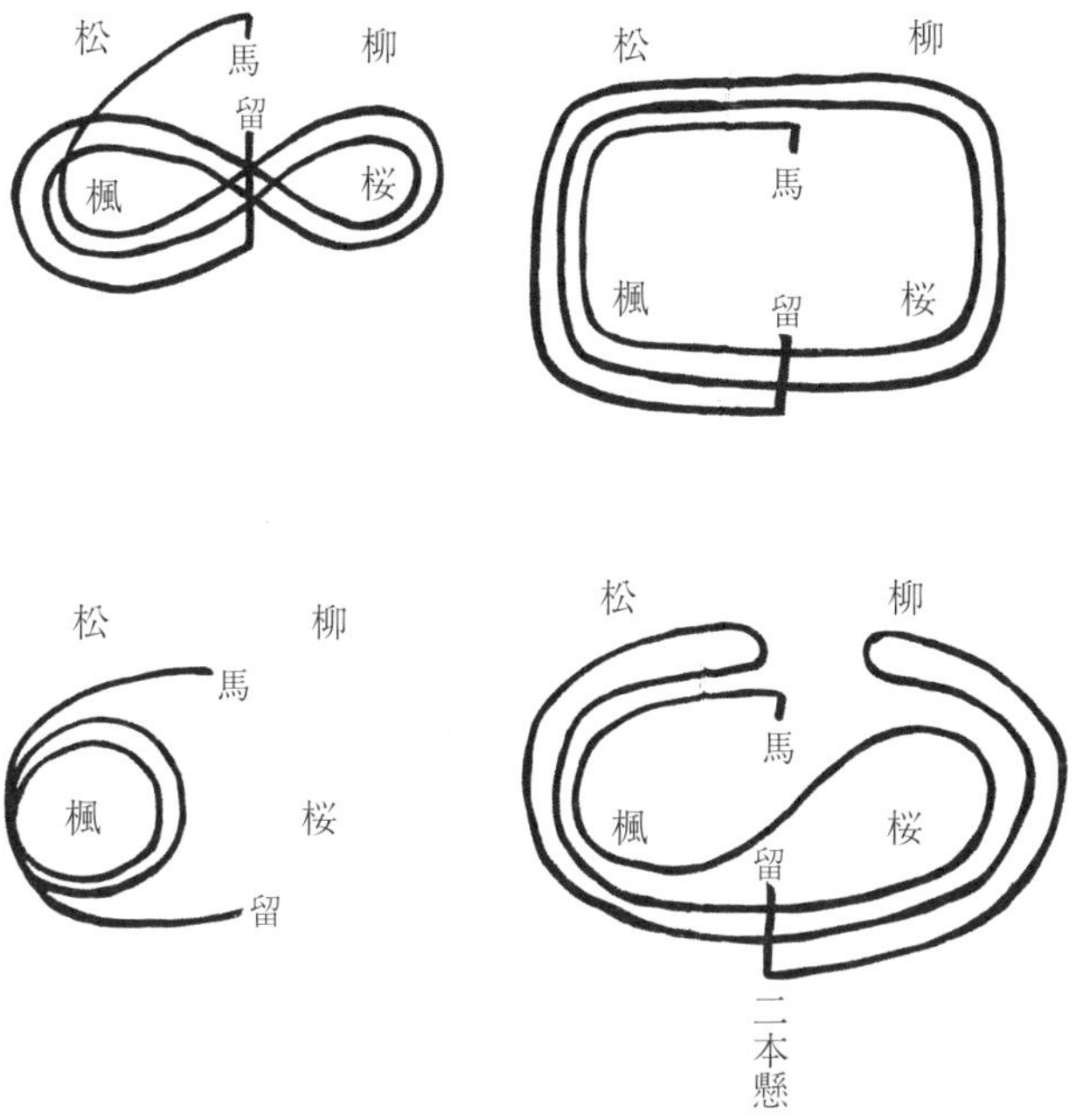

263
一あはいの時乗へき庭なり

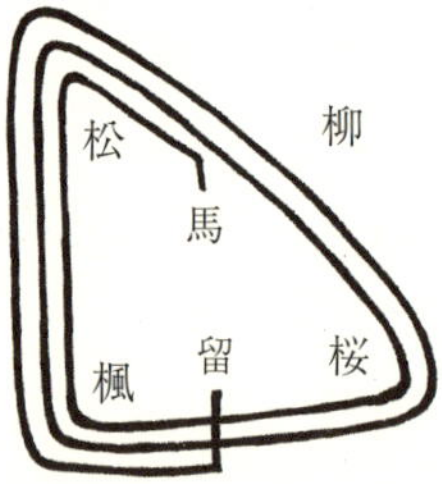

264
一此庭、何時も季を嫌はす如是乗へき也

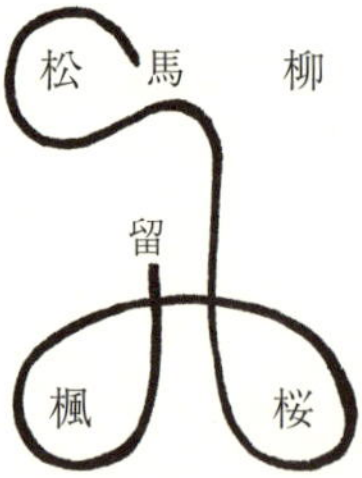

265
一是は雨の朝乗るへき庭也

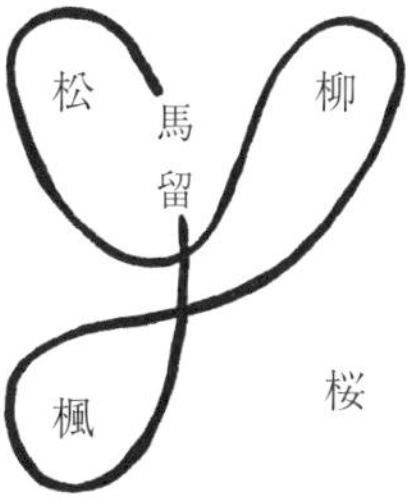

266
一ゆきの庭とも、四季によらすいつも乗へき庭也

267
一八本かゝりと云庭也、何時も乗へき也

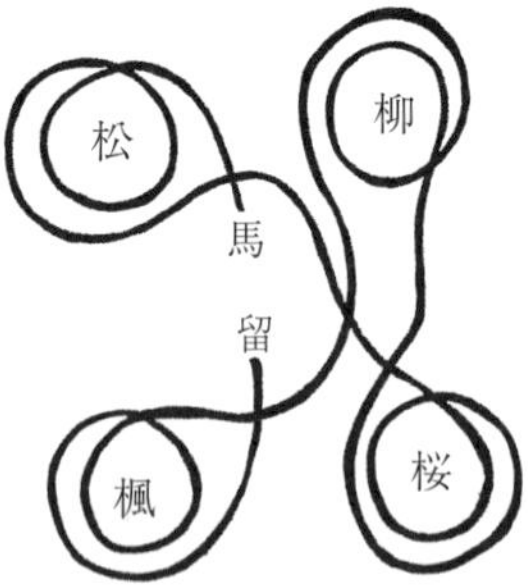

268
一此庭、雪の朝に乗へし、絵図のことくしさりあしを可乗、是も跡を乗ちらしておるへし、同雪の朝と云也

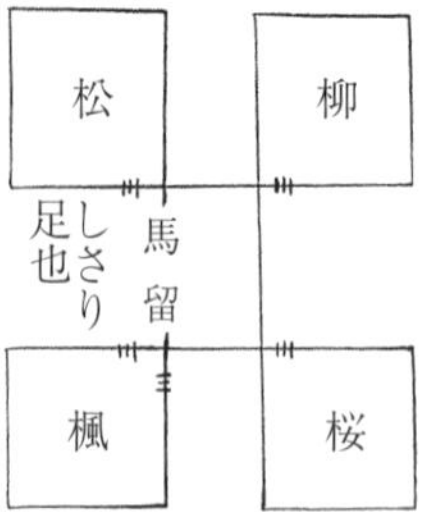

269

小庭之図

270

一七間半　四方也

一軒と木との間　二間也

一木と木との間　二丈三尺也

一春ハ桜をはつす也

一夏ハ柳をはつす也

一秋ハ楓をはつす也

一冬ハ松をはつす也

271

一手綱ハ弓の弦を表して七尺五寸也、小庭ハ手綱の尺を以て七間半に定る也

一木をはつす事ハ当季をたつとむ心なり

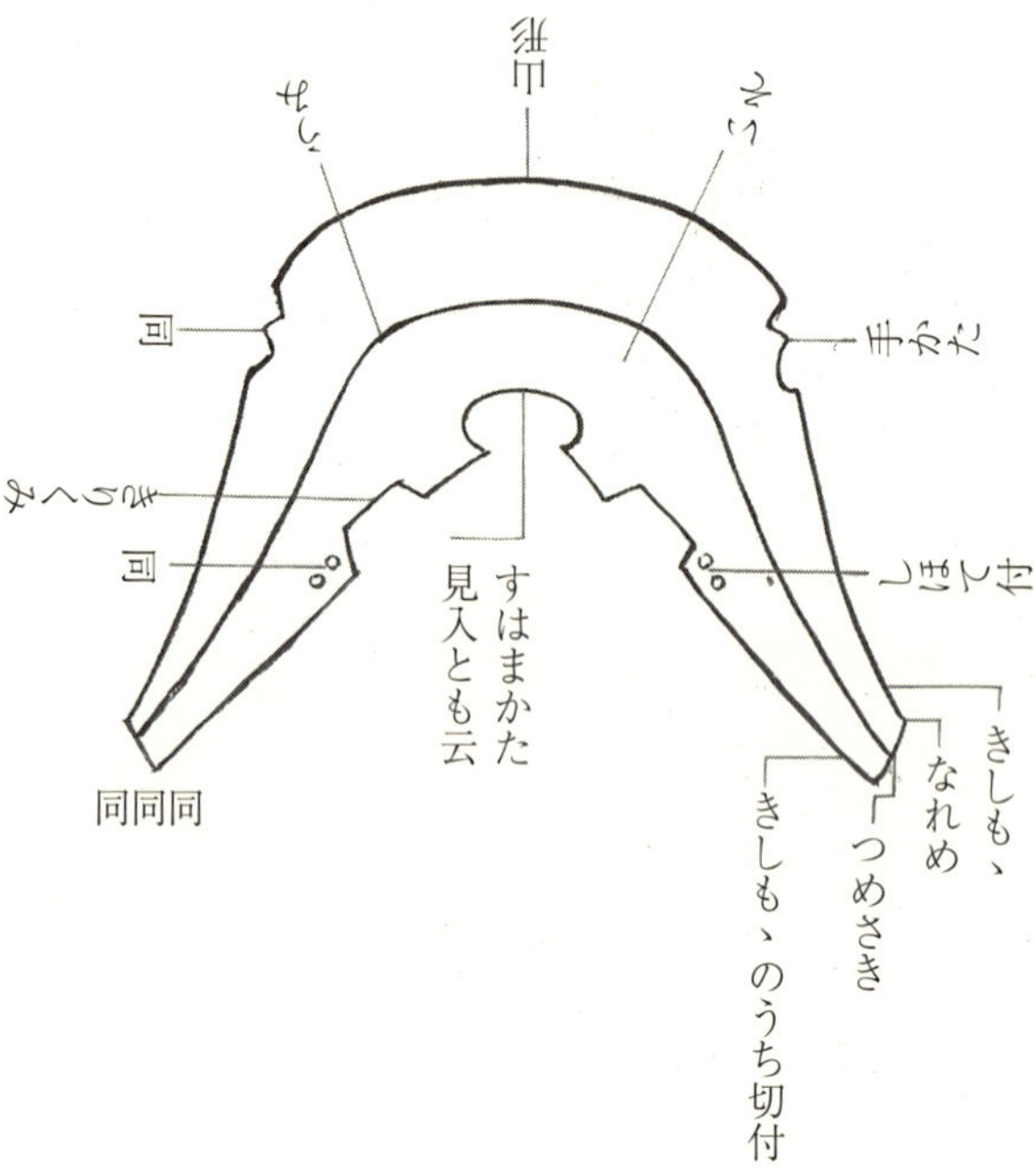

271〈図は鞍の前部〉「前輪（まえわ）」。

きしもゝ―雉子腿。

272

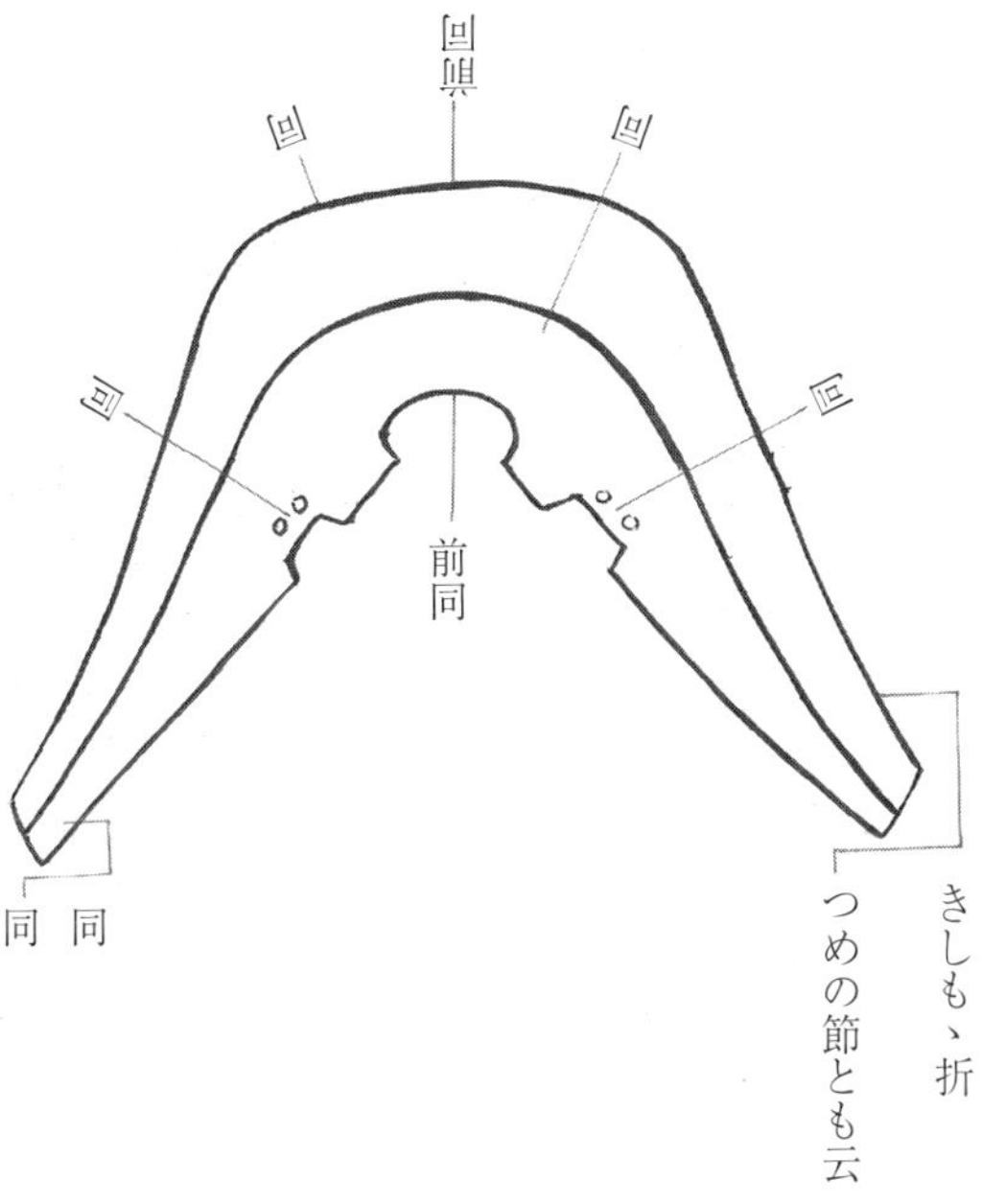

273

一鞍鐙寸法已下の儀ハ、伊勢守家に相伝候条当家も同前と云なから、其家々の儀を用候事勿論也、併、大形絵図にしるし置候

272 〈図は鞍の後部〉「後輪（しずわ）」。

273 **ゆき**—居木。由木。鞍の前輪と後輪との間に渡す板。

もつをの穴　肌付け、切付の居木留の紐を通して、鞍・居木・切付を一

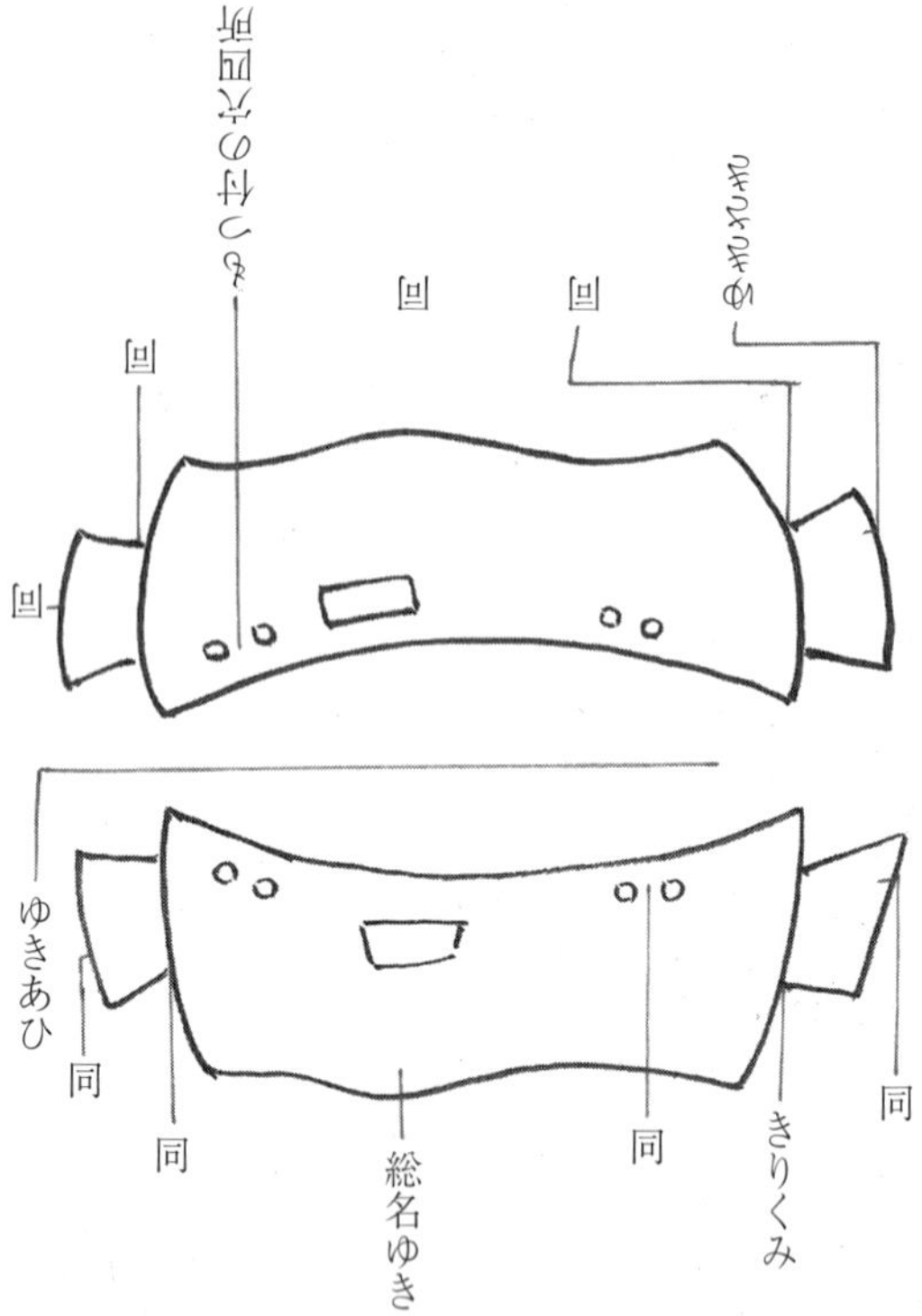

274 一鐙、もん所色々有之、雖然、三文字松皮之儀は
当家より相ゆるし候て〻以来之儀也

体化する穴。

274 **やないば**—柳葉。やなぎば。
えみ—笑。咲。
たかかしら—高頭。鉸具頭（かこがしら）。力革に接続するのに使う。

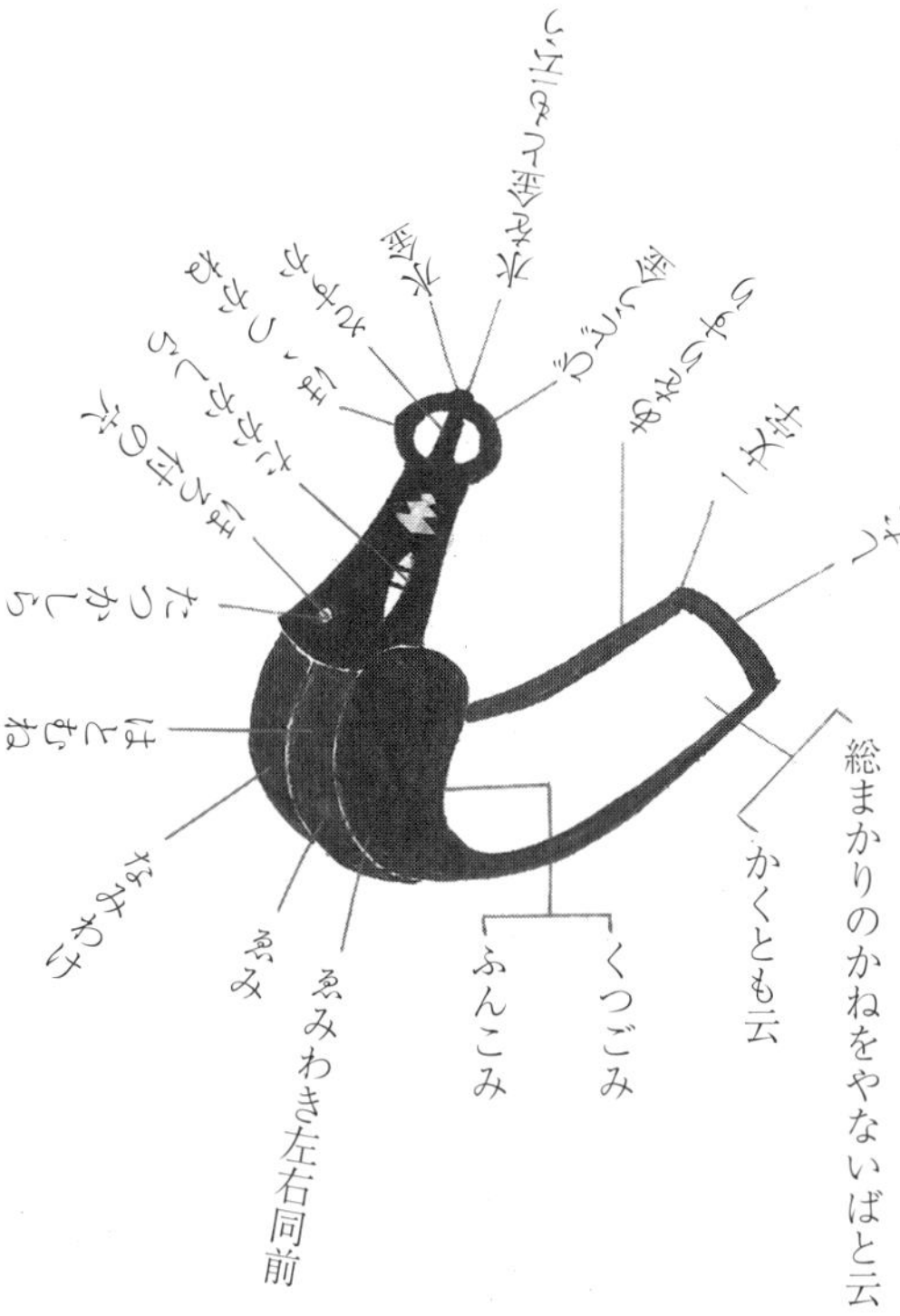

275　（図）明珍に当家よりゆるし候故松皮有（右）
すかす所、色々のもん有（左）

276　一鐙の図大かた如此、是も当家より明珍に紋

さすか―さすが、刺金。力革の穴を通す突起。
水を金―水緒金。
びどう金―尾錠金。
あをりすり―泥障すり。

275 明珍　甲冑師の名家。轡、鐙等も制作した。戦国時代から有名。

276 はみさき―噛先。食先。

并寸法免出也、故無相違者也

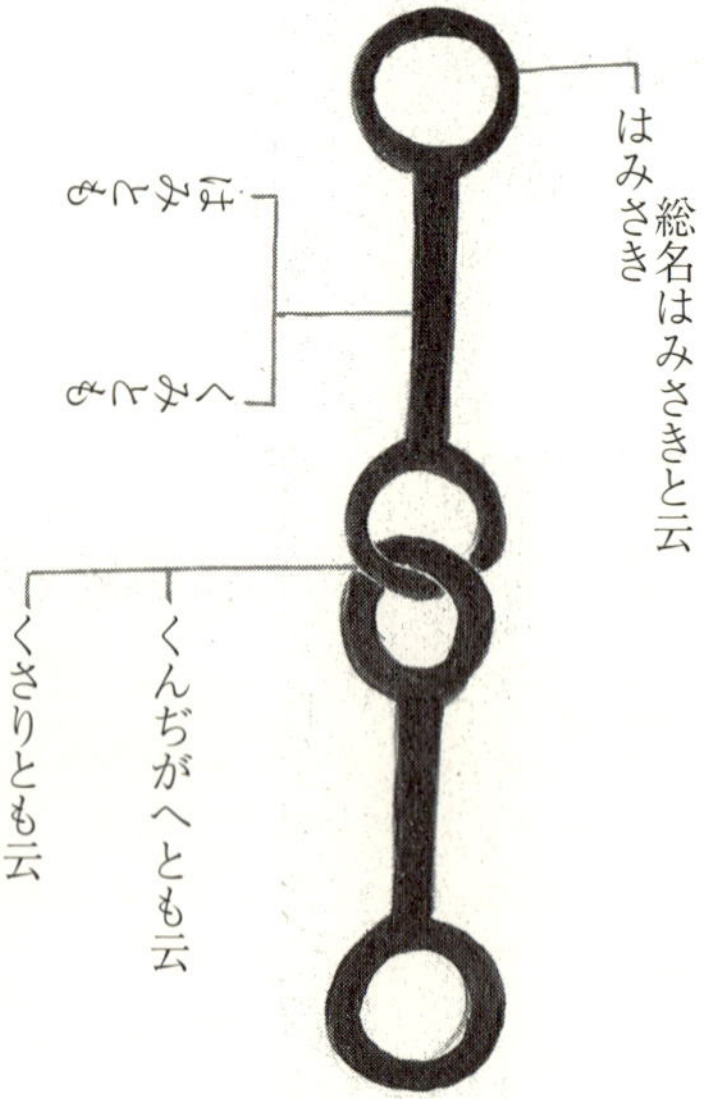

277

くんぢがへ—組み違え。

277 立聞—たちぎき。馬を牽く者の耳の所に来る場所。

278

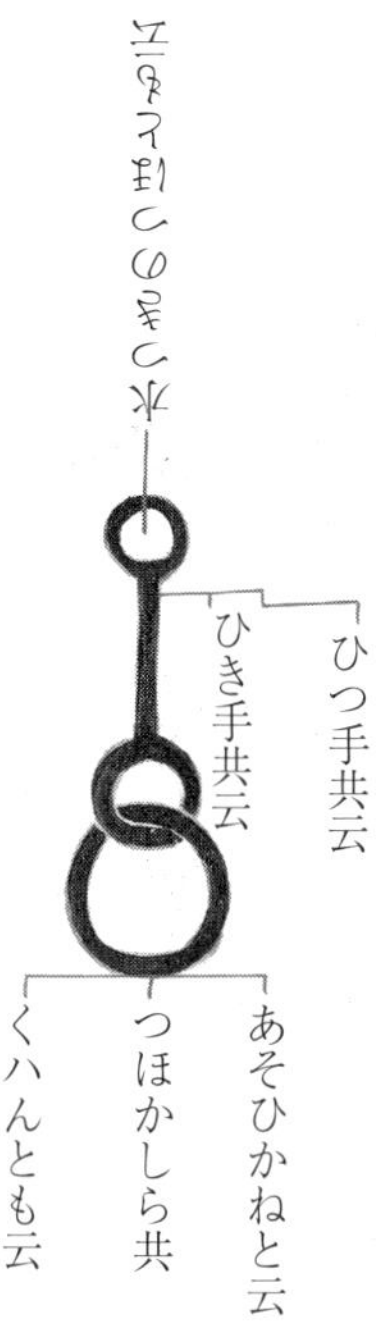

一寸法之事、はみさきまて七寸五分、はみのうち五寸にも、又、五寸二三分の長も能候、たちき丶十文字まて五寸、十文字より上二寸、大形此分可勝候也
同引手、四寸ハかり能候也

279

（白）

280

鞭之図

一ひかはの鞭と云ハ、藤を能々ためて、上の皮を磨落して、さひかハを赤うるしにてかけ、上を地をして黒漆にぬり、さて、藤をつかふ也、この

281

三筋の鞭の藤、いつれ成とも望次第につかふ
へし、又、数さへあひ候へハ、藤のひろさの様ハ好み
によるへし、いつれも同前也、大形七筋候へとも
横手一尺の鞭を用也、秘事なれハ不及記
口伝有
一藤ハ引藤、広さハ鞭に随て見能様につかふ
九所につかひ候得は九曜を表也、鞭は何も
黒くぬるへし、しやうそく仕立様、寸法ハいつれも
同前也
一装束ハ黒革本也、又、菖蒲皮も不苦、中へ糸
を入て縫くるみ候て結ひ、指かけハくけすして
先をふときやうにたち候也

282〜284

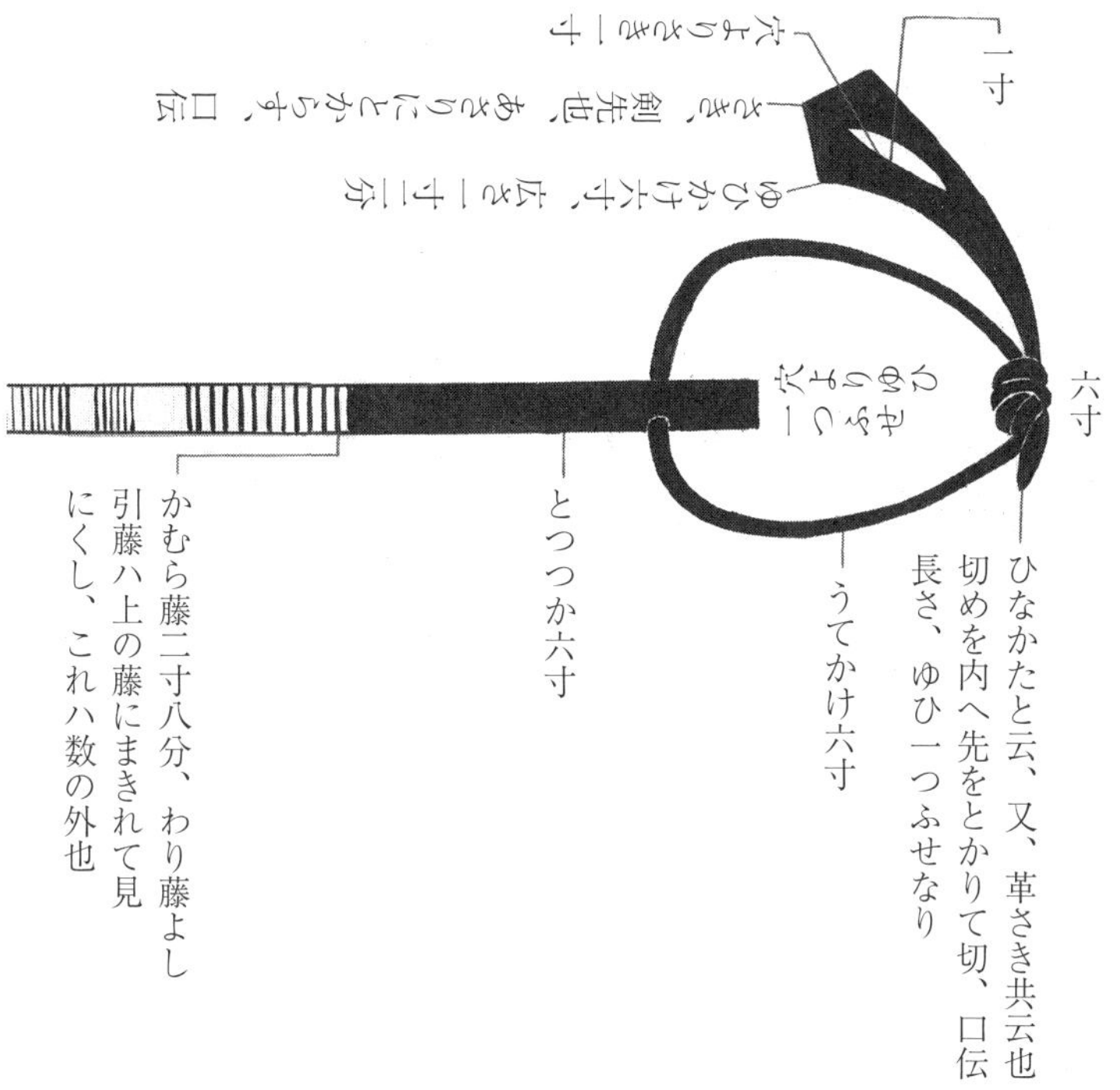

282 **一つふせ**　指一本ぶんの幅。
とつつか―取束。執束。握る所。

285

一此の鞭ハ軍陣へ可用、九所藤の鞭は何も軍陣へも用へし、またハ、体によりほと遠時ハ騎馬にも用也、いつれも口伝有
一十二所、ケ様につかひ候、是ハ祝言またハ入部等の時可用、十二所也、藤十二神を表也

286〜288

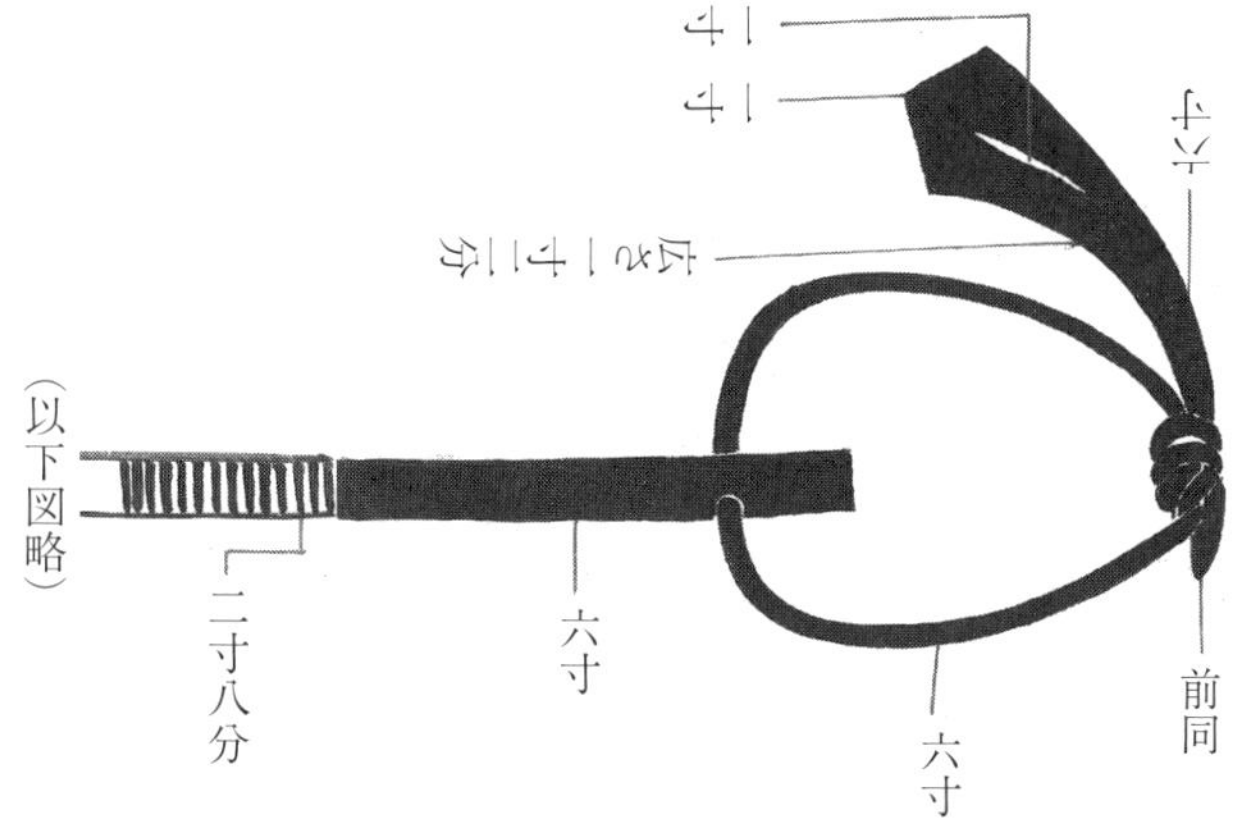

289
一三筋ともに黒ぬり、しら藤につかふへし
ゆひかけ、うてかけ、とつつか寸法ハ、いつれも
同前たるへし

290～292

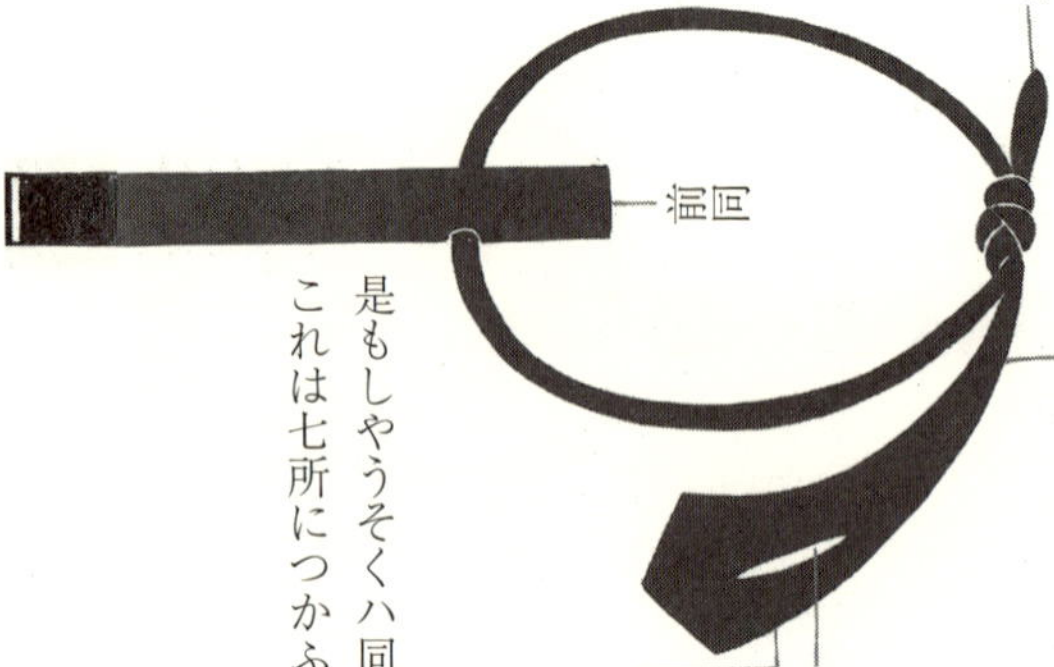

是もしやうそくハ同前也、三六寸也
これは七所につかふ、七曜をかたとる也

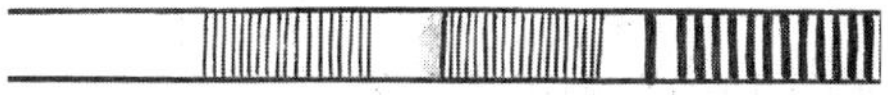

（以下図略）

293 一鞭を仕立て候てハ壇に上、かちをして持へし
むちさきハ一字金輪の法にてか持すへし
とつかハ五だんの法也、

294 一　八五分、二一五分、二五同、二七同、三一同、三同、五一同

（白）

293 **かち**―かじ、加持。
一字金輪の法　金輪法王の持つ法輪の転ずる方向に随って皆を帰服させる法。
五だんの法―五壇の法。五大明王を個別に安置して祈願する修法。

295
鞍之表相之事
一山かたハ何も同前也
一切付ハ白龍王也
一四つ塩手ハ四天王也
一力革ハ無量力菩薩也
一むなかひハ赤龍王也
一しりかひハ無尽意菩薩也
一上敷ハ八龍王也

296
鏡鞍之事
一鏡鞍と云は、社頭に引馬に付る也、かゝみハ神影なれハ清浄にして、馬上にうつし奉るへき為也、付様、前の両のしほての上にのせて、白之を上にして、両方へあまりたる紐にてむすひつくる也

297
（白）

296 **鏡鞍**―かがみぐら。晴儀用に用いる鞍。内側は漆塗り、外側は銀や金銅で包むか箔を置いた。

298

八張弓

一番、太平之弓、本地阿弥陀仏、神ハ手力雄明神也
安楽巻とも云、世平弓とも云、誕生蟇目は
世平弓にて勤る也
（図108とほぼ同じ）

299

二番羅形弓　此弓ハ化生の物可射弓也
不断枕近く立置へき弓也、三本藤とも云へし
努々不可有外見候、可秘々々、三所藤ともいふ
三宝に表す三世にも取也
（図109とほぼ同じ）

300

三番作罪之弓　此弓ハ草鹿円物其外作物
可射弓也、赤うるし、且藤巻とも云、七五三とも

云、さらい弓共云
（図　110とほぼ同じ）

301
四番、四足之弓、にきりより下に巻様二十八巻にきりの上に三十六所、可巻也、天の廾八宿地の三十六祇を表也、巻目毎に名有、箙尻籠に可添弓也、但口伝有、曼陀羅巻と云へき歟、口伝別紙に有之、巻目ことに天の廾八宿地の三十六祇の名有、ぬりこめ藤也、重藤とも云

302
此弓朝敵を平け軍陣大儀之時、可持弓也、七曜九曜廾八宿卅六祇、此うちに有へし、可秘々々
（図　111とほぼ同じ）

303
五番弓　陰陽之弓、二所藤也、女房むかい婿入

のとき可持弓也、祝言の弓なり、ゆめ〳〵
他人にこしらへ様しらすへからす、地ハ赤うるし
（図112とほぼ同じ）

304
六番　福蔵の弓鑐《ツク》有、此弓戦場へ可持弓也
色ハ赤うるし、此弓、蔵たつる時、祝にたつる
弓也、七所藤とも云
（図113とほぼ同じ）

305
七番　勝巻之弓、不断可持弓也、何も巻目に
名あり、能々可口伝也、地ハ赤うるし吹よせ
藤とも云
（図114右とほぼ同じ）

306
八番
袋に入弓の拵様、口伝有、凡如此、雖然ふくろハ

蛇の衣にまとハる時の姿也、風躰の革の
長さ五寸八分、広さ八分、黒革を本とすへし
袋の打たれ壱尺二寸、家の紋を付て濃浅黄ニ染へし
（図114左とほぼ同じ）

307
（白）

308
一蛇形之弓、白木之弓の名也、是を的弓と云
的弓征矢ににきりの巻様替也、口伝可有
しやうきやう弓とも云
（図116とほぼ同じ）

309
一村刮之弓、かくのことくすはまともゑをこく也
掬より上に八所、にきりより下に七所こく
へし、凡せいハ此分赤うるしをこく也、もんの所ハ
薄赤うるしたるへく候
（図117とほぼ同じ）

310
右者、家之秘事候之間、努々他見他言
有之間敷者也
元禄十一年戊寅　小笠原右近将監
十一月廿三日　　　　　　忠雄（花押）
小笠原遠江守殿

311
（白　この後二面白）

312
奉射之次第并的絵図

一射手六人一つかいにて三度宛射也、六人
矢数以上、卅六也
一出立の事、上古ハ烏帽子直垂にて鼻高
を履也、略儀にハ烏帽子上下にて射也
313
一鋪革の事、毛を上にしてせとをりを竪に
折、扨、横に折候得は、四つ也、弓と矢に取揃て向へさけて、くひかみを我か方へしてもち鋪とき、白毛の方をはなし、せとをりをハたゝみたるまゝにて、白毛を的の方へなして敷白毛の方より立まハり、左の足にて下に成端をふまへ、上の方を右の足にてのへて置也、さて、鼻紙納候時は、矢しりを弓にとり添て、左の手にてたたう紙扇を取て右の方の敷革の下に扇にて押へてをくへし、前弓後弓ともに同前也

314

一弓立時は、前弓後弓見合て、同しことくにあゆみ出、こも二枚の前のこもに鋪合てきはに畏、右の手に矢にとり添て弓をもち、左の手にて紐をとく也、各口伝有之也

一弓立て、足を八文字にふみ、膝の下の通りに弓を横たへ的と見合、能々たちしつめて

315

さて、弓を取直し、右にて鳥打の下をとり三つかなはにたて丶、はたぬき、素襖の袖を左にて刀のさやのしたよりひきまハし、帯にはさみ、右のゑりを乳のみゆるほとおしのけて、扨、持たる所を四五寸下てとり、弦を上へなし、右にて横たへてもちその丶ち構をとり、くるりとかいこんて、矢をつかい、本筈を膝の節にかまへ、弟矢をはけたる矢のことく、矢しりを筈のかたへ五六寸出し持、右にて又えもんをかいつくろひ、是品也、さて、矢しりをもち打上て射へし、射あけてハ初持ことく鳥うちの下をとり、右の方の足の際にたて、左にて納候袖をはつし、えりを引たて丶かたを入候、其後本のことく左へ弓を執直し、左のあしをぬきしさり、畏り後弓射あけ候ハ丶

316

見合て立へし、惣別たかいに能々見合
へし

317

一弦切之事、前弓はやにて弦を射切候ハヽ
納候袖をハはつしてかいなを入て、本のことく
畏て張替を待へし、相手ハ射ましく候
弓構へをして、さて、介添張替をもち出
へき様、つねのことく弦を上へなしてもち
出、後より寄て、すはうの袖を右の手にて
そと持あけて渡候時、弦切たる弓を
そと落して張替を取へし、弦切たる弓
をは介添とり帰る也、扨、本のよりのき
のことく弓立へし、後弓の時射へし、又

318

後弓はやにて弦切候ハヽ、前弓射間敷候
弓構をして待へし、しつけハ前弓同前也
前弓後弓ともに弟矢にて弦切候ハヽ
張替候へハ出ましく候

一矢取出立の事、すはう袴にてかへしも、
たてを取、わらんちをはく也、矢取行合時ハ
互に手をつきて通るへし、矢をとりて
持へき様左の手にて矢りしを持、右の手
にて袖すりの節のもとを取、介添渡時

319

とりなをして、右のかたにて袖すりの節
の本を取かい、矢尻をもちて左にて袖摺
の節の本をとりて渡也
一的場の遠さ卅三杖に打て、卅一杖に
立へし、是式法也、さりなから所により候て
其うちもくるしからす候
一数塚の高さ一尺二寸、上の広さ六寸也
砂にてつくへし、後の数塚をちと的の
方へよする也

320

一的の勢五尺二寸、絵図のことし
一串の寸法横串七尺八寸、内のり六尺八寸

たてくし地より上六尺六寸也、一尺五寸地に
入ふとさ切口二寸ハかり
一的掛やうハ三方八寸下六寸に掛へし、木
さき五寸計つゝ出へし
一蝉の長さ二寸八分計、頭を黒くすへし
三つ峯に作り、黒と白とのさかいにつく
へし

321
一的かはの事、布を水色に染て上に
れんせんを六所に付也、布ハ六の也、たけハ
横串より土際までの尺也、すそを袴の
くゝりのことく縫て、六寸ハかりぬひさして
菊とちを付へし、横串に引からみて竹を
ほそく削て、継目のことくとちて置也

322～323（図38・39と同じ）

324（図40と同じ）

325
（図　41と同じ）

326
一前に立を弓太郎と心得へし、小的のときも
同前

一御所的の時、せきの矢といふ事、三度目の
矢の事也、たとへハ悉の矢はつれ候とも
此矢あたり候へハあたりと同前也、あたりて
肝要の矢と云ハ此矢の事也、六人共に
同前也

327
一奉射の時ハ火屋を作り候て、向に幕を
はり、弓立時は上、又射あけ候時ハはつし
候と申候、的の絵、またかけやうなとを人に
見せましきため也、是ほとにひしにせられ
し也、然間、唯今も少もおろかにする事
努々有間敷候、天下の政にて候侭いかにも

精進をして可射候、殊百手なとハ百日精進をせすして、あたに射候ハヽ、かへつて罰たるへく候、奉射も七日は今も禁足にて可射候、的の中外により候て天下のうらなひをする也、又其主人の内室

328 懐胎なと候得は、男女のうらなひなともかんかへ様有之、矢のあたり数に其女の年またしかんを添候て、さん木のあり様により候て、さんのことくはらひ、ちやうに候得は女也、又半に候へは、男のよし申候、去なから精進もあしく候てなと射候ハヽちかひ可申候

329 (白)

330 百手之事

331

一百手の事、是ハ祈念のために勤る間、いかにも精進を可致事かんよう也、むかしより百日のしやうしんと云伝へり、的ハ五尺弐寸の的也、射手の出立以下射るやうも十七日と同前、乍去こもの鋪様、竪に十一まい敷也、一人の前にこも一枚宛也、三尺あまり宛隔てゝ敷也、同敷革も如此鋪へし、同又くしを打也、弓立所を可定故也同たう木の心得也、同くしを打事、初打たるまゝ也、重て打なをさぬもの也、二立目より次第にくりあけ〳〵、十度まて如此弓場をかゆる也、大前か大後に成、大後か大前ニ成候心也、又射手人数之事、十一人にて十度弓立也、矢数弐百四十たるへし、同射様ハ打あけにて射る也、十一人一度に弓立也十度目の乙矢をハ不射してはさむとて

332

悉あたりに付るもの也、同介添十一人也、
矢取も同前也、出立も十七日と無替儀
また方角ハ南向也、さりなから社堂を抱候て
射る也、聊背て不可射候也、日記ハ紙一重
を其侭不折して水引二筋にてとち候也
主人ハ官途ハかり書、余人ハ名字官を
かくへし

333

右者家之極秘事候間、努々他見他言
有之間敷者也
　元禄十一戊寅　　　　小笠原右近将監
　　十一月廿三日　　　　　忠雄（花押）
　　　　小笠原遠江守殿

（以下、白）

第三部　解　説

廣澤寺伝来『小笠原流弓馬故実書』解説

藤牧　志津

一　書誌および作者

本書は、長野県松本市にある龍雲山廣澤寺に所蔵されている、二帖の折本からなる小笠原流弓馬故実書である。一帖には弓に関する故実が書かれ、もう一帖には主として馬に関する故実が書かれている。従ってここでは便宜上、それぞれを「弓の書」「馬の書」とよぶこととする。

二帖は共に縦二八・〇cm、横二二・二cm、厚さは「弓の書」五・三cm、「馬の書」七・八cmである。各帖は折り本厚紙両面仕立てである。本紙には雲母が引かれている。いずれの表紙も、紺紙に金泥で垣に草花霞文様を手描きした料紙で装丁されており、繊細優美な仕立てである。

各帖の表紙には中央やや上部に、大きさの異なる白地雲母引き型染めの料紙を用いた題簽が貼られている。しかし、題簽と本誌項目とが一致しない部分もあり、ことに「馬の書」裏側は著しく異なっている。

なお、表紙の縁に沿って施されている薄紫色のテープ状和紙は、平成十五年（二〇〇三）に補強目的で貼られたものである。

「馬の書」後半の八張弓の項と百手の項の二か所の後ろに、ほぼ同文の奥書が記されている。次に記すのは八張弓の項、後ろの奥書である。

　右者家之秘事候之間、務々他見他言有之間敷者也

　　元禄十一戊寅十一月廿三日　　小笠原右近将監

　　　　　　　　　　　　　　　　　忠雄　（花押）

　　　小笠原遠江守殿　　　　　　　　（句点は筆者）

つまりこの奥書によると、本書は元禄一一年（一六九八）一一月に、小倉藩二代当主忠雄から嫡男の遠江守忠基へ与えた、花押を据えた弓の秘伝書であるという。

父忠雄は、この年五二歳。前年侍従に就任し右近将監と名を改めた。また、元禄一一年七月から翌年五月までは小倉に在城しており、先代忠真の三十三回忌法要を大々的に行なうなど、国元の政務に忙しい時期であった。本書の日付は小倉在城中である。

嫡男忠基は、やはり前年遠江守となり、元禄一一年二月に「前髪ヲ取リ給フ」[1]として一七歳で元服し、名も清遥と改めた。そして元禄一二年八月「糾方ヲ清遥ニ的伝シ給フ」[2]として一八歳で父を師として的伝を受けている。

言うまでもなく小笠原家で言う糾方的伝《きゅうほうてきでん》とは、射（弓）・御（馬）・礼の三者の正しい伝授を意味し、一子相伝、面授口伝、門外不出が本来の姿である。従って、この時代の的伝がどのように行なわれたかを部外者が知ることは難しい。ただ、『小笠原礼書七冊解説書』[3]の編者小笠原忠統氏（小倉小笠原藩主末）によれば、「正式の伝授式の後に、細部は別の的伝を得た宿老から受け、その上で藩主から伝書に花押したものを請け取る場合もあったようである」ということである。伝書というものの性格上、極めて個人的なものでありかつ秘密にすべきとされる部分の多いことか

ら、この全てを体系的に書き記して伝える事もなかったと思える。

従って、本書は、複雑膨大な内容を含む弓馬法の全てを含んでおらず、また、礼についての秘伝も含んでいない。しかし奥書から推察するに、嫡男の元服直後の日付であること等、本書の作成が糾方的伝を見据えたものであったと言えること、かつて小倉小笠原家に伝来していた事実、本帖と同じ料紙で装丁されている二代忠雄の『手綱秘伝書』（上下二巻和綴じ、延宝三年（一六七五））が現在北九州市立歴史・自然史博物館の小笠原文庫に所蔵されている事からみて、小笠原総領家伝来の糾方的伝書の一部とみてもよいだろう。

二　構成

本書は同じ装丁を施された二帖の折本からなっており、各帖の構成は後掲の表のとおりである。しかし、この二帖が構成上どのような関係にあるのか、不明な点がいくつかある。

まず、二帖の間に上巻・下巻のような関係が有るのか無いのかということ。また、「馬の書」の後半にも「弓の書」の項とほとんど同じ記述が繰り返されているが、この重複がなにを意味するかということ。さらに、相伝奥書が弓の書には見られないことなどである。

ともあれ、各帖の項を検討することにより構成を見てみることとする。

「弓の書」及び「馬の書」の項は、次表のとおりである。

弓の書		
表	七五三	
表	矢払之次第	
表	産屋蟇目之大事	
表	誕生蟇目之次第	
表	奉射之次第幷的絵図	※1
表	百手之事	※2
表	三度弓之次第	
表	半的七所十所勝負之事	
裏	曼陀羅弓　雷上動《ムラシゲトウ》　一張弓トモ云	
裏	（八張弓）	※3

※は、「弓の書」「馬の書」がほぼ同一の内容
（　）は前項に含まれるもの

馬の書		
表	馬之手綱口伝書	
表	秘伝十六疋	
裏	（秘伝十六疋続き）	
裏	庭之図（鞍・鐙・韉）	
裏	鞭之図	
裏	鞍之表相之事	
裏	鏡鞍之事	
裏	八張弓	※3
裏	（奥書）	
裏	奉射之次第幷的絵図	※1
裏	百手之事	※2
裏	（奥書）	

1　「弓の書」表側

弓射には、地面に足を付けて弓を射る歩射（ぶしゃ・ほしゃ）と、馬上から射る騎射（きしゃ）がある。本項は、全て歩射に関する記述である。その内、「七五三」から「誕生蟇目之次第」までの項は、鳴弦の儀礼についての記述である。鳴弦の儀礼は蟇目の儀礼ともいい、鏑矢と弓を用いた魔障退散、国家鎮護、除災招福等を祈願する弓射儀礼である。これらは的に矢を命中させることを目的とはしない。

つづく「奉射之次第并的絵図」と「百手之事」の項は、諸事祈願や占い事の時、神前等において大的に対して弓を射る儀礼である。また、「三度弓之次第」は串に挟んだ板的を射る儀礼である。いずれにしても、的の当たり外れのみならず作法や心持が大切であるとされる。

最後の「半的七所十所勝負之事」の項は、射手が半的を射る度に籤を取り、賭けもの（金品）を主人または貴人から賜るという遊興射芸である。しかし、遊興とはいえ参加することは武士にとっての栄誉であり、君臣の絆を確かめる場でもあった。また、弓稽古の意味を持つとして熟達しておかねばならない弓技でもあった。

これ等の弓射儀礼の起源は、古来、弓矢に神秘性を見、尊ぶべき霊力のある弓矢によって天下泰平鎮護国家を祈る朝廷の各種儀式にある。これ等の儀礼は、弓矢を執って天下を治めるようになった武士の間にも受け入れられ、武家の儀礼として公私共に盛んに行なわれるようになっていった。

2 「弓の書」裏側

二項共に、数ある弓の種類の中でも、特殊な意味付けをされた弓の名称、それぞれの拵え方と用途別の記述である。

弓の始まりは、樹木の枝を用いただけの丸木弓であった。時代がさがるにつれ、木と竹を合わせ膠で貼り合わせたいわゆる伏竹弓へと変化した。さらにこれらの補強を目的として籐や樺で巻いたり漆を塗るなどするようになり、それにつれて拵えに多くの種類を生ずることとなった。

一方、騎馬戦の衰退に伴い、次第に弓矢の戦闘用武器としての側面より、儀礼的面・射芸的面がクローズアップされるようになった。こうした両者の関係の中で、ことさら弓にまつわる神秘性・呪術性が強調され信仰の対象ともなって、その扱いにも煩雑な約束事ができあがっていった。

3 「馬の書」表側

最初の「馬之手綱口伝書」の項は、副題に「政長へ長基より御尋之御返事」とある。

政長とは室町期に小笠原糾方を大成させた貞宗（一二九二～一三四七）の嫡男である。父に劣らぬ弓馬の名手として知られた人物である。足利義満に仕え、馭術中興の祖といわれた。また、長基は政長の嫡男である。やはり義満に仕えて弓馬の達人といわれた。彼の著わした馬法の書が次項の「秘伝十六疋」であるといわれている。彼にはこの他に「秘伝十八疋」や、嫡子長秀との馬法対話録「百問答」等の馬術書もあるとされる。これ等の馬術書は、後々まで小笠原馬術の基本として絵や図をそのまま写した写本が多く作られ、秘伝書として伝えられ残されている。(4)

さて、ここでいう馬の手綱とは、馬法でいう馭術の中で重要な部分を占める乗馭を意味する。馬法の馭術とは小笠原流から分れた大坪流の馬術体系に従えば、五馭の法として次のように分類されている。(5)

①乗馭…基本乗御（騎乗、乗馬、基本運動）、調教
②相馬…性質、体格・けなみ等による馬の診断や鑑定
③礼馭…貴人に披露する庭乗等、儀式的乗御および乗馬礼法
④軍馭…野外騎乗、偵察、戦闘、軍陣等の実践的乗御
⑤医馭…治療、薬方、養生等

右の五馭の法を踏まえて項目をみると、「馬之手綱口伝書」では、前段で③礼馭について、後段では①乗馭の中の基本乗御（騎乗御術の略）と調教について説明している。

「秘伝十六疋」の項では、④軍馭のうち、主として野外騎乗と戦闘等実践乗御の一六種の技法を「十六疋」と称して図入りで記している。

4 「馬の書」裏側

「庭之図」の項は、「庭乗り」という馬術の技法を図解を用いて説明している。①に当たる基本乗御と調教、③礼馭にあたる庭乗りの作法と、その馬場となる特別な庭園のしつらえ方等を含んでいる。

庭乗りとは、貴人の前に出て自己の実戦的乗御技能を披露するため、種々研究し創意工夫した乗り方を、典雅な庭樹を背景として細かく乗りこなす純馬術の方式である。庭乗りはすでに白河天皇の頃（承暦年間〔一〇七七～一〇八一〕）より行なわれていたとの記録があるが[6]、太平の世となり実戦馬術の必要がなくなると、殊更見せることに重点を置く馬術となった。各流派が、典雅な動きに見せるため馬の脚の腱を切ったり、必要以上の複雑な乗り方を誇示する形を考案し弊害も現れた。しかし、本来は、馬の柔軟性や前進力、歩調調整などを訓練する基本運動や必須御術を鍛錬する目的で、さまざまな技術を組み合わせた総合運動を主眼とする馬術である。そうした面からみると本項は、本来の庭乗りの様子が窺がえる記述となっている。

項末尾には鞍・鐙・轡の形状と各部の寸法および名称が示されている。

続いての項として鞭の拵え、鞍の表相、鏡鞍の事が記されている。

「八張弓」の項以降は、ほぼ「弓の書」の繰り返しである。ここで注目されるのは、310・333丁（本書の丁数。以下同じ）に忠雄の花押を据えた相伝奥書があることである。

何故「馬の書」裏側だけに続けて相伝奥書（310・333丁）があるのか、その理由を表・裏の題箋から推察してみたい。

まず、表題箋には「馬乗方口伝書、秘伝十六疋、八張弓」とある。従って、何らかの理由で大幅に丁数が伸びたものの、310丁の奥書は、馬乗方口伝書から八張弓までの表側全てに対する奥書と考えられる。

同じく、裏の題箋には「奉射之次第、百手之事」とあり、333丁の奥書はこの二項に対するものと見られる。従って「馬の書」全てに、相伝奥書が付されているということができよう。

三　各項概要

1 「弓の書」表側・裏側

(1)七五三

タイトルの「七五三」は、「めいけん」と読み鳴弦のことである。小笠原家の小倉藩初代当主忠真が寛永二十年(一六四三)に著した「糾方秘伝抜書」に、「免ひけんという文字七五三と書也、同又七歩五行如此も書也」とある。また、同書のなかで周行七歩の字の読みをメイケンとふり仮名をしている箇所もある。このことから、鳴弦には数種の文字が充てられていたことが分かる。いずれもその所作に由来した用字である。

七五三の法は鳴弦の儀として、返閇、弦打ち、摩利支天の呪を一セットにして三回行なうのである。この際、返閇中の所作である足踏みと呪を各回ごとに順次七度・五度・三度行なう。弦打ちは毎回三度打つとする。ここから七五三をメイケンと読ませるのである。

鳴弦の儀は蟇目の儀ともいい、弦打ちや蟇目鏑矢の発する不気味な音が持つ霊力神力により、さまざまな魔障を遠ざけ、除災招福、国家安泰等を願う儀礼である。従って鳴弦の儀には目的に従い数種類あり、それぞれに厳格な所作が定められている。このいずれの儀にも七五三の法が基本的作法として組み込まれている。

⑵矢払之次第

矢払は即ち矢祓いである。文字どおり、弓矢の持つ霊力神力で罪や穢れを祓い取り除く儀礼方法である。これも鳴弦の儀の一種である。

除災招福の利益が有るとして武士に信仰された摩利支天を本尊として床に掲げ、七五三の法を行なうが、唱える呪は異なる。呪の度に鏑矢で左右を祓い清める。続けて各種の呪を唱え弦音を三度鳴らす。

⑶産屋蟇目之大事

懐妊から出産までは、種々の危険や災が起こりやすい。無事な出産と赤子の健やかな成長を願って、時に応じたそれぞれの蟇目（鳴弦）の儀が行なわれる。

13丁から16丁は、若子誕生直後の誕生蟇目の法である。この法では、畳の裏に括り付けた扇のまとの四方を鏑矢で射るとする。なぜなら、古来より畳の裏と天井裏は最も魔障の潜む忌むべき場所とされていたからである。魔障を掃う意味で、的に当てずに四方を射る事が大事とされた。

次に、若子誕生を産神に報告し後の健やかな成長を依頼する意味で、「独りしきたい」という作法を行なう。16丁は、以前不吉な事のあった家では、家の屋根を越えるように矢を放つ「家越の蟇目」の方法、次いで「衣胞納め」の作法などが記されている。

⑷誕生蟇目之次第

ここでは、前項の誕生蟇目の方法を詳しく述べている。

まず神と酒肴を共にし「祝言至極」の心を表す独りしきたいの方法、装束、的場と弓場の設え方を説明している。

さらに、射手や酌取り等儀式にあたる者は重要な役であるから、家臣の中でも一族扱いの者を充てるようにとしている。各役目の者を五ツ月の着帯の祝いに決めるとする。

実際の七五三から誕生蓦目までの次第は非常に複雑、煩雑な儀礼であるが、本項ではかなり簡略化した記述になっている。(7)

(5)奉射之次第幷的絵図

奉射（ぶしゃ）は歩射（ぶしゃ。かちゆみ）と音が同じため、その意味がしばしば混同されるが、奉射とは文字どおり「イ・タテマツル」事である。神意を占ったり神を慰めるため、大的を射る儀礼である。大的は式正の的（正式な的）とされ、大的を射る儀礼を射礼（じゃらい）というが、これはそのひとつである。単に的というときはこの大的を指すのである。

殊に奉射の中でも、正月十七日に行なう弓場始めの儀は、年頭における年占いの射礼として、奈良朝以来、宮廷において国家的な行事として盛大に行なわれてきた。それだけにこの射礼は、格式の高い儀礼としてあらゆることに規則作法が厳密に定められている。本項では射手六人で三度ずつ射るとして、矢の当たり外れは日記に記録して残される。この当たり外れや矢の飛び方で年占いをするという。

この儀礼は鎌倉幕府によって幕府行事として取り入れられて盛大に行なわれたが、室町期以降次第に衰微した。その後はかえって武士の家では家ごとの儀礼として、また、民間の神社等でも祭りの神事として盛んに行なわれるようになった。その間に本来の意味とは少々性格も変わってきて、本項でも天下の占いをする重要な政ごとであるとしながらも、産まれる子の性別判断を占う時にも行なうとしている。

しかし、神事としての射礼であるから、的中させることはもとより、身を慎み精進して射らねばかえって罪を招くとしている。また、大的の寸法と作り、的場の作り方、射蓆の整え方等、細部まで決まりが書かれ、これらはお家の秘事であるから他の者には決して見せてはならないと戒めている（42丁）。

⑹百手之事

百手（ももて）とは、祈念立願のある時、または、家に怪異不審のあるとき行なう神聖な射礼である。本項では述べていないが、多くの場合祭壇を設け、祭壇に錦の袋に入れた神通の鏑矢を供える。次第のほとんどは正月十七日の弓場始めの儀に準じている。

一〇人の射手が一〇手（兄矢・弟矢の二本の矢を一手とする）ずつ射る事から百手という。しかし、47丁では、「十一人にて、十度弓立也、矢数弐百四十」となっている。この内の一人は先に神の矢をいる親射手という者であることによる。矢取・介添え共に一一人とあるので、射手一一人は間違いないと思われる。それにしても、射手が一二人でなければ矢数が合わない。親射手二人とすれば矢数は合うが、忠真の『穹法秘伝抜書』にも「射手十一人にて十度弓立也」としている。ちなみに、現小笠原宗家の『小笠原弓法書　射礼編』では「射手の数の事、十二人なり。この内二人は百手は射ず、先に神の弓を射る可き役、今十人は百手を射るなり⑻」とある

現在の百手式は、時間の関係で射手が一斉に立ち並び、「雨だれ拍子」のように次々に矢を放つていく略式が多いが、本項では、射手が射た後、順次後ろに退って、場所を変えて射る繰り上げ方式である。全員が射終えたのち一一人がいっせいに兄矢を射るとしている。

⑺三度弓之次第

三度弓とは、小笠原家において毎年正月四日に行なわれる弓始めの弓射儀礼である。

この儀礼は、年頭に際し天下泰平を祝い尚武の心を表す行事として重んじられた。この次第を心得ていれば、奉

射・百手も良く行なうことが出来るといわれる弓射儀礼である。

三度弓という名は、八寸角の桧や杉の薄板の的（四半的）を串に挟み六人の射手が三度ずつ射るところからきている。一番・二番の射手はいずれも一族の中から親戚格の者が選ばれ、三番前弓はその家の主人が勤めるとされている。三番後弓はその年の年男が勤める。小笠原家では宝永二年（一七〇五）九月、忠基へ家法の三度弓を相伝したとして、江戸屋敷で臨時に「興業」し、三番前弓を忠基が勤めている。(9)

⑻半的七所十所勝負之事

これは、一四人が七回ずつ、または、二〇人が一〇回ずつ半的を射て、射る度に籤をひき、籤次第に貴人または主人から品物や銭を賜るという、長時間に及ぶ遊興射芸である。79丁で述べているごとく、半的の射儀は古い時代にはよく行なわれていた。例えば、七夕の祭りとしての「七種の遊び」にも、また、犬追物の後の射芸としても行なわれていた。しかし近世になるとほとんどが小的で行なわれるようになった。また、賭け物（賜り物）は品物が正式とされ、銭は代物としての扱いであった。いずれにせよ主人・貴人の心次第に賜り物を決めるとしている。勝負の作法は概ね大的に準ずるとしている。射る順番は矢代を打ってその位置によって決めるが、小的を射るいわゆる籤的とは違い、組み分けはしない。貴人・主人が射る順番は本人の意に任せるとする。本項の日記見本によれば、いずれの時も小笠原家当主の大膳太夫長時が大前（最初）の射手となっている。

勝負は、引いた籤によって決まる。勝負は日記に記録として残されるが、日記には矢の当たりはずれと引き当てた籤の番号だけが記されているのみである。(10)籤は一から七まで、あるいは一から一〇までを各二枚ずつ書いた紙を筆台に入れたものを引くのである。75丁では「上手く射たと思っても籤により無矢となることもある。これは古来よりのしきたりだから仕方ない」としていて、本項の記述からは、勝負の決まりかたははっきりしない。但し、同じ数の籤を引いた者同士の当たり矢の数が同じ場合は勝負なしとしている。

本項では、前項の「奉射之次第幷的絵図」と同様に、的の作りや掛け方、射場の設え方、矢代の打ち方、賭け物、更に、勝負の記録の付け方に至るまで細々と説明している。しかし、多くの所で「条々口伝」とか「口伝有之也」として、細部ははっきりしない。これは、半的があまり行なわれなくなったこの時代においても直接伝授出来る人物がいて、半的勝負が行なえたことを示しているとも言えよう。

⑼曼陀羅弓　雷上動《ムラシケトウ》　一張弓

曼陀羅弓という名称の弓は、別名一張弓（いっちょうきゅう）ともいい、数多い弓の種類のうちでも、小笠原流にとって特別な弓とされる。本項はこの曼陀羅弓の解説である。

曼陀羅弓は、また、別名ムラシゲトウであるとしている。重藤とは藤（籐とも）をしげく、つまり沢山巻いてあるということである。籐を巻くようになった初めの頃は巻の多いものは全て重藤であったが、次第に巻き方に各種複雑な約束事を作り出し、それに従い名称も区別されるようになった。ムラとは群であり村である。つまり、かたまり毎に寄せて巻いてあることを意味するのであろう。現在ではこの弓は本重藤ともいわれる。また、規定にあった通りに巻いてない弓を滋籐として区別するようになっている。

解説ではまず、この弓と鏑矢がいかに偉大な力を秘めた神聖なものであるかを、その成り立ちから述べている。

日本の弓矢の初製を語る時、多くの場合スサノオノミコト伝説や、神功皇后征討説話を基にするが、本項では、古代中国に起源をおいている。それによれば、古代中国の王達が国にはびこる悪鬼や毒蛇を打ち滅ぼすため、天に祈って得たのが鏑矢であり曼陀羅弓であるとしている。この説を根拠に曼陀羅弓の拵えを説明している。

曼陀羅弓の拵えには細部に至るまでさまざまな表象が当てはめられている。天地陰陽に始まり、両頭の蛇、天地万物の生き物、仏の世界、この世に害をなす生き物まで、ありとあらゆるものを弓矢のうちに納めるとしている。その名が示す如く曼陀羅の世界と中世の信仰世界を象徴しているのが一張弓である。この弓を引けば、「一張弓はよく乾坤を射倒す(11)」として、神仏も加護を与え悪鬼魔障を平らげ、国を安んずる事が出来るとする。

⑽八張弓

各流派にも、それぞれ八張弓という弓が制定されていることがあるが、その種類には流派により若干の相違があるようである。この項の八張弓は、蛇形弓・羅形弓・相位弓・四足弓・陰陽弓・福蔵弓・勝巻弓・太平弓（世平弓）であるとしている。いずれの弓もその拵えの方法と使用目的が厳密に区別されている。

ところで、八張弓とは何なのだろうか。そもそも弓を神聖なものとする考えは、古代・中世にわたって日本のあらゆる宇宙観・宗教観を取り込んで作り上げられてきたのであって、とても一言では説明しきれない。しかし、あえて簡単にいうならば、貞宗が師事して悟りを得たといわれる大鑑禅師清拙正澄（一二七四～一三三九）の説話に依ることができる(12)。あくまでも説話であるがそれによれば、八張弓とは「一張弓分ツて八張弓となれり、所謂八相成道の儀なり」という。つまり一張弓は宇宙根本の仏の働きを表したものであり、その様々な仏の働きが形を変えて現れて八張弓となっているというのである。また、禅師は八の数字は陰陽道、神道、中国の最強兵法八陣の法においても共通して尊ばれる数であることから、全てにおいて軌を一にして強い力を持っているともいっている。

2　「馬の書」表側・裏側

⑴馬之手綱口伝書

武士にとって馬を戦陣あるいは儀礼の場で自在に制御することは、生死と名誉に係る重要なことであった。本項では、そうした目的のために、基本の騎乗御術（略して乗御）や、主として様ざまな癖をもった馬を矯正し乗り手の意に従わせる方法を、「馬の手綱」として挿絵とともに解説している。

最初の120丁から128丁までは、馬を貴人にご覧にいれる際の作法の説明であるが、この中では乗御の心構えを金言として説いている箇所が多くを占めている。例えば、121丁では、乗り（馳り）の過ぎた馬、つまり強引に前へ駆けだそうとする馬は、いかにも手綱をやさしく操作して馬の気持ちを静め、ゆるゆると乗るべきだ、粗忽に乗り出して制御出来なくなって恥をかくより、乗りが無い、つまり前へ進む気を起させない乗御方法だと見られて批判されるほうがまだ良いとしている。更に、乗りのある馬、乗りのない馬の性格を見抜いて、それに則した方法を考えるのが肝要だとしている。124丁では、馬を習うとは、馬それぞれの特性を見極め、それに合った手綱操作を習得することであるという。しかし、手綱操作に決まった形があるのではなく、結局最も適した操作の方法は、心の中から自然に出てくるものだという。四面五方の構えが騎乗の基本姿勢であり、この構えをゆったりと出来れば口向きの操作や鞍の内の操作も自然と出来るという。この考えは147丁で、馬に心を寄せ馬を好み実際に乗馬して鞍数を多く乗る人は、たとえ良い師に巡り合わなくても、その道の玄人としての技術習得に好結果を得ることが出来るものだとしていることと、相通ずるものである。鞍数を多く乗ることが大切とする、基本的な乗馬の心得を諭したものであろう。

129丁からは、主としてさまざまな癖馬の矯正法を挙げている。癖馬の例として、人引き馬、揚がり馬、跳ね馬、片口強い馬、付けずまい、轡ずまい、退り足、逸り馬、物驚き馬、等がある。

これらの矯正法では、馬の口向き、つまり手綱を執ったときの感触ということを問題にしている。馬の五方の口、各部位の強弱を知り、手綱操作や鞍の上での体重移動、鞍中での圧力のかけ方、鐙の踏み方等をさまざまに工夫して口向きを和らげたり、引きそろえたりする方法が解説されている。更に矯正には、縄、地中に立てた一本または二本柱、柱と柱の間に渡した横木、鞭等を用いるとしてその方法が示されている。文中にしばしば出てくる「折り目折り目にて引き折って」とか「さんざんに責めて」「五日も十日も夜昼のわけもなく責むれば」「おれぬということなし」などの文言から、近代の西洋馬術とは異なる和流馬術特有の矯正調教法がわかる。

(2)秘伝十六疋

この項は主として、野山河川等自然の地形の中、殊に難所での実践乗御方法その他を、一六種類にわたって解説している。最初の柴つなぎから、鞍に手綱巻きよう（四方手綱）、鐙付け、馬にて川渡すべき法、眼無し手綱、岩のぞき、馬上で弓張り替えよう、前掛りのこと、胸かい留、八尺縄の事、四ツ手綱、さく手綱、鞍下折、角にてまわらぬ馬、鎌さし縄、最後の星守手綱までで、一六種類となる。中でも、特色ある内容をみると、馬を乗り放して急ぎ城内へ駆け込む時、森林左右つかえる時、馬上で弓張替る時、馬上で弓引く時、馬上で太刀を抜く時等の戦闘用実践乗御が含まれており、いかにも戦乱の時代に生きた武士らしさを感じさせる項である。

(3)庭之図

冒頭245丁で、こわき馬（強情で意に従わない、または、思うように体が動かせない馬）には、輪乗りの庭を乗るべきとして、さまざまな輪乗りの訓練を行なうことを勧めている。続けて、つづら折り、りゅうこ（輪鼓）形、返し送りの手綱を順に訓練するとしている。252丁から257丁までも同じく基本運動の乗御方法である。

最初の輪乗りは、実践乗御で最も重要とされる基本運動である。戦場において騎馬戦となった場合に、敵を誘い出し狩りだす大輪、徒歩武者を輪形の内に包囲して打ち取る近輪、左右旋回、また、状況に素早く対応する急輪、遠乗りの際に馬の息を助ける静輪等、さまざまな輪の形を訓練しておく必要がある。同様に、敵に攻撃をかけたり攻撃を避けたりする場合に重要なつづら折り等、以下いずれも馬体の柔軟性や歩調訓練等、実践乗馬では習熟しておかねばならない技法である。259丁からは、主として前に述べた基本乗御をさまざまに組み合わせたフォーメイションを、実際に貴人・主人の前に出て、庭という専用馬場で披露する時の作法約束事を示している。

続いては、鞍・鐙・轡の形状、名称・寸法の解説である。

271丁からの図は、鞍の前輪・後輪・ゆき（由木）の各部名称を示している。前輪・後輪には共に四個のしほで（四緒手）という穴があり、ここに胸懸、鞦、泥障の緒を結びつけ馬体に鞍の前後を固定する。ゆきは居木ともいい、乗馬の際に腰を据えるところである。切り組で前輪・後輪と連結する。ゆき中央部の長方形の穴は力革を通す穴である。力革の先端には鐙を付ける。寸法の記入がないので鞍の種類は不明であるが、手形の位置が高いことや山がなだらかなことからみて、軍人鞍といわれる鞍と思われる。

鐙の図は踏み込み部分の長い舌長鐙という種類である。立ち透かしという乗馬法のとき全体重を足裏にかけるのに都合がよいことから、平安末期から明治まで使われた鐙である。

轡の図は276丁から順に、噛先、立ち聞き、引き手の図である。轡はこの三部品で構成されている。噛先に立ち聞きを取り付け馬の口中へ入れ噛ませる。立ち聞きの先端の太い環に面懸という組紐を結び付ける。これを馬の頭部に懸けて噛先を馬の口中に固定する。さらに噛先には引き手を付けその先端の水つきのつぼへ手綱を結びつける。この轡は、十字轡または出雲轡という平安末期から流行し、最も多く用いられた轡である。

⑷ **鞭之図**

鞭の種類は室町期以降多くなった。用材、寸法、装飾等、拵えも家ごとに異なり、「秘伝なれば記すに及ばず」とし、加持祈禱をしてから用いるべき等と、神聖な物として用途にも細かい決まりを設けるようになった。本項には三種の鞭が示されている。籐の使い方により九所籐は軍人の鞭、十二所籐は入部の鞭であるとしている。最後の七所籐の鞭は用途不明である。

⑸鞍之表相之事

鞍とその付属部分それぞれを、諸菩薩や竜王といった仏法護法神になぞらえて、神通力のあるものとしている。最初の一つ書きに「山形は何れも同前なり」とあるところから、本来はこの他に鞍の他の部分にも表相が当てはめられていたと思われる。

⑹鏡鞍之事

鏡鞍とは本来、上皇等の御幸用に持いられた、螺鈿や金・銀の覆輪を施す等した拵えの美々しい鞍である。平安末期からは軍陣用としても用いられた。また、武将貴族が神馬に乗せて神社へ奉納することもあり、祭礼に用いられることも多かった。本項では、神馬の背に乗せた鏡鞍に神鏡を乗せる方法が書かれている。

⑺八張弓〜百手之事

「八張弓」の項は「馬の書」表側題簽にあるが、馬法の項が大幅に裏側に入り込んだ関係からか、実際には「馬の書」裏側中ほどから始まっている。しかも「八張弓」「奉射之次第幷的絵図」「百手之事」の三項は「弓の書」と内容が全く同じである。

しかし、本項で注目すべきは「弓の書」の「八張弓」の項末尾310丁と「百手之事」の項末尾333丁に、極めて端的に、弓法を父忠雄から嫡子忠基へ家の秘事として相伝するとして、花押を据えた奥書があることである。「弓の書」の「産屋蟇目之大事」項末尾にも「努々疎早、他見有間鋪者也、我子一人より外に不可教、仍如件」の文言がある。これに花押を据えれば奥書になるとみることはできよう。

奥書からは、小笠原総領家が元禄のこの時代において、家の法として糾方を一子相伝していることが知られる。

註

（1）『源忠雄公年譜』二、北九州市立自然史・歴史博物館小笠原文庫蔵。
（2）註（1）に同じ。
（3）小笠原忠統編『小笠原礼書七冊解説書』（現代史資料センター出版会、一九七三年）。
（4）「当家馬手綱口傳書」（大膳太夫長時、天正九年）、「馬手綱口傳書父」「同母」（長時から貞慶への伝書を秀政が写したもの、慶長十三年）など。いずれも北九州市立自然史・歴史博物館小笠原文庫蔵。
（5）小泉吉永編『大坪流馬術書』下（岩田書院、二〇〇八年）。
（6）日本乗馬協会『日本馬術史』第二巻（原書房、一九四一年）八編一節。
（7）「小笠原誕生蟇目の秘伝」みやこ町立博物館小笠原文庫蔵、「誕生蟇目」北九州市立自然史・歴史博物館小笠原文庫蔵。
（8）小笠原清信『小笠原弓法書　射礼編』（講談社、一九七五年）六四ページ。
（9）註（1）に同じ。
（10）「穹法秘伝抜書」（寛永二十年）北九州市立自然史・歴史博物館小笠原文庫蔵。
（11）「一張弓秘説」（年不詳）北九州市立自然史・歴史博物館小笠原文庫蔵。
（12）註（11）に同じ。

廣澤寺伝来『小笠原流弓馬故実書』と廣澤寺所蔵文書

福嶋　紀子

はじめに

室町時代に創建された信濃守護小笠原氏の菩提寺龍雲山廣澤寺に伝来する古文書は、これまで『信濃史料』等で戦国期から近世初頭にかけての一二点が公開されていた。それ以外に廣澤寺に伝来してきた文書については、収蔵状況や全体量なども含めて未調査の状態であったが、平成一〇年（一九九八）度から三年間をかけて行われた松本市文書館による資料調査と整理作業で、全体像が明らかになった。

廣澤寺は松本市内の古刹であり、同寺に伝来する文書群は古くから注目されてきた。中世の信濃守護として活躍した小笠原氏の事績を示す古文書の伝来とともに、近世を通して小笠原氏の菩提を弔ってきた廣澤寺には、小笠原氏が松本を離れて播磨国明石・豊前国小倉へ移封された後も、菩提寺である廣澤寺との間で取り交わした交流の記録が多く残されてきた。これらの近世文書を含めた伝来文書全体の解明は、これまで充分になされていなかった。

近世以降に収受された廣澤寺文書は、宝蔵の二階と、庫裏脇土蔵に分かれて保存されてきた。それぞれに保存されている文書の傾向は、宝蔵文書には、多くの聖教類とともに近世の廣澤寺の寺務・経営にかかわる文書が多く含まれ、土蔵は近代以降の文書が主体となっており、時間の経過に伴って収蔵場所が変わっていったものと考えられる。この二か所に保存されてきた文書群は、伝来過程で全体に及ぶ整理作業や調査作業が行われた形跡はない。

近世以降の廣澤寺文書群が、以上のように保存されてきたことを前提として、他の収蔵文書と『小笠原流弓馬故実書』（以下、本書という）との関係を見ておく。

一　本書の伝来

長野県内では、帝国文科大学（現在の東京大学史料編纂所）によって明治一八年（一八八五）から始まった全国的な史料調査の中で、古代・中世から近世初頭に及ぶ古文書の所在調査が行われ、後に『大日本史料』に採録されることとなる古文書が収集された。廣澤寺文書調査は明治二二年に行われ、天正一〇年（一五八二）の小笠原貞慶安堵状から延宝三年（一六七五）の京都の小笠原長頼からの書状まで一二点が調査対象となっている。一二点の文書は現在軸装されて一巻に収められ、宝蔵や庫裏の文書とは別置されている。明治二二年段階の調査で貴重文書としてこれらの文書が抜き出され、それ以外の日常的な収受文書は、江戸時代を中心とした古い文書が宝蔵二階に、明治以降の近代文書は庫裏脇土蔵に収められて、近年まで放置されてきたものと考えられる。

一方廣澤寺では、昭和三二年（一九五七）の五月一二日から一四日まで、近隣の千鹿頭神社（松本市里山辺林）の御柱（諏訪神社の七年一度の御柱神事）記念として寺宝展を開き、寺で所蔵する文書以外の宝物の展示を行っており、また、昭和四五年には当時の日本民俗資料館（現松本市立博物館）で松本市域の文化財を集めて開催された郷土関係美術展において、廣澤寺からは「六祖大鑑禅師」の掛け軸が出品されるなど、掛け軸・調度品など部分的な資料紹介がなされている。これら什器・宝物などの寺宝と、屏風・掛け軸などの貴重品は、宝蔵一階の収蔵スペースや、庫裏内の保存場所で管理されてきた。

しかしそれ以外で、廣澤寺に伝来してきた日常的な収受文書が、廣澤寺の山門から外に出されたり、近世文書も含めた全山の史料として一括調査されたりしたことはなく、昭和四〇年代から始まった『長野県史』による悉皆調査の中でも整理作業や調査の手は入っていない。『松本市史』をはじめとする、周辺の自治体史編纂事業の中でも、この二か所の文書群は調査対象とはなっておらず、自治体史等への引用は行われていない。平成一〇年（一九九八）からの調査で明らかとなった廣澤寺文書群は、これまで紹介されたことのない新出史料と位置づけられる。

廣澤寺文書の全体にわたる本格的な調査は、平成一〇年から三年間をかけて松本市文書館によって行われ、現在これらの文書は、原本は廣澤寺に返却され、文書館では複製である写真史料を保管している。

軸装された戦国期の文書群や廣澤寺に伝来する貴重宝物類は、宝蔵や庫裏脇土蔵に収蔵されていた日常的な収受文書等とは別に保存・管理されてきた。本書も、これらの宝蔵や庫裏脇土蔵に残されてきた文書群とは別に保存されてきた文書であり、伝来の経緯は序文の廣澤寺三十世小笠原隆元氏が述べている。しかし、これらの廣澤寺文書の中に、本書で詳説している弓馬に関係を有する文書がまったくなかったというわけではない。

近世文書が中心となる宝蔵二階文書の中に、弓馬に関する文献が含まれていた。一つは、「犬追物馬場法量図」で、中世武士団の射芸として行われた犬追物の競技馬場の設置図面であり、一四五cm×一三五cmの大きさで、裏打ちされた厚手の和紙に復元したものである。作成年代は寛文元年（一六六一）六月で、作成者は二木弥右衛門とある。もう一点が、「弓馬躾聞書」と題された和綴じの冊子で、馬体の描写と共に、馬の体の部位や鞭のツボの名称の他、調教に必要な馬の扱い方について記した書と考えられる。この二点は、本書とは別に宝蔵二階の文書として伝来した。

そのほかに廣澤寺宝蔵に残されていた文書のうち法灯に関する文書としては、能登国総持寺との間で取り交わされる書簡や、広田寺（松本市四賀）、保福寺（同）、蓮花寺（松本市中山）、自性院（松本市神田）などの廣澤寺末寺や、法門を同じくする周辺村々の寺院との間で交わされた書類は、江戸時代の信濃国内の曹洞宗諸寺院間の廣澤寺の位置づけを知ることのできる史料である。廣澤寺が能登総持寺の輪住番に係わった際の日記や、その道中の入用帳なども残る。総持寺の輪番住持制は支院の普蔵院・妙高庵・洞川庵・伝法庵・如意庵によって近世を通じて行われていたが、明治維新によって独住制になる。近世の曹洞宗大本山の歴史を知ることのできる史料となろうか。

二　中世の信濃小笠原家文書の伝来

中世の信濃守護を勤めた小笠原氏は、室町時代の中期に信濃府中を本拠とする府中小笠原氏と、伊那の松尾を本拠とする松尾小笠原氏に分裂し、南北朝期以来の小笠原家に関わる文書や什物類は、この二家の間で争奪の対象となった(1)。最終的に中世以来の小笠原家文書は、松尾小笠原氏のもとに渡り、近世には越前国勝山藩の小笠原家に伝来し、明治にいたって東京大学史料編纂所に寄贈されることとなった(2)。

近世に作成された本書の意義を検討するため、廣澤寺の文書群とは別に、小笠原家相伝の弓馬に関連する文書の調査のため、次項「三」で紹介する調査先にお願いして関連史料の調査を行った。

中世の府中小笠原氏の系統を引く小笠原忠真は、譜代大名として、寛永九年（一六三二）細川氏が肥後に転封となった後の小倉藩に、播磨明石より一五万石で入封し、同じ年、細川氏転封後の中津藩に小笠原長次が一〇万石で入封する。九州の玄関口でもある小倉藩は、江戸幕府にとって九州統治の要ともいえ、中津藩小笠原家と共に要職を勤めることとなった。

小笠原氏の系譜について記した「笠系大成」の作成が中津藩の小笠原家で始まるのが元禄一一年（一六九八）で、中世以来の自家の記録を系図として作成している。同書を作成するために、勝山藩に伝来した中世の小笠原文書をはじめとして、自家に伝来する関連史料の複製や、また家臣団に伝来する証文類も集めて「御証文集」として記録する作業が始められている。

その後、小倉藩小笠原氏は、幕末の長州戦争の折りに幕府軍側として参戦するが、慶応二年（一八六六）の第二次の戦いの際に、小倉城に自ら火を放って田川郡の香春に撤退した。同地に香春藩を置くが、三年後の明治二年（一八六九）には、京都郡豊津に藩を移して豊津藩とした。明治五年の廃藩置県を迎え、豊津県となり、後に小倉県を経て福岡県に編入された。

中世に信濃府中を本拠とした小笠原家関連文書は、小倉から豊津藩へと移った小倉藩関連文書の中に含まれ、福岡県の豊津高等学校の錦陵同窓会が保管する小倉藩関連小笠原文書の中にも含まれる。

三　小笠原家関連文書調査の実施

1　福岡県豊津市　豊津高等学校錦綾同窓会所蔵　小笠原文書

福岡県の豊津高等学校は、小倉藩が京都郡豊津に移った折りに小倉藩の藩校思永館を改めた育徳館を前身とする。小倉藩と長州藩との戦いで、小笠原氏が田川郡香春に藩庁を移した後、さらに京都郡豊津に転じて、藩校も育徳館と改名する。旧思永館は宝暦八年（一七五八）に第四代藩主の小笠原忠総が招いた朱子学者の石川麟洲によって開かれ、歴代の塾講の文教振興策により多くの逸材を世に出した。また藩校の中には小倉藩が命じられた朝鮮通信使の応接の記録が残されるなど、近世小倉藩の重要文書も多く保存されてきた。

これらの文書は、廃藩置県以後も藩校の学灯を引き継いだ豊津高等学校で、錦綾同窓会所蔵として守られてきた（昭和二四年に移管）。平成一〇年（一九九八）には豊津高等学校が藩校以来の開学二四〇周年を迎えるにあたり、伝来の文書を紹介する「小笠原文庫史料展」が開催されるなど、史料保存の取り組みが積極的に行われてきた。錦陵同窓会が所蔵してきた小笠原文書は、高校に併設された同窓会施設である小笠原文庫で保管されてきた。現在は豊津藩に伝来してきた小笠原氏関連の資史料群のなかで、文書史料の部分を豊津高等学校に近い、「みやこ町歴史民俗博物館」に移管された。

現在同館に保管されている小笠原文書は、九州大学によるデジタルアーカイブ事業の一環として、全件文書検索が可能となっており、全一三二八件の文書件名はインターネット上に公開されていた（平成二四年現在）。

本書の関連史料として、みやこ町歴史民俗博物館に閲覧申請を行い、調査をさせていただいた史料は、後掲のものである。平成二四年六月二四・二五・二六日の三日をかけて史料の調査を行い、本書との比較のため、必要史料の写真撮影を行ってきた。

同史料調査に当たって、同館学芸員の川本英紀氏から同史料群の特徴についてお話を伺うことができた。

みやこ町歴史民俗博物館に移管された文書は、豊津藩の小笠原家別邸に保管されてきた文書と、東京の藩邸で購入して豊津の藩邸に納めたものや、元禄の国絵図などのように、もともと江戸藩邸で保管されてきた文書を豊津の藩邸に持ってきたものなど、複合的な文書群からなる。明治以来、山林資源の保護のため設けられていた豊津の別邸屋敷が、昭和一〇年代に取り壊し工事が行われることとなり、文書の一部も同時に廃棄対象となったが、みやこ町歴史民俗博物館保管文書には、このとき廃棄を免れて残された文書群も含んでいる。また、旧藩士が保管してきた文書が寄贈されているなど、文書毎の伝来の形態は多様であり、個別の検討が必要である。これらの他に、豊津藩藩校であった育徳館以来の教育関係資料など、その後に豊津高校に寄贈された文書なども含まれている。

同館で調査した小笠原関係文書は、以下である。

No.101旧新雑録、167御弓馬法書目録、172御馬法御書物目録、173故実書籍目録、174御家法書並器具、175御礼法書並雑書目録、177中津川由来記、191小笠原古文書、230犬追物目安ほか、231犬追物目安、234当家弓法大草紙、235弓礼秘伝抜書、237七所勝負十所勝負、238弓法秘伝聞書、247大永聞書、250家伝録、256騎射秘抄、280弓始之次第、284弓馬之事、291百手射、301当家弓法大双紙、302弓矢口伝聞書、311休庵聞書、323手綱之秘書、324秘伝十六疋、378誕生蟇目之次第、384小笠原藩誕生蟇目之秘伝、603廿八疋秘伝十六疋合冊、1066御当家七五三（数字は、みやこ町立歴史民俗博物館の整理番号）。

小笠原文庫に伝来した文書は明治二〇年（一八八七）頃に、一旦整理作業を行っており、文庫に保存された文書の一部には、朱書の整理番号の振られたものがある。これは同館で所蔵する「笠家文庫蔵書目録」の整理番号と一致しており、同書によれば、「豊津別邸蔵本」「小笠原家から育徳学校へ寄贈された書籍目録」と記入された文書もある。No.167文書には、「東京本邸備」の朱書きが、No.174文書では「豊津別邸備」の朱書きなども見える。これらの書物は、九州の国元と江戸藩邸の間で貸し借りが行われていたものと考えられ、「返却」の注記がなされている文書も残る。

廣澤寺に伝来した本書との関連を見ると、豊津藩邸に伝来した文書群の中には、本書の成立に直接的な関わりを有すると推定されるものは見いだせなかったが、室町時代以来の弓馬に関する聞書や、抜書などの文書が部分的に残る。

2　北九州市立自然史・歴史博物館所蔵文書

同館所蔵文書は、小倉藩の江戸藩邸および、大坂留守居役・京都留守居役の文書史料と、小笠原流礼法の関係史料である。

前者は、東京の小笠原家本邸に保管されていた文書を北九州市（旧小倉図書館）と門司郷土会が購入したもので、旧小倉図書館所蔵分は昭和五〇年に開館した北九州市立歴史博物館（現在の北九州市立自然史・歴史博物館）に移管され、現在にいたる。また、門司郷土会が購入した文書も後に北九州市が購入し、北九州市立歴史博物館（同）が所蔵して、現在にいたる。

後者は引き続き東京本邸で保管されていたが、後に北九州市に寄贈され、北九州市立歴史博物館（同）が所蔵して、現在にいたる。

さらに、東京の小笠原家本邸に伝来した文書群は、旧北九州市立博物館が現在のいのちのたび博物館の地に移転する際に、小笠原忠統氏夫人の玲子氏より同館に寄贈の話があり、江戸藩邸に伝来した奥向きの文書の多くが同館の所蔵するところとなった。

同館で調査した小笠原関係文書は、以下である。

No.17穹法秘伝抜書、86当家馬手綱口伝書、88一張弓秘説、101秘伝十六疋、110手綱秘伝書、111手綱秘伝書、119馬手綱口伝書　二十八疋父、120馬手綱口伝書　十六疋母、政長江長基ヨリ御尋之御返事、121手綱之秘書　序、122手綱之秘書　破、123手綱之秘書　急、132廣澤寺伝来記、168当家靫矢之次第、170第五初編、188秘伝書、233誕生蚕蓐日2秀政公年譜坤、3源忠雄公年譜二、4同源忠雄公年譜三（数字は、いのちのたび博物館の整理番号）

廣澤寺に伝来した本書との関連をみると、表紙に紺紙金泥草花垣に霞文様の手書き料紙で装丁された竪型和綴冊が、小笠原玲子氏寄贈文書中に見られ、本書が小笠原忠統氏の手元に伝来した文書と一群の文書であった可能性が考えられる。詳細は小笠原隆元氏の序文によるとして、九州での調査の結果、本書は作成後、小笠原家の江戸藩邸文書として伝来してきた文書の一部と推定される。

註

（1）『松本市史』歴史編Ⅰ（原始・古代・中世）（一九九七年）第四章「戦国争乱のなかで」笹本正治執筆。

（2）拙稿「中世の小笠原文書と『勝山小笠原文書』の成立」（『松本市史研究』七号、一九九七年。中世関東武士の研究　第一八巻『信濃小笠原氏』戎光祥出版、平成二七年に再録）。

小笠原家と故実

後藤芳孝

ここでは、小笠原家の故実書の伝来の様子と、故実家・礼法家としての小笠原家と、本書の持つ意味について述べる。

一　小笠原家関係の故実書・礼法書の伝来

1　小笠原流礼法家に関する陶智子の研究から

小笠原流の礼法について研究を進めた陶智子は『近世小笠原流礼法家の研究[1]』を著した。陶は幕臣の小笠原家（家元）小倉藩小笠原家（宗家）に伝わった流派を小笠原氏に伝わったということから「正流」、それから派生していった小笠原礼法を名のるものを「庶流」として区別した。なかでも「庶流」特に「水嶋卜也」の流れが果たした役割の大きさに着目してその実態を解明した。陶は礼法書が所蔵されている多くの箇所を調査して伝系とその伝書を詳細に明らかにしている。そのなかに記された弓馬に関するものを所蔵している箇所を抜き出したものが表1である。礼法書が多いなかで、弓馬に係るものもかなりの数あったことがわかる。

表1　弓馬関係故実書の所蔵機関・史料名

所在地	史料名
東北大学附属図書館	『小笠原流伝書』「伝書目録」 「八張弓之巻」「矢代之巻」「張弓之巻」「誕生蟇目之巻」「奉射的之巻」「的場之巻」「靭図之巻」「靭矢之大事」「当家矢披之巻」「弓笠袋之巻」 「騎馬道行之巻」「馬屋之巻」「鞍鐙轡之巻」「鞦鞦之巻」 『鳴弦之巻』『産所蟇目之巻』『敷皮之巻』 『小笠原流射術伝書』『犬追物全書』『犬追物覚悟集』 『之成伝記』 「丸物之巻伝記」「敷皮之巻伝記」「射初之伝記」「的場社礼地祭伝記」「反閉之伝記」「弓惣名伝記」「矢披之伝記」「神前的伝記」 『産所蟇目伝記』『騎射秘抄』『犬追物骨法記』 『水島流諸礼秘巻』 「弓縁起之巻」「群規知之巻」「弓箭名所之巻」「一張弓之巻」「一張弓秘伝」「八張弓之巻」「九張弓之巻」「揚弓之巻」「矢輪之巻」「箭之巻」「大矢本之巻」「矢曲之巻」「弓法七つ矢大事之巻」「弓法極秘矢違之巻」「狐矢之巻」「巻藁由緒之巻」「胴結之巻」「的場之次第」「式の小的」「射上金之的」「鬮的之的」「草鹿之巻」「箙之巻」「胡簶秘伝之巻」「胡簶覚書」「靭之巻」（一）（二）「靭中差之巻」「百入矢筥之巻」「行縢之巻」「弓法指南之巻」「袪披之巻」「当家弓始之次第」「奉射」「鳴弦之巻」「社礼之巻」「御所的」「賦乙之巻」「蟇目之巻」「笠掛之巻」「流鏑馬之巻」「流鏑馬並二々九笠掛小串草鹿丸物八的小弓百手等日記」「鬼笠之巻」「葥代之巻」「馬目利秘伝」「馬具名所」「策之巻」「弓袋笠袋之巻」「騎馬之鞭」「馬櫛之巻」「厩之巻」

金沢市立玉川図書館	『草鹿之次第』『丸物可射次第』『弓之本地』『弓道秘伝書』『矢代口伝』『当家箭靭之次第』『奉射之次第並的絵図』『鳴弦之次第』『箙之巻』『三国弓寸法』『箙之図』『鬮的之次第』
八戸市博物館	『蟇目射様』『小笠原弓之書』『当家鞭之図』『流鏑馬』『当家弓之図』『鬮⿰弓勺』
大村市立史料館	『誕生蟇目之序』
静嘉堂文庫	『奉射的並草鹿挟物記』
松浦史料博物館	『行縢之巻』『一張弓』『八張弓』『八張弓聞書』『九張弓』『十張弓』『五度弓』『射初之巻』『弓本地之巻』『弓縁起之巻』『弓名所之巻』『弓袋』『射場礼』『明結之次第』『奉射』『百手射礼之巻』『笠掛之巻』『草鹿之巻』『流鏑馬之巻』『矢抜之巻』『万箭之次第』『小的之巻』『神前的之巻』『鬮⿰弓勺之巻』『三的之巻』『射場的之巻』『挟物巻』『賊乙之巻』『群規矩之書』『靭之巻』『的場之次第』『馬具名所』『反閉之巻』
仙台市博物館	『弓礼小笠原刑部太輔当家弓術左伝集』『弓礼弓術所作事之抜書』『弓礼弓馬大概』『弓礼胸明集』『弓礼狐矢要伝書』『弓礼薩摩草』『弓礼当家三議集』『弓礼羽鏡』『弓礼破魔的』『弓礼矢揃之次第』『箭尻正写』
弘前市立図書館	『嘉礼』 「産所蟇目之巻」「同弓事」 『揚弓の事』
徳島県立図書館	『弓術左伝集』『馬道具』『遠笠掛之書』『弓矢之事』
小笠原庭園博物館	『反閉之巻』『八張弓』
京都府立総合資料館	『馬法礼』『弓矢之具積方口伝』『馬具積方口伝』『弓法礼』
京都大学附属図書館	『小笠原流諸礼式伝授巻』 「草鹿之巻」「射初之次第」「箙胡籙之巻」「箭披之次第」「鬮⿰弓勺之巻」「金之的巻」「九張弓之巻」「御所的

	之巻」「三的之巻」「同締射様之次第」「十張弓」「百手射礼之巻」「平胡籙之巻」「奉射的之巻」「万箭之次第」「鳴弦之巻」「八張弓之巻」「弓惣名之巻」「弓袋之巻」「弓縁起之巻」「産所蟇目之事」「敷皮之巻附牀机事引敷事」
新潟大学附属図書館	『弓馬故実撮記』
個人架蔵	『小笠原流秘書』 「弓縁起之巻」「八挺弓之巻」「小的射様之巻」「奉射之巻」「矢披之巻」「射場的之巻」「靭之巻」「弓礼雑学記」「的場之次第」「弓袋之巻」「拾挺弓之巻」「九挺弓之巻」「射初之巻」「草鹿之巻」「弓名所之巻」「三ツ的之巻」「箙之巻」「射場社礼巻」「八挺弓蘊奥巻」「蝫目之蘊奥巻」「百手射礼之巻」

種別でみると圧倒的に弓関係のものが多く、馬関係のものは少ない。ここに拾いあげたものは多くが公的機関に収録されているものであるが、これ以外にも先祖が写し個人宅に所蔵されているものも多数あることが推測され、礼法以外に小笠原関係の弓馬故実もかなり広まっていた。

ところで『小笠原流弓馬故実書』（以下、本書という）の内容は小笠原宗家に伝えられたものである。いわば小笠原関係弓馬故実の根本の史料である。本書の内容と表1に記されたものあるいは個人に所蔵されているものを比較検討することによって、小笠原氏に伝えられていた弓馬の故実が、伝書によってどのように変化していったかあるいは変化しなかったかをみることができるであろう。

2　小笠原平兵衛家の故実書から

小笠原清信は『小笠原流』[2]のなかで、延宝六年（一六七八）一一月三日に旗本小笠原平兵衛家丹斎が四代将軍家綱の命によって家伝の書籍を閲覧に供したことを記して書名を書き上げている。それは弓箭並びに射法の書物二〇冊と軸物六巻、礼法の書物二〇冊と軸物三巻、乗馬並びに手綱の書物一〇冊と軸物三巻であった。そこから弓馬に関するものを抜き出したのが表2である。

表2　平兵衛家に伝わる故実書

弓箭並射法之書物　二〇冊	
大的之書	一冊
小的之書	一冊
三々九手挟物	一冊
百手之書	一冊
誕生引目並矢入之大事	一冊
三的並小串之会	一冊
草鹿並円物之書	一冊
七所勝負並十所勝負之書	一冊
犬追物之書	一冊
犬追物之次第	一冊
犬追物秘伝之書	三冊
流鏑馬之書	一冊
笠懸並小笠懸遠笠懸	一冊
弓箭並弓法撰書矢抜之事	一冊
弓馬之百問答	一冊
射方全書	三冊
軸物　六巻	
弓之摠名の事	一巻
一張弓	一巻
天道弓法同機叙	一巻
犬追物目安	一巻
当家弓之書	一巻
当家矢本	一巻
乗馬並手綱之書物　一〇冊	
乗方秘書	二冊
騎馬枠用日記	三冊
手綱之書	三冊
馬之手綱口伝書	一冊
曲馬泄調記	一冊
同（乗馬並手綱）軸物　三巻	
善御譜序	一巻
馬書七正書	一巻
玉鞭丁当記	一巻

これをみると、旗本小笠原平兵衛家には、江戸時代前期に伝書として冊物になっているものと軸物になっているものがあって伝えられていたことを知る。

いっぽう、縫殿助家でも、その書目は明らかでないが、享保元年（一七一六）と同六年に将軍吉宗の命をうけて、家伝の書籍九一部等を台覧に供したことが『寛政重修諸家譜』に見える。[3]

3 「小笠原御家流大目録」から

樋口元巳が『大諸礼集　小笠原流礼法伝書』[4]のなかで、小笠原礼法のほぼ全貌をしることができる資料として紹介しているのが、「小笠原御家流大目録」である。これは、文化二年（一八〇五）に西村俊助知備によって筆写されたものという。そこから弓馬と名の付くものを拾い出したものが表3である

表3　「小笠原御家流大目録」にみえる弓馬の書

区分	書名
口伝書	弓具積方　馬具積方
嘉例	射礼目録　弓具ケ条録　馬法礼目録
雑書・凶礼	弓法躾引哥
弓礼巻	社礼地祭之巻　射揚之巻　胴結射様之巻　三度弓之巻　五度弓之巻　百手之巻　持長小的之巻　的場之次第　三的之巻　神前的之巻　丸物之巻　挟物之巻　草鹿之巻　鬮的之巻　射搦之巻　振々之巻　三々九　蒐笠之巻　靭之巻　小串会之巻　四六三之巻　流鏑馬之巻　笠掛之巻　矢披之巻　徳治矢披之巻　持長弓之書　当家伝来之巻　産所蟇目之巻　弓縁起之巻　弓矢濫觴之巻　弓名所之巻　群矩之巻　一張弓之巻　八張弓之巻　九張弓之巻　十張弓之巻

	三国弓之巻　矢本之巻　持清矢本巻　鏃摸集　箙之巻　箙秘書　箙之図之巻　革箙之巻　平胡箙之巻　躰之箙之巻　行縢之巻　弓袋笠袋之巻
弓礼書	射落的　谷向的　譴的　五ツ的　弓術六的　騎射八的　歩射八的　遊興八的　破魔的　辻的　弓箭起源　不時度要文　三国弓起源　当家三国弓古実　武田三国相伝　当家狐矢要伝　弓術左伝　武行左右伝　弓馬故実　軍弓要術　弓馬諸礼　弓之聞書　弓法聞書　弓書　射義疾礼集　当家三義集　貞宗申状　享禄記抜書　箭拵蘊奥　当流羽鏡之書　小笠原箙之図　弓術秘伝集　弓馬大概　調度掛　応永記
馬法礼	馬具名所之巻　馬具蘊奥之巻　七本鞭之巻　馬形名所之巻　馬施名所之巻　施之書　無明一巻　作之鞍　乗馬秘伝　用馬仕掛口伝　桜狩之巻　馬形図　本馬之図　打毬之図　軍馬秘術　乗形秘書　当家馬法礼　小笠原美濃入道長高書　馬道具寸法　軍馬覚書　馬法門　当家三義集　小笠原政長書　軍馬秘用集　当家馬法礼柳　当家馬法礼桜　当家馬法礼梅　当家馬法礼桃　当家馬礼楓　当家馬法礼松　当家軍要馬法礼　鞭蘊奥之巻　請尺書　百馬毛附
犬追物書	犬追物私記　犬追物骨法記　騎射秘抄　犬追物八廻矢沙汰　義澄日記　矢沙汰引歌　播州犬之書　犬追物語抄大成　犬秘抄口授　高忠附紙　犬追物口伝書　犬追物口伝　犬追物日記　犬追物極要集　犬追物日記　犬追物矢所秘事　犬追物矢所図　犬追物矢撣沙汰　犬追物私記　犬追物私記付録　玉子村馬場之巻
犬追物書	犬追物伝記　犬追物全書　犬追物秘書　犬追物記　犬追物極秘集　犬追物大意之図　犬追物馬場法用　犬秘抄　犬追物聞書　犬追物上覧記　島津家興行記　犬追物口伝書　真之犬追物記　犬追物大絵図
犬追物 笠懸書	犬追物場取法用一　犬追物射手法二　犬追物射手法三　犬追物射手法四　犬追物射手矢集　犬追物射手詞集　犬追物検見喚次　犬追物射手具足　犬追物検見装束　犬追物弓矢部集　犬追物韈行縢集　犬追物馬具集　犬追物検見矢沙汰　犬追物勝負名目　日記集　犬追物絵図　笠懸乾坤　笠懸桜　笠懸矢沙汰　笠掛　笠掛秘書口伝　笠掛秘集乾坤
軍礼 馬法礼	射初伝記　射揚伝記　胴結伝記　三度弓伝記　五度弓伝記　百手伝記　式小的伝記　長時小的伝記　神前的伝記　三的伝記　賦乙伝記　小串伝記　草鹿伝記　鬮的伝記　流鏑馬伝記　矢抜伝記　蟇目伝記　弓縁起伝記　弓名所伝

弓礼伝記	記　一張弓伝記　八張弓伝記　九張弓伝記　十張弓伝記　矢本伝記　箙伝記　躰矢伝記　靭伝記　行縢伝記　群短矩伝記　馬具名所　鞭伝記　馬法礼目録口伝
軍弓切紙	前弓後弓足引切紙　射揚切紙　射初切紙　胴締切紙　式小的紙　草鹿　三々九　軾乙　小串会円座的　包鬮　間之箭　当家三的　十張弓七箭　矢本　矢披切紙　敷皮　古伝弦緒切紙　矢呼　誕生蟇目　鳴弦之巻　鳴弦他伝　鳴弦
鳴弦巻冊	檀飾　鳴弦伝書　弓礼伝授之巻　馬法伝授之巻

表1・2・3の掲載書目と、本書に収録されている項目を比較してみると、弓の関係では、本書中の「七五三」「奉射之次第并的絵図」に該当するものがなく、馬の関係では「馬之手綱口伝書」「秘伝十六疋」「庭之図」「鞍之表相之事」「鏡鞍之事」の項目が該当しない。馬の書のなかの「庭之図」は表3の「当家馬法礼」柳・桜・梅等といったところと共通する可能性があるし、表題が異なっているが同じ内容を記しているものもあると思われる。これらのことは内容の比較検討をしていくことで明らかにされていくことであり、本書が刊行されることで今後比較研究することが容易になるだろう。

二　小笠原礼法家

1　京都小笠原氏

二木謙一は『中世武家儀礼の研究』(5)をあらわした。その中の第二編「武家故実の発達」に「室町幕府弓馬故実家小笠原氏の成立」の章を設け、小笠原流故実の検討をしている。その結論は室町時代中期以降、京都にいて将軍近習として仕えていた小笠原氏（「京都小笠原氏」と呼ぶ）が、室町幕府機構の拡充にともなう儀礼的秩序の形成などのなかで、将軍の弓馬師範としての地位を固めて成立したというものであった。これは、従来、小笠原氏を初めて名乗った小笠原長清が小笠原流の祖であり、末裔貞宗が後醍醐天皇の弓馬の師範になったことから隆盛したといわれてきた説を訂正することになった。

二木の後をうけて、水野哲雄は「室町幕府武家故実家小笠原氏の展開」[6]で、戦国期の「京都小笠原氏」の動向を追究した。「京都小笠原氏」には「備前守家」「美濃守家」「播磨守家」「刑部少輔家」の四流があり、それぞれが足利将軍家の動向に呼応して時の主流になったが、最終的に「備前守家」が残り、足利幕府滅亡後は織田信長と関係をもち、信長亡き後は細川家被官となっていったことを明らかにしている。

室町時代の弓馬故実家であった京都小笠原氏は、室町幕府の衰退とともにその勢いを失った。それに代わる形で故実家として登場するのが信濃の小笠原氏である。

2　近世の小笠原家

室町時代、信濃の小笠原氏は飯田と松本（深志。この系統を深志小笠原と呼ぶ）に分かれていた。天文一九年（一五五〇）武田信玄が信濃へ侵攻すると、深志の小笠原長時は信濃を追われ諸国を流浪することとなった。その息子貞慶は天正一〇年（一五八二）旧地を回復し、深志を松本と改称してその地盤を固めた。そして、その子孫が古河・飯田・松本・明石・小倉と移動して一五万石の大名に成長していく。

いっぽう京都小笠原の「播磨守家」系統は、小田原で北条氏綱に仕えていたが文禄元年（一五九二）に徳川家康に仕えて、旗本となった。この系統を「縫殿助家」という。また、伊豆の赤沢から出て初め「赤沢」を名乗って信濃の小笠原との関係を深め、後に小笠原に改姓して秀忠に仕え旗本になった家がある。この系統を「平兵衛家」という。

前述のように「縫殿助家」では享保元年（一七一六）七月と同六年五月に、八代将軍吉宗の命をうけて、家伝の書籍九一部を台覧に供している[7]。その時の当主持広は吉宗近臣に射礼を教授し弓場始など弓の儀式を行っている。その子孫も射手を務めたり射礼の師範を務めたりしている。

「平兵衛家」では、寛永一三年（一六三六）に相続をした直経が寛永年間に三代将軍家光の命をうけて、「修身論」の目録と序文を台覧に供し、寛文一一年（一六七一）には式正の弓矢を献じ、延宝六年（一六七八）には家伝の書物を献じている。これについては先に触れた。その子常春の代には流鏑馬・笠懸の師範を務め、以後の当主も騎射の師範を務めている。

このように、江戸時代には旗本となった二家が幕府内にあって、弓馬の業を伝えていた。

3　小笠原長時から発する小笠原流の流れ

いっぽう後に大名となる深志小笠原氏は、長時が諸国を流浪している間に、家に伝わる武家故実を体系化していった。体系化の具体的な過程は明らかではないが、村石正行は「小笠原長時の外交活動と同名氏族間交流[8]」のなかで、永禄元年（一五五八）ころ細川晴元の息に馬術を指導していた可能性を指摘している。また、天正六年（一五七八）以降、長時が流浪生活の最後に落ち着いた会津の蘆名家で礼法を教え、畑・星といった会津住の高弟にそれが伝わっている。

長時の子に貞慶がいた。貞慶は父長時と流浪の旅を一緒にするが、長じて独自の歩みをし、父が会津に寓居しているときに小笠原の旧地松本を回復して手中に収めた。北の上杉、南の北条・徳川といった有力武将が信濃支配を虎視眈々と狙うなかにあって、貞慶はたくみに間隙をぬって、時には徳川と好を通じ、時には秀吉に通じるなどしながら地盤を固めた。秀吉によって家康が江戸へ移されると貞慶とその子秀政は徳川方の大名として、天正一八年に松本を離れ下総古河へ移った。

松本にいたときの貞慶は、周辺の武士を帰属させるため戦いに忙しかった。けれども松本時代の天正一七年に家督を秀政に譲り当主としての地位を離れたので、古河においては小笠原家の故実の整備にとりかかることができたと思われる。そして文禄四年（一五九五）に古河で没した。

『大諸礼集』「大双紙」一七巻一七冊の末尾に書かれている文面には、

「于時天正四《（五カ）》丁丑年五月初五日書之畢」

「此一冊先年関東在国之砌、老夫貞慶相伝之通以正本書写畢」

「慶申八月二日　小笠原兵部大輔　秀政」

とある。

これから、貞慶の手によって天正四年（丁丑なら五年）に成立したものが子秀政に相伝されたこと、秀政が写したのは関東に在国していた時であったこと、秀政がこの文書を記したのは「慶申」の年だったことがわかる。

貞慶は天正初年には織田信長の家臣になっていたという指摘がある。信長の使者として東国へ赴くことがあった。この間、天正五年には冬室右近進に、同九年には上杉氏の家臣色部長真に故実礼法を伝授している(9)。これは貞慶が松本を回復して本拠とする以前、諸国流浪中に小笠原の故実を伝授していたことを示している。さらに天正七年には会津にいた長時のもとを訪ね、長時から家の文書や重代の霊剣・旌旗を譲られたとも伝える。長時が体系化した故実はこのとき貞慶に伝えられたとみられる。

次に、秀政の動向をみると、天正一八年に松本から古河へ移り、慶長六年（一六〇一）には飯田に替わり、慶長一八年には再び松本へ入っている。したがって関東に在国した期間は天正一八年から慶長六年の間である。

先にあげた文書には年号が「慶申」と記されていた。慶長年間の申年は慶長元年と一三年の二回あるが元年の改元は一〇月であり、また「先年関東在国」という文面があることからみて、秀政が関東を離れたあとに書かれた年号で、秀政が飯田にいた年である慶長一三年が該当する。

文禄四年に卒した父貞慶の跡を引き継いで、秀政は古河において引き続き飯田に移ってからも、貞慶から伝授された故実の体系化を押しすすめていったことがわかる。

三　小倉小笠原家に伝わる故実書

我々編者が、北九州市立自然史・歴史博物館（いのちのたび博物館）と、みやこ町立みやこ町歴史民俗博物館で行った採訪史料から、奥書がある故実書を一覧にしたものが、表4と5である。

表4　いのちのたび博物館収蔵本関係

年代	誰から誰へ	史料名（　）内は史料番号
天文一九年（一五五〇）　三月	沙弥正鉄から長時へ	当家馬手綱口伝書（八六）
永禄　七年（一五六四）一二月二三日	長時から貞慶へ	馬手綱口伝書十六疋（一二〇）
		二十八疋（一一九）
天正　九年（一五八一）　八月一五日	長時から	当家馬手綱口伝書（八六）

慶長一三年（一六〇八）八月　二日	秀政から隼人佐へ	馬手綱口伝書十六疋（一二〇）
		二十八疋（一一九）
慶長一七年（一六一二）五月	遠江入道心宗正鉄・小笠原出雲守入道沙弥休庵・折野弥次右衛門・犬甘主馬佐政知から渋田見平兵衛へ	秘伝書（一八八）
寛永二〇年（一六四三）三月		穹法秘伝抜書（一七）
万治　元年（一六五八）九月	小笠原伯耆入道笑休政真から二木武兵衛へ	秘伝書（一八八）
延宝　三年（一六七五）一月		手綱秘伝書（一一〇・一一一）
天明　五年（一七八五）一一月二一日	犬甘半左衛門政敬から小池友左衛門へ	当家靫矢之次第（一六八）
嘉永　七年（一八五四）五月		誕生蟇目（一三三）

表5　みやこ町歴史民俗博物館収蔵本関係

年代	誰から誰へ	史料名（　）内は史料番号
康永　元年（一三四二）二月		犬追物目安ほか（一三〇）
		犬追物目安（一三一）
嘉吉　元年（一四四一）四月　三日	小笠原大膳大夫政康	当家弓法大草紙（一三四）
嘉吉　元年（一四四一）一二月二六日	小笠原備前守持長沙弥浄元	犬追物八廻之日記（一三二）
六月二九日	前備前守沙弥浄元から小笠原備前守持清へ	弓礼秘伝抜書（一三五）
天文二〇年（一五五一）八月	右近入道沙弥宗徳貞慶から信濃守へ	七所勝負十所勝負（一三七）
弘治　二年（一五五六）	信豊	弓礼秘伝抜書（一三五）

寛永　六年（一六二九）一二月	小山吉左衛門から二木勘五郎へ	弓法秘伝聞書（一二三八）
寛永一二年（一六三五）一月	小池甚之丞貞成	御当家七五三（一〇六六）
寛文　六年（一六六六）五月	海野仁右衛門	弓礼秘伝抜書（一二三五）
延宝　五年（一六七七）三月　七日	「政真」	弓箭之表相ほか（一二三九）
元禄一六年（一七〇三）一月	二木与三右衛門・川口五郎右衛門吉盛	御当家七五三（一〇六六）
享保一一年（一七二六）一二月二一日	小笠原次郎左衛門貞譲から小笠原平馬へ	手綱之秘書（三一五）
享保一六年（一七三一）六月二一日	小笠原次郎左衛門貞譲から小笠原平馬へ	鞭手綱之口伝書（三一六）
天明　三年（一七八三）一一月　九日	伊勢貞丈の鑑定記事	大永聞書（二四七）
寛政　三年（一七九一）八月一五日	小笠原多守長延から小笠原隼見へ	家伝録（二五〇）
文政　四年（一八二一）二月一〇日	犬甘秀丸が写す	手綱之秘書（三一三）
明治二八年（一八九五）四月	宮本左織が犬甘氏の蔵書を写す	弓箭之表相ほか（一二三九）
明治四〇年（一九〇七）	辻直臣が安志藩小笠原長丕の蔵書を写す	七所勝負十所勝負（一二三七）
明治四二年（一九〇九）	辻直臣が納める	当家弓法九草紙（一七三一－一一）

このほかに、みやこ町の豊津に残る史料は、『福岡県指定文化財　小笠原文庫目録』（福岡県立豊津高等学校錦陵同窓会　平成一八年）でも検索できるので、それも加えて時代によって整理すると、以下のようになる。[10] なお、「いのち」は、いのちのたび博物館収蔵、「みやこ」は、みやこ町歴史民俗博物館収蔵とその整理番号を示す。

(1) 長時・貞慶の代以前のもの

「弓馬之書」（写　年代不明　伝貞宗から　みやこ六四九二八四）

「弓法秘伝聞書」（写　寛永一六年　貞宗　みやこ六五七二三八）
「当家弓法大草紙」（写　嘉吉元年　政康から　みやこ六五二二三三・六五三二三四）
「馬手綱口伝書」（写　弘治年間　政長へ　「長基ヨリ御尋之御返事」　みやこ七四九三〇九）

(2)　長時・貞慶の代のもの

「御家法軍礼記」（伝長時・貞慶代　みやこ六〇一三四六）
「当家馬手綱口伝書」（天文一九年　沙弥正鉄から小笠原大膳大夫へ　いのち）
「七所勝負十所勝負」（写　明治四〇年　天文二〇年　貞慶　みやこ六五六二三七）
「長時家伝書」（写　弘治二年　長時から小笠原近江守へ　みやこ七七三三三三）
「馬手綱口伝書　二十八疋」（永禄七年　長時から喜三郎へ　慶長一三年　秀政から隼人へ　寛政三年　小笠原多守から
三井比右衛門へ　みやこ七五〇三一〇）
「馬手綱口伝書　二十八疋」（永禄七年　大膳大夫長時から喜三郎（貞慶）へ　いのち）
「馬手綱口伝書　十六疋」（永禄七年　大膳大夫長時から喜三郎（貞慶）へ　いのち）
「休庵聞書」（天正元年　小笠原出雲入道沙弥休庵　みやこ七五一三一一）
「当家馬手綱口伝書」（天正九年　長時　明和元書写　保高古推斎頼女　みやこ七五八三一八）
「当家馬手綱口伝書」（天正九年　大膳大夫長時から　いのち）

(3)　秀政の代のもの

「元服之次第」（写　慶長元年　秀政から二木勘左衛門　みやこ八〇九三五五）
「書札之次第」（伝　慶長元年　秀政から主水佐へ　みやこ八一八一五八）

「万躾方之次第」（写　慶長元年　秀政から主水佐へ　みやこ八三一三七九）
「酌之次第」（写　慶長元年　秀政から主水佐へ　みやこ八三七二六七）
「万請取渡之次第」（写　秀政から主水佐へ　みやこ八四八三七五）
「馬手綱口伝書　十六疋」（慶長一三年　兵部大夫秀政から小笠原隼人佐へ　いのち）
「秘伝書」（慶長一七年　小笠原遠江入道正鉄・小笠原出雲入道休為・折野弥次右衛門・犬甘政知から渋田見平兵衛へ　いのち）

（4）　江戸時代のもの

「御当家小具足御召初之次第」（写　寛永一八年　正保二年　小池甚之丞　みやこ七八二一〇六一）
「穹法秘伝抜書」（寛永二〇年　いのち）
「秘伝書」（万治元年　小笠原伯耆入道笑休から二木武兵衛あて　いのち）
「手綱秘伝書」（延宝三年　いのち）
「手綱之秘書」（享保一六年　小笠原貞徳から小笠原平馬へ　みやこ七五五三一五）
「鞭手綱之口伝書」（享保一六年　小笠原貞徳から小笠原平馬へ　みやこ七五六三一六）
「笠掛射様之次第」（享保一七年　小笠原次郎左衛門貞徳　これが天明三年にも伝えられる　みやこ七〇七二四二）
「小笠原藩誕生蟇目之秘伝」（元文二年　犬甘半左衛門政好　みやこ八〇五三八四）
「たづなの秘伝」（元文四年　犬甘半左衛門治政　みやこ七五七三一七）
「家伝録」（明和四年　寛政三年には小笠原多守から隼見へ　みやこ七一一二五〇）
「笠掛口伝抄」（安永四年　小笠原長延　みやこ七〇九二四四）

「当家靭矢之次第」（天明五年　犬甘政敬から小池友左衛門〜　いのち）
「誕生蟇目」（嘉永七年　いのち）
「御馬法御書物」（江戸後期　小笠原長承　みやこ七四七一七一）
(5)　明治になってのもの
「弓法礼法書写し」（写　犬甘氏蔵書を宮本左織が写す　みやこ六五八二三九）
「御弓法聞書」（写　辻直臣が誌す　みやこ六六六二七二）
「三ツ的覚書」（大森政方が誌す　みやこ六九三二二四八）
「騎射秘抄」（写　平井淳　みやこ七〇四二五六）（「明治廿一年十月東京ニ於テ購之、後世参考ノ為御文庫ニ蔵ス」の記事）
我々がみたものは、両館のすべての収蔵資料ではないので断定はできないが、小倉の小笠原氏における弓馬の故実書で九州に残存するものは、長時・貞慶・秀政時代のものが多く、ついで享保・元文年間のもの、そして江戸後期から明治にかけてのものと大まかに区分することができそうである。

長時以前のもののうち「当家弓法大草紙」を翻刻・研究した山根一郎・飯塚恵理人は、この書は政康が著したものでは無いことを論じ、これを著したのは「小笠原家内部の人間、たとえば長時・貞慶・秀政クラスの相伝者であろう」[11]と推定している。このような個々にわたる詳細な研究が行われると、長時・貞慶以前のものについて、成立の言い伝えが崩れてくるものもでてこよう。

以上、先学が明らかにしているように、小倉の小笠原氏（惣領家）における故実書の編纂は、長時・貞慶・秀政の三代の間に整えられたと考えるのが妥当である。

また、惣領家の伝書の編纂について樋口元巳は『大諸札集二　小笠原流礼法伝書』解説のなかで「近世に入るに従い惣領家及び京都家はほぼ伝書の開拓を行わなくなる」と述べている。この指摘は、右の一覧からみても、江戸中期以降、小笠原家の当主が相伝者の名に登場することがなくなり、家臣たちの間での相伝文書が残っていることからして、正鵠を得た指摘である。

小笠原家に伝わる礼法に係るものを『小笠原礼書七冊』として紹介した小笠原忠統は、解説で糾法に関する伝書のうち「礼書七冊」に関係する原本や写本として、天正本・慶長本・折本・嘉永本があるとし、小笠原藩公式のものではないが、山田本・遠山本もあると紹介している。天正本は天正二〇年（一五九二）に小笠原貞慶が秀政に授けたもの、慶長本は慶長一三年（一六〇八）に秀政が家老小笠原主水に伝えたもの、折本は寛永年間（一六二四～四四）につくられた豪華な折本、嘉永本は嘉永年間（一八四八～五四）に小笠原江戸屋敷の記録方が書写したもの、山田本は寛文五年（一六六五）に小笠原箕輪入道信益が山田太右衛門に宛てたもの、遠山本は寛永二年（一六二五）に遠山久親が早川源介に与えたものという。[12] これによれば、礼法関係では、冊になった伝書と折本になった伝書があり、寛永年間には折本が作成されていたことになる。本書は元禄の奥書をもつ折本であり、弓馬の故実関係でも冊物と折本の二形式があったことになる。形式によって伝書としてもつ意味合いの違いがあったのかという面での検討課題は残る。

四　本書の持つ意義

1　小笠原家の相伝の在り方

九州の両館に残る故実書から相伝の様子をみると、長時・貞慶・秀政の時期のものは、長時・貞慶・秀政といった小笠原家の当主が編纂に当たっている。それは秀政の段階で完成したとみてよいだろう。すると次はそれをどう伝えていくかになる。

小笠原氏の系図には、当主が「糾法的伝」という方法で故実を相伝していったことが記されている。その記述を深志小笠原氏に関して拾い出してみると、表6のようになる。[13]

表6　深志小笠原氏の糾法的伝の年代

当主名	年月日	数え年齢	師範
持長	応永二七年（一四二〇）八月一三日	二四歳	政康
清宗	宝徳　三年（一四五一）一一月一三日	三五歳	持長
長朝	文明　六年（一四七四）九月　九日	三二歳	清宗
貞朝	文明一七年（一四八五）五月　八日	二五歳	長朝
長棟	永正　九年（一五一二）三月二五日	一九歳	貞朝　馬業は標葉某入道景林
長時	天文　四年（一五三五）八月　五日	二二歳	長棟　遠江守貞政入道正鉄（長朝二男）
貞慶	永禄　七年（一五六四）一二月二三日	一九歳	長時
秀政	天正一四年（一五八六）八月	一八歳	貞慶　小笠原出雲守頼貞
忠脩	慶長一七年（一六一二）三月一一日	一九歳	秀政　小笠原隼人政直
忠政（忠真）	慶長一七年（一六一二）三月一一日	一八歳	秀政（此時与兄忠脩同受伝）
忠雄	寛文　四年（一六六四）正月一一日	一八歳	忠真
忠基	元禄一二年（一六九九）八月二二日	一八歳	忠雄

的伝をうけた年齢をみると、最初は年齢がまちまちであるが、後半になると一八歳・一九歳といった年齢に固定化されている。糾法的伝がどのように行われたかについて、小笠原忠統が一部を紹介しているが「詳細は知る由もない」との言葉どおりその具体は解明されていない(14)。そのような中で推察になるが、しだいに通過儀礼化していった面があるのではないか。元服のしばらく後に糾法的伝が行われ、それが小笠原家当主として一人前になっていく過程の重要な儀式になっていったとみたい。

本書は元禄一一年（一六九八）一一月二三日に父小笠原右近将監忠雄から息小笠原遠江守（忠基）へ伝えることを意図して作成されたものである。この間の事情は解説の藤牧執筆部分に詳しいのでそれに譲るが、本書が糾法的伝の一部として準備されたものである確率は高い。父は元禄一一年七月一九日に小倉へ帰城し、自分が目の届くところで、文や絵を描かせて本書を完成させている。これは糾法的伝の前年である。翌五月二八日に江戸へ戻って、八月二二日に嫡子に的伝をしている。この時、父から子に何が渡されたかは不明であるけれども、本書が渡されたと推察される。父忠雄は子忠基に的伝するにあたって、本書に掲載の各書目をどのような理由で選んだのか、歴代の糾法的伝のさいに毎回取り上げられ相伝されてきたものが選択されているのか、あるいは忠雄が新たに独自に選んだものなのかなど検討の余地はあるにしても、本書は糾法的伝の内容をさぐる貴重な材料であることは間違いがない。ひいては小笠原家の糾法的伝がどのような形をとり、何が的伝されたかを考察する史料の一部になりうると考える。

2　故実の面から

陶が明らかにしたように、多くの小笠原故実関係の文書が残っている。これらは相伝され書写されていったものが大部分である。しかし、本書は、小笠原惣領家に伝わった来歴のはっきりしたものである。いわば、原本にあたる。

宗家の小笠原家では、どういうことが大事にされていたのかを解明するだけでなく、本書をもとに、各地にある伝書を比較考察することによって、時代と地域によってどのような受容の在り方があったのかといった問題も解明できるに違いない。

現在、礼法に関しては実際の生活の場に参考とされ活用されている。反面、弓馬の故実は通常の生活の上ではほとんど活用できる場面はない。その意味では、有効活用の範囲は狭いかもしれないが、歴史の上で、武士たちが何を大事にし修練を重ね、何を伝えようとしていたかの一端を知るうえで、有益な書物となるであろうと期待している。

註

（1）陶智子『近世小笠原流礼法家の研究』（新典社、平成一五年）。
（2）小笠原清信『小笠原流』（学生社、昭和四二年）。
（3）『寛政重修諸家譜』第三（続群書類従完成会、昭和三九年）。
（4）『大諸礼集二　小笠原流礼法伝書』（樋口元巳編、平凡社、平成五年）。
（5）二木謙一『中世武家儀礼の研究』（吉川弘文館　昭和六〇年）。
（6）水野哲雄「室町幕府武家故実家小笠原氏の展開」（『九州史学』第一四二号、平成一七年）。
（7）註（3）と同。
（8）村石正行「小笠原長時の外交活動と同名氏族間交流」（『史学』第八二巻第一・二号、平成二五年。中世関東武士の研究　第一八巻『信濃小笠原氏』戎光祥出版、平成二七年に再録）。「信濃小笠原氏の故実と由緒の創出」（『甲斐源氏―武士団のネットワークと由緒―』所収、戎光祥出版、平成二七年）。

（9）粟野俊之『織豊政権と東国大名』（吉川弘文館、平成一三年）。
（10）『福岡県指定文化財　小笠原文庫目録』（福岡県立豊津高等学校錦陵同窓会発行、平成一八年）。
（11）山根一郎・飯塚恵理人「伝小笠原政康著「当家弓法大双紙　宮仕門上」」（『椙山女学園大学研究論集』第四一号、平成二二年）。
（12）『小笠原礼書七冊　解説書』（小笠原忠統編、現代史資料センター出版会、昭和四八年）。
（13）「笠系大成」（『新編信濃史料叢書』第一二巻、信濃史料刊行会、昭和五〇年）。
（14）註（12）と同。

あとがき

後藤　芳孝

長い弓と矢筒を肩に高校生が学校へ通う姿は時々みることがあっても、馬の実際の姿を街中で見ることは、特別の行事以外ほとんどなくなってしまった。遥か遠い昔でなくても、田舎では馬耕の必要から普通の家で馬を飼っていたし、街中でも荷車を曳く運搬用の馬を見ることがあった。といってもこの姿を見知っているのは年配者だけということになるが。現在は、弓道や乗馬愛好家や競馬を除くと、弓や馬は私たちの日常の生活からは離れた存在になってしまっている。ましてや弓術・馬術といった術の世界はもっと遠くの存在になっている。

しかし、弓に馬に通じ上達することが、自分たちの生命や財産や地位を守ることと密接にかかわっていた時代が長くあった。当時の人々は、この道に深い精神性を込め、その技を磨くことを通して神仏と繋がり、自己を高め、他の人を遥かに超える技能やしきたりの修得に励んでいた。

私たちは、当初、浜野安則氏を加えた四人でこの史料との格闘を始めた。途中で浜野氏の仕事が忙しくなり側面からの援助に回ることになって、残り三人でようよう最後の段階までたどりつくことができた。私たちは弓にも馬にも全くの素人であり、文中に出てくる用語についても知らないことがほとんどであった。百回を超える検討会の中途、素人が無謀なことに取りかかったなという強い不安に襲われたこともあった。その危惧はいまも消え去ってはいない。弓馬の道を究めている方からみれば、不十分なところも多々あるに違いない。

このような不安を抱え、かつ弓馬が現在の人々の日常の生活からは遠い存在になっている状況の中で、私たちをここまでたどり着かせたのは、この史料が小笠原家に直に伝わったものであるという貴重性を世に紹介したい、という願いがあったからである。伝書類は写され伝えられることで世間に広まっていく性格を元々もっている。伝書の研究では、最初の姿がどのようなものであったかということや、それがどう伝わっていったかを解明することが大事なことのひとつになる。最初のものの姿が明らかになれば、それ以後のものを比較研究することが容易になる。そのために役に立つことをしたいということが、私たち三人の願いであり、ここまで続いた原動力でもあった。

この本の構成を翻刻と注記だけにすることも、考えの中になかったわけではない。しかし、右のような願いが生きる方法としては、原文を写真版として提供しておくことが一番である。それが今後の研究に有益であると考え、このような形になった。翻刻に疑点がある場合は、写真版で即、確認していただきたい。

私たちの歩みはたどたどしいものであったが、その間、史料の所蔵者である廣澤寺の皆様には、史料の閲覧や相談に何度も便宜をはかっていただいた。また、東堂からは序文を頂戴することができた。関係史料の調査で、みやこ町歴史民俗博物館の川本英紀氏や、北九州市立自然史・歴史博物館（いのちのたび博物館）の永尾正剛氏ほか関係の皆様にもお世話になった。岩田書院の岩田博氏には、特にご面倒をおかけした。さまざまな方のご支援があって、このような形にすることができたことに、厚く御礼申しあげる。

【編者紹介】

福嶋 紀子（ふくしま・のりこ）

1958年生　東京都立大学大学院修士課程修了　信州大学・松本大学非常勤講師
博士（史学・中央大学）
論著 『赤米のたどった道ーもうひとつの日本のコメー』（吉川弘文館、2016年）『中世後期の在地社会と荘園制』（同成社、2011年）、「中世の小笠原文書と『勝山小笠原文書』の成立」（『松本市史研究』 7号、1997年）、「矢野荘散用状にみられる大唐米」（『東寺文書にみる中世社会』東京堂出版、1999年）、「中世における大唐米の役割ー農書の時代への序章ー」（『論集東国信濃の古代中世史』岩田書院、2008年）など。

藤牧 志津（ふじまき・しづ）

1943年生　信州大学教育学部卒業
論文 「商家のご馳走」（『よみがえる城下町　松本』郷土出版社、2004年）、「松本藩の御使者宿」（『信濃』54巻10号、2002年）、「法灯圓明国師心地房覚心」（『信濃』60巻 9 号、208年）、「歴代領主と牛伏寺」（『牛伏寺誌』牛伏寺史刊行会、2015年）など。

後藤 芳孝（ごとう・よしたか）

1948年生　信州大学教育学部卒業　松本城管理事務所研究専門員
論文 『長野県史』通史編中世Ⅰ（1986年、分担執筆）、『松本市史』歴史編Ⅰ原始・古代・中世（1996年、分担執筆）、「小笠原氏の内訌をめぐって」（『松本市史研究』 5号、1995年）、「信濃国住吉荘をめぐる領家および在地の動向」（『長野県立歴史館研究紀要』 5号、1999年）など。

廣澤寺伝来《こうたくじでんらい》 小笠原流《おがさわらりゅう》 弓馬《きゅうば》 故実書《こじつしょ》　岩田書院史料叢刊10

2016年（平成28年）4月　第1刷　300部発行　**定価［本体14800円＋税］**

編　者　福嶋紀子・藤牧志津・後藤芳孝

発行所　有限会社岩田書院　代表：岩田　博　http://www.iwata-shoin.co.jp

〒157-0062 東京都世田谷区南烏山4-25-6-103　電話03-3326-3757 FAX03-3326-6788

組版・印刷・製本：藤原印刷

ISBN978-4-86602-950-4 C3321 ¥14800E